专业的印记

主　编：周　彤
副主编：姜素兰　王　岩　张树蕊

中国政法大学出版社
2022·北京

声　明　1. 版权所有，侵权必究。

　　　　2. 如有缺页、倒装问题，由出版社负责退换。

图书在版编目（ＣＩＰ）数据

专业的印记/周彤主编. —北京：中国政法大学出版社，2022.6
ISBN 978-7-5764-0524-8

Ⅰ.①专… Ⅱ.①周… Ⅲ.①北京联合大学—专业设置—历史
Ⅳ.①G649.281

中国版本图书馆CIP数据核字(2022)第107147号

出 版 者	中国政法大学出版社
地　　址	北京市海淀区西土城路25号
邮寄地址	北京100088 信箱8034 分箱　邮编100088
网　　址	http://www.cuplpress.com（网络实名：中国政法大学出版社）
电　　话	010-58908441(编辑部) 58908334(邮购部)
承　　印	北京九州迅驰传媒文化有限公司
开　　本	880mm×1230mm　1/32
印　　张	14.75
字　　数	345千字
版　　次	2022年6月第1版
印　　次	2022年6月第1次印刷
定　　价	69.00元

《专业的印记》编委会

主　编：周　彤

副主编：姜素兰　王　岩　张树蕊

编　委：(以姓氏画笔为序)

　　　　王　浩　齐再前　闫　奕　毕菁华

　　　　苑焕乔　徐　娟　鲍桂莲

序
PREFACE

专业是高校培养优秀人才、办好高质量本科教育的"四梁八柱"。一所大学的学科、专业设置及其建设水平在很大程度上决定了学校的办学特色和水平。根据社会需求的变化调整优化专业结构，满足不断发展的人才需求，是高校发展的永恒任务。2019年，教育部一流本科专业建设"双万计划"的出台和实施，开启了我国高等教育优化专业结构、提升专业建设质量、构建高水平人才培养体系的新篇章。"双万计划"两个面向和分"赛道"建设的原则更是给地方性高校打开了广阔的发展空间。

作为创立于北京、成长于北京、以北京生源为主的市属高等院校，北京联合大学自诞生之日起，即矢志不渝地应北京建设之需，适时调整和发展自己，深深扎根京华大地，服务北京、建设北京、贡献于北京。40余年一路走来，经历了多次调整整合，办学定位和人才培养目标逐步发展，专业结构日趋完善。专业设置从大学分校时期的"老大学"有什么就办什么，发展到北京建设需要什么办什么，先后经历了专业化大协作、改传统专业创新专业、应用性本科和高职专业建设、同名专业整合、依托学科应用型发展、品牌特色专业塑造，逐步形成专业调整的动态机制，专业内涵不断提升，专业布局逐步优化，学校城市型、应用型定位日益凸显，服务首都的能力不断提升。

◆ 专业的印记

现今，学校牢牢把握教育部推行"双万计划"、实施一流本科专业建设的重要机遇，并以此为契机，瞄准未来学科专业交叉融合的发展方向，大力建设示范性本科专业，着力发挥"重点建设一流专业"的辐射带动作用，引领带动学校凝聚特色、优化专业结构、促进专业建设质量提升，构建与北京社会发展需求相适应、规模适度、结构合理的适应型专业体系，以期更好地适应区域经济社会发展的需要，加强为北京社会经济发展服务的能力。

学校专业布局结构调整的历史，即办学理念成长的行走印记。整理学校专业建设发展的历程，出版《专业的印记》，述往事，思来者，让历史经世以致用，旨在助推学校专业建设，探求经验、汲取力量，继而去思考、去变革、去创新，生出腾飞的翅膀，谱写未来的辉煌！

2020 年 11 月

CONTENTS

目　录

序　　001

一

1978年北京地区大学分校开设的专业　　003
北京地区大学分校专业的调整　　009

二

1985—1989年本科专业设置　　016
1990—1993年本科专业设置　　025
1985—1993年各专业情况及沿革　　031

三

1994—1997年本科专业设置　　070
1998—2002年本科专业设置　　077
1994—2002年各专业情况及沿革　　089

四

2003—2008 年本科专业设置	154
2009—2015 年本科专业设置	164
2003—2015 年各专业情况及沿革	174

五

2016—2020 年本科专业设置	316
2016—2020 年各专业情况及沿革	323
后　记	462

一

1978年北京地区大学分校开设的专业

1978年，为了解决北京市各条战线技术人才严重不足的困难，解决广大考生和家长迫切要求扩大招生名额这一当时社会上普遍关心的大事，使更多的优秀青年能有机会上大学，更多更快地为国家培养人才，北京市委常委讨论决定，仿照天津市的办法，实行大学办分校，扩大招生名额。同时决定大学分校设置各科的通用专业，面要宽些。初步考虑：文科设政治理论、经济管理、英语等专业；理科设数学、物理、化学等专业；工科设机械、电子技术、自动化、冶金、化工、建筑等专业；医科设中医专业；农科设农学和农机专业。

当年，北京市几次召开扩大招生工作会议，制定了扩大招生方案，落实依托在京25所高校办大学分校36所，其中综合大学1所、文科和经济管理类大学5所、外语类大学4所、医科类大学4所、师范类大学3所、农科类大学1所、工科类大学18所。在具体安排上，注意了学校和专业的合理布局，以便于学生就近走读。

> 专业的印记

1978年大学扩大招生方案中设置的专业

序号	专业名称	开办大学分校
1	数学	北京大学第一分校、北京师范大学第二分校、北京师范学院第二分院
2	物理	
3	化学	
4	生物	
5	地理	
6	中文	北京大学第一分校、北京师范大学第一分校、北京师范学院第二分院
7	历史	
8	图书馆学	北京大学第一分校
9	政治理论	北京师范大学第一分校
10	哲学	中国人民大学第一分校、中国人民大学第二分校
11	政治经济学	
12	中共党史	
13	法学	
14	国民经济计划	
15	统计学	
16	财务会计	
17	工业经济	
18	农业经济	
19	中国文学	
20	新闻	
21	商业经济	中国人民大学第一分校、中国人民大学第二分校、北京商学院分院
22	社会科学情报资料	中国人民大学第一分校

1978年北京地区大学分校开设的专业

续表

序号	专业名称	开办大学分校
23	国际共产主义运动史	中国人民大学第二分校
24	财政金融	
25	档案	
26	英语	北京外国语学院分院、北京第二外国语学院分院、北京语言学院分院、北京外贸学院分院
27	法语	
28	日语	外国语学院分院、北京第二外国语学院分院、北京外贸学院分院
29	医学	北京医学院分院、北京第二医学院第一分院、北京第二医学院第二分院
30	口腔	北京医学院分院、北京第二医学院第一分院
31	医学传染病专门化	北京医学院分院
32	医学精神病专门化	
33	医学结核病专门化	
34	卫生	
35	医学眼科专门化	北京第二医学院第一分院
36	医学耳鼻喉科专门化	
37	医学妇产科专门化	
38	中医	北京中医学院分院
39	中药	
40	财政	中央财政金融学院分院
41	金融	

◆ 专业的印记

续表

序号	专业名称	开办大学分校
42	计划统计	北京经济学院分院
43	劳动经济	
44	工业财务会计	
45	计算机程序设计	
46	物资管理	
47	农学	北京农业大学分校（华北农业大学分校）
48	蔬菜	
49	果林	
50	畜牧	
51	农业经济管理	
52	电子技术（含自动化、计算机）	清华大学第一分校、北京航空学院第一分院、北京工业学院第二分院
53	电力工程	清华大学第一分校
54	机械工程(含机械设计、机制工艺、金属材料及热处理、空气循环制冷)	清华大学第二分校、北京航空学院第二分院、北京工业学院第一分院
55	建筑工程	清华大学第二分校
56	系统工程	北京航空学院第三分院
57	航空材料及工艺	
58	自动化	北京钢铁学院第一分院、北京钢铁学院第二分院、北京化工学院第一分院、北京工业大学第一分校

1978年北京地区大学分校开设的专业

续表

序号	专业名称	开办大学分校
59	冶金机械	北京钢铁学院第一分院
60	钢铁冶金	
61	金属材料	
62	轧钢	北京钢铁学院第二分院
63	化学工程	北京化工学院第一分院
64	化工机械	
65	化工分析	
66	石油化工	北京化工学院第二分院
67	机车电传动	北方交通大学分校
68	内燃机车	
69	有线通信	
70	无线通信	
71	运输组织及自动化	
72	无线电技术	北京邮电学院分院
73	通信	
74	机械制造	北京工业大学第一分校
75	计算机软件	北京工业大学第二分校、北京大学第二分校
76	计算机硬件	北京工业大学第二分校
77	电加工	
78	工程机械	北京建筑工程学院分院
79	化纤	北京化纤学院分院
80	染整	

北京市委提出的大学分校的奋斗目标是：三五年内，把分

专业的印记

校基本建设起来，逐步办成一批适合北京现代化建设需要的、专业比较齐全、布局比较合理、有各自特色的走读大学。

平地起家的大学分校，教学活动全部依靠大学本校的支持。在专业设置方面，大学本校有什么专业，分校就设什么专业；大学本校有多大能力，分校就招收多少学生。各分校使用本校同类专业的教学大纲安排教学内容。

大学分校的创办，不仅得到了北京地区各个大学本校、各区各局的大力支持，也获得了各相关业务局、总公司的支持和积极参与，使办学活动能够紧贴行业对急需人才的实际需求。在专业设置上，行业需要什么人才，大学分校就办什么专业，基本上是对口培养。同时，大学分校的专业设置还考虑了行业的发展前景。例如，北京邮电学院分院设置的无线电技术专业就是一个宽口径专业，是电子电路、电子技术等高新技术的基础。

北京地区大学分校专业的调整

由于开办时对教育规律认识不足,步子迈得过大,一下子办了36所,不具备连续招生的师资、校舍、设备等条件,大学分校的招生出现了大起大落,很多大学分校第二年、第三年都没有招生,有的直到首届学生毕业才招收第二届学生。

同时,由于对当时北京市的实际力量和办学条件考虑不充分,专业设置缺乏合理、统一的规划,办学的计划性和针对性受到一定影响,大学分校在办学中出现一些问题:各大学分校间重复设置专业较多;首届招生中没有考虑专业基础能力,工科专业招收了一些数学成绩很差的考生,甚至外语专业招收了外语成绩并不好的学生;招生人数与实际需求不对等,有些专业招生人数偏多,分配困难,有些行业需要的人才多,培养的学生数量却不够;与大学本校错位发展不够,尚未找出自己的特点;各大学分校学制均为本科,不完全适应北京建设的需要。

1980年,中央书记处关于北京工作方针的指示提出,要把北京建成科学文化技术最发达,教育程度最高的全国第一流城市。教育部、中共北京市委教育工作部和北京市高等教育局组成联合调查组,就北京高等教育情况进行调查。北京市委初步提出高等教育十年发展设想,预计1990年全日制高等学校本、专科在校生达到4万多人,加上研究生1万多人,十年增加将

◆ 专业的印记

近一倍，如果办学条件能有改善，还可以再多一些。北京高等教育首先要加强文科，尽可能地培养政法、财经、管理、外贸、旅游等急需人才以及文、史、外语等专业人才。大学分校要依靠各业务局的力量，争取各大学的支持，逐步发展成为独立的走读大学，有的也可以成为大学直接管理的分校。分校在保证质量的条件下，着重发展数量，要多办一些文科系，特别是试办一些新的应用性[1]的文科系，系科设置应与本校有所区别，逐步形成自己的特色。学制一般为四年制，有些专业也可办二、三年制的专科，还可试办基础大学。

北京市从1981年开始着手大学分校的调整。为了使大学分校的规划和调整更加切合实际和真正建立在可靠的客观基础之上，北京市委组织力量对过去大学分校的工作开展调查研究，并了解北京建设的发展情况和各条战线的调整情况，了解各方面人才需求的情况和北京可能提供的财力物力的情况，研究中央和市属大学的发展规划。从调查研究入手，从实际情况出发，在综合这些情况的基础上，全面规划和调整大学分校的设置、布局、专业和规模。1981年，在中共北京市委教育工作部和北京市高等教育局向北京市委的汇报提纲中提出："初步考虑，拟将现有大学分校调整为15所：北京大学分校，培养文科、理科、经济、法律等专业人才；中国人民大学一、二分校，培养政治理论、经济、法律等专业人才；北京外国语学院分院，培养外语师资；北京第二外国语学院分院，培养旅游人才；北京对外贸易学院分院，培养外贸人才；清华大学一、二分校合并，

---

[1] 北京联合大学的办学宗旨为"发展应用性教育，培养应用性人才、建设应用性大学"。相应地，关于人才培养和专业培养目标的文字叙述均使用"应用性"。书中本着尊重历史原则，未做改动。2012年12月底，办学宗旨改为"发展应用型教育、培养应用型人才、建设应用型大学"，各专业的有关文字叙述随之改用"应用型"。本书在该时间以后的内容中使用"应用型"。

培养通用电子、精密机械等技术人才；北京工业学院二分院与北京邮电学院分院合并，培养无线电技术、自动化仪表等技术人才；北京航空学院一、二分院合并，培养轻工技术人才；北京工业学院一分院，培养纺织技术人才；北京化工学院一分院，培养轻化工和化学分析等技术人才；北京工业大学一分校，培养机械技术人才；北京工业大学二分校，培养计算机技术人才；北京中医学院分院，培养中医人才；北京师范大学一、二分校合并，培养中等教育的师资。加上四机部十九院办的北京大学二分校、七机部一院办的北京航空学院三分院、铁道部电气化工程局办的北京交通大学分校，共18所。每年招生5000人左右，最大规模2万人。"

1982年底，大学分校调整的具体方案形成。北京市委、市政府同意并转发市委大学工作部和市高等教育局《关于大学分校调整和建设问题的请示报告》。调整的具体工作从1983年初开始实施，由市委大学工作部和市高等教育局负责，会同有关部门具体部署落实，1983年底基本结束。

大学分校的调整引发了各大学分校对其生存和发展方向的思考，陆续开始讨论自身办学方向、办学规模及专业设置等问题，建立培养应用型人才的办学目标，改造现有专业及方向。北京大学第一分校（后更名为北京大学分校）自1982年起，逐步调整和改造原有专业及方向，积极探索和实践由基础性文科和理科向应用性文科和理科的转变，实现专业由基础性、单一学科性向应用性、复合性的转变。化学系于1983年调整为应用化学专业，设置精细有机合成专业和仪器分析专业两个方向；生物系把握当时学科渗透发展的特点，于1983年建立全国首个食品生物化学与营养学专业；地理系将地理科学、生态科学同经济学结合起来，设置了文理渗透的应用专业——区域规划与

◆ 专业的印记

管理专业。中国人民大学第一分校重新定位办学方向,为面向北京市培养高质量的适应性人才,全面调整专业设置、课程内容、办学层次和学制,于 1983 年后设置了法学、文书档案、科技档案、汉语言文学、行政管理专业,开设了政治理论专修师资班。北京第二外国语学院分院于 1984 年将英语导游翻译、日语导游翻译两个专业合并为旅游外语专业,并增设了导游专业及与导游有关的基础课和公共课。北京师范大学分校将为北京市职业高中、中专和成人中等技术教育提供基础课、专业基础课和专业课的师资作为办学方向,提出了学制、办学层级、课程、专业等一系列调整方案,于 1984 年 4 月正式提出调整办学方向的请示,从普通高等师范教育逐步向高等职业技术师范教育转变,与大学本校及其他普通高等师范院校形成了错位发展。

二

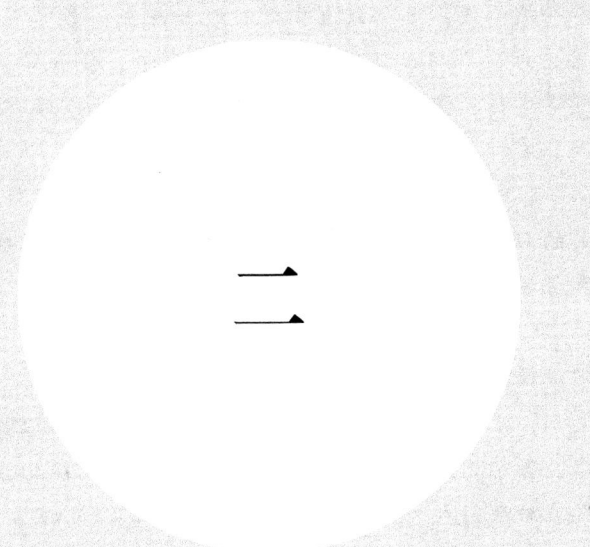

1985年，为适应新形势，提高办学质量和办学效益，经教育部批准，北京市政府在12所大学分校[1]基础上建立北京联合大学，以便统一规划专业设置，调剂使用教学力量和促进学科之间的交叉渗透。

成立初期，北京联合大学各学院仍为相对独立的实体，其级别和待遇不变，专业设置由学校统一规划，各学院的专业设置涵盖文学、理学、工学、法学、经济学、教育学、管理学、历史学等学科。依据北京市政府文件精神，北京联合大学从实际情况出发，提出了本科专业设置的原则意见：

第一，着重发展北京市经济建设急需的应用学科和第三产业有关的学科，加强短线专业，如发展应用文科、应用理科、政法和管理学科。

第二，改造老专业，拓宽专业面，增强适应性。例如：工科各学院设置管理工程专业。

第三，发挥综合优势，走学科交叉、渗透的新路。在专业调整中，各学院按照20世纪90年代和21世纪初北京市社会、经济发展对专门人才规格、素质的要求，充分发挥多学科综合的优势，积极发展学科之间的交叉渗透，包括文理之间，理工之间，工程技术和经济管理之间，自然科学、社会科学各学科之间的交叉、结合、渗透。

根据上述原则，北京联合大学对各学院的专业设置进行了统一的规划和较大幅度的调整，初步改变了因大学分校的仓促

---

[1] 前身为1978年成立的36所大学分校中的21所，按照1982年北京市委同意并转发的《关于大学分校调整和建设问题的请示报告》文件精神调整为12所。1985年5月，经北京市政府批准，北京航空学院第三分院、北方交通大学分校和北京化工学院分院也加入了北京联合大学。

创建造成的部分专业设置的盲目性和专业种类偏多、口径过窄、名称混乱等状况。

  1990年，为适应北京市经济和社会发展的需要，按照北京市高等教学事业发展规划的总要求和培养适应性较强的应用性人才的办学方针，北京联合大学再次进行专业调整，充分利用多学科综合大学的有利条件，大力改造旧学科、发展新学科，走自然科学和社会科学以及各学科之间交叉渗透的新路子，并强调发展食品、轻纺、机电、材料、设备改造、计算机辅助设计以及法律、旅游、英语等短线专业，发展高等职业技术师范教育。

1985—1989年本科专业设置

1985—1989年招生的本科专业一览表

序号	1985年	1986年	1987年	1988年	1989年	开办学院
1	应用统计	应用统计				文理学院
2	信息技术物理					文理学院
3	分析化学		化学	化学		文理学院
4	精细合成					文理学院
5	城镇规划与管理	地理（城镇规划与管理）		经济地理与城乡区域规划	经济地理与城乡区域规划	文理学院
6	图书馆学与情报学	图书馆学与情报学	图书馆学与情报学	图书馆学与情报学	图书馆学与情报学	文理学院
7	中国语言文学			汉语言文学	汉语言文学	文理学院

续表

序号	1985年	1986年	1987年	1988年	1989年	开办学院
8	法学	法学	法学	法学（经济法）	法学（经济法）	文理学院、文法学院
9	中国历史	历史	历史	历史	历史（文物博物）	文理学院
10	食品生物化学与营养学	食品生物化学与营养学	食品生物化学与营养学	食品科学与营养学	食品科学与营养学	文理学院
11	生物医用电子学					文理学院
12	档案学（含文书档案、科技档案）	档案学	档案学	档案学	档案学	文法学院
13	中文	中文	中文（汉语言文学、秘书）	中文	中文	文理学院、文法学院，职业技术师范学院（1987年文理学院秘书专业方向招生、文法学院汉语言文学专业方向招生）
14	应用数学		应用数学	应用数学	应用数学	文理学院（1987年、1988年招生）、职业技术师范学院

续表

序号	1985年	1986年	1987年	1988年	1989年	开办学院
15	应用物理	应用物理（信息技术物理、电子电器）	应用物理	应用物理	应用物理（生物医学电子学）	文理学院（1986年文理学院信息技术物理专业方向招生，职业技术师范学院电子电器专业方向招生）、职业技术师范学院（招生至1987年）
16	历史博物馆	历史（历史博物馆）				职业技术师范学院
17	马列主义理论		马列主义理论	马列主义理论	马克思主义理论	职业技术师范学院
18	工程制图					职业技术师范学院
19	电子电器			电子电器	电子电器	职业技术师范学院
20	应用化学	化学				职业技术师范学院
21	生物	生物（医学基础）	医学基础	医学基础	医学基础	职业技术师范学院
22			服装	服装设计	服装设计	职业技术师范学院

1985—1989年本科专业设置

续表

序号	1985年	1986年	1987年	1988年	1989年	开办学院
23	纺织工程（含棉纺、毛纺、染织）	纺织工程（含棉纺、染织、毛纺）	纺织工程（纺织品设计）	纺织工程（产品设计）	纺织工程	纺织工程学院
24	针织工程	针织工程（含服装设计）	针织工程	针织工程		纺织工程学院
25	工业管理工程	工业管理工程	工业管理工程	工业管理工程	工业管理工程	纺织工程学院(1989年未招生)、电子工程学院、轻工工程学院和航天工程学院仅1985年招生，建材轻工学院仅1987年招生
26	纺织机械	纺织机械	纺织机械	纺织机械	纺织机械	纺织工程学院
27	工业分析			工业分析		化学工程学院
28	化学工程		化学工程		化学工程（煤化工）	化学工程学院
29	高分子化工	高分子化工(含高分子材料)				化学工程学院
30	精细化工		精细化工	精细化工		化学工程学院

续表

序号	1985年	1986年	1987年	1988年	1989年	开办学院
53	管理信息系统					自动化工程学院
54	自动控制	自动控制	自动控制	自动控制	自动控制	自动化工程学院
55	电子精密机械	电子精密机械	电子精密机械		电子精密机械	自动化工程学院（招生至1986年）、机械工程学院（1986年未招生）
56	应用电子技术	应用电子技术（计算机及应用）	应用电子技术（计算机及应用、管理信息系统）	应用电子技术	应用电子技术	自动化工程学院（1986年起招生，1986年、1987年分方向招生）、电子工程学院、机械工程学院（1988年未招生）
57	机械设计及制造	机械设计与制造（含制冷）	机械设计与制造（含制冷）	机械设计与制造	机械设计及制造	自动化工程学院（1987年起招生）、机械工程学院、航天工程学院（1985年、1988年招生）、轻工工程学院*、建材轻工学院接续招生（1986年、1987年分方向招生）
58	无线电技术	无线电技术	无线电技术	无线电技术	无线电技术	电子工程学院
59	通信工程	通信工程		通讯工程	通讯工程	电子工程学院

续表

序号	1985年	1986年	1987年	1988年	1989年	开办学院
60	热加工工艺及设备	热加工工艺及设备				机械工程学院
61	电气技术	电气技术	电气技术	电气技术	电气技术	机械工程学院
62	材料工程	材料工程	材料科学	材料科学	材料科学	轻工工程学院、建材轻工学院接续招生
63	工业电气自动化	工业电气自动化	工业电气自动化（含计算机应用）	工业电气自动化	工业电气自动化	轻工工程学院、建材轻工学院接续招生
64	食品工程					轻工工程学院
65	中医	中医	中医	中医	中医	中医药学院
66	中药					中医药学院
67	多路通信					电气化铁道学院
68	交通信号与控制					电气化铁道学院
69	铁道电气化					电气化铁道学院
70	计算机软件	计算机软件	计算机软件	计算机软件	计算机软件	航天工程学院

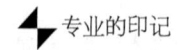

续表

序号	1985年	1986年	1987年	1988年	1989年	开办学院
71	电子仪器与测量技术	电子仪器及测量技术	电子仪器与测量技术	电子仪器与测量技术		航天工程学院

*注：轻工工程学院1986年9月更名为建材轻工学院；

电气化铁道学院1989年12月迁出、航天工程学院1990年6月迁出；

表中空白项为该年未招生，下同。

1990—1993年本科专业设置

1990—1993年招生的本科专业一览表

序号	1990年	1991年	1992年	1993年	开办学院
1	经济地理与城乡区域规划		经济地理与城乡区域规划	经济地理与城乡区域规划（房地产经营与管理）	文理学院
2		图书情报学	图书情报学	图书信息学（信息管理）	文理学院
3	汉语言文学	汉语言文学	汉语言文学	汉语言文学（中英文秘书、大众传播）	文理学院、职业技术师范学院（仅1991年招生）
4	法学	法学	法学	法学（经济法）	文理学院、文法学院（1993年文理学院分专业方向招生）
5	历史（文物博物）		历史学		文理学院

续表

序号	1990年	1991年	1992年	1993年	开办学院
6	食品科学与营养学	食品科学与营养学	食品科学与营养学	食品科学与营养学	文理学院、职业技术师范学院（招生至1991年）
7	档案学	档案学	档案学	档案学（文秘、文书档案、科技档案）	文法学院
8	中文				文法学院
9	应用数学（计算机应用）	应用数学（计算机算法与软件开发）	应用数学（计算机算法与软件开发、计算机应用）	应用数学（计算机算法与软件开发）	文理学院（分专业方向招生，1991年起计算机算法与软件开发专业方向招生）、职业技术师范学院（1992年计算机应用专业方向招生，1993年未招生）
10	应用物理（生物医学电子学）	应用物理（电子学与计算机应用）	应用物理（电子学与计算机应用）	应用物理（电子学与计算机应用）	文理学院
11	化学	化学	化学	化学（仪器分析与精细合成）	文理学院
12	马克思主义理论				职业技术师范学院
13	电子电气	电子电气	电子电气	电子电气	职业技术师范学院
14	医学基础	医学基础	医学基础	医学基础	职业技术师范学院

续表

序号	1990年	1991年	1992年	1993年	开办学院
15	服装设计	服装设计	服装(服装设计与工艺)	服装	职业技术师范学院
16			经济学	经济学(财会)	职业技术师范学院
17				文秘教育(外事文秘)	职业技术师范学院
18				计算机科学教育	职业技术师范学院
19	纺织工程(棉毛纺织、产品设计)	纺织工程(棉纺织、毛纺织)	纺织工程(棉纺织、毛纺织)	纺织工程(含纺织商贸)	纺织工程学院
20	针织工程(针织与服装设计)	针织工程(针织与服装)	针织工程(针织与服装)	针织工程(含服装设计)	纺织工程学院
21	工业管理工程(企业经营与经济管理)	工业管理工程(企业经营与经济管理)	工业管理工程(企业经营与经济管理)	工业管理工程	纺织工程学院(分专业方向招生至1992年)、电子工程学院(1991年起招生)
22	纺织机械	纺织机械	纺织机械	纺织机械(机电一体化)	纺织工程学院
23	化学工程(煤化工)	化学工程	化学工程		化学工程学院
24	精细化工	精细化工	精细化工	精细化工	化学工程学院

续表

序号	1990年	1991年	1992年	1993年	开办学院
25			高分子化工（橡胶工艺）		化学工程学院
26		化工设备与机械（机电）		化工设备与机械（机电）	化学工程学院
27	专门用途外语（外贸日语、旅游英语、旅游日语）	专门用途外语（旅游英语、旅游日语）	专门用途外语（旅游英语、旅游日语）	专门用途外语（旅游英语、旅游日语）	旅游学院、经济管理学院（仅1990年外贸日语专业方向招生）
28	旅游经济（饭店管理）	旅游经济（饭店管理）	旅游经济（饭店管理）	旅游经济（饭店管理）	旅游学院
29	国际贸易				经济管理学院
30	商业企业管理（市场经济信息管理）				经济管理学院
31	会计学（工业会计）				经济管理学院
32	英语	英语	英语		外国语师范学院
33	日语	日语	日语		外国语师范学院
34	法语	法语	法语		外国语师范学院
35	德语	德语	德语		外国语师范学院
36	西班牙语				外国语师范学院
37	俄语	俄语	俄语		外国语师范学院

1990—1993年本科专业设置

续表

序号	1990年	1991年	1992年	1993年	开办学院
38	自动控制	自动控制	自动控制	自动控制	自动化工程学院
39	应用电子技术	应用电子技术（家用电器技术）	应用电子技术（家用电器技术）	应用电子技术（计算机应用、微机应用、电子外贸）	自动化工程学院、电子工程学院、机械工程学院（1991年起分专业方向招生，1993年自动化工程学院计算机应用专业方向招生，机械工程学院其余2个专业方向招生）
40	机械设计与制造	机械设计与制造（空调制冷工程、模具设计、食品机械设计）	机械设计及制造（空调制冷工程、模具设计、食品机械设计）	机械设计及制造（工业自动化、机电外贸英语、液压传动及控制）	自动化工程学院、机械工程学院、建材轻工学院（1991年、1992年分专业方向招生，1990年、1993年未分专业方向招生，1993年自动化工程学院工业自动化专业方向招生、机械工程学院其余2个专业方向招生）
41	无线电技术	无线电技术	无线电技术	无线电技术	电子工程学院
42	通信工程	通信工程	通信工程	通信工程	电子工程学院
43	电子精密机械	电子精密机械（机械电子工程）	电子精密机械（机械电子工程）	电子精密机械（机械电子工程）	机械工程学院

1987年除应用学科招生外，还招收师范班学生。

3. 城镇规划与管理

城镇规划与管理专业开设于1978年，1986年更名为地理专业，1988年更名为经济地理与城乡区域规划专业，1985—1986年、1988—1990年、1992—1993年在文理学院招生。城市学和区域科学是两门新的学科，主要任务是以城市与区域作为有机整体，涉及自然、经济和人文三方面因素，以自然环境、资源、经济条件为基础，结合技术、社会等条件，综合研究各部分间的相互联系、发展过程和趋势。城镇规划与管理是城市与区域科学综合设立的一个新型专业。本专业设置在城市与区域科学系内，主要研究：资源的综合调查、评价与利用；工、农、交通与人口的综合开发与合理布局；城镇与区域的综合开发、综合规划、综合管理并预测其发展方向。本专业开设的主要课程有经济学、地理学、城市科学、建筑科学、规划科学并进行生产实习，学生既有过硬的专业技术，又有宽广的知识背景，从而具备很强的工作适应能力，本系近几届的毕业生在北京市各级规划部门、房地产管理部门等有关单位激烈的求职竞争中取得了优势，并在工作中获得了用人单位的好评。

4. 图书馆学与情报学

图书馆学与情报学专业开设于1978年，1993年更名为图书信息学，1986—1989年、1991—1993年在文理学院招生。图书馆学与情报学是一门新的学科。情报学是研究情报（信息）的特性、传递和利用的基本理论，情报处理技术以及文献情报管理现代化的一门新学科。本专业与数学、计算机科学、语言学、逻辑学、管理科学等学科都有密切联系，主要任务是研究图书情报现象及其规律、图书情报收集、分析综合和存储检索利用的技术方法、现代图书情报系统的设计与管理，开发利用丰富的图书情报资源，为我国社会主义"四化"建设服务。

本专业培养从事图书情报工作的专门人才。学生毕业后可在图书馆、情报研究机构、工厂图书情报研究室（所）从事图书情报研究、管理与服务等工作。

5. 中国语言文学

中国语言文学专业开设于1986年，1988年更名为汉语言文学，1986年、1988—1993年在文理学院招生。文理学院在本专业培养德、智、体全面发展、适应"四化"建设需要的应用人才。学生通过四年学习，可具有较扎实的语言文学方面的理论基础和专业知识，毕业后既能从事专业性较强的工作，又能适应广泛的一般文化工作的需要；可到语言文学部门或其他文化单位做业务工作，也可到新闻出版单位做记者或编辑，还可到大专院校和中等学校从事语文教学工作。本专业1988—1989年除应用学科招生外，还招收师范班学生。

本专业1991年在职业技术师范学院招生。职业技术师范学院在本专业主要为技工学校和职业高中培养合格的语文（含秘书）师资。开设的必修课有：文学概论、美学、语言学概论、现代汉语、中国古代文学、中国当代文学、外国文学、语文教材教法、普通写作、公文写作、秘书学概论、文书档案学、速记学、书法及基础理论、办公室自动化、计算机运用原理、机械和电脑打字、公共关系概论等。选修课有：修辞学、马列文选、中国古代文论、中国文学批评史、中国散文流派研究、中外比较文学、逻辑学、社会心理学、法学概论、中国影视艺术概论、行政管理学、民俗礼仪学、文献资料编纂学等。

6. 法学

法学专业开设于1978年，1985年、1987—1993年在文理学院招生，1985—1993年也在文法学院招生，主要为司法机关、企事业单位培养从事法律顾问及法学教学、科研工作的专门人才，要求学生以马克思主义基本原理为指导，忠于宪法和法律，熟悉国家在政法方面的路线、方针和政策，具有较强的分析问题和解决问题的能力及口头、文字表达能力，并掌握一门外国语。

为贯彻改革开放的基本国策，培养适合现代化建设实际需要的专业人才，本专业按照本院"八五"规划中一主一辅专业的规划部署，对原教学计划进行修订，并予以实施。突出"应用性"和"外向性"两个特色，即以法学专业为基础，向国际经济法方面倾斜，以拓宽学生知识领域，提高学生在涉外经济活动中法律专业工作方面的适应能力。除基础课外，主要专业课程有：法学基础理论、宪法学、中国法制史、外国法制史、刑法学、刑事诉讼法学、刑事侦查学、民法学、民事诉讼法学、行政法学、行政诉讼法学、物证技术学、国际投资法学、国际技术转让法学、国际税法、国际金融信贷法学、国际法学、国际私法、国际经济法、破产法等，并开设犯罪学、票据法学等选修课。

学生毕业后主要在公安、检察等政法业务部门从事实际工作或担任企业的法律顾问，以及在市属高校的教学科研岗位工作。

7. 中国历史

中国历史专业开设于 1978 年，1986 年更名为历史专业，1985—1990 年、1992 年在文理学院招生。历史专业培养具有比较扎实的历史科学的基础理论、专业知识和技能，从事历史研究、教学以及涉及历史的文化宣传工作的人才，要求学生德、智、体全面发展，熟悉马克思主义的辩证唯物论和唯物史观，掌握历史发展的规律，具有扎实的历史专业知识和进行有关历史工作的实际技能。学生毕业后可从事历史研究与教学工作，也可到文物馆、博物馆做专业性工作以及到文化教育部门从事宣传、组织、文化或其他管理工作。本专业同时招收一部分师范班学生，为中等学校培养师资。

本专业为学生开设中国通史、世界通史、北京通史等基础课。高年级开设中国和外国专题史、国别史，以及教育学、心理学、社会学概论、法学概论、自然科学史等课程。第四学年学生要进行社会调查与实习、写毕业论文等综合训练。

8. 食品生物化学与营养学

食品生物化学与营养学专业开设于1985年，1988年更名为食品科学与营养学，1985—1993年在文理学院招生，1990—1991年也在职业技术师范学院招生。本专业是研究食品开发加工、生产、贮存等过程的生化变化及其机理，研究食品营养与人体健康关系的一门应用学科，是食品学科的重要分支。

本专业的基本任务是培养从事食品科学与营养学的科技工作者。学生毕业后可从事食品成分及其营养价值的研究或食品资源开发、食品的加工、食品与人类健康关系的研究工作和教学工作，也可到实际生产部门从事技术工作。

9. 档案学

档案学专业开设于1978年，1985—1993年在文法学院招生。本专业是由原文书档案与科技档案两个专业合并而成的。主要任务是为党政机关、各级档案馆、企事业单位和科研部门培养从事档案管理和档案专业教学及科研的专门人才。要求学生以马克思主义基本原理为指导，具有档案学的基础知识，并能运用电子计算机等现代化技术，从事各种档案工作的规划、组织、管理和业务指导。本专业文理兼收，培养的人才具有广泛的适应能力，既能从事有关文书、历史档案方面的工作，又能从事科技档案方面的工作以及秘书、图书情报工作。本专业除基础课外，主要课程有：文书学、文书档案管理学、档案管理学、科技档案管理学、文献编纂学、档案保护技术、档案复制技术和电子计算机检索等，并设有文书档案与科技档案的分组选修课。

10. 中文

中文专业开设于1978年，1986—1987年在文理学院招生。本专业是培养德、智、体全面发展，适应"四化"建设需要，具有较扎实的语言文学基础理论和专业知识的应用人才。本专业开设古代汉语、现代汉语、写作、中国古代文学、中国现代文学、中国当代文学、外国文学、文学概论、马列文论等基础课和较多的专题课。

学生毕业后，既能从事专业性较强的工作，又能满足较为广泛的一般文化工作的实际需要，可到文化单位做业务工作，到新闻出版单位做记者或编辑，也可到大专院校和中等学校从事语文方面的教学工作。1986年本专业在本学院招生是为北京市培养中学师资。1987年除应用学科招生外，还招收师范班学生。

本专业1985—1990年也在文法学院招生，培养从事报社、出版社、杂志社、电台、电视台等单位的编辑工作、记者工作和党政部门、企事业单位的秘书工作及一般文字工作的专门人才。要求学生能正确理解马克思主义文学理论和有关政策，掌握本专业所必备的基础知识和专门知识，具有初步的科学研究能力，在外国语、电子计算机、写作、摄影等方面要有较深的造诣。本专业除基础课外，主要课程有：现代汉语、古代汉语、文学概论、中国当代文学、中国古代文学史、中国现代文学史、外国文学、写作、新闻采访与写作、秘书学概论、编辑学概论、当代文学评论、新闻摄影以及社会科学和自然科学等方面的选修课。

本专业1985—1989年也在职业技术师范学院招生，主要为技工学校和职业高中培养合格的语文（含秘书）师资。开设的必修课有：文学概论、美学、语言学概论、现代汉语、古代汉语、中国古代文学、中国当代文学、外国文学、语文教材教法、普通写作、公文写作、秘书学概论、文书档案学、速记学、书法及其理论、办公室自动化、计算机运用原理、公共关系概论等。选修课有：修辞学、马列文选、中国古代文论、中国文学批评史、中国散文流派研究、中外比较文学、逻辑学、社会心理学、法学概论、中国影视艺术概论、行政管理学、民俗礼仪学、文献资料编纂学等。

11. 应用数学

应用数学专业开设于1978年，1987—1988年、1990—1993年在文理学院招生。文理学院的应用数学专业目标是将数学用于生产实践。之前的地质学、化学、生物学、经济学、心理学等都只是从性质方面去考察它们内部的联系和变化规律，计算机的出现及飞跃发展为各个学科将数学应用到定量分析方面提供了有力的工具，应用数学的任务是为这些学科提供数学模型及解决问题的具体办法。

本专业主要为北京市培养应用人才。应用软件、应用数理统计、经济数学、系统分析和优化、信息处理、国民经济计划和质量管理等都是本专业可从事的工作方向。

本专业1985年、1987—1992年也在职业技术师范学院招生，为职业高中、中专、技校、成人教育及培训中心培养德、智、体全面发展的计算机专业基础课和专业课师资和机房操作、管理的专门人才。专业方向以计算机软件为主，软硬件结合。

◆ 专业的印记

通过四年的学习，使学生掌握较宽的计算机软件所必需的数学基础，能够结合实际问题建立相应的数学模型、熟练地编制应用软件，并掌握一定程度的计算机硬件维修所需的知识和技能。本专业开设的主要课程有：空间解析几何、高等代数、数学分析、普通物理、概率与统计、理论力学、离散数学、模糊数学、最优化方法、数据结构、数据库原理、操作系统、系统分析、微机组成和原理、计算机图形学、数字信号处理、电路分析、中英文信息处理等，并提供大量的上机实习和上机进行毕业设计的机会，通过四年学习，成绩合格者将被授予理学学士学位。

12. 应用物理

应用物理专业开设于1978年，1986—1993年在文理学院招生。文理学院的应用物理专业方向主要侧重于信息技术，是用物理学的理论和实验方法以及激光、计算机、电子学技术，研究信息技术中有关信息的提取、传输、存储、变换、识别和控制的理论和技术。提高精度、质量和存储密度，开发新的传感技术，是北京市信息科学技术发展的迫切需要。

本专业以近代光学、近代电子学和生物医学电子学作为主要发展方向。近代光学是激光技术、光纤技术、集成光学、声光、电光和磁光调制技术、全息技术、光信息处理、光电子学以及计算机技术的综合性的应用学科。近代电子学是集成电子学和计算机广泛应用于信息技术，使其在测量、记录以及控制过程中实现智能化和综合化的关键技术。学生毕业后可到研究机构、各大医院和厂矿企业、高等院校从事应用研究、专业技术工作和教学工作。

本专业1985—1987年也在职业技术师范学院招生。1986年职业技术师范学院应用物理专业方向是电子电器，主要培养无线电技术、微机应用及民用电器设备（含空调制冷）方面的职业技术教育师资。开设的主要课程除基础课外，还有算法语言、电路分析基础、低频电路、电子线路实验、脉冲与数字电路、微机原理及应用等。高年级开设分组选修课程，主要有电视及电声设备分组、微机应用分组及电器设备分组课程。

职业技术师范学院应用物理专业主要为中专、中技、职业高中培养物理教师。除基础课外，主要专业课有：力学、热学、电磁学、基础物理实验、高等数学、工程数学、算法语言、电子线路基础及实验、微机原理及应用、理论物理概论、近代物理实验、应用物理选修课程及实验等。

13. 历史博物馆

历史博物馆专业开设于1985年，1985—1986年在职业技术师范学院招生。本专业主要为职业高中、中专、中技培养合格的历史博物馆（侧重文博）教师和从事这方面工作的人员。主要专业必修课有：中国通史、世界通史、博物馆学概论、考古学概论、历史地理、史学概论、历史要籍及选读、古文字学、北京史、明清史、北京胜迹、博物馆技术等。

14. 马列主义理论

马列主义理论专业开设于1985年，1989年更名为马克思主义理论专业，1985年、1987—1990年在职业技术师范学院招生。本专业为中专、中技、职业高中和各类成人学校培养政治理论课教师及经济类专业基础课教师。开设的主要课程有：哲学、政治经济学、生产力经济学、科学社会主义、中国革命史、中国社会主义建设、国民经济计划学、统计学、会计学、金融学、审计学、保险学、工业企业管理、市场学、经济法、经济学说史、当代西方经济学评介、比较经济学、高等数学、外语教育学、心理学、社会学、逻辑学、公共关系、计算机应用等。

15. 电子电器

电子电器专业开设于1985年，1990年更名为电子电气专业，1985年、1988—1993年在职业技术师范学院招生。电子电气专业是学院电气工程系以机电一体化为发展目标而设置的宽口径技术教育专业，主要为中专、中技、职业高中及各类职业培训中心培养专业基础课、专业技术课师资，也兼顾培养少量专业技术实习课师资。目前开设的主要公共课程有：高等数学、外语、工程制图、大学物理、工程数学、算法语言、电路分析、低频模拟电路、脉冲与数字电路、微机原理及应用以及与上述课程配套的实验课程。高年级实行模块化选修课程，第一组为电视电声模块，开设的课程有：天线与电波、黑白电视原理与维修、彩色电视原理与维修、电声技术基础、收录机原理与维修、电教概论以及相应的实验课程和技术实习。第二组为计算机应用模块，开设的课程有：离散数学、数据结构、数据库、操作系统、计算机组成原理、微型计算机原理及应用、微型计算机结构分析及维修技术以及相应的实验和实践课程。第三组为电气工程模块，开设的主要课程有：机械零件与原理、电机学及电力拖动、自控原理与系统、电工仪表与测量、供电、常用电器控制设备、常用电器原理及维修以及相应的实验课程和实践课程。本专业要求毕业生既有从事技术教学工作的能力，也有从事有关工程技术工作的能力。经过四年本科课程的学习，成绩合格者将被授予工学学士学位。

16. 应用化学

应用化学专业开设于1978年，1986年更名为化学专业，1985—1986年在职业技术师范学院招生。本专业主要培养中等职业技术学校的化学教师。主要有高等数学、普通物理、无机化学、分析化学、有机化学、物理化学、物质结构、化工制图、算法语言、化学工程基础、工业化学等工程与技术方面的课程。此外，学生还要经过工业见习、教育实习、毕业论文等实践性环节。

17. 生物

生物专业开设于 1978 年，1987 年更名为医学基础，1985—1993 年在职业技术师范学院招生。医学基础专业包括遗传学、生理学、生物化学和生物医学技术四个专业方向，主要是为北京市培养中等卫生学校（含护校和同类职业高中）专业基础课和专业课教师。学生在校期间，除必修外语、教育理论等公共课外，主要基础课有：高等数学、概率与统计、计算机语言、医学物理、无机化学、有机化学、分析化学。专业基础课有：普通生物学、人体解剖学、组织胚胎学、生物化学、生理学、医学微生物学、医学遗传学、免疫学、病理学、药理学、临床医学概论等。高年级开设临床生化与病理生化、遗传毒理学及毒理技术、临床生化诊断及检测技术等专业技术课程。最后一年完成教学实习和毕业论文后，成绩合格者将被授予理学学士学位。

18. 服装

服装专业开设于 1987 年，1988 年更名为服装设计专业，1992 年更名为服装专业，1987—1993 年在职业技术师范学院招生。为适应社会的人才需求，本专业主要培养具备一定服装设计理论基础和设计技巧，能进行各类服装设计、掌握服装工艺的基本原理和实践技能，能独立进行制作和打版，达到三级以上专业技术等级标准，适应面宽，德才兼备的中等职业技术学校服装专业师资和服装行业设计人才。所设主要课程内容分为绘画基础、专业基础、专业理论基础、专业设计和工艺制作。开设素描、水粉、服饰图案、服装绘画、服装造型、服装色彩、专题设计、结构设计、服装制图、裁制工艺、打版推版、装饰工艺、服装材料学、服装市场学、中外服装史、计算机辅助设计等课程以及大量实践课。本专业为四年制本科，学生毕业可获取双证书，即学士学位证书和专业技术等级证书。

19. 纺织工程

纺织工程专业开设于1985年，1985—1993年在纺织工程学院招生。本专业通过理论教学、生产实习、产品调研和毕业设计等环节，使学生较系统地掌握纺织原料、生产工艺、产品设计和企业管理等方面的知识，得到纺织工程师的基本训练，能运用新原料、新设备、新工艺进行产品开发与研究，培养学生较强的实际工作能力。除基础课外，主要课程有：纺织化学、算法语言、微机应用、机械制图、工程力学、机械基础、纺织材料学、纺织染工艺学、纺织品设计、优化设计、新型纺纱与织造、纺织工业企业管理等。

20. 针织工程

针织工程专业开设于1985年，1985—1988年、1990—1993年在纺织工程学院招生。本专业通过理论学习与生产实践等教学环节，使学生较系统地掌握纺织原理、针织工艺理论与设备、服装设计和企业管理等知识，培养能从事针织工艺与产品设计、服装设计与制造等技术工作的高级专门科技人才。除基础课外，主要课程有：纺织化学、算法语言、微机原理及应用、机械制图、工程力学、机械设计基础、电工学、纺织材料学、针织原理、针织工艺与设备、素描、色彩与图案、服装设计、专业外语、企业管理等。

21. 工业管理工程

工业管理工程专业开设于1985年，1985—1989年、1991—1993年在电子工程学院招生。电子工程学院在本专业主要培养具有管理现代化企业才能的高级工程管理人员，毕业后主要从事电子工业企业的管理与经营。要求学生掌握经营管理现代企业所具备的系统的企业管理科学的基础理论、基本知识和基本技能，掌握电子技术的基础知识，掌握数据库等计算机算法语言、微型计算机原理、程序设计、管理信息系统必备知识，并要求学生掌握经济法、国际贸易法、涉外英语，达到可以和外商洽谈贸易业务，熟练阅读外文书籍和期刊的能力。

本专业1985—1988年、1990—1992年也在纺织工程学院招生。纺织工程学院在本专业通过进行理论学习、管理业务实习及毕业论文等环节，使学生毕业后能在纺织企业从事综合性管理工作，如市场预测、企业经营决策、计划管理、生产管理、质量技术管理等，也可在纺织设计、研究单位从事可行性研究、设计方案的评价、技术经济分析等项目，并能应用计算机参与各项活动，成为掌握并运用现代化管理手段的专门人才。除基础课外，主要课程有：计算机语言、计算方法、运筹学、管理信息系统、纺织商品学、市场营销学、经济法、工业企业管理、工业统计、工业会计、财政与信贷、国际贸易、审计学、管理经济学、世界经济概论、技术经济分析、管理心理学等。

本专业1987年在建材轻工学院招生。建材轻工学院在本专业培养运用现代管理科学理论、方法、手段对现代工业企业的生产、发展进行组织、规划与控制的高级管理工程人才。学制四年，除学习机械工程技术学科外，主要学习工业管理工程、工业经济、技术经济、运筹学、统计学、会计学、管理信息系统及计算机语言和微型机原理及应用等课程。

22. 纺织机械

纺织机械专业开设于1985年，1985—1993年在纺织工程学院招生。本专业要求学生通过理论、实践等环节，较系统地掌握电机与电力拖动、工业电子技术、自控原理及系统、微机原理及微机控制技术等知识，毕业后能从事纺织设备电气化、自动化装置的设计、组调、维修及对引进技术的消化、吸收等工作，具有较强的实际工作能力。除基础课外，主要课程有：电路分析、电子实验技术、微机原理、算法语言、电机与拖动、自控理论、变流技术、自控系统、微机控制技术、纺织工业中典型控制系统、工厂输配电、工业企业管理概论等。

本专业要求学生通过理论学习、生产实习及毕业设计等环节获得机械工程师的基本训练，系统掌握机械工程的基础知识及新型纺织机械、电力拖动与控制、企业管理等方面的必要知识，具备机械设计的技能，成为能较好胜任有关机械设计、设备改造与调试、维修、管理及进口设备消化吸收工作的高级工程技术人才。除基础课外，主要课程有：计算机语言、微机原理及应用、电测技术、气动液压技术、自动控制基础、热工与空调、公差与技术测量、纺织机械自动化、纺织机械设计、金属材料与热处理、金属工艺学、机械制造工艺学等。

23. 工业分析

工业分析专业开设于 1985 年，1985 年、1988 年在化学工程学院招生。随着科学技术和工业的迅速发展，对物质的组成、结构和形态等进行准确、灵敏、快速的分析成为关键。现代工业分析（包括工业污染监测）已不限于化学分析，它综合了光、电、磁、声等多种科学技术成就，发展了各种仪器分析，因此它是一门综合性的学科。仪器分析技术和理论的应用使工业分析方法和仪器日新月异，不断、迅速地向前发展。本专业学习化学分析理论和方法及多种现代仪器分析技术及理论（其中包括电化学分析、气相和高压液相色谱、原子发射光谱、原子吸收光谱、紫外吸收光谱、红外吸收光谱、核磁共振波谱和质谱等），培养具有选择和改进分析方法，制定分析规程及解决科研、生产中有关分析问题能力的高级分析人才。

24. 化学工程

化学工程专业开设于1978年，1985年、1987年、1989—1992年在化学工程学院招生。本专业主要研究化工过程和设备的基本规律、试验结果的模拟放大、化工过程的最优化等，主要学习化工单位操作、动量、热量和质量传递的基本理论，化工热力学，化工动力学和反应器设计，化工系统工程学和化工工艺学，培养从事化工过程及设备的开发、放大和最佳化的科研、设计和生产的高级工程技术人才。

煤化工是一门研究煤炭资源的综合、有效及合理利用的学科，是培养掌握以炼焦生产为基础的焦化副产品的分离与加工和煤炭转化为流体燃料的二次能源高效利用的理论与技术的高级工程技术人才。

学生除要掌握一般化工类型生产过程和设备的基本规律和原理外，还要学习煤化学的基本知识，煤加工生产过程中的主要单元操作、反应工程和分离工程的基本理论，可以获得对煤化学加工生产流程和工艺设备设计计算的初步能力，对煤化工企业的生产工艺设备进行分析研究和技术改造的初步能力，对煤化学加工、综合利用和开发研究的初步能力。

化学工业是国民经济的一个重要部门，产品种类繁多，广泛应用于农业、工业、交通、国防以及人们的日常生活中。现代化学工业正在发生深刻的变化，生产技术普遍更新，生产装置大型化，广泛运用自动控制且越来越多地应用电子计算机。化学工程专业主要研究化工过程和设备的基本规律、试验结果的模拟放大、化工过程的最优化等，对促进化工、石油化工、冶金、轻工等工业的发展具有重要作用。

25. 高分子化工

高分子化工专业开设于1985年，1985—1986年、1992年在化学工程学院招生。近几年合成橡胶、塑料、化学纤维等高分子材料越来越被广泛地应用于工农业生产、国防建设和科学技术的各个部门。用高分子材料制成的家具、日用品、医疗用品、文化教育用品以其精巧、适用、绚丽多彩、物美价廉的优势迅速地进入民用市场，极大地便利、丰富了人们的生活。本专业主要研究单体合成橡胶塑料的聚合工艺过程及以橡胶塑料等原料为主体的复合材料的配制成型加工过程，主要培养能从事高分子材料研究、开发和合成工艺设计的高级工程技术人才。

26. 精细化工

精细化工专业开设于1985年，1985年、1987—1988年、1990—1993年在化学工程学院招生。精细化工产品是指经过化学深度加工制成的各种化学品。其使用范围广泛，如食品添加剂、表面活性剂、染料、香料、涂料、试剂、粘合剂、催化剂、感光材料、稀土材料、中西药等。它与国民经济各部门和人民生活密切相关。随着科学技术的发展，人们生活水平提高，精细化工逐渐成为我国化学工业发展的重点行业之一。精细化学品是高效能化学品，与传统产品相比具有鲜明的生产、科研、开发三位一体的特点。本院精细化工专业的任务是为北京市化学工业和其他有关工业培养从事精细化学品生产、科研与应用开发的高级工程技术人才。本院精细化工专业主干课程由多年从事精细化工专业的教授、副教授、讲师主讲。经过四年的学习与各种训练，培养学生一定的开发、研制、生产精细化工产品的能力，成为精细化工行业的高级应用型工程技术人才。

27. 化工设备与机械

化工设备与机械专业开设于1989年，1989年、1991年、

1993年在化学工程学院招生。化工生产是通过各种化工机械（包括设备和机器）来实现的，因此，化工机械的改进和完善是化工生产正常进行的保证。随着高压、高速、低温、真空等工艺条件的出现，实现高效率、耐腐蚀、大型化等要求，推动着化工机械专业不断发展。本专业以化工设备及机器的设计为主，其中包括压力容器、传热设备、传质设备、压缩机、离心机、化工用泵等，主要学习化工设备及机器的强度分析和结构原理，学习化工设备及机器的设计与制造的基本理论和实践知识。本专业主要培养从事化工机械结构设计、科学研究工作，并具有解决生产实际问题能力的高级工程技术人才。

28. 旅游外语（含英语、日语）

旅游外语（含英语、日语）专业开设于1985年，1988年更名为专门用途外语，1988年、1990年在经济管理学院招生。经济管理学院在本专业培养外经、外贸英语翻译人才，要求学生较熟练地掌握英语，具备听、说、写、译的能力，语音语调准确，语法概念清楚，口、笔译流畅准确，能独立承担外资和外经口、笔译工作和谈判工作。主要开设经济应用文写作、大学语文基础英语、听说课、翻译课、英语函电和谈判、英国经济和政治、国际贸易、外贸概论、进出口业务、国际金融、资本主义市场行情等课程。

同时，经济管理学院在外贸日语专业方向培养从事对外贸易工作的日语专门人才。通过学习，要求学生熟练地掌握日语，能够运用日语从事对外贸易活动，掌握对外经济贸易的基本知识和我国对外经济贸易的方针、政策。主要课程有：日语精读、口语、听力、泛读、写作、翻译、函电、谈判、政治经济学、进出口业务、中国对外贸易概论、国际贸易、国际金融、国际结算、计算机语言及应用等。本专业必修第二外国语——英语

（招英语考生）。

本专业1985—1993年也在旅游学院招生。旅游学院在本专业培养具有较广博的国内外特别是关于北京的历史、地理、文化、艺术及风土人情、国际关系等多方面的知识以及较好的汉语修养，了解国内外旅游事业的发展概况，熟悉一般涉外业务和礼宾事宜及常规的旅游管理知识，具有较强的组织能力和应变能力，能独立分析和处理旅游及其他有关业务工作中的实际问题，熟练掌握一门外语，能胜任旅游翻译、导游、领队和其他涉外工作的外语高级专门人才和旅游科学研究人员。主要课程有：英（日）语精读、听力、会话、明清史、对象国概况、马列主义理论、国际关系知识、旅游心理、旅游文学、第二外语、旅游概论、旅游地理、导游基础、导游业务、北京地方学等。本专业第一、二学年以学习基础课为主，第三、四学年以学习专业课及实习为主。

29. 饭店管理

饭店管理专业开设于1985年，1988年更名为旅游经济专业，1985—1993年在旅游学院招生。本专业培养德、智、体、美全面发展，适应现代旅游发展需要，具有现代化饭店经营管理基本理论，有一定的实践能力和技巧，外语基础好，能胜任旅游饭店企业经营管理的专门人才。主要课程有：英语、马克思主义理论、高等数学、大学语文、旅游概论、管理基础、旅游心理、旅游法规、公共关系、电子计算机、旅游经济、旅游市场、饭店总体管理、客房管理、餐饮管理、旅游财会等。

30. 对外经济贸易

对外经济贸易专业开设于1985年，1988年更名为国际贸易专业，1985—1990年在经济管理学院招生。本专业培养从事对外经济贸易工作的专门人才，要求学生系统地、准确地掌握马克思主义基本原理和对外经济贸易的基本知识，熟悉和掌握我国对外经济贸易的方针、政策；具有从事国际经济贸易工作的能力，熟练掌握一种外国语，能较准确地阅读与翻译对外经济贸易方面的资料、书刊；能较好地用外语从事对外贸易谈判，草拟外文函电、合同等。本专业开设的英语课程有：英语精读、口语、听力、阅读、函电、谈判、资料刊物选读、写作、翻译等。主要专业课程有：政治经济学、对外经济贸易业务、政治理论、中国对外经济贸易概论、国际贸易、国际金融、外贸业务、资本主义市场行情、销售学、国际结算、进出口业务、外贸财务、英文打字、国际经济法、外贸会计、国际市场销售学、国际经济法、计算机语言及应用、第二外国语等。

31. 国际经济信息

国际经济信息专业开设于1985年，1985—1986年在经济管理学院招生。本专业培养国际经济信息研究和国际经济信息业务工作的专门人才，要求学生系统地、准确地掌握马克思主义的经济理论和党的对外经济贸易工作方针政策，了解世界经济的新成就和新发展，掌握经济信息的基本理论、基本知识和基本技能，能科学地综合分析、研究经济信息，掌握英语的听、说、写、译，能够运用英语从事国际经济信息的研究和组织管理工作。

32. 经贸外语

经贸外语专业开设于1985年，1987年更名为经贸日语专业，1985—1987年在经济管理学院招生。本专业培养外经、外贸翻译人才。要求学生掌握马克思主义基本原理；较熟练地掌握日语、英语，具备听、说、读、写、译的能力，语音语调正确，语法概念清楚，口、笔译流畅准确；掌握我国外经、外贸理论和实务程序，熟悉我国对外的方针政策，能独立地承担外贸和外经口、笔译和谈判工作。

本专业为学生开设基础日语、听说课、翻译课、日语函电和谈判、日本经济和政治、资刊选读、国际贸易、外贸概论、进出口业务、国际金融、资本主义市场行情等课程。

33. 计划统计与预测

计划统计与预测专业开设于1985年，1985—1987年在经济管理学院招生。本专业培养能掌握计划统计与预测方面的理论和技术，从事计划、统计、经济预测工作或理论研究的专门人才。本专业要求学生系统地掌握马克思主义的经济理论，能应用所学的科学理论知识分析和解决计划、统计与经济预测中的实际问题。除基础课外，主要专业课有：社会经济统计学原理、数理统计、商业统计、国民经济计划、综合平衡统计、国民经济计划学、现代计划方法、投入产出、计算机及应用。

34. 工业企业管理

工业企业管理专业开设于1985年，1988年更名为企业管理专业，1989年更名为工业企业管理专业，1985—1989年在经济管理学院招生。本专业培养具有现代科学技术和经营管理知识，具有开拓精神和独立工作能力，为社会主义现代化建设事业服务的工业企业经营管理专门人才。

通过四年学习，要求学生系统地掌握马克思主义经济理论，掌握与工业企业管理相联系的必要的现代科学技术与现代科学管理的专门知识，掌握社会调查和科学研究的基本方法，并能运用所学知识初步分析问题和解决问题。本专业主要开设企业管理原理、工业企业生产管理、工业企业科技管理、企业经营管理、劳动人事管理、工业经济管理、涉外企业经营管理、管理系统工程、管理信息系统、计算机数据处理、技术经济学、政治理论、英语、高等数学、经济应用数学以及机械制图、机械制造基础、电子电工学、轻纺工业技术、工业统计、财务会计、财政与信贷、经济法、外国企业管理等课程。

35. 商业经济管理

商业经济管理专业开设于1978年，1988年更名为企业管理专业，1989年更名为商业企业管理专业，1985—1990年在经济管理学院招生。本专业培养掌握现代经济信息管理理论和方法，能够使用计算机分析市场经济动态，既懂得经济理论又能使用现代技术手段分析市场经济和解决经济问题的专门技术人才。

学生应掌握基本经济理论和企业管理知识，有较扎实的经济数学基础和计算机知识，掌握现代技术手段，能独立进行经济分析，具有对经济进行定性、定量分析的能力。在外语方面，要求学生具有初步的听、说、读、写能力。主要专业课程有：政治经济学、经济应用数学、英语、计算机语言及应用、数据库、信息处理概论、市场信息管理、管理科学与信息系统、运筹学、商业企业管理学、市场学、财政金融学、法学概论、公共关系学、预测与决策、会计、统计、对外贸易等。

36. 财务会计

财务会计专业开设于1978年，1988年更名为会计学专业，1985—1990年在经济管理学院招生。

财务会计（外贸会计专业方向）专业培养能从事外贸财务会计工作的专门人才，要求学生能系统地掌握马克思主义的基本原理并掌握社会调查和科学研究基本方法，具有从事外贸财务会计工作的能力。除基础课外，主要专业课程有：会计原理、外贸会计、外贸财务管理、外汇银行会计、资本主义财务会计、中外合资企业会计、管理会计、计算机及应用、审计学、国际金融、国际结算、国际经济法。

财务会计（工业会计专业方向）专业培养从事工业企业及

其他有关部门财务会计工作的专门人才，要求掌握本专业的基本理论、基本知识和基本技能，具有独立从事财务会计工作的能力。除基础课外，开设的主要课程有：经济应用数学、会计原理、工业会计、工业企业财务管理、企业经济活动分析、资本主义财务会计、中外合资企业会计、管理会计、审计学概论、财政与信用、工业企业管理、工业统计、计算机语言及应用、经济法、商业会计、基建会计等。

财务会计（审计专业方向）专业培养从事工业企业等各部门审计工作的专门人才，要求掌握本专业的基本理论、基本知识和基本技能，具有独立从事审计工作的能力。除基础课以外，开设的主要课程有：经济应用数学、会计原理、工业企业财务管理、工业经济活动分析、国际金融、西方财务会计、审计原理、企业财务审计、企业经济效益审计等。

本专业培养能从事工业企业及其他有关部门财务会计工作的专门人才。通过四年学习，要求学生能系统掌握马克思主义经济理论，正确地理解和掌握本专业的基本理论、基本知识和基本技能，掌握社会调查和进行科学研究的基本方法，具有独立从事财务会计工作的能力。主要专业课程有：政治经济学、哲学、经济应用数学、会计原理、工业会计、工企财务管理、企业经济活动分析、资本主义财务会计、中外合资企业会计、管理会计、审计学概论、财政与信用、工业企业管理、工业统计、计算机语言及应用、经济法商业会计、基建会计等。

37. 统计学

统计学专业开设于1978年，1988年在经济管理学院招生。本专业培养具有现代科学管理知识、管理才能的统计专门人才，要求学生掌握马克思主义的经济理论、统计及与之相关的现代管理基本技术，并能用所学知识从事统计及经济管理的理论研究或实际工作。主要开设经济应用数学、社会经济统计学原理、经济统计学、数理统计学、商业统计学、工业统计学、投入产出、工业会计、计算机应用技术、经济预测决策、企业管理学、国民经济管理等课程。

38. 价格学

价格学专业开设于 1988 年，在经济管理学院招生。本专业培养在物价管理、检查部门能够从事物价工作的专门人才，要求掌握马克思主义经济理论及社会主义商品经济的运行规律和运行机制的特点和作用，具有运用现代计算技术和方法进行经济活动分析的能力，掌握一门外语，有一定的听、说、读、写能力。除基础课外，主要开设政治经济学、会计学、统计学、市场营销学、财政金融学、国民经济计划学、生产布局学、国际金融学、价格学、部门价格学、企业定价法、涉外价格学、计算机语言及应用等课程。

39. 英语

英语专业开设于 1978 年，1985—1992 年在外国语师范学院招生。英语专业全部为北京市培养英语师资，毕业后分配到中学或大学担任英语教师，设有四年制本科和二年制专科。二年制专科为北京市各区县培养中学英语教师，实行定向招生，定向分配。英语专业已与美国纽约州立大学布法罗分校、卫斯里大学等八所院校建立了联系，广泛开展学术和人员交流。受北京市高校对外交流委员会的委托，英语专业与美国纽约州立大学布法罗分校合作建立了"北京市高校英语培训中心"，有计划地对北京市高校的青年教师进行短期英语培训，已先后举办 16 期，有 500 余名中青年教师取得了该中心的结业证书。

40. 日语

日语专业开设于 1978 年，1985—1992 年在外国语师范学院招生。日语专业的主要任务是为北京市培养从事日语教学、外事、翻译等工作的人才。

41. 法语

法语专业开设于1978年，1985—1992年在外国语师范学院招生。法语专业主要为北京市培养从事教学和口、笔翻译工作的法语人才。本科学制四年，1986—1992年全部招收自费学生。

42. 德语

德语专业开设于1985年，1985—1992年在外国语师范学院招生。德语专业主要为北京市培养从事教学和各种翻译工作的德语人才，本科学制四年。德语专业还设有德国专家遗赠的"尼邦克图书馆"，德国有关机构和个人定期赠送各种图书资料。

43. 西班牙语

西班牙语专业开设于1985年，1985—1990年在外国语师范学院招生。西班牙语专业主要培养从事外事、教学、翻译等工作的西班牙语人才。本科学制四年。

44. 俄语

俄语专业开设于1985年，1985年、1987—1992年在外国语师范学院招生。俄语专业专门为北京市培养从事教学和口、笔翻译工作的俄语人才。本科学制四年。

45. 自动控制

自动控制专业开设于1985年，1985—1993年在自动化工程学院招生。本专业培养自动控制特别是计算机控制方面的高级工程技术人才，学生在校期间除学习政治、数学、物理、中文、英语等公共基础课外，主要学习电路分析、电子技术、自动控制理论、自动控制系统、微机原理及应用、接口技术、单片机、计算机语言、计算机控制系统、信号变换与处理、自动控制与仪表等课程，同时还可选修计算机仿真、最优化基础、软件基础、控制系统 CAD、管理信息系统等其他课程。为提高学生综合分析问题和解决实际问题的能力，高年级学生需进行有关的专业课程设计及毕业设计。

学生经过四年学习，除掌握自动控制理论及计算机应用技术外，应具有对自动控制系统进行分析、设计、研究的能力，能有效地应用和开发计算机控制系统，也具有一定的经营管理能力。

46. 电子精密机械

电子精密机械专业开设于 1985 年，1985—1986 年在自动化工程学院招生。本专业培养从事电子精密机械的设计、制造及机电一体化方面的高级工程技术人员。经过学习，学生掌握机械、电子技术、计算机应用等方面的专业知识，掌握现代化的优化设计和制造工艺过程自动化技术，能够从事精密机械及其控制系统的设计与制造工作。根据需要，专业在数控机床、机械手、机械人、计算机辅助设计和辅助制造等机电一体化产品的设计、制造工艺及设备改造等方面有所侧重。

本专业 1985 年、1987 年、1989—1993 年也在机械工程学院招生，培养能适应现代机械工业发展需要的机电一体化的高级工程技术人才。强调机电结合，要求学生掌握机电有关学科的基础理论和技能，毕业后可从事机电一体化产品的设计、制造和有关技术改造的工作。主要专业基础课和专业课有：机械制图、理论力学、材料力学、机械原理、机械设计、互换性与技术测量、电路理论、电子技术、自控原理、测试技术、液压与气动技术、工程光学、计算机原理与应用、传感器及应用、精密机械制造、电子精密机械、计算机软件技术、数控技术、机器人学等。

47. 应用电子技术

应用电子技术专业开设于 1985 年，1985—1993 年在电子工程学院招生。本专业主要培养掌握电子技术、微型计算机原理及应用、自控理论、智能测量，并以电子技术与微机为主要手段，能对工业控制系统进行分析、设计、综合、维护与应用的高级工程技术人才。专业方向是电子技术与微机在边缘学科和工程中的应用。学生可获得电子线路的分析、设计等综合能力，控制理论的坚实基础和控制系统进行分析、综合、设计与研究的能力，微机应用技术基础、信号的获取与处理、微机应用程序的设计与组织的能力。

本专业 1985—1987 年、1989—1993 年也在机械工程学院招生，培养能够从事以电子技术、自动化技术和微型计算机为核心的工业生产过程自动化系统及现代电子设备的分析、设计、研究、调试、维护运行的高级技术人才。本专业十分重视基础理论的学习，又强调解决工程实际问题能力的培养。主要专业基础课、专业课有：电路理论、模拟及数字电子技术、自动控制原理、微机原理及应用、计算机软件基础、工业控制机技术、数控技术、电力电子技术现代控制理论、人工智能原理、数据库原理、操作系统原理、单片机原理、8088 宏汇编程序设计、IBMPC 计算机原理、现代检测技术等。为了加强学生工程实践能力的培养，还设置了教学实验、课程设计、毕业设计、生产实习、专用周等实践活动。

1989 年根据北京市工业发展的需要，本专业设置了四个专业方向：①高级家用电器专业方向（包括制冷设备、空调器、洗衣机、录像机、电视与电声设备等）；②微型计算机应用专业方向；③功率电子技术应用专业方向；④人工智能（机器人）专业方向。1990 年根据社会需求，本专业设置微型计算机应用、电力电子技术、高级家用电器、人工智能四个专业方向。1991年根据社会需求，本专业设置微型计算机应用、电力电子技术、高级家用电器三个专业方向。1992年为适应北京市人才需求情况，本专业设置了两个专业方向供高年级选择：①微型计算机应用专业方向。培养在厂矿、科研院所从事微型计算机系统及微型计算机应用产品的开发研究工作的专门人才。②生产过程自动化专业方向。培养对工业生产过程参数进行检测和控制以实现生产过程自动化的专门人才。

本专业1986—1993年也在自动化工程学院招生。自动化工程学院的应用电子技术专业（管理信息系统专业方向）培养掌握电子计算机技术和现代管理科学理论，具有管理信息系统组织、分析、设计、实施和评价能力的高级工程技术人才。学生主要学习如何综合运用系统科学、管理理论、计算机技术和数学方法来分析和设计企事业单位或部门的管理信息系统，建立和维护管理信息系统的技术和方法，以及工程项目的技术经济分析、模型构造和动态模拟方法等。

自动化工程学院的应用电子技术专业（计算机及应用专业方向）重点培养电子技术及计算机应用方面的高级工程技术人才。除基础课外，还设有离散数学、计算方法、电路分析、电子技术、信息处理技术、计算机导论、微机原理和应用、接口技术、汇编语言、计算机高级语言、数据结构、操作系统、数据库、计算机系统结构、经济管理等课程，高年级还有课程设计及毕业设计。专业要求学生掌握计算机的基本理论、方法和技能，具有较好的数理基础和逻辑思维能力，能有效地开发和应用计算机硬件和软件，解决工程技术及科学研究中的实际问题，并具有一定的经营和管理能力。

自动化工程学院在本专业重点培养计算机应用和电子技术

方面的高级工程技术人才。学生在校期间需学习政治、外语、数学、物理、制图等基础课程以及电路分析、数字电子技术、模拟电子技术、计算机组成原理、操作系统、接口与通讯、数据库原理及应用、计算机高级语言及程序设计等专业基础课程，并同时开设了几组不同性质的实验，以提高学生的动手能力。此后，学生将进入专业学科组的学习，每个学科组包含若干门专业课程。目前设有以下专业学科组：计算机系统与网络、管理信息系统和办公室自动化、微机化仪器仪表、单板机和单片机的开发应用、计算机辅助设计与制造、信息处理、人工智能、电子技术应用等。每个学生将根据需要和兴趣选学一组，为提高学生综合分析和解决问题的能力，高年级学生还将进行课程设计和毕业设计。

通过基础课和专业基础课的学习，学生将具有较好的数理基础和逻辑思维能力，具有计算机和电子技术方面的基本理论和初步的动手能力，具有较宽的工作适应面，在此基础上进行专业学科组学习及毕业设计，使学生在某个专业方向上具有较深的造诣和实践能力。

在校期间，学生还将学习若干门经济管理课程，参加社会调查等实践活动，培养学生具备一定的经营管理能力。

48. 机械设计及制造

机械设计及制造专业开设于1985年，1986年更名为机械设计与制造专业，1989年更名为机械设计及制造专业，1990年更名为机械设计与制造专业，1992年更名为机械设计及制造专业。本专业1985—1993年在机械工程学院招生，培养具有坚实的机电基础理论和较强的解决实际问题能力的机械设计及制造领域的高级工程技术人才，是具有广泛适应性的宽口径专业。学生通过理论学习和实验、实习、课程设计、毕业设计等实践环节，掌握现代机械的设计、制造检测及自动化等方面的基本理论与技能。主要专业基础课有：机械制图、理论力学、材料力学、机械原理、机械设计、电子技术、电机电器、金属学与热处理、微机原理与应用、切削原理、机床、机械制造工艺学、互换性与技术测量、检测技术、液压技术等。根据社会需求和学生本人的志愿，高年级学生可分别选学机械设计、机械制造、液压技术、机电（外贸）英语、模具设计及制造等专业方向中的一个专业方向，开设优化设计、可靠性设计、机构分析和综合、设计方法学、计算机辅助设计、计算机辅助工艺设计、机械制造自动化系统、数控机床、机电外贸英语、外贸理论与实务、模具设计及制造、工业工程、工业造型设计等几十门相应的专业课程供学生选学。

本专业1985—1986年也在轻工工程学院招生，主要培养轻工、食品、建材等各种产业机械的设计、改造、开发、研究及制造的高级工程技术人才。学生主要学习如何运用有关工程力学、机械学、机械设计等方面的基本理论和方法，设计功能可靠、性能良好的机械和装置，并掌握自动控制、计算机和微处理机的应用知识，实现机械、设备的自动化，改造旧设备，提高生产率。本专业学生根据实际需要，在加选热工学、工程流体力学和相应课程后，可以从事空调、制冷等技术工作。

本专业1987—1993年也在自动化工程学院招生，培养从事机电一体化产品的设计、制造及机械自动化方面工作的高级工程技术人才。

本专业以机为主、机电结合，学生在校期间将系统地学习马列主义基础理论、数学、物理、中文、英语、力学、机械学、电子学、计算机原理与应用、测试技术、液压技术、自动控制理论、数控技术、机器人技术、经济管理等基础知识和专业知识。通过四年学习，要求学生掌握机械、电子技术、计算机应

◆ 专业的印记

用等方面的专业知识,掌握现代化的优化设计和制造工艺过程自动化技术,能够从事精密机械及其控制系统的设计与制造。根据需要,在数控机床、机械手、机械人、计算机辅助设计和辅助制造等机电一体化产品的设计、制造工艺及设备改造等方面有所侧重。学生应熟练地掌握机械学、电子学的基本理论,具有各种产业机械的设计制造与实验调试的能力,具有应用计算机与电子技术的能力,本专业也要求学生具备一定的经营管理能力。

本专业1987—1993年还在建材轻工学院招生。建材轻工学院在本专业培养轻工机械、空调制冷、食品机械、金属与塑料模具的设计、开发、运行管理和研究等方面的高级工程技术人才。学生应具有机械设计基础扎实、专业方向适应社会需要之特点,本科前三年学习力学、机械学和设计工程学等基本理论和实践,最后一年按需选择食品机械、空调制冷、模具设计等专业方向。教学中增设液压技术、测试技术、电器控制、微机应用等机电一体化课程,注重外语、应用技术、管理知识和理论联系实际的教育,除培养机械设计能力强的本科生外,还招收三年制的专科生,设有空调制冷、食品机械、金属与塑料模具三个专业,除要求学生分别学好流体力学、工程热力学、空气调节、塑性成型理论、模具设计、食品机械等基本理论外,还注重学生实际开发、运行管理知识的教学与实践能力的培养。

本专业1985年、1988年也在航天工程学院招生,主要培养掌握通用机械设计的基本理论、方法和技能,从事机械设计与制造的高级工程技术人才。主要课程有:理论力学、材料力学、结构力学、机械原理、机械设计、机械制造工艺学、电子技术、计算机辅助设计、微机应用等。

49. 无线电技术

无线电技术专业开设于1978年，1985—1993年在电子工程学院招生，主要培养掌握无线电电子系统中电路理论和技术、信号传输与处理的基本理论与方法，掌握计算机硬件、软件应用技术，能从事电子系统部件和设备的研究、设计以及微型计算机应用开发的高级工程技术人才。学生主要学习无线电电子系统中的各种电子电路（包括模拟和数字电路）的分析和设计方法，学习信号的产生、传输、变换和处理技术，学习微型计算机硬件和软件应用。

50. 通信工程

通信工程专业开设于1978年，1988年更名为通讯工程专业，1990年更名为通信工程专业。本专业1985—1986年、1988—1993年在电子工程学院招生，主要培养能掌握通信工程中的信息采集、传输与处理的基础理论和技术，能对通信系统进行分析、设计研究、制造与运行分析的高级工程技术人才，专业方向是移动通信与计算机通信。学生应获得电路、信号与系统方面的基本理论和实践技能，掌握模拟与数字电路的计算与设计方法，具备典型通信系统和设备的组成、工作原理及工程设计的初步能力，掌握计算机通信理论、微机在通信中的应用以及信息和数据处理的一般理论与技术。

51. 热加工工艺及设备

热加工工艺及设备专业开设于1985年。本专业1985—1986年在机械工程学院招生，培养机械制造业所需要的金属材料热处理方面的高级工程技术人才，要求学生掌握通过在不同条件下加热、冷却以及其他物理与化学的方法，充分发挥金属材料的潜在能力，探索金属材料热处理的新工艺及其理论，分析研究机械设备中所采用的材料的合金化基本理论。

52. 电气技术

电气技术专业开设于 1985 年，1985—1993 年在机械工程学院招生。本专业是电工学科领域内的一个强电与弱电相结合的、发展蓬勃的、社会需求量较大的宽口径专业，着重培养电气技术方面适应工作范围宽广、解决实际问题能力较强并具有开拓创新能力的高级工程技术人才。学生通过理论学习和实验、实习、计算机应用、课程设计、毕业设计等实践环节，掌握的知识有：技术电路、电子技术的基本理论及应用；计算机实用技术及微机控制技术；电气测量技术；工业自动化装置与系统的研究、设计与调试；电气设备与电力电子设备的设计、制造与研究；输电、配电、供电及其自动化工程的设计、运行与研究等，毕业后可从事设计、制造、研究、运行和管理等工作。主要课程有：电路理论、电子技术基础、自动控制理论、电机学、电力拖动基础、断续控制系统、电器原理及应用、工厂供电、现代电传系统、计算机及微机处理应用、电力电子学、电气测量及实验技术、机械设计基础等。根据机电行业实际需要，在高年级按工业电器及其控制，工业自动化，输、配、供电及其自动化专业方向进行分叉，有针对性地设置分组必修课和选修课，学生可选择某一专业方向进行深入的学习。

53. 材料工程

材料工程专业开设于 1985 年，1988 年更名为材料科学专业，1991 年更名为材料工程专业，1985—1986 年在轻工工程学院招生。本专业是在原金属材料和高分子材料专业基础上建立的新型专业。主要课程有：物理化学、固体物理、高分子化学、高分子物理、聚合物流变学、聚合合成工艺及模具设计。主要培养具有金属、高分子材料的基础理论，掌握金属和有机合成材料成分、组织结构与性能关系的基本规律，提高改进材料性能、质量控制、金属和非金属材料的复合工艺，掌握成型工艺和复合技术的材料工程师。

本专业1987—1993年在建材轻工学院招生。本专业是在原金属材料和高分子材料专业基础上，适应工程材料的新发展需要而建立的新型专业。主干学科为物理化学、固体物理、高分子化学、高分子物理、聚合物流变学、聚合合成工艺、模具设计、金属学原理等。主要培养熟悉金属、非金属材料的基础理论，掌握金属和有机物合成材料成分、组织结构与性能关系的基本规律，提高改进材料性能、质量控制、金属非金属材料的复合工艺，掌握成型工艺和复合技术的材料工程师。

54. 工业电气自动化

工业电气自动化专业开设于1985年，1985—1986年在轻工工程学院招生，1987—1993年在建材轻工学院招生。本专业主要培养控制系统分析、设计、维护、应用以及电力拖动控制系统的设计、运行方面的高级工程技术人才。学生毕业后主要为工业企业设计合理的电力拖动系统和自动控制系统，实现工业企业生产设备的电气化和自动化，利用检测技术、自动化仪表等知识对温度、压力、流量等过程参数进行检测和控制，实现生产过程自动化，以提高生产效率，保证安全生产、高产品质量，提高经济效益。本专业除招收四年制本科生外，还招收微型计算机应用专业三年制大专生，培养以微型计算机为技术手段，以自动控制系统、自动检测系统、办公室自动化管理系统为主要应用的工程技术人才。

55. 中医

中医专业开设于1978年，1985—1993年在中医药学院招生。本专业的目标是培养德、智、体全面发展的高级中医人才。通过学习，要求学生系统掌握中医学基础理论、基础知识和基本技能，熟练运用中医的理、法、方、药，防治常见病和多发病，对疑难病、急重症基本上能进行辨证施治，同时掌握一些必要的西医学基础理论知识和基本技能。本专业开设的主要课程有：马克思主义原理、中国社会主义建设、中国革命史、医学心理学、医学伦理学、英语、医古文、医学生物学、中国医学史、中医基础理论、中医诊断学、中药学、方剂学、内经、伤寒论、金匮要略、瘟病学、各家学说、中医内科学、中医外科学、针灸学、中医儿科学、中医妇科学、中医内眼科学、中医耳鼻喉科学、中医按摩推拿学、人体解剖学、组织胚胎学、生理学、生物化学、微生物与寄生虫学、病理学、药理学、预防医学、诊断学基础、西医内科学、西医外科学等。学习期间基础课和临床课（包括毕业实习）教学时间各一半。毕业实习要求学生全面运用所学知识，进行综合训练。根据社会需要和个人志愿，在后期临床教学和毕业实习中，对部分学生进行分科定向培养，为毕业后从事中医临床、教学和科研工作打下一个良好的基础。中医专业学制五年，毕业可获学士学位。

56. 计算机软件

计算机软件专业开设于 1978 年，1985—1988 年在航天工程学院招生。本专业主要培养掌握计算机软件的基本理论、方法和技能，从事计算机系统应用软件开发、设计、调试和维护的高级工程技术人才。主要课程有：离散数学、计算机原理、计算机系统结构、高级语言程序设计、数值分析、数据结构、编译技术、数据库、微机系统等。

57. 电子仪器与测量技术

电子仪器与测量技术专业开设于 1985 年，1985—1988 年在航天工程学院招生。本专业主要培养从事电子测量、计量研究和电子仪器自动测试系统开发、研制的高级工程技术人才。主要课程有：电路分析、信号与系统、模拟数字电路、电磁场理论、微处理器和微型电子计算机应用、智能仪器的设计原理、自动测试系统、数据处理等。

58. 经济学

经济学专业开设于 1992 年，在职业技术师范学院招生。本专业主要为职业高中、中专、中技等学校培养经济类专业基础课和财务会计专业课教师。开设的主要专业基础课有：政治经济学、西方经济学、生产力经济学、世界经济、企业管理概论、统计学原理、金融学、财政与税收、经济法、应用经济数学。主要专业课有：会计原理、工业会计、商业会计、涉外企业会计、西方财务会计、管理会计、对外贸易会计、企业经济活动分析审计学，并设有计算机语言与应用计算技术、英文打字、会计实践等专业技能课。本专业为四年制本科，成绩合格者将被授予经济学学士学位。

三

1994年，北京联合大学召开了第一次党员代表大会，提出"全面推进教育、教学改革，继续调整和改造专业，合并重复的专业，淘汰或改造长线专业，增加或调整专业方向，增设急需专业，拓宽专业面，在继续办好本科的基础上，积极发展专科。"

按照会议精神，北京联合大学根据北京市社会经济发展的实际需要和自身条件，以拓宽专业口径为目标，对学院和专业设置进行了调整，将自动化工程学院与电子工程学院合并为电子自动化工程学院，精简学科门类，扩大专业口径，将原来涉及多个学科十几个专业调整合并为以电子信息类一个学科为主的三大宽口径专业；将文理学院与文法学院的中文、法律、政治等系合并，成立应用文理学院，改造传统学科，把原来偏重基础理科和文科的专业逐步改造为应用理科和应用文科，将相关性比较大的专业组建成专业群。

在北京市收缩纺织行业发展商业、金融业的形势下，纺织工程学院停办了纺织工程类专业，调整学院办学方向，培养当时紧缺的应用性商务人才，并于1997年更名为商务学院。

1997年12月，在《北京联合大学"九五"发展计划（纲要）》中，北京联合大学进一步对各学院专业设置进行了统一规划，提出专业设置和学科建设既要形成各学院的特色，又要明确重点建设方向，加强规划；要坚持以需求为导向设置高等职业教育专业，普通本科要按照计划确定的办学规模，集中力量办好一批基础好、需求热、有发展前景的应用性专业。

按照规划，应用文理学院主要设置应用文科、应用理科专业，职业技术师范学院主要设置培养中等职业教育师资为主的专业，信息学院、应用技术学院两学院主要设置电子信息类、机械类（热工）、材料类（新型建材）专业，机械工程学院主要设置机械类、电工类专业，化学工程学院主要设置化工类、材料类（高分子材料）专业，旅游学院主要设置旅游类专业，中医药学院主要设置中医药专业。

1998年，根据教育部文件要求，北京联合大学对全校本科专业名称进行了归并整理。

2000年7月，在讨论《北京联合大学"十五"发展规划》的暑假工作会上，明确了学校加强专业建设，搞好专业调整的思路原则：适应北京市产业结构特点和经济发展战略的需要，重点面向首都经济发展所需要的支柱产业、第三产业和新兴产业；加强专业的总体设计和规划，减少重复设置，提高规模效益；以培养技术应用性人才为主，积极进行专业建设与专业创新。

2002年，按照学科相关性的原则，北京联合大学对原信息学院、应用技术学院、机械工程学院，从学科专业角度进行了整合，重新建立了信息学院、机电学院、自动化学院和管理学院，这是北京联合大学学科专业整合的初步尝试。

同时，为适应北京市收缩化工业、积极发展生物技术和新医药产业的需求，化学工程学院把原有的化工类专业改造和调整为生物化工类专业，于2003年更名为生物化学工程学院。

1994—1997年本科专业设置

1994—1997年招生的本科专业一览表

序号	1994年	1995年	1996年	1997年	开办学院
1	经济地理学与城乡区域规划（房地产经营与管理）	经济地理学与城乡区域规划（房地产经营与管理）	经济地理学与城乡区域规划（房地产经营与管理）	经济地理学与城乡区域规划（房地产经营与管理）	应用文理学院
2	信息学（信息管理）	信息学（信息管理）	信息学（信息管理）	信息学（信息管理）	应用文理学院
3	汉语言文学（新闻传播）	汉语言文学（新闻传播）	汉语言文学（新闻传播）	汉语言文学（新闻传播）	应用文理学院
4	法学（律师）	法学（律师、经济法）	法学（律师、经济法）	法学（律师）	应用文理学院
5	经济法				应用文理学院

续表

序号	1994年	1995年	1996年	1997年	开办学院
6	经济学（财会）	经济学（国际金融与财会、财会）	经济学（国际金融与财会、财会）	经济学（国际金融与财会、财会）	应用文理学院（1995年起以国际金融与财会专业方向招生）、职业技术师范学院（财会专业方向招生）
7	历史学（历史文化）	历史学（文物、博物）	历史学（文物博物）	历史学（文博旅游）	应用文理学院
8	食品科学与营养学				应用文理学院
9	档案学（文书档案、科技档案）		档案学（信息开发、外企秘书与档案管理）	档案学（信息开发、外企秘书与档案管理）	应用文理学院
10	英语（旅游）	英语（旅游）	英语（旅游）	英语（国际商务英语、英美文化、旅游）	应用文理学院、旅游学院（旅游专业方向招生）；1997年应用文理学院另2个专业方向招生
11	计算数学及其应用软件（计算技术与计算机应用）	计算数学及其应用软件（计算技术与计算机应用）	计算数学及其应用软件（计算技术与计算机应用）	计算数学及其应用软件（计算技术与计算机应用）	应用文理学院
12	应用物理（信息技术物理）	应用物理（信息技术物理）	应用物理（信息技术物理）	应用物理（信息技术物理）	应用文理学院

续表

序号	1994年	1995年	1996年	1997年	开办学院
13	应用化学（仪器分析与精细合成）				应用文理学院
14		生物化学	生物化学	生物化学	应用文理学院
15	应用电子技术（电力电子设备与过程控制系统、计算机应用、电子外贸）	应用电子技术（计算机应用、电子外贸）	应用电子技术（电子外贸）	应用电子技术（音像与多媒体技术、计算机应用、电子外贸）	职业技术师范学院、电子工程学院（仅1994年电力电子设备与过程控制系统专业方向招生）、电子自动化工程学院（仅1995年招生）、机械工程学院（以计算机应用和电子外贸专业方向招生）；1997年职业技术师范学院以音像与多媒体技术专业方向招生
16	生物技术	生物技术	生物技术	生物技术	职业技术师范学院
17	服装	服装	服装	服装	职业技术师范学院
18	文秘教育	文秘教育	文秘教育（外事文秘）	文秘教育	职业技术师范学院
19	纺织工程（兼商贸）	纺织工程（兼商贸）	纺织工程（兼商贸）	纺织工程（商品检测及经营）	纺织工程学院
20		针织工程（含针织服装设计）	针织工程（含服装工程）		纺织工程学院

续表

序号	1994年	1995年	1996年	1997年	开办学院
21	管理工程（外贸营销）	管理工程（外贸营销）	管理工程（外贸营销）	管理工程（涉外商务管理、商务信息系统、企业理财）	纺织工程学院（以外贸营销专业方向招生，1997年调整为3个专业方向招生）、电子工程学院（仅1994年招生）、电子自动化工程学院（1995年起招生）
22		化学工程（含计算机应用）	化学工程（含科技英语）	化学工程（化工科技英语）	化学工程学院
23	精细化工	精细化工（含市场营销）	精细化工（含化外贸）	精细化工（化工外贸）	化学工程学院
24				高分子材料及化工	化学工程学院
25	化工设备与机械			化工机械与设备（检测技术）	化学工程学院
26	工业分析（含商品检验）				化学工程学院
27	日语（旅游）	日语（旅游）	日语（旅游）	日语（旅游）	旅游学院
28	旅游管理（现代酒店管理）	旅游管理（现代酒店管理）	旅游管理（现代酒店经营管理、物业管理）	旅游管理（现代酒店经营管理、物业管理）	旅游学院

续表

序号	1994年	1995年	1996年	1997年	开办学院
29	自动控制	自动控制	自动化	自动化	自动化工程学院*（仅1994年招生）、电子自动化工程学院（1995年起招生）
30	计算机及应用	计算机及应用（计算机及应用、软件）			自动化工程学院（仅1994年招生）、电子自动化工程学院（仅1995年招生）
31	电子工程	电子工程			电子工程学院（仅1994年招生）、电子自动化工程学院（仅1995年招生）
32	通信工程	通信工程			电子工程学院（仅1994年招生）、电子自动化工程学院（仅1995年招生）
33			计算机科学与技术		电子自动化工程学院
34				计算机工程	电子自动化工程学院
35			电子与信息技术		电子自动化工程学院
36				信息工程	电子自动化工程学院
37	机械电子工程	机械电子工程（数控机械运用工程、数控机床运用工程）	机械电子工程（数控机械运用工程）	机械电子工程	职业技术师范学院（仅1995年、1996年招生）、自动化工程学院（仅1994年招生）、机械工程学院（1995年、1996年分专业方向招生）

1994—1997 年本科专业设置

续表

序号	1994 年	1995 年	1996 年	1997 年	开办学院
38	电气技术（工业自动化、电器及自动装置）	电气技术（工业自动化、电器及自动装置）	电气技术	电气技术（电气自动化、现代楼宇自动化、电气设备外贸）	机械工程学院
39	材料科学与工程（材料工程与计算机应用、金属、高分子、稀土材料、新型建材）	材料科学与工程	材料科学与工程（新型建材、高分子材料、金属材料）	材料科学与工程（微机应用检测技术、新型建材、高分子、金属材料）	机械工程学院（1994年以材料工程与计算机应用专业方向招生，1997年以微机应用检测技术专业方向招生）、建材轻工学院（以其余专业方向招生，1995年未分专业方向招生）
40	机械设计及制造（机电外贸英语、机设、机制、液压、模具设计、机电一体化、空调制冷）	机械设计及制造（机电外贸、计算机辅助设计、计算机辅助制造）	机械设计及制造（机电外贸、计算机辅助设计、计算机辅助制造、机电一体化、空调制冷与暖通）	机械设计及制造（机电外贸、CAD/CAM、机电一体化、空调暖通）	纺织工程学院（仅1994年以机电一体化专业方向招生）、机械工程学院（先后以机电外贸英语、机设、机制、液压、机电外贸、计算机辅助设计、计算机辅助制造专业方向招生）、建材轻工学院（先后以模具设计、机电一体化、空调制冷、空调制冷与暖通、空调暖通专业方向招生，1997年未分专业方向招生）

续表

序号	1994 年	1995 年	1996 年	1997 年	开办学院
41	工业自动化（微机应用、工业测控技术）	工业自动化	工业自动化（计算机应用、工业控制与智能仪器）	工业自动化（计算机应用、工业控制与智能仪器）	建材轻工学院
42	中医学	中医学	中医学	中医学	中医药学院

＊注：自动化工程学院与电子工程学院于 1994 年合并为电子自动化工程学院。

1998—2002年本科专业设置

1998—2002年招生的本科专业一览表

序号	1998年	1999年	2000年	2001年	2002年	开办学院
1	经济地理学与城乡区域规划（房地产）					应用文理学院
2		资源环境与城乡规划管理	资源环境与城乡规划管理	资源环境与城乡规划管理	资源环境与城乡规划管理	应用文理学院
3	信息学（信息管理）					应用文理学院
4		信息管理与信息系统	信息管理与信息系统	信息管理与信息系统	信息管理与信息系统	应用文理学院、商务学院（2001年起招生）
5	汉语言文学（新闻传播）	汉语言文学（新闻传播、广告）	汉语言文学	汉语言文学	汉语言文学（文秘）	应用文理学院、职业技术师范学院（仅2002年以文秘专业方向招生）
6	法学	法学	法学	法学	法学	应用文理学院

续表

序号	1998年	1999年	2000年	2001年	2002年	开办学院
7	经济学（国际金融与财务管理、财会金融）	经济学（国际金融与财务管理、财会、金融）	经济学（会计、金融）	经济学（会计）	经济学（会计）	应用文理学院（仅1998年、1999年以国际金融与财务管理专业方向招生）、职业技术师范学院（以其余专业方向招生）
8	历史学（文博旅游）	历史学（文博旅游）	历史学（文博旅游、文物保护）	历史学	历史学（文博旅游）	应用文理学院
9	档案学（信息开发、秘书）	档案学（信息开发、秘书）	档案学（信息开发、秘书）	档案学（秘书）	档案学（信息开发、秘书）	应用文理学院
10	英语（国际商务英语、英美文化）	英语（国际商务英语、英美文化）	英语（国际商务英语、英美文化）	英语	英语（国际商务英语、英美文化）	应用文理学院
11	计算数学及其应用软件					应用文理学院
12		信息与计算科学	信息与计算科学	信息与计算科学	信息与计算科学	应用文理学院
13	生物化学					应用文理学院

续表

序号	1998年	1999年	2000年	2001年	2002年	开办学院
14		应用化学	应用化学（环境保护）			应用文理学院
15	电子学与信息技术	电子信息科学与技术	电子信息科学与技术	电子信息科学与技术	电子信息科学与技术	应用文理学院
16			金融学（国际金融与财会）	金融学	金融学（注册会计师专门化、国际金融与财会）	应用文理学院（分专业方向招生，其中2001年未分专业方向招生）、职业技术师范学院（2001年起不分专业方向招生）
17					公共事业管理（文化事业管理）	应用文理学院
18				环境科学	环境科学	应用文理学院
19			新闻学（新闻传播、广告）	新闻学	新闻学（影视传播、体育新闻）	应用文理学院
20				广告学	广告学	应用文理学院、广告学院

续表

序号	1998年	1999年	2000年	2001年	2002年	开办学院
21	应用电子技术（音像与多媒体技术、计算机应用、电子外贸）					职业技术师范学院（以音像与多媒体技术专业方向招生）、机械工程学院（另2个专业方向招生）
22	生物技术	生物技术	生物技术	生物技术	生物技术	职业技术师范学院、应用文理学院（1999年起招生）
23	服装					职业技术师范学院
24	文秘教育	文秘教育	文秘教育	文秘教育（外事文秘）	文秘教育（外事文秘）	职业技术师范学院
25	计算机科学与教育					职业技术师范学院
26	计算机科学与技术	计算机科学与技术	计算机科学与技术（计算机信息管理与市场营销、网络）	计算机科学与技术（计算机信息管理、网络）	计算机科学与技术（计算机信息技术）	职业技术师范学院（1999年起招生）、应用技术学院（仅2000年、2001年以网络专业方向招生）、信息学院（以其余专业方向招生，其中1998年、1999年不分专业方向招生）

续表

序号	1998年	1999年	2000年	2001年	2002年	开办学院
27	艺术教育					职业技术师范学院
28		艺术设计（环境艺术）	艺术设计（服装、装潢、环境艺术设计、电脑美术设计）	艺术设计（服装、视觉传达、环艺、服装表演与展示、环境艺术设计、电脑美术设计）	艺术设计（服装、会展、视觉传达、环境艺术、服装表演与展示、环境艺术设计、电脑美术设计）	职业技术师范学院（1999年起招生，2000年起先后分服装、装潢、环境艺术设计、环艺、服装表演与展示专业方向招生）、商务学院（1999年起先后以环境艺术、环境艺术设计、电脑美术设计专业方向招生）、特殊教育学院（2001年起招生）
29		音乐学	音乐学	音乐学	音乐学	职业技术师范学院
30					食品科学与工程（营养与食品检测）	职业技术师范学院
31		纺织工程（商品检测及经营）	纺织工程（纺织商贸）	纺织工程（纺织与服装）		商务学院

续表

序号	1998年	1999年	2000年	2001年	2002年	开办学院
32		工商管理（商务信息系统、财务管理、会计学、人力资源管理）	工商管理（商务信息系统、财务管理、会计学、市场营销、人力资源管理）	工商管理（国际商务、金融证券、会计学）	工商管理（国际商务、金融证券、会计学、电子商务、商务信息管理、金融保险、电子商务、管理信息系统）	商务学院（先后以商务信息系统、财务管理、国际商务、金融证券专业方向招生）；化学工程学院（以其余专业方向招生至2001年）；生物化学工程学院（2002年起以会计学、电子商务专业方向招生）；机械工程学院、应用技术学院（招生至2001年）；管理学院（2002年起以其余专业方向招生）
33					市场营销（国际物流）	商务学院
34				财务管理	财务管理	商务学院
35	化学工程（化工计算机应用）					化学工程学院

续表

序号	1998年	1999年	2000年	2001年	2002年	开办学院
36		化学工程与工艺（计算机应用、科技英语、生物化工、精细化工、制药工程）	化学工程与工艺（计算机应用、科技英语、精细化工）	化学工程与工艺（计算机应用、科技英语、精细化工）	化学工程与工艺（环境保护、科技英语）	化学工程学院、生物化学工程学院接续招生
37	精细化工（市场营销）					化学工程学院
38	高分子材料及化工					化学工程学院
39	化工设备与机械（机电）					化学工程学院
40		过程装备与控制工程（工业自动化、化工机械）	过程装备与控制工程	过程装备与控制工程	过程装备与控制工程（医药食品、自动化、计算机应用）	化学工程学院、生物化学工程学院接续招生

续表

序号	1998年	1999年	2000年	2001年	2002年	开办学院
41			制药工程	制药工程	制药工程（药剂师）	化学工程学院、生物化学工程学院接续招生
42					生物工程	生物化学工程学院
43				人力资源管理	人力资源管理	化学工程学院、生物化学工程学院接续招生
44	英语（旅游）	英语	英语	英语	英语	旅游学院
45	日语（旅游）	日语	日语	日语	日语	旅游学院
46	旅游管理（现代酒店管理）	旅游管理（市场营销、财务管理）	旅游管理（市场营销、财务、物业管理）	旅游管理（市场营销、财务、物业管理）	旅游管理（市场营销、财务管理）	旅游学院
47	自动化	自动化	自动化	自动化	自动化	信息学院（2002年未招生）、自动化学院（2002年起招生）
48	电子与信息技术					信息学院
49		通信工程	通信工程	通信工程	通信工程	信息学院

续表

序号	1998年	1999年	2000年	2001年	2002年	开办学院
50	管理工程（涉外商务管理、商务信息系统、企业理财、会计）					化学工程学院（以会计专业方向招生）、商务学院（其余专业方向招生）、信息学院
51	电子工程					应用技术学院
52		电子信息工程（音响视听、计算机应用、电子外贸）	电子信息工程（音响视听、应用电子技术、信息处理与传输、电子外贸）	电子信息工程（音响视听、多媒体网络技术信息处理与传输）	电子信息工程	应用技术学院（以音响视听专业方向招生至2001年）、机械工程学院（以其余专业方向招生至2001年）、职业技术师范学院、信息学院
53	材料科学与工程（微机应用、检测技术）	材料科学与工程（新型建筑材料和装饰装修材料、微机应用、检测技术、	材料科学与工程（微机应用、检测技术）	材料科学与工程（现代材料及计算机应用）	材料科学与工程（生物材料、现代材料与计算机应用）	应用技术学院（招生至1999年，其中1999年以新型建筑材料和装饰装修材料专业方向招生）；化学工程学院、生物化学工程学院接续招生（其中

续表

序号	1998年	1999年	2000年	2001年	2002年	开办学院
		高分子化工、高分子材料)				1999年以高分子化工、高分子材料专业方向，2002年以生物材料专业方向招生）；机械工程学院（1998—2001年以其余专业方向招生）；机电学院（2002年起以现代材料与计算机应用专业方向招生）
54		工业工程	工业工程	工业工程（信息产业管理）		应用技术学院
55				工程管理	工程管理	应用技术学院、管理学院
56	机械设计及制造（机电外贸英语、CAD/CAM、机电一体化、暖通空调）					机械工程学院（以机电外贸英语、CAD/CAM专业方向招生）、应用技术学院（以其余专业方向招生）

续表

序号	1998年	1999年	2000年	2001年	2002年	开办学院
57	电气技术（楼宇自动化、电气外贸）					机械工程学院
58		电气工程与自动化(计算机控制工程、智能建筑控制工程、电子外贸)	电气工程与自动化(计算机控制工程、智能建筑控制工程、电子外贸)	电气工程与自动化(控制网络技术计算机控制)	电气工程与自动化(智能建筑控制工程、智能控制网络、智能检测与控制、电子外贸)	机械工程学院（招生至2001年）、自动化学院（2002年起招生）
59		机械工程及自动化(空调暖通、机电控制及自动化、机电英语、计算机辅助设计制造及管理)	机械工程及自动化(空调暖通、机电控制及自动化、机电英语、工程软件、汽车运用工程)	机械工程及自动化(空调暖通、自动化控制、工程软件、汽车运用工程)	机械工程与自动化(计算机控制、产品创新、外贸英语)	应用技术学院（以空调暖通专业方向招生至2001年）、机械工程学院（以其余专业方向招生至2001年）、机电学院（2002年起招生）

续表

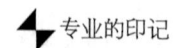

序号	1998年	1999年	2000年	2001年	2002年	开办学院
60	机械电子工程					机械工程学院
61					建筑环境与设备工程（建筑环境智能控制、暖通空调系统）	机电学院
62	中医学	中医学	中医学			中医药学院
63		中药学	中药学			中医药学院
64			特殊教育	特殊教育	特殊教育	特殊教育学院

注：化学工程学院2002年7月更名为生物化学工程学院；

中医药学院2001年2月迁出；

特殊教育学院2000年1月成立；

广告学院2000年2月成立；

2002年，撤销应用技术学院、信息学院、机械工程学院，成立机电学院、信息学院、自动化学院、管理学院。

1994—2002年各专业情况及沿革

1. 经济地理学与城乡区域规划

经济地理学与城乡区域规划专业开设于1988年，1994—1998年在应用文理学院招生。本专业培养房地产经营与管理、城市区域规划方面的应用性人才，为学生开设经济学概预算、货币银行学、市场学、会计学、建筑学、城市规划原理、房地产经济学、房地产金融、房地产经营、房地产管理、房地产估价、房地产信息系统等课程。学生毕业后可到北京市各房地产开发公司、物业管理公司、房改部门、管理部门、城市规划部门、建设银行以及高校和研究机构从事管理、教学、科研、应用等方面的工作。

2. 信息学

信息学专业开设于1994年，1994—1998年在应用文理学院招生。本专业培养掌握现代科学技术的信息服务、经营及管理方面的人才。除理科的基础课之外，主要专业课有：综合信息学导论、文献管理、科技情报检索、文献计量学、情报分析与研究、情报经营学、情报检索语言、知识产权情报、经贸信息研究和预测、经济情报学等。学生毕业后可到科学院信息中心、中央各部委的信息研究机构、高校等企事业单位从事相关的教学、研究及应用性工作，也可到银行、民航、饭店从事信息管理相关工作。

3. 汉语言文学

汉语言文学专业开设于 1988 年，1994—2002 年在应用文理学院招生，主要培养能胜任新闻出版部门、宣传部门、党政机关的编辑、记者、宣传、文秘、行政管理等工作以及相关的教学、科研等语言文字工作的高级应用性专门人才。为学生开设中国古代文学史、中国现代文学史、中国当代文学、外国文学史、语言学概论、现代汉语、古代汉语、训诂学、民间文学概论、比较文学原理、西方文论、中国古代文论、新闻学概论、大众传播学、新闻采访与写作、编辑学、新闻（或广告）摄影、广告策划与制作、公共关系概论等课程。学生毕业后可到国家科研院所、新闻媒体、文化场馆、出版单位就业。

本专业 2002 年也在职业技术师范学院招生，主要为中等职业学校培养语文教师、教学研究人员和教育管理人员，也为党政机关和企事业单位培养文秘、管理人员，为新闻出版部门培养编辑、创作人员。本专业学生主要学习汉语言文学的基本理论和基本知识，接受教育及教学实践的基本训练，具有良好的人文素养和教师职业素养，初步具备从事本专业的教学能力和科研能力。为学生开设现代汉语、古代汉语、语言学概论、文学概论、中国古代文学史、中国现当代文学史、中国文学批判史、外国文学、西方文论、美学原理、写作、语文教学论、教育学、心理学、书法、汉语口语、编辑业务与新闻写作、公共关系实务、秘书学与秘书写作、计算机应用等课程。

4. 法学

法学专业开设于 1978 年，1994—2002 年在应用文理学院招生。本专业培养具有坚实的法学理论基础、熟悉我国各项法规及其有关政策的德、智、体全面发展，能够在检察机关、审判机关、仲裁机构和法律服务机构从事法律服务工作的高级应用性专门人才。本专业是北京市重点建设学科，侧重法学基础理论和专业基础知识的教学与实践。主要课程包括：逻辑学、法理学、宪法学、法学基础理论、中国宪法、民法、刑法、行政诉讼法、知识产权法、公司与企业法、律师实务、经济法、合同法、刑事诉讼法学、民事诉讼法学、知识产权保护法、保险法、婚姻法、国际法、环境法等。本专业侧重为北京市地方经济建设和法治建设培养人才，就业方向为北京市行政机关、政法机关、企事业单位等。

5. 经济法

经济法专业开设于1992年，1994年在应用文理学院招生。本专业为四年制本科，开设的主要课程有：法学基础理论、中国宪法、民法、刑法、继承法、经济法、财政法、金融法、经济合同法、企业法、公司法、劳动法、国际投资法、国际贸易法、知识产权法、海商法以及国民经济管理学、会计学与会计法、计算机及英文打字等。学生通过四年学习和教学实习，可以比较扎实地掌握经济法基础理论和法学基础知识，比较熟练地掌握部门经济法知识，熟悉国家主要法律、法规及方针政策，具备办理一般案件，尤其是经济案件的能力和较强的语言文字能力，可以比较熟练地掌握一门外语，毕业后可从事审判、公安、检察、公证、涉外经济等部门专业工作和法学教学、研究、宣传等工作。

6. 经济学

经济学专业开设于1992年，1994—2002年在职业技术师范学院招生，主要培养具备财务核算和财务管理专业知识的高级应用性专门人才，主要为职业高中、中专、成人教育等各类职业技术学校培养经济类专业基础课和财务会计专业课教师，也

◆专业的印记

为企事业单位培养财会人员。

本专业注重理论与实践相结合,在培养学生扎实的基础理论知识的同时也培养学生的实际操作能力。学生毕业后能够胜任财务核算、财务管理和经济管理工作,也可从事中等职业学校财经专业教学工作。

本专业为学生开设政治经济学、西方经济学、经济数学、企业管理概论、货币银行学、国际金融学、统计学、经济法、税法、会计学原理、中高级财务会计、成本会计、管理会计、预算会计、纳税会计、政府及事业单位会计、资产评估、财务报表分析、审计学、会计英语、计算机应用技术以及会计实验、会计电算化、编程基础等课程。

2000年职业技术师范学院本专业开始被划分为会计和金融两个专业方向。会计专业方向主要为中等职业技术学校培养经济类专业基础课和财务会计学专业课教师以及为企事业单位及其他经济管理部门培养财会人才。该专业方向为学生开设政治经济学、西方经济学、企业管理概论、货币银行学、金融学、财政与税收、会计原理、财务会计、成本会计、统计学、市场营销、经济法、审计学、经济数学、计算机应用技术等课程。学生毕业后可从事财务会计专业教学、财务会计工作和经济管理工作。金融专业方向主要为中等职业学校培养经济类专业基础课和金融学专业课教师,也为银行等金融业和企事业单位培养专业人才。为学生开设政治经济学、西方经济学、企业管理概论、货币银行学、金融学、证券投资、商业银行业务与管理、银行会计、财政与税收、企业会计、统计学、经济法、经济数学、计算机应用技术等课程。学生毕业后可从事金融专业教学、银行等金融业工作和经济管理工作。

本专业1995—1999年也在应用文理学院招生,旨在培养掌握经济学、金融与财务方面的有关理论知识，熟悉国际金融与财务的实际操作原理和方法，具有较高的外语、数理分析和计算机应用能力的应用性专门人才。学生毕业后将初步具备在管理部门、金融机构、涉外企业、跨国公司等从事经济分析、预测和金融财务管理的能力。本专业有以下特色：一是凭借中外合作办学的优势，力求专业教学上具有国际通用的实用性和前瞻性；二是加强英语的学习和训练，在课程设置中加大英语课的学时数，并配以外教用英语讲授部分专业课，每年暑假举办中美英语夏令营活动。

7. 历史学

历史学专业开设于1978年，1994—2002年在应用文理学院招生。本专业是以历史文化、旅游学、考古学、文物鉴赏、博物馆学为专业基础的应用性文科专业，设有文物博物馆和文化旅游两个专业方向，主要为文物和旅游两大系统培养高级应用性专门人才。文物博物馆专业方向的主要课程有：中国通史、世界历史与文化、考古学通论、古文字学、中国文物通论（古代青铜器、陶瓷、钱币、字画、玉器、古家具和古代建筑的鉴赏）、文物管理、文物保护技术、博物馆学、博物馆数字化管理、文物保护、文物法规等。文化旅游专业方向的主要课程有：旅游英语、中国通史、世界历史与文化、北京地域文化、中国民俗学、中华文物古迹旅游、北京文物古迹旅游、涉外旅游、旅游学概论、旅游地理、旅行社经营管理、旅游政策与法规、导游实务等。毕业生就业方向：旅游管理及经营单位、博物馆、国家文物局和北京市文物局及所属单位、计算机网站、图书馆等。

8. 食品科学与营养学

食品科学与营养学专业开设于1988年，1994年在应用文理学院招生。本专业是为适应首都的食品科学的迅速发展而设立的应用性理科专业，1992年被确定为市级重点学科，毕业生能在食品科学、生物化学及生物技术等相关领域从事科研、教学与应用性开发工作。历届毕业生普遍受到用人单位好评。

本系具有较为雄厚的师资力量和结构较为合理的教学与科研队伍，现有教授2名，副教授（高级工程师）5名，讲师（工程师）7名，其中有北京市市级青年骨干教师2名。主要课程有：解剖生理学、生物化学、微生物学、食品化学、营养学、食品分析、发酵工艺学、基因工程、食品工程原理、仪器分析以及相关的实验课程。

9. 档案学

档案学专业开设于1978年，1994年、1996—2002年在应用文理学院招生。本专业培养具有深厚人文知识和管理学理论基础，系统掌握档案信息资源管理理论与技术、现代信息资源组织与开发、行政管理与秘书工作理论与方法，胜任办公自动化环境下电子信息资源管理、行政管理与商务秘书工作、信息研究与信息咨询工作，培养管理与运作新兴信息服务产业的复合型高级应用性管理人才。主要专业课程包括：管理学基础、行政管理学、数据库原理与应用、网络通讯技术、数字信息安全、电子政务与现代文书处理、档案管理学、档案信息管理系统、档案文献编研学、科技经济信息的研究与开发、信息咨询与用户服务、秘书实务、电子商务信息处理、英文函电等。毕业生就业方向：中央机关、北京市委、市政府、检察院、公安局等国家机关以及大型企事业单位的办公室或档案部门、各级档案馆、情报所、网络公司及咨询机构等。

10. 英语

英语专业开设于1978年，1994—2002年在应用文理学院招生。本专业以英语语言、文化、经贸为主攻方向，注重英语语言、文化、经贸基础理论、基本知识和基本技能的训练，主要为北京市培养德、智、体全面发展的高级应用性专门人才。主要专业课程有：英语精读、英语泛读、英语说写、英语视听、西方影视文化、英语基础写作、英语应用文写作、英文报刊选读、英语口译、英语笔译、英语国家文化、英美文学简史及选读、商贸英语、高级商务英语、实用语言学、古代文学选读、现代汉语等。本专业在燕京研究院和美国科技教育服务机构的大力支持下，每年都有多名高水平的外国专家和国内著名学者授课，教学质量得到可靠保证。本专业的毕业生多在大使馆、文化、教育、经贸、三资企业以及其他涉外部门就业。

11. 计算数学及其应用软件

计算数学及其应用软件专业开设于 1994 年，1994—1998 年在应用文理学院招生。本专业要求学生具有扎实的应用数学基础和熟练使用计算机的能力，掌握计算机专业的基础知识并接受计算机软件开发方面的专业训练。为了使学生毕业后能够从事多方面的工作，本专业还为学生开设了多种应用数学及现代管理方面的选修课程。总之，本专业融应用数学和计算机应用于一体，充分发挥了专业教师的特长，同时也培养了广泛适应社会需要的毕业生。为学生开设高等数学、线性代数、应用数理统计、离散数学、计算机概论、微型计算机原理及应用、计算机原理、各种计算机高低级语言（包括 C++）数据结构操作系统、dBASE Ⅲ、各种计算机高低级语言数据库、数据结构操作系统、软件工程、计算机网络与通讯、计算方法、计算机算法设计、Windows 系统及应用程序设计、计算机图形学、图像学、多媒体技术、数学模型、经济数学、科技英语等课程。学生毕业后可从事应用数学、计算机应用等多方面的工作。

12. 应用物理

应用物理专业开设于 1978 年，1994—1997 年在应用文理学院招生。本专业是当今世界新技术革命中最活跃的领域之一，它的发展将使整个社会面貌发生根本改变，使通信技术、检测技术和加工技术实现高度精密化和自动化。本专业培养计算机软硬件、通信技术、网络工程、检测技术等方面的应用性人才。为学生开设数理方法、近代物理、概率统计、线路分析、模拟与数字电路、集成运放与信号处理、微机原理、微机控制系统、传感技术、接口技术、数据结构、操作系统、C++、计算机网络、微机图形学、多媒体技术、光信息处理等课程。学生毕业后可到学校、科研院所、各种企事业单位从事计算机开发和应用、网络技术等工作。

13. 应用化学

应用化学专业开设于 1978 年，1994 年、1999—2000 年在应用文理学院招生。本专业遵循"厚基础、宽交叉、重前沿、广对象"的环境专业教育新观念，注重基础知识学习和技能训练，使学生终身受益。要求学生广泛学习交叉学科有关知识，重视科学前沿知识介绍，最终使学生有广阔的就业面，在环保部门、医药卫生部门、化工部门、行政管理等部门均可发挥专业所长。本专业开设的基础课有：英语、计算机、数学、无机化学、有机化学、分析化学和物理化学。专业选修课有：波谱分析、生物化学、环境化学、环境生态学、环境微生物学、环境监测、环境工程、环境规划、环境法律、计算机在环境保护的应用等。

14. 生物化学

生物化学专业开设于 1995 年，1995—1998 年在应用文理学院招生，主要培养具有现代分析技术的应用性人才。为学生开设无机化学、分析化学、仪器分析、有机化学、物理化学、结构化学、生物化学、食品分析及相关实验课，同时也开设外语、计算机、高等数学、普通物理等课程。主要专业课有：解剖生理学、营养学、微生物学、生化工程原理、发酵工程、基因工程原理、细胞生物学、色谱分析、电化学分析、原子光谱、有机化合物波谱分析以及相关实验课程。学生毕业后适应性强，既可以选择继续深造，也可以到与食品发酵、医药及工业、农业、生物学等领域相关的科研机构、高校从事科学技术工作，或到各种生物技术有关企事业单位从事生物技术开发和企业管理工作。

15. 应用电子技术

应用电子技术专业开设于1985年，1994—1998年在职业技术师范学院招生，主要为中专、职业高中、技校等培养专业课和专业基础课师资及本专业领域内的应用性人才，也兼顾培养少量应用电子技术人才。为学生开设高等数学、大学物理、工程数学、计算机应用基础、微机原理与应用、C语言、单片机原理与应用、电路分析基础、电子技术基础、高频电路、数字电路、信号与系统、电子线路CAD、电声基础、电视机原理与技术、摄录像机原理与技术、闭路系统与节目制作、卫星接收与天线及数字音响技术、视频技术、多媒体技术等课程。

本专业十分重视培养学生的技术实践能力，以能力训练为目的的实践时间占总学时的四分之一，学生毕业后不仅有从事职业技术教育的工作能力，而且能参与电教和视听技术的设计、制作和设备的选择、安装、调试、使用以及维修方面的技术工作。

本专业1994年也在电子工程学院招生，培养目标为：能掌握自控理论、电子技术、微机原理和电力电子技术等基础知识，以微型计算机与电子技术为主要手段，能对各种控制系统进行

◆ 专业的印记

综合分析、按照性能指标的要求对自控系统电子电力设备进行工程设计的高级工程技术人才。本专业要求学生：适应工业自动化的需要，掌握微机与电子系统的分析与设计技术，具有掌握控制系统元部件及电力电子器件的选用及电子线路的分析和设计能力；掌握控制系统的基本原理，具备对控制系统进行分析、综合、设计与研究的能力，掌握模/数—数/模变换、接口和数字信号处理技术、电力电子学的基本理论并设计电力电子装置的技能，具有微机应用技术、信号采集与处理技术并能对应用程序进行设计与开发的能力。

本专业 1994—1998 年也在机械工程学院招生，培养掌握电子、自动化、计算机的基本理论和应用技术，从事有关电子设备的设计、制造、研究及外贸方面工作的高级工程技术人才。主要课程有：计算机控制技术、单片机原理、C 语言程序设计及网络技术、英语口语、外贸理论与实务等。毕业生可到各企事业单位从事电子设备的研制、管理及外贸工作。本专业是电子与信息技术方面的宽口径专业，培养从事电子设备与信息系统的研究、设计、制造、开发、应用、引进、运行、外贸的复合性高级工程技术人才。为学生开设电子、检测、控制、数字信息处理、信号与系统、微机原理及应用、计算机软件基础、多媒体技术、网络技术、外贸英语、进出口实务、国际金融等课程。学生毕业后可到政府部门、外贸单位、科研院所、三资企业、工厂、宾馆、饭店、商厦、大专院校等领域从事技术与管理工作。

本专业 1995 年也在电子自动化工程学院招生，主要培养方向为：适应工业自动化的需要，掌握微机与电子系统的分析与设计技术。主要课程为：电路、电子技术、微机接口及控制、电机学、自控原理等。学生毕业后能从事电力电子设备与过程控制系统的分析、设计与研究等工作。毕业后主要分配在北京市电子行业的大中型企业、研究所工作。

16. 生物技术

生物技术专业开设于1994年,1994—2002年在职业技术师范学院招生,培养目标是:掌握现代生物科学基础知识和实验技术,受到较宽专业技术训练,具备从事相应技术岗位实际工作能力的专门人才和中等职业技术学校的专业课教师。本专业以分析、检测技术手段,提取、制备工艺为核心内容,理工兼容,加强外语和计算机应用能力,着眼于较宽的就业范围,以满足社会主义市场经济发展对人才的需求变化。为学生开设英语、计算机、高等数学、大学物理、概率统计、无机化学、分析化学、有机化学、物理化学、化学实验基本技能训练、常用生物学实验技术,基础生物学、解剖生理学、遗传学、生物化学、微生物学及微生物学实验技术、免疫学及免疫学实验技术、细胞生物学、分子生物学、遗传工程、生物工程下游技术、专业英语等必修课和以管理科学为主的选修课。师范生还设有教育学、心理学、高等生物化学实验、高等生物技术实验、实验室管理等课程。毕业生能够从事大中专院校生物技术方面的教学科研工作及防疫、农药、生物制药、环保、食品、轻化工等科研机构、工矿企业的技术研究与应用开发工作。

本专业1999—2002年也在应用文理学院招生,培养目标是:面向21世纪知识经济的、掌握生命科学基本原理和生物技术的高级应用性专门人才。我国著名的功能食品专家金宗濂教授是本专业的学科带头人,他所领导的学科为北京市重点建设学科。本专业拥有原国家卫生部认定的保健食品功能检测中心、北京市重点实验室、生物活性物质与功能食品实验室等。本专业主要开设的专业课程除数学、物理、化学、计算机等基础课程外,还有普通生物学、生理学、生物化学、分子生物学、微生物学、遗传学、现代生物学导论等课程。学生毕业后可在食品、轻工、生物医药、生物工程、海洋、农业等领域从事研究、开发、生产、技术管理、产品营销等工作。

17. 服装

服装专业开设于1987年,1994—1998年在职业技术师范学院招生。本专业主要培养具备一定服装美术基础、服装设计理论基础和设计技巧,能结合市场需求进行各类服装设计,掌握服装设计的基本理论和方法,具有较系统的服装裁剪缝制和成衣制版能力的服装设计人才和中等职业技术学校服装设计师资。为学生开设的课程包括:美术基础、专业基础、专业理论基础、专业设计和工艺制作、人体造型、色彩写生、设计构成、服饰图案、时装绘画、服装概论、服饰配色、结构设计、服装设计、服装工艺、服装打版与推版、装饰工艺、服装制图、材料学、市场学、服装美学、服装史论、计算机辅助设计等。

本专业安排了较多的实习、实践环节,主要有服装市场调查、少数民族服饰考察、服装工艺实习、课程设计、毕业设计等。学生毕业后具有独立从事服装设计、制作和教学的能力。

18. 文秘教育

文秘教育专业开设于1993年,1994—2002年在职业技术师范学院招生。1994—1996年本专业兼招师范和非师范两类学生,师范类主要为职业高中培养外事文秘专业师资;非师范类主要为国家机关、企事业单位、涉外机构以及三资企业等单位培养从事文秘工作的专门人才。

本专业除开设基本理论课程外,还注重英语听、说、读、写、译能力的培养,不仅开设英语精读、英语泛读、英语听力、英语口语、英语语法等课程,还在专业英语方面开设英语秘书实用写作、实用英语翻译、英语资料刊物选读、英语高级专业口语等课程。此外，为使学生具有广阔的专业知识和较强的语言文字能力，专业开设秘书学概论、文书档案学、公共关系学、涉外经济法规、谈判与签约、基础写作、应用写作等课程，并安排了中英文打字、速记、计算机应用等技能训练。本专业的毕业生不仅能够从事文秘专业的教学工作，而且能用英语从事较高层次的外事文秘和外事管理工作。

1997—2001年本专业主要为中专、职业高中等中等专业学校培养适应21世纪经济发展需要的德才兼备、基础理论扎实、知识面宽、适应性强的师资。课程安排上为学生开设古代汉语、现代汉语、秘书学、文书档案管理、现代管理学、公共关系、写作、统计学原理、速记、现代科技概论、现代办公设备使用与维护、现代礼仪、书法、中外文化、工具书使用、美学、英语等课程。学生毕业后可从事文秘类专业课和专业基础课教学工作。

2002年起本专业主要为中等职业技术学校培养基础英语课及文秘专业英语课程的师资和能够运用中英文两种语言从事文秘工作的高级应用性专门人才。本专业注重理论联系实际，注重学生英语语言应用能力的培养，特别重视英语语言学、英语测试理论及英语教学法理论的学习与实践，使学生不仅具备足够的基础理论知识、初步的教学研究能力，而且能够完成各类中等学校的英语基础与专业课教学任务。课程安排上，为学生开设计算机基础、现代汉语、古代汉语、语言学概论、综合英语、听力、英语语法、口语、英语泛读、高级英语阅读、翻译、英语写作、英美文学、英语教学法、商务英语、英美概况、测试学概论等课程。

19. 纺织工程

纺织工程专业开设于1985年，1994—1997年在纺织工程学院招生，培养掌握现代纺织生产工艺与技术，能够从事纺织商品质量分析与检测、产品预测与开发、生产技术管理及质量管理并具有营销贸易能力的高级复合性人才。除基础课外，还有纺织材料与检测、纺织品结构与品质分析、纺织工艺原理、服装及质量标准、现代商品检测技术、市场营销学、国际贸易实务等课程。学生毕业后可从事纺织商品的经营贸易和纺织产品质量控制与监督、纺织生产的技术与管理等工作。

本专业1998—2000年在商务学院招生，是北京市唯一的纺织类的本科专业，培养具有现代纺织与服装技术的高级应用性人才，以适应我国加入世界贸易组织（WTO）后的人才需求。学生通过学习，能够掌握现代纺织与服装加工技术、面料与服装的设计技术、商品检测技术，同时能够掌握一定的纺织品与服装的营销与国际贸易知识。本专业为学生开设了纺织材料学、纺织工艺学、纺织品设计、纺织品检测、纺织CAD、服装面料学、服装设计、服装CAD、服装检测、市场营销学、国际贸易等课程。学生毕业后可从事纺织品与服装产品的设计与开发、纺织品与服装的生产管理与经营管理以及商品检测、国内外的贸易工作等。

20. 针织工程

针织工程专业开设于1985年，1995—1996年在纺织工程学院招生。本专业培养掌握现代先进针织工艺与技术，具有针织品及针织服装设计生产和开发能力的高级复合性工程技术人才。为学生开设纺织材料学、针织工艺学、服装美术基础、针织服装设计、羊毛衫设计与纺织、服装工艺、计算机程序设计、服装CAD、服装市场与营销等课程。学生毕业后可从事针织工程技术与管理工作，也可从事针织品和针织服装的设计生产以及纺织服装行业经营管理工作。

21. 管理工程

管理工程专业开设于1994年，1998年在商务学院、化学工程学院、信息学院招生。

本专业1994年在电子工程学院招生，主要培养从事企业经营和计算机在管理中的开发应用工作的高级管理工程技术人才。毕业生可从事相关的科研教学工作及经济管理部门的工作。学生在学习工业企业管理的理论知识和现代化的管理方法的基础上，系统地掌握本专业所需的电子技术基础理论知识和经济科学基础理论知识，系统地掌握现代化经营管理理论及应用技术和分析方法，掌握一定的计算机应用技术知识和应用能力，具有一定的分析企业实际问题的能力和进行调查研究与分析决策的能力。

本专业1995—1997年在电子自动化工程学院招生，培养适应国有企业、三资企业、事业单位等从事相应管理工作和商贸工作的应用性管理人才。为学生开设工商管理、工商会计与财务管理、市场营销与外贸、管理信息系统等专业模块。学生除学习公共基础课、专业基础课外，可根据社会需求和个人特长选择专业模块。毕业生具有广阔的就业前景，可在各类性质的工商企业、服务业、金融保险业等领域从事财务会计、市场营销、行政管理、项目评估、文秘、计划等工作。

本专业1994—1997年也在纺织工程学院招生。1997年本专业开设涉外商务管理、商务信息系统、企业理财三个专业方向。本专业培养从事工业经济管理与综合管理，并具有外贸营销基础理论及相关技术知识的高层次复合性管理人才。本专业学生主要学习现代管理科学理论和方法、工商企业管理和技术经济

专业的印记

方面的知识与技能、经贸方面的基本理论与实务以及一定的工程技术知识和计算机辅助管理技能等。学生毕业后可从事各类经济领域及企事业单位的管理工作，也可参与市场营销、对外贸易方面的管理工作。本专业所设课程除基础理论课和工程技术课外，还有管理学原理、管理经济学、工业统计、运筹学、工业会计、技术经济分析、企业管理学、组织行为学、管理决策方法、公共关系学、市场营销学、国际市场营销、国际贸易与实务、管理信息系统、经济法等课程。学生毕业后主要去向为工商企业、事业单位等。

22. 化学工程

化学工程专业开设于1978年，1995—1998年在化学工程学院招生。本专业培养德、智、体全面发展的在化工科技方面从事科研、翻译、教学、管理等工作的高级科技专门人才。在课程安排上，本专业为学生开设英语（精读、泛读、听力）、电工电子学、化工热力学、反应工程、分离工程、微机基础与数据库、C语言程序设计、微机接口、网络技术、集散控制系统、管理信息系统等课程。学生毕业后可到化工、轻工等行业的企事业单位从事翻译、科研等工作。

23. 精细化工

精细化工专业开设于1985年，1994—1998年在化学工程学院招生。精细化工产品是指经过化学深度加工制成的各种产品，其范围广泛，如食品添加剂、表面活性剂、染料、涂料、试剂、粘合剂、催化剂、感光材料、稀土材料、中西药等。它们与国民经济各部门和人们生活密切相关，是高效能化学品，与传统产品比较具有鲜明的生产、科研、开发三位一体的特点。本专业为学生开设有机化学、物理化学、化工原理、高分子化学、高分子物理、精细化工工艺学、精细化工工厂装备、胶体与表面化学、功能高分子、聚合物助剂等课程。本专业主要为北京市化学工业、轻工、食品、医药等企事业单位培养从事生产、开发和科研的高级工程技术人才。

24. 高分子材料及化工

高分子材料及化工专业开设于1997年，1997—1998年在化学工程学院招生。本专业培养具有较扎实的化工基础理论和较强的实践能力，掌握高分子化合物和精细高分子及高分子材料的合成、加工并能从事塑料、橡胶、功能高分子、粘合剂、涂料等产品的研制、开发、管理、销售的复合性人才。本专业主干课有：有机化学、物理化学、高分子化学、高分子物理、聚合物加工原理、高分子材料、聚合反应工程等，学生在学好化工基础理论的基础上还将学习国际营销学、外贸函电、国际贸易实务等经济类课程。此外，本专业还会对学生进行英语听、说、读、写及计算机应用方面的训练。培养方案也要求学生在学习期间到化工系统有关工厂、科研单位学习和社会实践，以此培养学生实践、公关、动手能力。学生毕业后可到北京化工、建材、轻工、纺织、电子及其他相关领域的企事业单位工作。

25. 化工设备与机械

化工设备与机械专业开设于1989年，1997年更名为化工机械与设备专业，1998年更名为化工设备与机械专业，1994年、1997—1998年在化学工程学院招生。本专业主要研究化工领域相关的生产工艺装置中的各种设备，这些设备是化学工业生产和发展的重要物质基础。本专业是同属于化工、机械两个学科领域的应用性专业，主要培养化工设备与机械的设计、研究、开发及国内外化工机械新技术和新装置的引进、改造、制造与管理等方面的高级技术人才。为学生开设理论力学、材料力学、机械原理、机械零件、工程热力学、流体力学、金属工艺学、材料学及热处理、电工电子学、化工原理、化工机器、化工容器及设备、化工机械制造工艺、画法几何与机械制图、机械零件、公差与技术测量、化工机器、化工容器设计、测试技术、实验应力分析、工厂电气控制、计算机应用实验等课程。本专业学生毕业后主要面向化工、石油、冶金、医药、轻工、食品等行业从事科研、开发、设计等工作。

26. 工业分析

工业分析专业开设于 1985 年，1994 年在化学工程学院招生。工业分析（含商品检验）专业是从事以化学与化工产品为主的商品质量检验、监督、保护等技术与管理工作的复合性专业。为学生开设无机化学、有机化学、分析化学、物理化学、计算机及其应用、仪器分析、现代商品检测技术、商品学、商检学、商品标准化与质量管理、环境监测等课程。本专业毕业生可在化工企事业单位、商品检验、环境监测等部门从事化学仪器分析、商品检测与质量管理等工作。

27. 日语（旅游）

日语（旅游）专业开设于 1978 年，1998—2002 年在旅游学院招生。本专业主要培养具有良好政治思想素质和职业道德、扎实的日语语言基础知识和语言基本技能、比较广泛的科学文化知识、全面的专业理论基础和丰富的业务知识、较强的专业技能，身心健康，能在外事、经贸、旅游文化相关部门从事翻译、研究、管理工作的高级应用性日语人才。本专业主要有基础日语、高级日语、口语、写作、语言理论、日本文学史、日本文学选读、报刊阅读、视听、中日互译、日语应用文写作、旅游学概论、旅游地理、旅游法规、旅游市场学、导游基础知识、导游业务、旅行社经营管理、日语北京导游、旅游文学、计算机、日本概况等课程。

28. 旅游管理

旅游管理专业开设于 1994 年，1994—2002 年在旅游学院招生。本专业培养德、智、体、美全面发展，适应旅游业发展需要，具有扎实的经营管理、酒店物业管理理论知识，外语水平高，组织能力强，能胜任现代化酒店、饭店、其他事业单位经营、管理的高级专门人才。为学生开设旅游学、经济学、管理学、市场营销学、公共关系、旅游经济学、旅游心理学、会计学、统计学、审计学、财政金融、财务管理、管理信息系统、酒店管理、旅行社管理等课程。

本专业的财务管理专业方向培养德、智、体、美全面发展，适应现代旅游业发展需要，具有扎实的会计专业理论及较强业务能力，能在旅游企事业单位工作的高级财务、会计人才。该专业方向为学生开设经济学、管理学、财政信贷、金融学、管理信息系统、统计学、会计学、审计学、高级财务管理、经济法、投资学、市场营销、基础英语、专业英语、计算机网络等课程。

本专业的物业管理专业方向培养适应旅游业发展需要，具有一定的物业管理理论知识、较强的组织、管理能力，外语水平高，能胜任酒店物业管理的专业人才。该专业方向为学生开设英语、旅游法规、旅游心理学、旅游经济学、计算机、饭店总体管理、市场营销学、建筑构造与建筑材料、工程项目管理、建筑电气自动化、饭店装饰装潢、房地产经营与管理、广告学、排供水系统、自动控制系统等课程。

本专业的市场营销专业方向主要培养德、智、体、美全面发展，适应现代旅游业发展需要，具有较深厚的经济学、管理学、营销学理论功底且有丰富的营销策略和管理专业知识及市场决策与营销管理能力，能胜任旅游企事业单位的市场规划、开发、营销、预测和研究工作的高级应用性专门人才。为学生开设的课程主要有：管理学、微观经济学、宏观经济学、管理信息系统、经济法、统计学、会计学、财务管理、市场营销原理、消费者行为、营销研究等。

29. 自动控制

自动控制专业开设于1985年，1996年更名为自动化专业，1994年在自动化工程学院招生，培养工业和非工业领域的自动控制系统及自动管理系统方面的高级工程技术人才。为学生开设电路分析、模拟电子技术、数字电子技术、电机与拖动、计算机组成原理、微机系统接口、操作系统、软件工程、算法与数据结构、汇编语言程序设计、数据库原理、单片机原理与应用、经典与现代控制论、半导体变流技术、过程控制系统、机电控制系统、计算机控制系统、集散控制系统、控制系统CAD、计算机仿真、最优化基础、自动控制系统工程设计等课程。

本专业1995—1997年在电子自动化工程学院招生，培养从事工业领域自动化系统分析、设计、仿真、运行和研究的高等工程技术人才。1995年专业方向是过程控制、运动控制、自动控制、仪器仪表和电气技术。1996—1997年专业方向是过程控制、运动控制、仪器仪表和智能控制。学生在完成必要的公共课和专业基础课学习后可根据个人兴趣、特长和社会需求选课学习。毕业生具有广阔的就业前景，可以在三资企业等高科技公司从事工业自动化系统的研究、设计、运行、管理和商贸工作。

本专业1998—2001年在信息学院招生。本专业是社会广泛需求的宽口径专业，以自动控制为主线，兼顾电气技术、计算机技术、信息处理、仪器仪表等。本专业培养的学生具备电工与电子技术控制理论、信息处理、自动检测与仪表、计算机技术与应用和网络技术等较广领域的工程技术基础和一定的专业知识。毕业生成为能在电子与计算机技术、信息处理、管理与决策、工业生产过程控制等领域从事系统分析、设计、运行、科技开发及研究等工作的高级工程技术人才。

本专业 2002 年在自动化学院招生。自动化是一个宽口径专业，主要学习的是面向各种现代综合自动化系统、现代管理控制系统及自动化领域的信息处理和应用技术。本专业培养掌握现代自动化技术、计算机技术、测控网络技术、信息处理技术，具有较强实践能力的高级应用性工程技术人才。设信息自动化、自动化网络技术、智能测控网络、虚拟技术、自动控制系统智能设计和自动控制系统与集成六个专业方向。主干学科为：控制科学与工程、计算机科学与技术、电子科学与技术。主要专业基础课和专业课程有：电路分析、模拟及数字电子技术、信号与系统分析、程序设计语言、计算机软件技术基础、微机原理与接口、计算机网络与通信、数据库原理及应用、自动控制理论、多媒体技术与应用、虚拟技术、计算机仿真、管理信息系统、Web 技术、单片机技术及应用、数字图像处理、智能控制技术、控制网络技术等。本专业还根据专业技术的发展和需求开设新技术的选修课及讲座。

30. 计算机及应用

计算机及应用专业开设于 1985 年，1994 年在自动化工程学院招生，培养电子计算机应用方面的高级工程技术人才。高年级将分成计算机软件、计算机技术两个专业方向。学生在校期间除学习公共基础课外，还要学习模拟和数字电子技术、计算机组成原理、汇编语言程序设计、微机系统接口、软件工程、算法与数据结构、操作系统、数据库原理及应用、网络与通信、程序设计等课程。计算机软件专业方向和计算机技术专业方向

◆ 专业的印记

还分别设置办公自动化、编译原理、计算机图形学、计算机系统结构、管理信息系统CAD、计算机控制、传感技术、高等微机等专业课。

本专业1995年在电子自动化工程学院招生，有计算机及应用和软件两个专业方向。计算机及应用专业方向培养计算机应用方面的高级工程技术人才，分为计算机技术和计算机控制两个方向。该专业方向的主干学科是计算机科学、电子学、自动控制理论等。毕业生可在科研、教学单位从事计算机应用技术与管理信息系统的开发、研究、管理等工作。软件专业方向培养计算机软件应用方面的高级工程技术人才，方向为计算机软件和管理信息系统。该专业方向的主干学科为计算机科学、软件工程、信息工程等。毕业生可在科研及教学部门从事计算机应用技术的开发、研究、管理及商贸工作。

31. 电子工程

电子工程专业开设于1994年，1998年在应用技术学院招生。

本专业1994年在电子工程学院招生，主要培养掌握电路理论与技术、数据采集、处理与传输的基本理论与方法、电视及图像信号处理的基础理论与技术、微型计算机的应用技术，能从事信号处理及传递的研究、电子系统及部件设计和科学实验、电子设备的维护及微型计算机软硬件应用开发的高级工程技术人才。本专业的主要专业方向是电视技术与图像信号处理、监测与控制、微电子电路及系统、微型计算机的应用。本专业学生毕业后主要分配在北京市电子工业系统、广播电视系统、计算机应用系统等所属科研单位、工厂及从事电子电路、数据采集与传输、通信及图像处理、监测与控制、计算机应用开发的公司。

本专业 1995 年在电子自动化工程学院招生，主要专业方向是电视技术与图像信号处理、数据传输、电子电路及系统、微型计算机应用。主干学科为电子学、电路、信号处理与系统等。学生毕业后主要分配到北京市电子工业、广播电视、计算机应用系统等所属科研单位、工厂从事电子电路、数据采集与传输、通信及图像处理、计算机应用开发的工作。

32. 通信工程

通信工程专业开设于 1978 年，1994 年在电子工程学院招生，培养掌握通信工程中的信息采集、传输和处理的基本理论技术，能进行通信系统的研究、设计与运行分析的高级工程技术人才。本专业主要学习通信系统的基本理论与技术、通信设备的原理及电路设计方法。毕业生主要从事移动通信、计算机通信（含办公自动化）的研制开发工作。本专业要求学生掌握电路、信号与系统方面的基本理论和实验技能，掌握模拟与数字电路的设计与计算方法，掌握典型通信系统和设备的组成、工作原理及工程设计的初步能力，掌握计算机通信理论和程控交换技术及从事该技术的分析与设计的能力，掌握信息和数据处理的一般理论与技术，具有利用计算机与单片机在通信中应用，并能使用计算机进行科学研究的能力。

本专业 1995 年在电子自动化工程学院招生，培养能够运用通信基本理论和计算机技术研制开发相关的通信设备与系统的人才。本专业分属三个专业方向，即：移动通信、计算机通信和交换技术。主要专业课有：通信概论、通信原理、锁相技术、计算机通信、程控数字交换技术等。毕业生主要分配到北京市通信系统及相关的高科技公司。

33. 计算机科学与技术

计算机科学与技术专业开设于 1996 年，在电子自动化工程

◆ 专业的印记

学院招生。本专业培养从事计算机硬件设计、软件设计、研究和开发以及硬软件综合应用的高等工程技术人才，设计算机控制、计算机硬件、计算机软件、管理信息系统四个专业方向。学生在完成必要的公共课和专业基础课学习后，可根据个人兴趣、特长和社会需要选课。主干学科有：电路理论、电子学、计算机科学、软件工程。学生毕业后可在三资企业等从事计算机应用技术的开发、研究、管理及商贸工作。

34. 计算机工程

计算机工程专业开设于1997年，在电子自动化工程学院招生。本专业培养从事计算机硬件设计、软件设计、研究和开发以及硬软件综合应用的高等工程技术人才，设计算机控制、计算机硬件、计算机软件、管理信息系统四个专业方向。学生在完成必要的公共课和专业基础课学习后，可根据个人兴趣、特长和社会需要选课。主干学科有：电路理论、电子学、计算机科学、软件工程。学生毕业后可在三资企业等从事计算机应用技术的开发、研究、管理及商贸工作。

35. 电子与信息技术

电子与信息技术专业开设于1996年，在电子自动化工程学院招生，1998年在信息学院招生。本专业培养从事各类电子与信息技术和系统的研究、设计、制造及其在国民经济各部门中的应用与开发的高等工程技术人才，设移动通信、数据传输与交换、数字信息处理、应用电子技术四个专业方向。学生在完成必要的公共课和专业基础课学习后，可根据个人兴趣、特长和社会需要选课学习。本专业为学生开设电工与电子学、信息科学、计算机科学等课程。毕业生可在三资企业等从事电子与信息技术的开发、研究、设计、管理等工作。

36. 信息工程

信息工程专业开设于1997年，在电子自动化工程学院招生。本专业培养从事各类电子与信息技术和系统的研究、设计、制造及其在国民经济各部门中的应用与开发的高等工程技术人才，设移动通信、数据传输与交换、数字信息处理、应用电子技术四个专业方向。学生在完成必要的公共课和专业基础课学习后，可根据个人兴趣、特长和社会需要选课学习。主干学科有：电工与电子学、信息科学、计算机科学。毕业生可在三资企业等从事电子与信息技术的开发、研究、管理等工作。

37. 机械电子工程

机械电子工程专业开设于1994年，在自动化工程学院招生，1994—1998年也在机械工程学院招生，1995—1996年也在职业技术师范学院招生。本专业强调机电结合，要求学生掌握机电有关学科的基础理论和技术，是机械、电子、计算机和信息技术相结合的宽口径专业。主要培养从事设计、制造和运用机电一体化产品（如数控机床、数控机器人、复印机等数控机械）的复合应用性高级技术人才。学生毕业后可从事机电一体化产品的设计、制造和有关的技术改造工作，可到工厂、商行从事数控机械运用与修理、简单数控机械设计、计算机应用、数控加工等方面的技术、管理与教学工作。

38. 电气技术

电气技术专业开设于1985年，1994—1998年在机械工程学院招生。本专业遵循"宽口径、厚基础、强能力、高素质"原则，培养能够运用电子与计算机技术，在电气工程及其自动化领域内从事研究、设计、开发、运行、试验、外贸的复合性高级工程技术人才。1994年本专业开设工业自动化和电器及自动装置两个专业方向。1996年本专业开设计算机应用、现代建筑电气工程、专业外贸三个专业方向。为学生开设电路、电子、计算机、自控、检测、供配电、电力电子、计算机网络、楼宇自动化、外贸英语进出口实务等课程。学生毕业后可到政府部门、科研院所、三资企业从事技术与管理工作。

39. 材料科学与工程

材料科学与工程专业开设于1994年，1994年、1997—2001年在机械工程学院招生。本专业是材料科学与工程领域中的宽口径专业，培养掌握材料科学基本理论和现代研究分析方法，从事现代材料检测及计算机在材料科学中应用的复合应用性高级技术人才。在课程设置上，专业基础课的安排使学生掌握普通工科专业和材料领域的基础知识和能力，除此之外，还为学生开设电工电子学、无损检测技术、超声检测技术、现代材料研究方法、材料性能学、计算机基础、数据库及应用、C语言程序设计、微型计算机原理及应用、微型计算机接口技术、计算机网络技术、试验优化设计等课程。毕业生可以到三资企业、科研院所从事材料检测、质量监督控制、材料进出口业务以及检测自动化和计算机管理等方面的工作。

本专业1994—1997年也在建材轻工学院招生，培养目标是掌握材料科学与工程的基本原理，从事材料科学与工程的开发和应用的高级应用性人才。本专业的学生应全面掌握金属材料、高分子材料、无机非金属材料、复合材料的基本理论，并能运用材料物理及材料化学的基本原理，采用材料设备和加工的新工艺，对现有材料进行加工、改性，提高其性能和进行质量控制，开发应用新材料、新技术、新工艺、新设备，成为建材、机械、轻工、冶金等行业需要的材料专业科技人才。为学生开设有机化学、物理化学、高分子物理和化学、无机非金属材料导论、金属学、固体物理、复合材料、新型材料导论、材料近代研究方法及计算机在材料科学中的应用等课程。学生毕业后可从事材料的生产、研制、开发及管理等方面的工作。

本专业1998—1999年也在应用技术学院招生，培养具有材料科学与工程方面较宽的基础知识，能从事新型建筑材料与制品开发、应用、检测和经营的高级应用性、复合性技术人才。为学生开设物理化学、材料科学基础、现代材料研究方法、金属材料及热处理、高分子材料、无机非金属材料、复合材料、材料物理及力学性能、计算机应用、装饰装修材料、建筑概论、市场营销、电子商务、物资管理、涂料、粘合剂等课程。而且，相关专业课程密切结合了新型建材和装饰装修材料强调产品的性能与检测。毕业生可在建筑部门，建材、装饰行业的相关企事业单位从事材料开发、应用、产品检测以及商贸、营销、管理等工作。

本专业1999—2001年也在化学工程学院招生，培养具有较扎实的化工基础理论和较强的实践能力，掌握高分子化合物及高分子材料的合成、加工并能从事塑料、橡胶、功能高分子、粘合剂、涂料等产品的研制、开发、管理、销售的复合性人才。为学生开设的课程有：有机化学、物理化学、化工原理、高分子化学、高分子物理、聚合物加工原理、聚合反应工程、营销学、国际贸易等。同时，本专业还会对学生进行英语听、说、读、写及计算机应用方面的训练。学生毕业后可以到化工、轻工、建材、纺织、电子及其他有关部门工作。

本专业2002年在机电学院招生，面向首都社会发展和经济建设第一线，培养具有材料科学与工程和计算机控制技术方面的知识与技能，掌握现代新型材料的特性、应用和典型制备工艺，具有材料质量分析能力和在材料制备、材料性能检测中运用计算机进行控制的能力的高级应用性工程技术人才。本专业为学生开设电工学、电子学、数字电路、计算机软件设计基础、微机原理及应用、微机接口技术、计算机网络技术、材料科学基础、材料物理基础、材料性能学、功能材料、电子信息材料、现代材料分析方法、新材料制备技术等课程。学生毕业后可到高新技术产业公司、科研院所、国家质量监督部门等单位从事与专业领域相关的开发、研究、经营和管理以及计算机测控系统的应用开发和计算机管理等方面的工作。

本专业2002年也在生物化学工程学院招生，培养具有较宽泛的材料基础理论知识和较强实践能力的，掌握材料（主要包括无机非金属材料、高分子材料、复合材料）的制备、合成、加工和检测，熟悉新材料功能及应用的高级应用性工程技术人才。主要课程有：基础化学、材料科学与工程基础、生物材料、材料科学研究方法、市场营销及物流配送。毕业生可从事生物医用材料、生态环境材料、先进复合材料等新材料制品的技术支持和服务、销售和经营管理、开发及加工等方面的工作。

40. 机械设计及制造

机械设计及制造专业开设于1985年，1998年在应用技术学院招生。

本专业1994—1998年也在机械工程学院招生，培养具有坚实的机电基础理论和较强的解决实际问题能力的机械设计及制造领域的高级工程技术人才及掌握本专业基础知识、精通外语及外贸知识的复合性机电外贸人才。本专业学生通过理论学习和实验、实习、课程设计、毕业设计等实践环节，掌握现代机械的设计、制造、检测及自动化等方面的基本理论与技能。为学生开设机械制图、理论力学、机械原理、机械设计、电子技术、电机电器、微机原理与应用、机械制造工艺学、互换性与技术测量、检测技术、液压技术等课程。根据社会需求和学生本人的志愿，高年级学生可分别选学液压传动与控制技术、机电外贸、英语等专业方向中的一个专业方向。开设优化设计、可靠性设计、机构分析与综合、设计方法学、计算机辅助设计、计算机辅助工艺设计、机械制造自动化系统、数控机床、机电外贸英语、外贸理论、工业工程、工业造型设计、人机工程设计等几十门相应的专业课程供学生选学。机电外贸专业方向毕业生主要到外资企业及各类进出口公司从事机电产品的涉外贸易、高新技术的引进工作，也可从事机电、计算机应用等技术与管理工作，历届毕业生供不应求。

本专业1994—1997年也在建材轻工学院招生，分空调制冷与机电一体化两个专业方向，主要培养具有设计、开发、管理能力的高级技术人才。主要课程有：机械原理、机械零件、电子技术、自控原理、计算机、机制工艺、食品机械、制冷原理、工程热力学、空气调节、采暖通风等，并设优化设计、专家系统等选修课。学生毕业后主要从事空调或机电一体化系统及产品设计、开发、制造、运行、维修管理等工作。

本专业1994年也在纺织工程学院招生，培养适应现代工业科技进步、具有机械设计与制造和微电子控制技术方面综合知识与能力的机电一体化复合性高级专门人才。本专业主要学习研究机械设计与制造的基础理论和方法、微电子技术、计算机技术和信息处理的基本知识、采用微机进行智能化生产和质量控制以及机电结合装置的设计原理与开发等。除为学生开设基础理论课外，还开设了理论力学、材料力学、工程材料及加工、机械原理、机械零件、机械制造工艺学、模拟电子技术、数字电子技术、传感器与检测技术、自动控制基础、计算机程序设计、微机原理及应用、机械优化设计等课程。学生毕业后可从事引进技术装备的调试运行、使用及维护工作，也可从事机械产品设计、性能分析及检测、新型机电产品的开发或相关行业的技术工作。

41. 工业自动化

工业自动化专业开设于1994年，1994—1997年在建材轻工学院招生，培养以工业测控及微机技术为专业方向的软硬件结合的应用性高级工程技术人才。为学生开设模拟及数字电路、微机原理、自控原理、仪表与过程控制、计算机控制技术、C语言程序设计等课程。学生毕业后主要从事测控系统的设计、运行管理及维护工作，并能从事以电气电子和微机技术为手段的技术改造和开发工作。考虑到社会需要，教学计划中还安排了有关管理科学、公共关系等课程，使学生不仅能适应工程技术工作，也可从事技术管理工作。

42. 中医学

中医学专业开设于1978年，1994—2000年在中医药学院招生。本专业的目标是培养德、智、体全面发展的高级中医人才，为学生开设马克思主义原理、中国社会主义建设、中国革命史、医学伦理学、英文、医古文、医用生物学、中国医学史、中医基础理论、中医诊断学、中药学、方剂学、内经、伤寒论、金匮要略、温病学、各家学说、中医内科学、中医外科学、针灸学、中医儿科学、中医妇科学、中医眼科学、中医耳鼻喉科学、中医按摩推拿学、人体解剖学、组织胚胎学、生理学、生物化学、微生物与寄生虫学、病理学、药理学、预防医学、诊断学基础、西医内科学、西医外科学等课程。学生毕业后可从事中医临床、教学和科研工作，学习期间基础课和临床课（包括毕业实习）教学时间各一半。中医专业学制五年。

43. 资源环境与城乡规划管理

资源环境与城乡规划管理专业开设于1999年，1999—2002

年在应用文理学院招生。本专业具有文理交叉、理工渗透、基础宽厚、综合性和应用性强的特点。本着坚实基础技能、面向市场需求的基本思想，本专业特别注重学生的基本素质、基本技能和动手能力的培养，使学生能胜任房地产经营、城乡建设、企业策划等方面的工作，成为从事调研开发、规划管理、咨询评估工作的应用性、复合性高级专门人才。为学生开设自然地理学、经济地理学、城市地理学、城市规划、城市管理学、区位论、经济学基础、投资经济学、管理学概论、财务管理、市场营销学、房屋建筑学、施工识图、建设工程概预算、总图设计、居住区规划、景观规划设计、计算机概论、数据库、地理信息系统、计算机制图、空间经济数学方法、房地产经营与管理、房地产估价、房地产金融、资产评估等课程。

44. 信息管理与信息系统

信息管理与信息系统专业开设于1999年，1999—2002年在应用文理学院招生。本专业主要培养具有坚实的数理基础、计算机基础及经济学知识，系统掌握信息管理的基本理论、基本知识和基本技能，经过良好的科学思维和科学实验的训练，有较强的应用计算机、网络等现代技术进行信息处理和信息资源管理的从事研制开发与应用信息产品（或服务）和信息系统的能力，能够在各企业和科研机构、信息机构等从事信息的采集、分析加工、组织、传播、服务和信息系统管理等方面的高级应用性专门人才。为学生开设管理学、信息组织、信息管理学、运筹与优化学、应用数理统计、管理信息系统、情报分析与预测、计算机基础、数据结构、计算机网络技术基础、网络编程、网络资源管理、数据库、程序设计以及经济学、统计学、市场营销学等课程。学生毕业后可到科研院所、企事业单位从事信息咨询、开发和管理等工作。

◆ 专业的印记

本专业2001—2002年也在商务学院招生，旨在培养具备现代经营管理和商务运作的理论与实务基础、扎实的计算机技术知识与应用能力，系统掌握信息系统的方案设计、开发及电子商务网站维护的相关技术，能在工商企业、金融机构、科研单位从事信息系统分析、设计、实施管理、评价等工作或从事电子商务、网络营销等方面的研究与开发工作的综合高级应用性专门人才。为学生开设经济学、管理学、运筹学、会计学、计算机原理、数据库、计算机网络及应用、数据结构、操作原理、管理信息系统、C++程序设计、Java程序设计、经济预测与决策、网络营销学等课程。

45. 信息与计算科学

信息与计算科学专业开设于1999年，1999—2002年在应用文理学院招生。本专业培养具有良好的数学素养，掌握信息科学和计算科学的基本理论和方法，受到科学研究的初步训练，能在科技、教育和经济部门从事研究、教学、应用开发和管理工作的高级专门人才。为学生开设数学分析、线性代数、解析几何、概率统计、数学模型、物理学、计算机概论、算法与数据结构、数据库系统概论、信息科学基础、常微分方程、数理方法、应用统计分析、运筹学、计算方法、经济预测方法、计算机原理、计算机语言（包括C++、VB）、数据结构、操作系统（包括Unix系统）、软件工程、计算机网络与通讯、计算机软硬件维护、多媒体技术、科技英语、理论计算机科学基础、计算机图形学、数值计算方法、运筹与优化等课程。学生毕业后可到国家机关、科研院所、企事业单位从事研究、开发、经营和管理等工作。

46. 电子学与信息技术

电子学与信息技术专业开设于1998年，1999年更名为电子信息科学与技术专业，1998—2002年在应用文理学院招生。本专业培养具备电子信息科学与技术的基本理论和基本知识，受到严格的科学实验训练和科学研究初步训练，能在电子信息科学与技术、计算机科学与技术相关领域和行政部门从事科学研究、教学、科技开发、产品设计、生产技术或管理工作的高级应用性专门人才。为学生开设高等数学、数学物理方法、普通物理、电磁场理论、电路分析、模拟与数字电路、微机控制系统、信号与系统、算法语言与程序设计、微机原理与应用、通信原理、多媒体技术、计算机网络等课程。学生毕业后可到国家机关、科研院所、计算机公司、网络通信公司从事研究、开发、经营和管理等工作。

47. 金融学

金融学专业开设于2000年，2000—2002年在应用文理学院招生，面向我国各类金融机构和中外工商企业，培养全面发展的金融财务方面的应用性人才。通过四年的学习，学生既可以掌握金融财务、经济学方面的基本理论，又具有较强的实际操作能力。毕业后，学生初步具备在金融机构从事金融财务管理、经济分析和预测的能力。主要课程有：微观经济学、宏观经济学、国际经济学、货币银行学、国际金融、投资学、金融工程概论、商业银行管理、基础会计、西方财务会计、成本管理会计、财务管理、国际财务管理、电子理财、企业管理、市场营销、国际贸易、国际结算财政学、保险学、国际商务、统计学、经济法等。与其他院校的同类专业相比，本专业有两大特色：一是中外合作办学的优势，二是强调外语能力的培养。

本专业国际金融与财务专业方向培养具备金融财务、经济学方面的基本理论，具有较强的实务操作能力，并具有较好的英语听说读写能力及数理分析和计算机应用能力，能够适应首

◆ 专业的印记

都经济发展需要的，能在银行、证券、投资及一般工商企业的财务、营销和管理等部门从事相关工作的复合性和应用性财务金融学专门人才。该专业方向面向我国不断发展的市场经济，培养具有坚实的数学和外语基础的金融财务方面的高级应用性专门人才。毕业生初步具备在金融机构从事金融财务管理、经济分析和预测的能力。主要课程有：微观经济学、宏观经济学、国际经济学、货币银行学、国际金融、投资学、金融工程概论、商业银行管理、基础会计、西方财务会计、成本管理会计、财务管理、国际财务管理、电子理财、企业管理、市场营销、国际贸易、国际结算、财政学、保险学、国际商务、统计学、经济法等。毕业生主要就业去向是各金融证券公司、保险公司、投资公司、三资企业以及国家机关、事业单位等。

本专业注册会计师专门化专业方向培养具备会计、审计、金融财务学的基本理论和知识，具备一定的会计、审计方面的实际操作能力，并具有较好的英语听说读写能力、数理分析和计算机应用能力，能从事"注会"行业的审计、管理咨询以及一般企业的会计、内部审计、财务管理等工作的高级应用性专门人才。本专业方向课程设置主要依据注册会计职业所需的知识结构，借鉴国内外一流大学课程设置的经验，结合我国注册会计师执业资格考试的内容，具有较强的实用性和前瞻性；强调外语教学，要求学生在毕业时通过全国大学英语六级考试；加强计算机在专业领域的应用训练，如电子理财课程和与会计、审计实务相关的会计电算化、审计电算化等课程。毕业生主要就业去向是各金融证券公司、保险公司、投资公司、三资企业、会计事务所以及国家机关、事业单位等。

本专业 2001—2002 年也在职业技术师范学院招生，主要培养具备金融机构业务操作与经营管理专业知识的高级应用性专门人才，同时也为中等职业技术学校培养金融学专业课和财经类专业基础课的师资。本专业注重培养学生扎实的基础理论知识和突出培养学生的实际操作能力。毕业生能够胜任银行、保险、证券等金融机构的业务操作与经营管理工作，也可从事中等职业学校金融专业教学工作。为学生开设政治经济学、西方经济学、经济数学、财政与税收、经济法、货币银行学、国际金融学、保险学、证券投资学、金融市场学、中央银行学、投资银行学、商业银行业务与经营、金融企业会计、金融监管、项目评估与投资决策、金融英语、计算机银行业务模拟、计算机银行管理模拟、证券行情分析等课程。

48. 公共事业管理

公共事业管理专业开设于2002年，在应用文理学院招生。本专业培养德、智、体、美全面发展，具有现代管理理论、技术与方法等方面的知识及应用能力、良好的文化与科学素养，能在政府及公共文化事业单位，如文教、体育、出版、影视、广播、广告、信息咨询、网络、文化娱乐等单位从事经营与管理工作的高级应用性专门人才。为学生开设英语、计算机、管理学、行政管理学、政治学、公共政策、文化经营管理概论、系统科学与思想方法、文化活动与创意、管理心理学、人力资源开发与管理、信息管理、文件与档案管理、行政法、现代经济知识、文化市场营销、会计学、社会调查方法、秘书学、广告学、传播学、社会学、公共关系、写作基础、中国传统文化、中西文化比较、中外当代文化思潮、文学艺术鉴赏、音乐、影视、戏剧鉴赏、美学等课程。

49. 环境科学

环境科学专业开设于2001年，2001—2002年在应用文理学院招生。本专业遵循"厚基础、宽交叉、重前沿、广对象"的

> 专业的印记

环境专业教育新观念，注重基础知识和技能的学习训练，广泛教授交叉学科有关知识，重视科学前沿知识介绍，利用原有专业优势，充分发挥学院文理兼备的特色，借助北京大学、中国科学院以及学院地区教学共同体优势，为北京市技术和行政部门培养既有实际动手能力，又有全方位环境知识的高级应用性专门人才。开设的基础课有：英语、计算机、数学、物理、无机化学、有机化学、分析化学和物理化学。专业选修课有：波谱分析、生物化学、环境化学、环境生态学、环境微生物学、环境监测、环境工程、环境规划、环境法律、计算机在环境保护的应用等。本专业就业面广阔，毕业生在环保部门、医药卫生部门、高校、科研院所、行政管理部门均可发挥专业所长。

50. 新闻学

新闻学专业开设于2000年，2000—2002年在应用文理学院招生。本专业培养德、智、体、美全面发展，具有系统的新闻传播与广告专业理论知识与技能、良好的文化与科学素养，熟悉我国新闻宣传工作的方针和政策法规，并具有较强的语言文字表达能力，能够在新闻、出版与文化事业机构、党政机关从事编辑、记者、宣传、文秘、行政管理工作，以及从事相关的教学、科研工作的高级专门人才。为学生开设文艺概论、写作、美学、中国文学史、外国文学史、中外文学作品选读、语言学概论、现代汉语、古代汉语、新闻学概论、新闻学原理、大众传播学、影视艺术、戏剧文化、新闻采访与写作、编辑学、新闻摄影与摄像、中国新闻事业史、广播电视学、广播电视编辑与节目制作、新闻事业管理、公共关系学、广告学概论、广告策划、创意与制作、广告文案写作、广告经营与管理、电脑图文设计、实用美术与书法、大学英语、计算机基础、当代世界政治与经济等课程。

本专业影视传播专业方向主要培养具有系统的新闻专业理论知识和技能、良好的文化与科学素养,熟悉我国新闻宣传工作的方针和政策法规,具有较强的语言文字表达能力的高级应用性专门人才。为学生开设中国文学史、外国文学史、现代汉语、新闻学原理、中外新闻事业史、新闻采访与写作、编辑学、新闻摄影与摄像、广播电视学、广播电视编辑与节目制作、影视艺术、广告学概论、电脑图文设计、民俗学、统计学原理等课程。毕业生可到报社、杂志社、出版社、电台、广告公司、互联网公司等企事业单位从事宣传、文秘及行政管理等工作。

本专业体育新闻专业方向培养具有新闻学和体育运动学的理论知识,掌握体育新闻传播的基本职业技术,能胜任新闻、出版及影视传播部门的记者、编辑、秘书宣传及广告策划等工作的高级应用性专门人才。为学生开设新闻学概论、大众传播学、新闻采访与写作、编辑学、广播电视学、新闻法规与职业道德、新闻摄影与摄像、中国文学史、外国文学史、文学概论、现代汉语、古代汉语、语言学概论、美学、视听艺术、广告学原理、公共关系学、电脑图文设计、体育与运动概论、奥林匹克运动史、专项体育运动与新闻报道、体育管理学、运动心理学、大学英语、计算机基础等课程。

51. 广告学

广告学专业开设于2001年,2001—2002年在应用文理学院招生,培养具有扎实的专业功底、现代化的广告意识、创新的思维方法和动手实践的能力,能与市场需要紧密结合,能在各类企事业单位从事广告传播、创意、策划及经营管理等工作,懂得市场调研的高级应用性专门人才。为学生开设广告学原理、广告心理学、广告策划与创意广告文案写作、影视广告策划、广告经营与管理、广告媒体研究、广告效果研究、广告精品赏析、中外广告史、广告摄影与摄像、公关原理、公关实务、公关策划、CIS策划与品牌战略、营销学、经济学、消费行为学、市场调查与预测、电子商务、管理学、传播学、社会学、美学、美术基础、设计基础、平面广告、电脑图文设计、现代汉语、古代汉语、写作基础、应用统计学、诗词鉴赏、商务谈判、专业英语、计算机等课程。学生毕业后主要到广告公司、新闻媒体企业就业。

本专业2001—2002年也在广告学院招生，针对我国社会主义市场经济日益发展，经济全球化进程不断加快，但广告高级人才缺乏的问题，培养具有现代广告概念、现代广告思维结构和能力结构，掌握广告策划与制作技能，熟练进行市场运作，适应我国与国际市场接轨的高级应用性广告人才。学生毕业后可在专业广告公司从事广告管理、企划、广告创意、CIS设计及市场调查、信息咨询等实际工作，或在工商企业的经营部门从事市场营销管理、策划等实际工作，也可在新闻媒体有关部门从事节目广告策划、项目主持以及广告业务工作。

52. 计算机科学与技术

计算机科学与技术专业开设于1998年，1999—2002年在职业技术师范学院招生，主要培养既能胜任中等职业技术学校计算机专业课程教学，又能从事计算机软硬件管理、开发以及网络管理与维护的高级应用性工程技术人才。本着加强基础、联系实际、面向未来的原则，为学生开设大学英语、高等数学、大学物理、电工学、数字逻辑、数据结构、计算方法、计算机基础、C语言程序设计、汇编语言程序设计、微机原理与维修、软件工程、接口与通讯技术、计算机网络、数据库管理系统、计算机图形学、计算机技术、计算机组成与结构、计算机操作系统、实用网络技术、编译原理、面向对象程序设计、多媒体技术等课程。本专业有设备良好的机房和专用实验室，注重学生实践能力的培养。

本专业 1998—2002 年也在信息学院招生，培养从事计算机软硬件应用设计与开发以及计算机网络综合业务集成系统方面和网络应用方面的高级应用性工程技术人才，既是社会需求量很大的宽口径专业，也是北京市高校重点建设学科。为学生开设模拟数字电子技术、程序设计语言、数据库、微机原理与接口、操作系统、计算机网络原理和网络互联技术等课程。本专业下设计算机网络应用系统的开发与管理，企业网组建、开发与管理两个专业方向，覆盖了当时计算机新技术的大部分领域。计算机网络应用系统的开发与管理专业方向主要专业课有：异构网络互联、网络安全与维护、Web 技术和多媒体网络等；企业网组建、开发与管理专业方向主要专业课程有：美学基础、计算机图形学、多媒体技术与制作、网页设计、网站规划与设计、Internet 技术等。毕业生的就业领域广阔，可在科研、教学单位，三资企业从事计算机应用网络技术的研究、设计开发、管理等工作。

本专业 2000—2001 年也在应用技术学院招生，培养从事计算机软硬件设计、应用系统开发、网络系统规划设计及管理维护等综合应用的高级技术应用性人才。为学生开设模拟与数字电子技术、程序设计语言、计算机组成原理、数据结构、汇编语言、操作系统、计算机系统结构、数据库原理与应用、编译原理、计算机网络与通信、网络工程、软件工程等专业课程。毕业生可在政府机构、高科技企业、金融机构等各类单位从事计算机应用技术的开发及网络系统的建设、管理与维护工作，也可从事计算机网络系统的配置、检验、营销及技术服务工作。

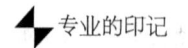

53. 艺术设计

艺术设计专业开设于 1999 年，1999—2002 年在职业技术师范学院招生，也在商务学院招生，2001 年也在特殊教育学院招生。

本专业环境艺术设计专业方向培养能够在工商单位、专业设计院所、科研单位及装修装饰公司从事建筑与环境艺术总体规划及室内环境设计、园林设计、商业设施和商业环境设计与实施，并能熟练地运用电脑辅助设计的德才兼备的高级专门人才。为学生开设透视与制图、效果图表现技法、室内设计、家具设计、建筑设计基础、环境照明设计、园林设计、展示设计、室外环境设计、装修材料与结构、建筑工程预算、民居调研、电脑辅助设计等课程。

本专业电脑美术设计专业方向培养能够在工商行政管理部门、专业设计公司应用计算机技术，独立从事装潢设计、包装设计、企业形象设计工作，或从事三维动画设计、网页设计及多媒体产品设计与制作的德才兼备的高级专门技术人才。为学生开设字体设计、广告摄影版面设计、图形符号设计，印刷工艺学、广告策划、包装设计、广告设计、三维动画技术、网页制作、计算机图形设计、计算机图像设计、计算机版面设计等课程。

54. 食品科学与工程

食品科学与工程专业开设于 2002 年，在职业技术师范学院招生。本专业主要培养具有扎实的食品与营养科学基础理论知识，掌握食品分析检测技术并能熟练应用所学专业知识处理食品营养与检测领域实际问题的高级技术应用性专门人才。本专业注重培养学生的实际工作能力，毕业生能够从事商检、海关、防疫等职能部门以及食品生产企业、超市、学校、物流部门的食品卫生检疫和质量检测工作，也可在相关院校、科研机构从事营养与食品检测方面的教研工作。为学生开设外语、计算机、高等应用数学及统计学、无机及分析化学、有机化学、食品化学、食品微生物及食品卫生、基础营养学、仪器分析、食品营养成分分析、食品检验、食品生物技术、食品安全及评价、食品工艺学、食品高新技术、食品保藏、市场营销等课程。

55. 工商管理

工商管理专业开设于1999年，1999—2001年在应用技术学院招生，培养具有较强的外语与计算机应用能力、语言与文字表达能力、先进的管理技术与市场营销能力，能从事相应的管理商贸工作的应用性管理人才。为学生开设管理学原理、工商管理、市场营销、西方经济学、技术经济学、统计、会计原理、工商会计、财务管理、外贸实务、跨国公司财务、财政金融、微机原理、数据库、管理信息系统、经济法、谈判技巧、管理心理学、商业管理、西方会计、审计等课程。毕业生具有广泛的就业前景，可在服务业、金融保险业从事财务会计、市场营销、行政管理、项目评估、文秘、计划、人事等实际管理工作。

本专业1999—2001年也在化学工程学院招生，在会计学专业方向培养适应我国社会主义市场经济发展和对外经济关系所需要的，具备管理、经济、法律、会计学等方面知识和能力的，有一定计算机和英语水平的复合性、外向性人才。为学生开设会计专业基本理论、管理学、经济学、统计学、会计学、财务管理、市场营销、经济法、财务会计、成本会计、管理会计、审计学、会计专业英语、会计模拟实习、财经应用文写作、财政金融等课程。学生毕业后能在企事业单位从事会计实务以及教学、科研方面的工作。

化学工程学院在本专业人力资源管理专业方向培养具有分

◆ 专业的印记

析和解决人力资源管理问题的基本能力的应用性专门人才。主要课程有：管理学、经济学、管理信息系统、统计学、会计学、财务管理、市场营销、经济法、人力资源管理、组织行为学、劳动经济学、劳动法等。学生毕业后能在企事业单位从事人力资源管理以及教学、科研等方面工作。

化学工程学院在本专业市场营销专业方向主要培养德、智、体全面发展的复合性市场营销专门人才。学生既可以掌握现代市场营销的基本理论和技能，又能了解企业生产基本过程和企业产品性能，能在各大股份公司和广告咨询公司等相关企业从事市场营销与管理工作，成为技术服务性、复合性专门人才。学生按照教学计划的要求，主要学习市场营销、企业管理学、消费行为学、广告学、市场调查与预测、国际市场营销、价格学、推销原理与技巧、电子商务等主干课程。

本专业1999—2001年也在机械工程学院招生，培养具备管理学、经济学、法律及现代企业管理方面的基本知识，掌握经济及管理理论，能运用现代管理方法和手段的复合性高级工商企业管理人才。为学生开设经济学、应用统计、会计学原理、财务管理、技术经济学、数据库原理与应用、计算机网络技术、管理信息系统、管理学基础、企业管理、市场营销学、国际贸易实务、外贸函电和商务英语等课程。毕业生可以在工商企业、政府部门及其他企事业单位从事技术管理、经营策划和计算机管理等方面的工作。

本专业1999—2002年也在商务学院招生，培养掌握现代科学经营管理理论，具备企业管理及经济法律方面的知识和能力，能在各类工商企业中从事商务运作、市场营销、商情分析、企业行政管理等方面工作的高级应用性人才。主要课程有：管理学、经济学、统计学、财务管理、市场营销、生产与作业管理、人力资源管理、企业战略管理、国际商务管理与交流、管理信息系统等，学生除学习理论知识外还会接受大量的实际训练。学院与多家企业建立了长期实训计划，为本专业提供了固定的实训基地。

商务学院在本专业商务信息系统专业方向培养具备现代经营管理理论与实务基础，掌握信息管理和系统的方案设计及解决相关问题的方法，能在各级管理部门、工商企业、金融机构从事商务信息管理及信息系统的组织开发、系统分析与设计、系统维护、实施管理等方面的高级应用性人才。主要课程有：经济学、会计学、管理学、计算机原理、软件工程基础、数据结构与数据库、计算机网络、数据编码与条码技术、系统分析与设计、C语言程序设计、Java程序设计、应用数理统计、Internet技术与应用、商务信息系统、电子商务等。

商务学院在本专业财务管理专业方向培养具备管理、经济、法律和理财、金融等方面知识和能力，能够熟练应用财务会计技能及计算机财务信息管理技能，主要从事财务分析、投资分析、财务管理及财务会计等工作的高级应用性人才。开设的主要课程有：管理学、经济学、财务会计、成本会计、财务管理、管理会计、投资学、商业银行与国际业务、管理信息系统、国际贸易、国际金融与国际结算、统计学、项目经济评价等。学生在校期间可考取英语、计算机等级考试证书、珠算等级证书、电算化会计证书、会计证等。

商务学院在本专业国际商务专业方向培养全面掌握现代国际商务管理理论知识，具有较强的国际商务运作能力的高级技术应用性专门人才。学生毕业后可以进行一般性国际商务管理与交流，也可以从事国际贸易、国际商情调研与咨询等专业性工作。主要课程有：经济学、管理学、会计学、财务管理、国

◆ 专业的印记

际市场营销学、国际商务管理与交流、国际贸易理论与实务、国际金融与结算、进出口业务、国际企业管理、跨国投资、国际商务英语、国际商务谈判、国际商法等。

商务学院在本专业金融证券专业方向主要为满足首都经济发展对具有一定专业技能的应用性人才的需要,培养具有基础的金融证券理论及业务运作常识,着重培养具有金融证券管理、证券交易以及投资等方面的实务能力,能熟练地运用计算机进行管理且能以英语作为交流与管理手段的高级技术应用性专门人才,以适应中国加入WTO后金融业对人才的需求。学生毕业后可从事商业银行、投资咨询与管理、证券、期货及资本运营等方面的工作。主要课程有:经济学、货币银行学、会计学、财务管理、商业银行运营管理、商业银行国际业务、证券投资学、投资银行理论实务、组合投资与共同基金、金融创新与风险投资、金融信息系统等。

本专业2002年也在管理学院招生,为社会主义现代化事业培养适应生产、建设、管理、服务第一线需要的德、智、体、美全面发展,具备管理、经济、法律方面的知识和能力,受到工商管理方法与技巧方面的基本训练,并具有持续发展潜力的高级技术应用性专门人才。主要课程有:会计学、经济学、经济法、财务管理、战略管理、电子商务、商务英语、项目管理、市场营销、人力资源管理、管理信息系统、计算机应用技术等。毕业生可在金融证券公司、银行、广告公司、信托投资公司、外资外企、房地产公司等单位从事金融、会计、贸易、营销、计算机应用、电子商务及商业和行政管理工作。

管理学院在本专业管理信息系统专业方向为社会主义现代化建设事业培养适应生产、建设、管理、服务第一线需要的德、智、体、美全面发展,在信息系统策划、建设、管理、运营与维护方面获得一定的理论和技术训练，并具有持续发展潜力的高级技术应用性专门人才。主要课程包括：C/C++程序设计、算法与数据结构、运筹学、软件基础、数据库原理与应用、管理学原理、信息管理学、信息管理系统、信息资源管理、计算机网络与通信、操作系统、Web技术、多媒体技术、市场营销学、软件工程等。毕业生可在各经济管理部门、经济信息中心从事信息管理系统的策划、建设、管理、运营、维护与测评方面的工作，也可从事资讯软件开发与资讯产品的商贸工作。

管理学院在本专业电子商务专业方向为社会主义现代化事业培养适应生产、建设、管理、服务第一线需要的德、智、体、美全面发展，在工商管理职业技术领域获得一定的理论和技术方面训练，并具有持续发展潜力的高级技术应用性专门人才。除完成工商管理专业的主干课程之外，学生在电子商务方面主要学习电子商务概论、电子商务市场营销、物流管理、网页策划与制作、项目管理、网络技术、管理信息系统、网络财务管理、电子商务法律法规、电子商务网站建设等课程。毕业生具有广泛的就业前景，可以在各类商业、金融企业、学校、科研单位、政府机构从事电子商务网页设计、电子商务网站维护、电子商务网络营销、网络财务管理、行政管理、项目评估与管理、人事管理、培训等工作。

管理学院在本专业商务信息管理专业方向为社会主义经济建设事业培养适应生产、建设、管理、服务第一线需要的德、智、体、美全面发展，具备管理学、经济学、法律及现代企业管理方面的基本理论和较强实践工作能力，掌握与计算机技术相关的现代管理方法和手段，能综合分析、解决企业管理事务，并具有持续发展潜力的高级技术应用性专门人才。主要课程有：宏观经济学、微观经济学、经济法、运筹学、管理学、组织行为学、统计学、会计学、会计电算化、计算机程序设计、数据库原理与应用、计算机网络技术、网络数据库应用开发、管理信息系统、电子商务、财务管理、市场营销学、市场调查与预测、人力资源管理、企业战略管理、国际贸易与实务、国际商法、商务英语等。毕业生可从事产品或技术的市场定位分析、广告策划、经营决策等市场策划与开拓工作,也可进行市场信息处理、咨询、市场分析、电子商务等商务信息管理工作,还可在工商企业、政府部门从事基层管理、组织人事、财务分析、物流控制、国际贸易、商务谈判等工作。

管理学院在本专业金融保险专业方向为社会主义现代化建设事业培养适应生产、建设、管理、服务第一线需要的德、智、体全面发展且在金融、保险职业技术领域获得一定理论和技术方面训练,并具有持续发展潜力的高级技术应用性专门人才。主要课程有:货币金融学、国际金融、商业银行业务与经营、证券投资分析与技术、金融企业财务会计、保险学原理、人身保险、财产保险、海上保险、保险市场营销、财政税收、证券投资基金、信托、金融租赁、电子商务基础、网络技术与应用、经济法、金融保险法律法规、WTO有关服务贸易规则等。毕业生可从事的工作有:国内保险公司的营销人员、基层管理人员;外国保险公司驻京代表处的从业人员;银行保险、证券管理和交易、证券投资基金、信托、租赁等金融机构的从业人员。

本专业2002年也在生物化学工程学院招生,包括三个专业方向:工商管理专业方向培养具备管理、经济、法律及企业管理方面的知识和能力,能在企事业单位从事管理、科研方面工作的工商管理专业高级应用性专门人才。主要课程有:管理学、微观经济学、宏观经济学、管理信息系统、统计学、财务管理、市场营销、人力资源管理、企业经营战略、国际贸易实务、商务英语、商务谈判、销售心理学、广告学、价格学、电子商务等。学生毕业后可在企事业单位从事管理、科研、经营等方面的工作。会计学专业方向培养具备管理、经济、法律、会计学等方面知识和能力的，有一定计算机和英语水平的高级应用性专门人才。主要课程有：会计学基础、管理学、经济学、统计学、财务管理、市场营销、经济法、财务会计、成本会计、管理会计、审计学、会计专业英语、会计实务、财经应用文写作、财政金融等。学生毕业后能在企事业单位从事会计实务方面的工作。电子商务专业方向培养具备电子商务、计算机、经济学、管理学等方面的知识，能熟练运用电子商务技术、信息技术与现代管理方法，在各类企事业单位从事电子商务系统规划、电子商务系统开发、电子商务系统管理，并运用计算机、网络技术开展国际国内商务活动的高级应用性技术专门人才。主要课程有：经济学、管理学、计算机科学与技术、会计学、市场营销、国际贸易、通讯与计算机网络、数据库技术、电子商务概论、电子商务技术、基于 Web 的信息系统、电子商务系统设计与实现、网页制作、供应链与物流管理、国际企业管理、网络营销、电子商务与国际商法。毕业生可以从事国际国内电子商务系统的规划和开发工作。

56. 市场营销

市场营销专业开设于 2002 年，在商务学院招生。为适应首都经济发展需要，本专业旨在培养具备现代市场营销学、管理学、国际贸易、现代物流管理理论实务知识，掌握相关产品生产与检测技术，具有一定的计算机网络知识及网站运作、网页设计能力，能在工商企业、进出口贸易公司、国际物流企业从事市场营销管理与策划、网络营销与策划、国际贸易、现代物流管理的高级应用性专门人才。本专业为北京市高职高专教育改革试点专业，为学生开设市场营销学、物流管理、电子商务基础、网页制作、经济学、管理学、市场调查与预测、国际贸易与实务、国际物流管理、商品及检测、经济法、国际商法、商贸谈判、国际商务英语、国际商务函电、国际金融与国际结算等课程。

57. 财务管理

财务管理专业开设于 2001 年，2001—2002 年在商务学院招生。为满足首都经济发展需要，本专业培养熟悉现代企业财务管理理论与基本方法，具有财务会计、财务管理、财务分析、项目评价、投资分析与决策等实践能力以及一定的调查研究与分析、解决实际问题的具体运作能力，并能熟练地运用计算机进行财务管理的高级应用性专门人才。学生毕业后可在各类工商企业、国家机关的经济管理部门、金融机构从事理财、投资分析咨询、财务规划等方面的工作。为学生开设经济学、企业管理学、货币银行学、会计学、财务管理、投资经济学、成本会计、管理会计、公司财务、项目经济评价、共同基金与组合投资、国际金融与国际结算、审计学、财务信息管理系统、经济法、税法等课程。

58. 化学工程与工艺

化学工程与工艺专业开设于 1999 年，1999—2001 年在化学工程学院招生，培养具有化学工程基础理论和实际操作技能的高级工程技术人才，包括五个专业方向：计算机应用、科技英语、生物化工、精细化工、制药工程。其中，计算机应用专业方向培养在化工、轻工等企事业单位和研究开发部门从事计算机专业研究和管理工作的德才兼备的高级工程技术人才。主要课程有：反应工程、系统工程、电工电子学、微机原理及接口技术、网络技术、可编程控制器 PLC、集散控制系统 DCS 等。

学生毕业后可到化工、轻工等企事业单位从事研究开发工作。科技英语专业方向培养在化学工业领域中能够熟练运用英语翻译、处理各类英文科技信息的高级专门人才。主要课程有：反应工程、英语精读与泛读、英语听力及写作、专业翻译训练、计算机应用等。学生毕业后可从事专业英语翻译、研究和管理工作。该专业方向需加试英语口语。生物化工专业方向培养能在生物技术与工程领域从事设计、生产、管理和新技术研究、新产品开发的高级工程技术人才。主要课程有：有机化学、生物化学、微生物学、生物分离工程、生物化工、生物工程、发酵设备等。学生毕业后可从事生化过程及设备的研究、开发、设计、生产管理等工作。精细化工专业方向培养掌握精细化学品合成原理、生产工艺和装备知识的高级工程技术人才。主要课程有：有机化学、化工原理、精细化工工艺学、精细化工装备等。学生毕业后能从事化工、轻工、建材、日化、电子、食品等行业的生产、新产品研究、开发、管理、营销等工作。制药工程专业方向培养具备制药工程的基本理论知识与实践技能的高级工程技术人才。主要课程有：制药工程、药物合成反应、药物化学、制药工艺、药用高分子材料、药品的分析检测技术等。学生毕业后可从事药品的新资源、新产品、新工艺的研究、开发、经营、管理等工作。

本专业2002年在生物化学工程学院招生，包括两个专业方向，即环境保护专业方向和科技英语专业方向。环境保护专业方向培养具有一定化学工程的基本理论与实践技能，掌握水污染控制、大气污染控制、固体废弃物处置、室内给排水技术和工程的基本原理和基本技能，具有环境监测、质量评价、规划管理的一般知识，能从事环境监测、污染治理、工程施工管理等工作的高级应用性工程技术人才。主要课程包括：水污染控制和处理工程、大气污染控制工程、固体废弃物处置工程、环境工程微生物学、环境监测、环境与资源保护、流体力学与传热、计算机应用技术等。毕业生可在环保、轻工、食品、化工等行业从事科研、开发、设计、管理等工作。科技英语专业方向培养面向首都经济和社会的发展，适应复合性英语人才的需求，具有扎实的英语听说读写译五种基本技能，能熟练处理各类英文科技资料和情报信息，掌握化学工程专业知识和能力的高级应用性复合人才。主要课程包括：英语精读、英语口语（初级口语学院教师任教，中高级口语外籍教师任教）、口译、商务英语阅读与翻译、IT英语阅读与翻译、医药英语阅读与翻译、环境英语阅读与翻译、化工英语与阅读、建筑英语与阅读、日语（第二外语）、英语听力与写作、传递过程与单元操作、反应工程、新型分离技术、计算机应用技术、计算机网络等。毕业生可在化工、轻工、环保等行业从事科研、开发、设计、笔译等工作。

59. 过程装备与控制工程

过程装备与控制工程专业开设于1999年，1999—2001年在化学工程学院招生，培养化工装备与控制工程领域内从事设计、制造、研究、检测、运行、管理的应用性高级工程技术人才。本专业在化工设备与机械设计制造基础上强化电气和微机控制技术，注重培养学生运用计算机辅助设计的能力以及从事机电和化工设备、自动控制系统设计的能力。为学生开设工程力学、机械设计、化工原理、化工设备、电工电子学、工厂电气控制、化工低度表、电机与拖动、微机原理、可编程控制器、自动控制原理、计算机应用实践、集散控制系统等课程。毕业生主要面向化工、石油、冶金、医药、轻工、食品等行业从事科研、开发、设计等工作。

本专业2002年在生物化学工程学院招生，培养适应化工装备与控制工程领域内设计、制造、研究、检测、运行、管理等方面第一线需要的，在设备与机械设计制造基础上能够强化电气和微机控制技术、计算机辅助设计，拥有自动控制系统设计能力的，经过一定理论基础和技术方面的训练，并具有可持续发展潜力的高级应用性工程技术人才。本专业包括三个专业方向，即计算机应用专业方向、医药食品专业方向、自动化专业方向。计算机应用专业方向培养掌握计算机软件与信息处理技术，能够从事工程应用软件、网络数据库，管理信息系统设计、开发、维护和经营管理工作的高级应用性软件技术人才。主要课程有：工程力学、机械设计基础、电工电子基础、计算机网络技术、高级语言程序设计、数据结构与算法、数据库原理、网络数据库设计、管理信息系统及最新实用技术等。医药食品专业方向培养从事食品、制药机械及控制工程的设计、开发、制造和经营管理工作的高级应用性工程技术人才。为学生开设工程力学、工程材料、机械设计基础、计算机辅助设计、电工电子基础、计算机控制技术、化工原理、流体机械选型技术、过程装备设计、食品机械、药物制剂机械等课程。自动化专业方向培养在食品、制药、轻工、石化、环保、楼宇自动化等行业从事生产线、机电一体化产品设计、开发、维护和经营管理工作的高级应用性工程技术人才。为学生开设工程力学、机械设计基础、计算机辅助设计、电路分析、电子技术、计算机控制技术、计算机网络技术、可编程控制器PLC、集散控制系统DCS、现场总线技术FCS、液压传动、测试技术、电机及电力拖动、流体机械选型技术、过程装备设计等课程。

60. 制药工程

制药工程专业开设于2000年，2000—2001年在化学工程学

◆ 专业的印记

院招生，培养具备制药工程的基本理论知识与实践技能，可从事医药产品的生产、科技开发、应用研究和经营管理的高级工程技术人才。主要课程包括：无机化学、分析化学、有机化学、生物化学、物理化学、医药化学、化工原理、制药工程、药理学、药剂学、毒理学、制药工艺、天然药物学、药用高分子材料、药品的分析检测技术、制药设备、计算机应用、英语等课程。学生毕业后可到化工、医药、农药、建材、轻工等行业从事药品的新资源、新产品、新工艺的研究、开发、经营、管理等工作。

本专业 2002 年在生物化学工程学院招生。学院面向首都医药行业，培养适应首都发展和建设需要，培养掌握必要药学知识、制药工程技术知识、技能及管理知识的高级应用性工程技术人才。主要课程有：现代仪器分析、药物化学、药物分析、生理学、中药材概论、药理学、药物分析、药剂学、仪表与自动化、药厂设备与设计、临床医学基础、GMP 质量认证、生药学、制药工艺学、药事法规、市场营销等。毕业生可以从事药品开发、药品生产和管理、医药销售等工作。本专业药剂师专业方向培养达到制药工程专业基本要求，掌握必要药学和医学知识、制药工艺过程和药物分析技能的高级应用性技术人才。主要课程有：现代仪器分析、药物化学、药物分析、生理学、微生物学、药理学、药物分析、药剂学、天然药物化学、临床医学基础、中医学基础、药用植物学、GMP 质量认证、生药学、制药工艺学、药事法规、市场营销等。毕业生可在医院、药店、医药批发及药检等部门从事药剂师的工作，也可以从事药品质量控制及检验工作或者在医药及保健品生产企业从事生产、质量控制、销售、管理工作。

61. 生物工程

生物工程专业开设于 2002 年，在生物化学工程学院招生。本专业是在原生物化工专业的基础上，培养适应首都发展需要，掌握生物技术及其产业化科学原理、技术过程等基础理论和基本技能的高级应用性工程技术人才。为学生开设生物化学、微生物学、生物工程工艺原理、生物工程工业设备、生物下游加工技术、生物产品分析与检验、药事管理与 GMP 法规等专业课和专业基础课。所有课程设置突出工艺、设备综合素质等动手能力的培养。毕业生可从事生物技术与工程领域设计、生产、质量控制、流通和管理等工作。

62. 人力资源管理

人力资源管理专业开设于 2001 年，在化学工程学院招生，2002 年在生物化学工程学院招生。本专业培养具备管理、经济、法律及人力资源管理等方面的专业知识及分析和解决问题基本能力的高级应用性专门人才。为学生开设基础会计学、西方经济学、市场营销学、人力资源管理、企业经营战略、财政与金融、劳动经济学、社会保险学、经济法、劳动法、财务管理、劳动争议处理概论、计算机网络技术、职业技能开发、人力资源管理信息系统、统计学原理、人事心理学、现代工资管理学等课程。学生毕业后可在企事业单位从事人力资源管理、咨询、服务以及科研等方面的工作。

63. 旅游英语

旅游英语专业开设于 1985 年，1994—2002 年在旅游学院招生。旅游英语专业培养德、智、体、美全面发展，具有现代旅游管理理论及技能，掌握国内外特别是北京的历史、地理、文化、艺术、民俗等知识，有较强的组织能力与应变能力，有扎实的英语语言基础和广泛的科学文化知识，能在外事、经贸、旅游、文化单位及政府部门从事导游、翻译、文化、经贸、研究、管理工作的高级应用性英语人才。为学生开设基础英语、高级英语、报刊选读、视听、口语、英语写作、泛读、主要英语国家国情、旅游学概论、旅游地理、旅游法规、旅游市场学、导游基础知识、导游业务、旅行社经营管理、英语北京导游、旅游文学、计算机网络等课程。

64. 电子信息工程

电子信息工程专业开设于1999年，1999—2002年在职业技术师范学院招生，主要为中专、中技培养相关的专业课教师以及具备电子技术基础知识和声像多媒体专业知识的高级技术应用性人才。为学生开设高等数学、大学物理、微机原理与应用、电路分析、模拟电路、数字电路、信号与系统、电视原理、电声技术、摄录像机原理、卫星接收与天线、闭路电视系统与节目制作、音响技术、多媒体技术等课程。本专业在理论教学的基础上，十分重视实践能力的培养，除相应实验、实践外，还为学生安排了电子技术、视听技术、多媒体技术的设计、制作、安装、维修等实习实训和毕业设计教学实践。毕业生具有较好的数学物理基础，较高的外语水平，较强的计算机软硬件知识、电子技术知识及一定的分析问题、解决问题的能力，可从事电子技术、电视节目制作、多媒体节目制作、音视频设备技术等领域的工作。

本专业1999—2002年也在信息学院招生，是面向北京市电子信息产业，社会需求量大的电子信息技术宽口径专业，培养从事各类电子信息技术及相关领域德、智、体全面发展的高级应用性工程技术人才。本专业主要侧重于培养学生数字图像处理系统设计、数字信号处理、图像信息传输与应用等方面的能力。学生在校期间主要专业基础课和专业课有：电路分析、信号与系统、模拟与数字电路、程序设计、数字信号处理、微机原理与接口技术、数字图像处理、数字电视技术、多媒体技术、数字语音处理技术、数据库技术、数据通信、计算机与通信网络等。毕业生就业前景广阔，可在高新技术产业、三资企业等单位从事电子信息技术领域的有关工作。

本专业1999—2001年也在应用技术学院招生。本专业是国内首家以视听技术为专业方向的电子信息工程专业，专门培养音响工程和视听技术方面的技术工程应用性人才。本专业的核心课程为：音响技术、音响工程、电视技术、视频技术、舞台灯光工程、视听节目制作、视听高科技等。学生毕业后主要面向视听行业，可到音响视听工程部门从事专业音响、灯光、视听工程的设计与安装工作，可到宾馆、场馆及其他企事业单位从事专业音响视听工程的运行、维护工作，可到影视广告部门从事视听节目编排制作，也可到各大商贸集团从事音响视听设备的商贸工作。

本专业1999—2001年也在机械工程学院招生。本专业是一个电子与信息工程方面的通用性宽口径专业，培养能从事各类电子设备与信息系统的研究、设计、制造、运行及其在国民经济各部门中应用与开发的高级工程技术人才。本专业的主干专业方向是计算机在电子信息的通信、处理、控制方面的应用。还设有电子外贸专业方向，培养部分既有电子信息技术专业知识，又具备外贸知识的复合性高级人才。本专业的主干学科是电工与电子学、信息科学、计算机科学。主要课程有：电子技术、信号与系统、数字信号处理、微机原理及应用、通信原理、计算机软件基础、多媒体及网络技术、数字图像处理等。外贸类的课程包括：英语函电及写作、外贸英语、英语口语、国际金融、进出口实务等。毕业生可到科研院所、商贸中心等单位工作。

65. 工业工程

工业工程专业开设于1999年，1999—2001年在应用技术学院招生。本专业培养综合运用工业专业知识和系统工程的概念与方法把人力、物资、技术和信息组成更有效的综合系统，从事规划、设计、评价和创新活动的技术工程应用性人才。为学生开设机械设计基础与机械优化设计、现代制造系统、工业工程概论、工程经济学、统计技术、计算机应用、工程数据库、管理信息系统、工程制图、工程力学、运筹学、机械设计基础、系统工程学、电工及电子技术、计算机网络、计算机辅助设计、物流工程、管理信息系统、现代制造系统、市场营销学、会计基础与工业会计、经济法、计划与控制及物流工程等课程。毕业生可在企业、政府部门及商场、银行、医院工作，此外，外资企业及高科技公司对本专业培养的复合性人才格外欢迎。

66. 工程管理

工程管理专业开设于2001年，在应用技术学院招生，2002年在管理学院招生。本专业为社会主义现代化建设事业培养适应生产、建设、管理、服务等第一线需要的德、智、体、美全面发展，掌握现代管理科学理论、方法和手段，并获得工程师基本训练，熟悉建设工程项目管理全程，具有持续发展潜力的高级技术应用性专门人才。为学生开设计算机网络与应用、数据库、管理信息系统、工程项目管理、建筑技术经济、工程造价管理、招投标与合同管理、建筑施工技术、建筑企业财务管理、施工组织与管理、房地产经营与管理、经济法与建筑法规等课程。毕业生可以从事项目管理、工程造价管理、财务管理、技术管理、招投标咨询以及国际工程管理等工作。

67. 电气工程与自动化

电气工程与自动化专业开设于1999年，1999—2001年在机械工程学院招生，主要培养具备宽厚的科学技术基础与专业知识，面向21世纪的高素质复合应用性高级工程技术人才。本专业以电路理论、电子学、自动控制理论和计算机科学为主干学科，并根据不同的专业方向，开设电路原理、电子技术、自动控制原理、计算机技术、通信与计算机网络、可编程序控制器应用、集散控制系统与现场总线技术、计算机控制与CAD技术、楼宇自动化技术、智能建筑信息控制技术、金融信贷、进出口实务、外贸英语等专业基础课与专业课。学生毕业后可到高校、科研院所、厂矿企业、宾馆及商贸中心从事各类技术、工程、管理或涉外贸易工作。

本专业2002年在自动化学院招生。本专业具有强弱电相结合，元件与系统相结合，计算机技术与控制技术、通信技术相结合的特点。主要培养掌握现代计算机应用技术、现代通信技术、现代控制技术，具有较强适应能力的高级应用性工程技术人才。设计算机控制工程、智能建筑控制工程和控制网络工程三个专业方向。主干学科为：电气工程、控制科学与工程、计算机科学与技术。主要专业基础课和专业课程有：电路理论、电子技术基础、信号与系统、自动控制原理、高级语言程序设计、电力电子学、微机原理与接口技术、网络与通讯基础、现代电气传动与微机控制、智能仪表与过程控制、计算机控制、现场总线技术、建筑电气设计、建筑电气施工与概算、智能建筑系统集成技术等。本专业还根据专业技术的发展和需求开设了新技术选修课及讲座。

68. 机械工程及自动化

机械工程及自动化专业开设于1999年，1999—2001年在应

◆ 专业的印记

用技术学院招生，培养暖通空调制冷系统的设计、安装、调试和运行管理的技术工程应用性人才。本专业除开设基础理论课外，还设有工程热力学、传热学、流体力学、制冷原理、空气调节、制冷机械、自控、热能工程、给排水、计算机应用、建筑概论等课程。为适应生产第一线的需要，本专业加强实际操作训练，学生毕业时除可取得大学本科毕业证书外，还可考取计算机二级、大学英语四级等证书。毕业生可到设计研究部门、建筑工程公司、物业管理公司从事相关的工作。

本专业1999—2001年也在机械工程学院招生。本专业是机电工程及自动化领域的宽口径专业，学生主要学习机电工程及自动化的基础理论，学习微电子技术、计算机技术和信息处理技术的基本知识。本专业的主干学科是机械学、电子学、自动控制理论、计算机科学。学生进入高年级后，可选学机电控制及自动化、机电英语、计算机辅助设计制造及管理专业方向。学生毕业后可到科研院所、高新技术企业等从事机电产品的设计制造、应用研究、运行管理和经营销售等方面的工作。

机械工程学院本专业机电控制及自动化、机电英语、工程软件专业方向是机电工程及自动化领域的宽口径专业，学生主要学习机电工程及自动化的基础理论，学习微电子技术、计算机技术和信息处理技术的基本知识。该专业方向的主干学科是机械学、电子学、自动控制理论、计算机科学。学生毕业后可到科研院所、高新技术企业等宽广领域从事机电产品的设计制造、应用研究、运行管理和经营销售等方面的工作。

机械工程学院在本专业汽车运用工程专业方向培养掌握汽车运用工程基本理论，具有高档汽车检测、维修、营销、管理能力以及较强计算机和外语能力和相关技术等级证书的应用性高级技术人才。主要课程有：汽车构造、汽车微机控制、汽车检测设备与检测技术、汽车运用工程、自动变速器原理与维修、汽车空调技术、市场营销学等。毕业生可从事汽车及其电子仪器的检测、维修、营销等技术服务及管理工作。

本专业 2002 年在机电学院招生。本专业产品创新专业方向是培养从事各种工业产品创新设计的复合性、应用性工程技术人才。该专业方向学生主要学习与工业产品创新设计相关的基础理论，了解工业产品艺术造型的基本方法，具备用计算机进行工业产品创新设计的能力。为学生开设电脑图文设计、高级语言、软件设计基础、产品三维造型设计、机械优化设计、计算机辅助工艺设计、现代设计理论与方法、计算机系列等课程。学生在校期间可考取 SDRC 北京 CAD/CAM 研究培训中心颁发的 CAD/CAM 技术证书以及德国 FESTO 公司颁发的液压气动技术证书。学生毕业后可到科研院所、高新技术企业的设计部门从事计算机辅助产品创新设计工作，也可作为独立设计人员完成专业设计任务，或从事相关的管理与营销工作。

机电学院在本专业计算机控制专业方向培养将电子技术、计算机技术与机械工程相结合，从事提高机电设备智能化、自动化程度的复合性、应用性工程技术人才。为学生开设电子学、测试技术、控制工程基础、微机原理、机电控制技术、数控原理、单片机接口技术、计算机辅助电路设计、机电一体化系统设计、流体控制技术、工业机器人等课程。学生在校期间可考取德国 SIEMENS 公司颁发的可编程控制器、数控技术证书以及德国 FESTO 公司颁发的液压气动技术证书。学生毕业后可到科研院所、高新技术企业等宽广领域从事机电一体化产品、信息技术设备、智能化设备的设计、开发、销售等方面的技术工作和管理工作。

机电学院在本专业外贸英语专业方向培养具有坚实的机电

专业理论基础、精通英语、了解外贸知识、具备计算机应用能力的复合性、应用性工程技术人才。为学生开设机电控制技术、微机原理及应用、测试技术、数控技术、计算机系列课程、英语听力、英语口语、专业英语翻译、科技英语写作、国际金融、国际商务函电、国际贸易实务、国际市场营销、国际商法等课程。该专业方向部分课程为双语授课。学生毕业后可到外企等高新技术企业从事机电产品的外贸、营销、技术支持、管理等工作，也可到进出口公司、中外商行从事机电产品的涉外贸易、技术支持、管理等工作。该专业方向已有11届毕业生，绝大多数毕业生均在三资企业工作。

69. 建筑环境与设备工程

建筑环境与设备工程专业开设于2002年，在机电学院招生。随着中国加入WTO以及北京申奥成功，体育场馆、宾馆、饭店、涉外公寓等得到进一步的发展，也带动了中央空调市场的繁荣。本专业培养适应生产、建设、管理、服务等实际工作岗位需要的德、智、体、美全面发展的，具有较强的适应能力和可持续发展能力的高级技术应用性专门人才。毕业生具备空调系统的技术应用及开发能力和空调工程的运行、施工、规划与管理能力，具有很强的解决现场实际问题的能力和扎实的专业英语基础。为学生开设高等数学、物理、英语、空调技术基础、空调自动控制技术、空调工程施工组织与管理、微机控制应用等课程。毕业生可在房地产开发公司、宾馆、饭店、智能大厦、建筑设计院、物业公司从事工程设计、监理、空调自控设计与管理、工程概预算、建筑环境设备的管理与营销、施工组织与规划等工作。

70. 中药学

中药学专业开设于1978年，1999—2000年在中医药学院招生。本专业培养系统掌握中医药的基本理论和实验技能，初步具备运用现代科学知识和方法从事中药科研、生产教学工作的能力，德、智、体全面发展的高级中药人才。本专业要求学生掌握中医药学的系统理论知识、中药鉴定分析、中药制剂制备、炮制加工、质量检查、中药研究等方面的技能，掌握中药管理和法规的基本知识。为学生开设药学拉丁语、医古文、中医学基础、中药学、方剂学、解剖生理学、生物化学、药理学、无机化学、有机化学、物理化学、分析化学、仪器分析、药用植物学、中药药理学、中药鉴定学、中药炮制学、中药药剂学、中药制剂分析等课程。毕业生主要工作去向为医院、中药厂、药品检验机构、药材经营单位、医药院校及科研单位等。

71. 特殊教育

特殊教育专业开设于2000年，2000—2002年在特殊教育学院招生。本专业是一个师范教育专业，主要培养北京市基础教育学校（含特殊学校）或其他机构（含教育机关、残联、社区等）急需的能够从事特殊儿童的教学、科研和咨询的教师或管理人员，既注重学生理论课程的学习，又注重学生实践课程如心理咨询、家庭教育指导等方面课程的学习。主干课程有：特殊教育导论、特殊教育的医学基础、残障儿童的心理与教育、儿童行为矫正技术、家庭教育导论、儿童心理与教育咨询、儿童心理（智力）测量等。

四

进入21世纪，北京市的快速发展，对高素质人才的需求日益增大。自1999年开始的大学扩招逐步深入，我国的高等教育朝着大众化、普及化方向发展。北京市提出加快发展富有创新能力、办学形式多样化的高等教育发展目标。北京市教委于2002年向北京联合大学提出承担本科技术应用性人才培养基地的任务。学校勇挑重任，进行积极探索。

2003年，按照北京市关于制定"十五"延伸补充规划的要求，北京联合大学制定了2003—2008年的学科专业建设规划，依据北京市"十五"发展规划确定了学校本科专业的服务面向。学校于2003年启动了教育部本科教学工作水平评估评建工作，先后新增本科专业14个，遴选并建设校级应用性本科重点专业6个，以重点专业带动其他应用性本科专业的建设，形成了服务于首都高新技术产业、现代服务业和都市型工业的本科专业布局结构。2006年，学校以"良好"成绩通过本科教学工作水平评估。

2006年以来，北京联合大学根据北京市"十一五"时期产业发展与空间布局调整规划，紧密结合首都经济社会发展对各类人才的需求，以提高学科专业水平为目标，积极优化专业结构与布局，改造和提升传统专业，注重发展新兴学科和交叉学科专业，大力发展社会急需的学科专业，凝练学科专业特色，并通过特色专业建设探索专业建设实践，形成了以校级重点建设学科为支撑，服务于首都重点发展的高新技术产业、现代服务业和现代制造业的学科专业体系。至2010年，学校已经建设本科校级骨干专业22个，其中，资源环境与城乡规划管理、机械工程及自动化、通信工程、旅游管理、特殊教育、历史学、建筑环境与设备工程7个专业被评为北京市级特色专业建设点，资源环境与城乡规划管理、机械工程及自动化、旅游管理、通信工程、金融学 5 个专业被评为国家级特色专业建设点。

"十二五"时期，学校加强学科专业统筹规划，同名专业整合基本到位，专业布局结构更加优化，办学资源配置更趋合理，学院发展特色初步形成，整合取得实效。建成一批优势特色专业，专业综合改革试点取得突破进展，历史学专业获评教育部"本科教学工程"地方高校第一批本科专业综合改革试点，旅游管理、历史学和金融学获评北京市专业综合改革试点。

2003—2008年本科专业设置

2003—2008年招生的本科专业一览表

序号	2003年	2004年	2005年	2006年	2007年	2008年	开办学院
1	资源环境与城乡规划管理(房地产经营与管理、涉外物业管理)	资源环境与城乡规划管理(房地产经营与管理、涉外物业管理)	资源环境与城乡规划管理	资源环境与城乡规划管理	资源环境与城乡规划管理	资源环境与城乡规划管理	应用文理学院
2	信息管理与信息系统	信息管理与信息系统	信息管理与信息系统	信息管理与信息系统	信息管理与信息系统	信息管理与信息系统	应用文理学院（招生至2005年）、商务学院、管理学院
3	汉语言文学（文秘）	汉语言文学	汉语言文学	汉语言文学	汉语言文学	汉语言文学	应用文理学院、师范学院（连续招生，其中2003年以文秘专业方向招生）
4	法学	法学	法学	法学	法学	法学	应用文理学院

续表

序号	2003年	2004年	2005年	2006年	2007年	2008年	开办学院
5	历史学（文博旅游）	历史学（文博旅游）	历史学（文博旅游、文物博物馆）	历史学（文博旅游、文物博物馆）	历史学（文博旅游、文物博物馆）	历史学（文博旅游、文物博物馆）	应用文理学院
6	档案学（信息开发、秘书）	档案学（信息开发、秘书）	档案学（信息开发、秘书）	档案学（信息开发、秘书）	档案学（信息开发、秘书）	档案学（信息开发、秘书）	应用文理学院
7	英语（国际商务英语、英美文化）	英语（国际商务英语、英美文化）	英语（国际商务英语、英美文化）	英语（国际商务英语、英美文化）	英语（国际商务英语、英美文化）	英语（国际商务英语、英美文化）	应用文理学院（分专业方向招生）、师范学院（除2004年外均招生）、旅游学院、国际语言文化学院（仅2005年、2007年招生）
8	信息与计算科学	信息与计算科学	信息与计算科学	信息与计算科学	信息与计算科学	信息与计算科学	应用文理学院
9	电子信息科学与技术（音响工程、计算机网络通信）	电子信息科学与技术（计算机网络通信）	电子信息科学与技术（视听工程、计算机网络通信）	电子信息科学与技术	电子信息科学与技术	电子信息科学与技术	应用文理学院（以计算机网络通信专业方向招生至2005年）、自动化学院（以其余专业方向招生至2005年，2004年未分专业方向招生）、信息学院（2006年起招生）

续表

序号	2003年	2004年	2005年	2006年	2007年	2008年	开办学院
10	金融学（保险、国际金融与财务、注册会计师专门化、国际金融）	金融学（保险、国际金融与财务、注册会计师专门化、国际金融）	金融学（保险、国际金融与财务、国际金融）	金融学（保险、国际金融与财务、国际金融）	金融学（保险、国际金融与财务）	金融学（保险、国际金融与财务）	应用文理学院（先后以注册会计师专门化、国际金融与财务专业方向招生）、师范学院（以国际金融专业方向招生至2006年）、商务学院（2007年起招生）、管理学院（以保险专业方向招生）
11	公共事业管理（文化事业管理）	公共事业管理（文化事业管理）	公共事业管理（文化事业管理）	公共事业管理（文化事业管理）	公共事业管理（文化事业管理）	公共事业管理（文化管理）	应用文理学院
12	环境科学	环境科学	环境科学	环境科学	环境科学	环境科学	应用文理学院
13	新闻学（体育新闻、影视传播）	新闻学（体育新闻、影视传播）	新闻学（影视传播）	新闻学（影视传播）	新闻学（影视传播）	新闻学（影视传播）	应用文理学院
14	广告学（网络传播）	广告学（综合绘画、网络传播）	广告学（营销策划）	广告学	广告学	广告学（策划与设计）	应用文理学院、广告学院（分专业方向招生，其中2006—2008年未分专业方向招生）

2003—2008年本科专业设置

续表

序号	2003年	2004年	2005年	2006年	2007年	2008年	开办学院
15	生物技术	生物技术（食品生物技术、现代食品分析技术）	生物技术（现代食品分析技术）	生物技术	生物技术	生物技术	应用文理学院（连续招生，其中2004年、2005年分专业方向招生）、师范学院（招生至2006年）
16				食品质量与安全	食品质量与安全	食品质量与安全	应用文理学院
17			会计学（注册会计师专门化）	会计学（注册会计师专门化）	会计学（注册会计师专门化）	会计学（注册会计师专门化）	应用文理学院（分专业方向招生）、师范学院、商务学院（仅2005年招生）、生物化学工程学院
18					地理信息系统	地理信息系统	应用文理学院
19	经济学（国际商务动作）	经济学（会计）					师范学院
20	计算机科学与技术(计算机信息系统、软件工程技术、网络工程技术、信息系统)	计算机科学与技术(计算机信息系统、软件工程技术、网络工程技术、信息系统)	计算机科学与技术(计算机信息系统、软件工程技术、网络工程技术、信息系统)	计算机科学与技术	计算机科学与技术	计算机科学与技术	师范学院（除2004年外均招生）、特殊教育学院（2005—2007年招生）、信息学院（分专业方向招生至2005年）、东方信息技术学院（仅2005年招生）

续表

序号	2003年	2004年	2005年	2006年	2007年	2008年	开办学院
21	艺术设计（动画漫画、服装、环境艺术、会展、视觉传达、艺术展演与测试、电脑美术设计、环境艺术设计）	艺术设计（电脑美术设计、环境艺术设计）	艺术设计（网络传播、电脑美术设计、环境艺术设计）	艺术设计（网络传播、电脑美术设计、环境艺术设计）	艺术设计（网络传播、数字艺术、电脑美术设计、环境艺术设计）	艺术设计（网络传播、数字艺术）	商务学院（以电脑美术设计、环境艺术设计专业方向招生至2007年）、特殊教育学院（2005—2007年招生）、广告学院（2005年起先后以网络传播、数字艺术专业方向招生）、师范学院（2003年以其余6个专业方向招生，2004年后不分专业方向招生）
22	音乐学	音乐学	音乐学	音乐学	音乐学	音乐学	师范学院
23	食品科学与工程（营养与食品检测）	食品科学与工程	食品科学与工程	食品科学与工程	食品科学与工程		师范学院
24			应用心理学	应用心理学	应用心理学	应用心理学	师范学院
25	工商管理（国际商务、金融证券、会计学、市场营销）	工商管理（国际商务、金融证券、会计学、市场营销）	工商管理（国际商务、会展商务、金融证券）	工商管理（国际商务、会展商务）	工商管理（国际商务、会展商务）	工商管理（国际商务、会展商务）	商务学院（先后以国际商务、金融证券、会展商务专业方向招生）、生物化学工程学院（连续招生，其中2003年、2004年以会

续表

序号	2003年	2004年	2005年	2006年	2007年	2008年	开办学院
							计学、市场营销专业方向招生)、管理学院(以国际商务专业方向招生)
26	市场营销(国际物流)	市场营销(国际物流)	市场营销	市场营销	市场营销(国际物流)	市场营销(国际物流)	商务学院(国际物流方向,2005年、2006年不分专业方向招生)、旅游学院(除2005年外均招生)
27	财务管理	财务管理	财务管理	财务管理	财务管理	财务管理	商务学院、旅游学院(除2004年外均招生)
28	电子商务	电子商务	电子商务	电子商务	电子商务	电子商务	商务学院、管理学院
29		国际经济与贸易(国际商务)	国际经济与贸易	国际经济与贸易(金融证券)	国际经济与贸易	国际经济与贸易	商务学院
30	化学工程与工艺(分析检测与环保、科技英语)	化学工程与工艺(精细化工)	化学工程与工艺(精细化工)	化学工程与工艺(环境保护)	化学工程与工艺		生物化学工程学院

续表

序号	2003年	2004年	2005年	2006年	2007年	2008年	开办学院
31	过程装备与控制工程（医药食品、自动化）	过程装备与控制工程	过程装备与控制工程	过程装备与控制工程	过程装备与控制工程		生物化学工程学院
32	制药工程（药剂师）	制药工程	制药工程	制药工程	制药工程	制药工程	生物化学工程学院
33	生物工程	生物工程	生物工程	生物工程	生物工程	生物工程	生物化学工程学院
34	人力资源管理	人力资源管理	人力资源管理	人力资源管理	人力资源管理	人力资源管理	生物化学工程学院
35		包装工程	包装工程				生物化学工程学院
36			生物医学工程	生物医学工程	生物医学工程	生物医学工程	生物化学工程学院
37	日语	日语	日语	日语	日语	日语	旅游学院、国际语言文化学院（仅2005年、2007年招生）
38	旅游管理（酒店经营与管理）	旅游管理（膳食营养配餐）	旅游管理	旅游管理	旅游管理	旅游管理	旅游学院
39						酒店管理	旅游学院

续表

序号	2003年	2004年	2005年	2006年	2007年	2008年	开办学院
40	通信工程	通信工程	通信工程	通信工程	通信工程	通信工程	信息学院
41	电子信息工程（数字视频技术）	电子信息工程	电子信息工程	电子信息工程	电子信息工程	电子信息工程	师范学院、信息学院（连续招生，其中2003年分专业方向招生）
42	材料科学与工程（检测与质量管理工程、生物材料）	材料科学与工程（检测与质量管理工程、生物材料）	材料科学与工程（检测与质量管理工程、生物材料）	材料科学与工程（检测与质量管理工程、生物材料）	材料科学与工程（检测与质量管理工程、生物材料）	材料科学与工程（检测与质量管理工程、生物材料）	生物化学工程学院（以生物材料专业方向招生）、机电学院（以检测与质量管理工程专业方向招生）
43	工业工程（现代制造工程管理）	工业工程（现代制造工程管理）	工业工程（现代制造工程管理）	工业工程（现代制造工程管理）	工业工程（现代制造工程管理）。	工业工程（现代制造工程管理）	机电学院
44	工业设计	工业设计	工业设计		工业设计	工业设计	机电学院
45	机械工程及自动化(机电一体化、计算机辅助设计/	机械工程及自动化	机械工程及自动化	机械工程及自动化	机械工程及自动化	机械工程及自动化	机电学院

续表

序号	2003年	2004年	2005年	2006年	2007年	2008年	开办学院
	制造、计算机控制、外贸英语)						
46	建筑环境与设备工程	建筑环境与设备工程	建筑环境与设备工程	建筑环境与设备工程	建筑环境与设备工程	建筑环境与设备工程	机电学院
47	自动化(控制工程、信息处理与多媒体技术)	自动化(控制工程、信息处理与多媒体技术)	自动化(控制工程、信息处理与多媒体技术)	自动化(控制网络与控制技术、信息处理与智能技术、视听工程)	自动化(控制网络与控制技术、信息处理与智能技术、视听工程)	自动化(控制网络与控制技术、信息处理与智能技术、视听工程)	生物化学工程学院（不分专业方向招生）、自动化学院（分专业方向招生）
48				汽车服务工程	汽车服务工程	汽车服务工程	机电学院
49	电气工程与自动化	电气工程与自动化	电气工程与自动化	电气工程与自动化	电气工程与自动化	电气工程与自动化	自动化学院
50	工程管理	工程管理	工程管理(装饰工程管理)	工程管理(装饰工程管理)	工程管理(装饰工程管理)	工程管理(装饰工程管理)	管理学院
51	特殊教育	特殊教育	特殊教育	特殊教育	特殊教育	特殊教育	特殊教育学院

续表

序号	2003年	2004年	2005年	2006年	2007年	2008年	开办学院
52	学前教育	学前教育	学前教育	学前教育	学前教育	学前教育	特殊教育学院
53			针灸推拿学	针灸推拿学	针灸推拿学		特殊教育学院
54		表演(戏剧影视表现艺术)	表演(影视表现艺术)	表演(影视表现艺术)	表演	表演(影视表演艺术、综艺节目主持、编导艺术)	广告学院
55			绘画	绘画	绘画	绘画	广告学院

注：应用科技学院2007年3月成立、东方信息技术学院2004年1月成立；

网通软件职业技术学院和国际语言文化学院2008年4月并入应用科技学院。

2009—2015年本科专业设置

2009—2015年招生的本科专业一览表

序号	2009年	2010年	2011年	2012年	2013年	2014年	2015年	开办学院
1	资源环境与城乡规划管理	资源环境与城乡规划管理	资源环境与城乡规划管理	资源环境与城乡规划管理	人文地理与城乡规划	人文地理与城乡规划	人文地理与城乡规划	应用文理学院
2	汉语言文学	汉语言文学	汉语言文学	汉语言文学	汉语言文学	汉语言文学	汉语言文学	应用文理学院、师范学院
3	法学	法学	法学	法学	法学	法学	法学	应用文理学院
4	历史学（文博旅游、文物博物馆）	历史学（文博旅游、文物博物馆）	历史学（文物博物馆、文化遗产）	历史学（文物博物馆、文化遗产）	历史学（文物博物馆、文化遗产）	历史学（文化遗产）	历史学（文化遗产）	应用文理学院
5	档案学（信息开发、秘书）	档案学（信息开发、秘书）	档案学（信息开发、秘书）	档案学（信息开发）	档案学（信息开发）	档案学（信息开发）	档案学（信息开发）	应用文理学院

续表

序号	2009年	2010年	2011年	2012年	2013年	2014年	2015年	开办学院
6	英语(国际商务英语、英美文化)	英语(国际商务英语、英美文化)	英语(国际商务英语、英美文化)	英语(国际商务英语、英美文化)	英语(国际商务英语、英美文化)	英语(国际商务英语、英美文化)	英语	应用文理学院(分专业方向招生至2014年)、师范学院、旅游学院
7	信息与计算科学	信息与计算科学	信息与计算科学	信息与计算科学				应用文理学院
8	公共事业管理(文化管理)	公共事业管理(文化管理)						应用文理学院
9	环境科学	环境科学						应用文理学院
10	新闻学(影视传播)	新闻学(影视传播)	新闻学(影视传播)	新闻学(影视传播)	新闻学(影视传播)	新闻学(影视传播)	新闻学(影视传播)	应用文理学院
11	生物技术	生物技术						应用文理学院
12	食品质量与安全	食品质量与安全	食品质量与安全	食品质量与安全	食品质量与安全	食品质量与安全	食品质量与安全	应用文理学院
13	地理信息系统	地理信息系统	地理信息系统(城乡规划信息管理)	地理信息系统	地理信息科学	地理信息科学	地理信息科学	应用文理学院

续表

序号	2009年	2010年	2011年	2012年	2013年	2014年	2015年	开办学院
14		食品科学与工程	食品科学与工程	食品科学与工程（食品营养）	食品科学与工程	食品科学与工程（食品营养）	食品科学与工程（食品营养）	应用文理学院
15						文物与博物馆学	文物与博物馆学	应用文理学院
16	计算机科学与技术	计算机科学与技术	计算机科学与技术	计算机科学与技术	计算机科学与技术	计算机科学与技术	计算机科学与技术	师范学院、信息学院
17	艺术设计（网络传播、数字艺术）	艺术设计（网络传播、数字艺术）	艺术设计（网络传播、数字艺术）	艺术设计（网络传播、数字艺术）				师范学院、广告学院（分专业方向招生）
18					数字媒体技术	数字媒体技术	数字媒体技术	师范学院
19					服装与服饰设计	服装与服饰设计	服装与服饰设计	师范学院
20					视觉传达设计	视觉传达设计	视觉传达设计	师范学院
21					环境设计	环境设计	环境设计	师范学院
22					产品设计	产品设计	产品设计	师范学院
23	音乐学	音乐学	音乐学	音乐学	音乐学	音乐学	音乐学	师范学院
24	应用心理学	应用心理学	应用心理学	应用心理学	应用心理学	应用心理学	应用心理学	师范学院

续表

序号	2009年	2010年	2011年	2012年	2013年	2014年	2015年	开办学院
25							小学教育	师范学院
26	信息管理与信息系统（商务信息管理）	信息管理与信息系统	信息管理与信息系统（商务信息管理）	信息管理与信息系统（商务信息管理）	信息管理与信息系统（商务信息管理）	信息管理与信息系统（商务信息管理）	信息管理与信息系统（商务信息管理）	商务学院（连续招生，除2010年外均分专业方向招生）、管理学院
27	金融学（保险）	金融学（保险）	金融学（保险）	金融学	金融学	金融学	金融学	商务学院、管理学院（连续招生，其中2009—2011年以保险专业方向招生）
28	工商管理（国际商务、国际商务管理)	工商管理（国际商务、国际商务管理）	工商管理（国际商务管理）	工商管理（国际商务管理）	工商管理	工商管理	工商管理（影片制片管理）	生物化学工程学院（仅2009年招生）、商务学院（以国际商务管理专业方向招生至2011年）、管理学院（连续招生，其中2009年、2010年、2012年以国际商务专业方向招生，2015年以影片制片管理专业方向招生）

续表

序号	2009年	2010年	2011年	2012年	2013年	2014年	2015年	开办学院
29	市场营销（旅游策划、国际物流）	市场营销（国际物流）	市场营销（国际物流）	市场营销（国际物流）	市场营销（国际物流）	市场营销（国际物流）	市场营销	商务学院、旅游学院（仅2009年以旅游策划专业方向招生）
30	财务管理	财务管理	财务管理	财务管理	财务管理	财务管理	财务管理	商务学院（招生至2014年）、旅游学院（招生至2011年）、管理学院（2012年起招生）
31	国际经济与贸易	国际经济与贸易	国际经济与贸易	国际经济与贸易	国际经济与贸易	国际经济与贸易	国际经济与贸易	商务学院
32				国际商务	国际商务	国际商务	国际商务	商务学院
33	制药工程	制药工程	制药工程	制药工程	制药工程	制药工程	制药工程	生物化学工程学院
34	生物工程	生物工程		生物工程	生物工程	生物工程	生物工程	生物化学工程学院
35	人力资源管理	人力资源管理	人力资源管理	人力资源管理	人力资源管理	人力资源管理	人力资源管理	生物化学工程学院
36	生物医学工程	生物医学工程						生物化学工程学院

续表

序号	2009年	2010年	2011年	2012年	2013年	2014年	2015年	开办学院
37	建筑环境与设备工程	建筑环境与设备工程	建筑环境与设备工程	建筑环境与设备工程				生物化学工程学院
38	工业设计	工业设计	工业设计	工业设计	工业设计	工业设计	工业设计	生物化学工程学院
39	包装工程（包装设计)	包装工程（包装设计)	包装工程（包装设计)					生物化学工程学院
40					建筑环境与能源应用工程	建筑环境与能源应用工程	建筑环境与能源应用工程	生物化学工程学院
41	日语	日语	日语	日语	日语	日语	日语	旅游学院
42	旅游管理	旅游管理	旅游管理	旅游管理	旅游管理	旅游管理	旅游管理	旅游学院
43	酒店管理	酒店管理	酒店管理	酒店管理	酒店管理	酒店管理		旅游学院
44	会展经济与管理	会展经济与管理	会展经济与管理	会展经济与管理	会展经济与管理	会展经济与管理		旅游学院
45	通信工程	通信工程	通信工程	通信工程	通信工程	通信工程	通信工程	信息学院
46	电子信息工程	电子信息工程	电子信息工程	电子信息工程	电子信息工程	电子信息工程	电子信息工程	师范学院（招生至2012年）、信息学院

▼ 专业的印记

续表

序号	2009年	2010年	2011年	2012年	2013年	2014年	2015年	开办学院
47	电子信息科学与技术	电子信息科学与技术	电子信息科学与技术	电子信息科学与技术	电子信息科学与技术	电子信息科学与技术	电子信息科学与技术	信息学院
48				软件工程	软件工程	软件工程	软件工程	信息学院
49	材料科学与工程（检测与质量管理工程、生物材料）	材料科学与工程（检测与质量管理工程、质量工程）	材料科学与工程（检测与质量管理工程）	材料科学与工程（检测与质量管理工程）	材料科学与工程（检测与质量管理工程）	材料科学与工程（检测与质量管理工程）	材料科学与工程（检测与质量管理工程）	机电学院(以检测与质量管理工程专业方向招生)、生物化学工程学院(以其他专业方向招生至2010年)
50	工业工程（现代制造工程管理）	工业工程	工业工程（现代制造工程管理）	工业工程	工业工程	工业工程	工业工程	机电学院
51	机械工程及自动化	机械工程及自动化	机械工程及自动化	机械工程及自动化	机械工程	机械工程	机械工程	机电学院
52	汽车服务工程	汽车服务工程	汽车服务工程	汽车服务工程	汽车服务工程	汽车服务工程	汽车服务工程	机电学院
53	自动化（控制网络与控制技术、信息处理与智能技术）	自动化（控制网络与控制技术、信息处理与智能技术）	自动化	自动化	自动化	自动化	自动化	自动化学院

续表

序号	2009年	2010年	2011年	2012年	2013年	2014年	2015年	开办学院
54	电气工程与自动化	电气工程与自动化	电气工程与自动化	电气工程与自动化	电气工程及其自动化	电气工程及其自动化	电气工程及其自动化	自动化学院
55	建筑电气与智能化（视听工程）	建筑电气与智能化（视听工程）	建筑电气与智能化					自动化学院（2009年、2010年招生）、生物化学工程学院（仅2011年招生）
56		物流工程	物流工程	物流工程	物流工程	物流工程	物流工程	自动化学院
57			交通工程	交通工程	交通工程	交通工程	交通工程	自动化学院
58							轨道交通信号与控制	自动化学院
59	会计学	会计学	会计学	会计学	会计学	会计学	会计学（国际会计）	管理学院、师范学院（仅2009年招生）、商务学院（2015年分专业方向招生）、生物化学工程学院（招生至2014年）
60	电子商务	电子商务	电子商务	电子商务	电子商务	电子商务	电子商务（信息管理）	管理学院

续表

序号	2009年	2010年	2011年	2012年	2013年	2014年	2015年	开办学院
61	工程管理	工程管理	工程管理(工程项目管理、投资与造价管理)	工程管理(工程项目管理、投资与造价管理)	工程管理	工程管理	工程管理	管理学院(仅2009年招生)、生物化学工程学院(2010年起招生)
62	特殊教育	特殊教育	特殊教育	特殊教育	特殊教育	特殊教育	特殊教育	特殊教育学院
63	学前教育	学前教育	学前教育	学前教育	学前教育	学前教育(融合教育)	学前教育(融合教育)	师范学院(2014年起招生)、特殊教育学院(连续招生,2014年起分专业方向招生)
64						教育康复学	特殊教育学院
65	广告学(策划与设计)	广告学	广告学	广告学	广告学	广告学	广告学	广告学院、应用文理学院(仅2009年分专业方向招生)
66	表演(影视表演艺术、编导艺术、模特)	表演	表演	表演	表演	表演	表演	广告学院

续表

序号	2009年	2010年	2011年	2012年	2013年	2014年	2015年	开办学院
67	绘画	绘画	绘画	绘画	绘画	绘画	绘画	广告学院
68					网络与新媒体	网络与新媒体	网络与新媒体	广告学院
69					数字媒体艺术	数字媒体艺术	数字媒体艺术	广告学院

2003—2015年各专业情况及沿革

1. 资源环境与城乡规划管理

资源环境与城乡规划管理专业开设于1999年，2013年更名为人文地理与城乡规划专业，2003—2015年在应用文理学院招生。根据教育部专业目录对本专业的基本要求，结合服务首都的办学定位，专业形成了综合性、应用性强的特点。2004—2006年分别设置城乡规划与管理、土地利用与房地产开发、涉外物业管理三个专业方向，2007年变更为房地产开发与经营、城乡规划与管理两个专业方向。在北京市属院校中只有我校应用文理学院设置本专业，本专业是北京市重点改造专业，其所依托的人文地理学学科是北京联合大学重点学科，2004年开始与首都师范大学联合招收培养硕士研究生。

专业培养目标：以地理学、经济学和建筑学为三大学科基础，培养具备扎实的自然科学、人文科学知识和较强的计算机、外语、经济、管理基本理论和知识，具备城乡规划管理、土地利用、房地产开发和物业管理的基本理论、基本知识和基本技能，能在相关企事业单位行政管理部门从事房地产开发、项目管理、投资咨询、价格评估、市场策划、土地利用、城乡建设规划、城市管理等方面工作的高级应用性人才。本专业具有基础宽厚、核心能力明确、文理交叉、理工渗透、综合性和应用性强的特点，教师大都来自北京大学等重点大学和科研院所，在岗具有博士学位教师占比在25%以上。在培养计划上，本专业不但注重学生专业素质的培养、专业技能的培训和知识结构的提升，还注重培养学生的科研与创新能力，如带领学生参加各种科研项目，还经常邀请国内外专家进行专题讲座。本专业拥有良好的校内实训条件，并与一些房地产及涉外物业管理公司签订了校企合作协议，确立了稳定的校外实习基地。近些年本专业构建以课业规划、学业规划、职业规划为核心的"三规合一、四年演进"的人才培养模式，课程体系设置以学生学习效果为导向，注重理论与实践相结合，强化政产学研用相结合的项目主导式实践路径，通过递进式、模块化市级精品实践课程体系，培养学生在城乡规划与设计、土地利用与房地产开发方向的实践能力。

本专业要求学生具有一定的人文社会科学和自然科学的基本理论和基本知识素养，掌握城乡规划管理、土地利用与房地产开发经营、涉外物业管理的基本原理和基本方法，了解本专业的理论前沿、应用前景和最新发展，具有较强的专业实践能力，如市场调研、建筑与规划识图制图、开发项目可行性研究、实务操作等，具有良好的学习方法和习惯、正确的思维方式和创新意识、良好的团结协作精神、较强的书面和口头表达能力。为学生开设专业基础课和专业方向课。主要专业基础课有：经济地理学、城市地理学、管理科学、环境科学、经济学基础、会计学基础、财务管理、房屋建筑学、施工识图、建设工程预算、地理信息系统等。城乡规划与管理专业方向课主要有：城市总体规划、城市管理学、生态环境规划、居住区规划设计、场地设计等。土地利用与房地产开发专业方向课主要有：土地利用与管理、房地产投资与项目开发、房地产营销策划、市场调研方法与实务、房地产估价、房地产金融等。涉外物业管理专业方向课主要有：楼宇设备与智能化系统、房屋与设备维修养护管理、涉外物业项目管理、管理心理学、公关与礼仪等。本专业近些年与数十家京内外企事业单位共建校外实习基地，开设城市与区域野外综合实习、城乡要素调查与分析、城乡规划设计与展示、城乡规划管理综合应用四大实践模块，以本科生"启明星"科研立项、教师科研项目和各类学科竞赛为平台，强化学生理论联系实际的应用能力，培养学生的专业素养、实践能力和社会责任意识。

本专业在北京市的城市规划、建设、管理和房地产开发、经营与管理等行业具有良好的社会声誉。近几年，毕业生就业岗位多集中在房地产开发公司、房地产投资咨询公司、房地产评估事务所、各大银行房地产信贷部、市和各区房屋土地管理局、各区建委和规划分局、市委政策研究室、中心商务区（CBD）以及中关村科技园区物业管理企业等。毕业生可在城乡规划建设与管理、国土、房管、规划咨询、房地产评估、房地产金融等领域从事规划设计、不动产评估、营销策划等相关工作，也可从事地理学相关教育教学、应用研究等工作。此外，本专业还依托文化遗产区域保护规划硕士学位点，为学生提供良好的深造机会。

2. 信息管理与信息系统

信息管理与信息系统专业开设于1999年，2003—2014年在管理学院招生。2003—2009年管理学院本专业集信息科学、管理科学与计算机技术于一体，注重专业基础理论的学习，强调实用技术的培养。本专业具有较强的师资力量和先进的实践教学环境，专业与企业合作建设了设备先进的管理信息系统产学研基地，基地具有信息系统的开发、实施、运行与维护条件。

通过实际案例，学生可将信息管理理论用于工程实践，获得实际工作经验。本专业面向首都社会发展和经济建设，培养具有良好的工作素养，掌握经济学理论、现代管理科学、计算机信息技术和知识，能够从事信息资源管理，信息系统分析、设计、组织和管理实施等工作的高级应用性专门人才。为学生开设经济学、管理原理与方法、数据库原理与应用、信息系统分析与设计、数据结构、计算机网络、信息管理学、信息系统集成技术、Java 程序设计、生产与运作管理、信息安全技术等课程。学生毕业后能在国内外信息产业及信息部门从事信息系统的分析、设计、开发、运营与维护以及信息资源管理与评价、信息产业服务等方面的工作，可从事的岗位有：信息资源规划师、系统分析工程师、系统设计工程师、应用系统维护工程师等。

2010 年管理学院本专业培养面向首都及地方社会发展和经济建设事业第一线，具有解决信息管理与信息系统实际问题能力的高级应用性专门人才。通过专业培养，使学生掌握现代管理理论和经济学的基本知识，具备信息系统的分析、设计与开发能力，能够在国家机关、企事业单位以及其他行业运用计算机技术和信息化手段分析、研究和解决社会及经济系统的管理问题，从事信息管理与信息系统维护等服务支持工作。为学生开设管理学原理、经济学、运筹学、管理统计学、信息管理学、管理信息系统分析与设计、数据库原理与应用、计算机网络、网页设计与制作、信息安全技术、信息系统集成技术、客户关系管理、企业资源计划（ERP）、Java 语言程序设计、网页设计与制作电子商务等课程。本专业是以管理学、经济学、计算机科学与技术几个学科交叉为基础的应用性专业，因此毕业生有较宽的就业面。通过本专业的培养，学生在专业上具备现代经济与管理、计算机科学与技术的基本理论和基本知识，掌握信

◆ 专业的印记

息管理和信息系统分析、设计和实施的基本理论和方法。通过本专业的培养，学生具备管理沟通、协作和组织实施的工作能力，对管理业务的理解及规范表达能力，信息组织、分析研究、传播与开发利用能力，应用程序设计与实践能力，计算机应用维护能力等专业基本技能，还将具备信息系统的分析、设计与开发能力，信息系统运作与维护能力。为学生开设英语强化、经济学实践、VB程序设计课设、数据结构课程设计、SQL数据库实践、Oracle数据库开发、Java程序设计实践、企业资源计划实践、信息系统分析与设计课设、信息系统集成技术实践、管理信息系统开发实务等课程。毕业生有较宽的就业面，可以从事企业信息管理、电子商务和电子政务等方面的技术与管理工作，也适合于行政管理部门、高校的信息管理等方面的技术或管理岗位，还可从事各类公司网站建设、运行维护等方面的业务工作。毕业生有较宽的深造方向，可根据自身志向考取管理学、经济学、软件工程、计算机科学与技术等学科的研究生。

2011—2013年管理学院本专业以满足我国和首都信息化建设的人才需求为目标，培养基础扎实、实践能力强，具有创新创业精神和社会责任感，具有较强的适应能力和可持续发展能力，具备现代管理科学及信息管理学的理论知识、较强的计算机应用能力，掌握系统思想和管理信息系统分析与设计方法，能在工商企业、金融机构、科研单位等从事信息管理以及信息系统建设相关工作的高素质应用性专门人才。为学生开设管理学、经济学、运筹学、信息系统分析与设计、数据库原理与应用、信息管理学、计算机网络、数据结构、高级语言程序设计、ERP原理与应用、客户关系管理、信息系统测试技术、信息安全技术、信息系统集成技术等课程。学生毕业后可就业于行政管理机构、企事业单位的信息管理中心以及其他信息管理相关部门，可从事信息管理与信息系统领域相关的技术与管理工作，工作的岗位有企业信息管理师、信息系统分析师、信息系统设计师、信息系统运行与维护工程师、网络建设与运行维护工程师等。

2014年管理学院本专业以满足我国和首都信息化建设的人才需求为目标，培养基础扎实、实践能力强，具有创新创业精神和社会责任感，具有较强的适应能力和可持续发展能力，具备现代管理科学及信息管理学的理论知识、较强的计算机应用能力，掌握系统思想和管理信息系统分析与设计方法，能在工商企业、金融机构、科研单位等从事信息管理以及信息系统建设与应用工作的高素质应用性专门人才。为学生开设管理学、经济学、运筹学、信息系统分析与设计、数据库原理与应用、信息管理学、计算机网络、数据结构、高级语言程序设计、ERP原理与应用、信息安全技术、信息系统集成技术等课程。学生毕业后既可在行政管理机构和企事业单位的信息化部门从事信息系统的应用管理、维护、建设等工作，也可在IT软件类企业从事信息系统开发、维护、测试等工作，还可在咨询管理与服务类企业从事信息化管理与技术相关的咨询或服务工作。

本专业2003—2005年也在应用文理学院招生。人才需求调查表明，企业中的稀缺人才不是计算机编程人员，也不是管理人员，而是同时具备管理思维与信息系统设计开发能力，从事企业信息化建设，承担信息技术应用和信息系统开发、维护、管理以及信息资源开发利用工作的复合性人才。在国内外大中型企业中，全面负责企业信息管理与知识管理的CIO（首席信息官）、CKO（首席知识官）已成为企业高层职业管理队伍的重要组成部分。2003年，企业信息管理师认证考试正式成为国家职业资格证书制度的新成员。针对于此，本专业着力培养具备

◆ 专业的印记

现代经济学、管理学理论知识和扎实的计算机技能,掌握信息管理和信息系统的基本理论、基本方法,具有管理信息系统分析、设计、开发、维护与应用的实际工作能力,具有信息组织管理、分析研究、开发与利用能力的复合性人才。为学生开设经济学、管理学、信息管理、计算机技术、高等数学、线性代数、概率统计、管理学原理、经济学、市场营销、运筹学、电子商务、金融与财务、信息管理、信息组织、信息检索、微机原理、程序设计、管理信息系统、网络基础与网络操作系统、算法分析与设计、网站建设与维护、多媒体技术等课程。本专业特色是注重学生管理思维与计算机技能的结合,重视对学生研究性学习的指导,通过理论教学和实践训练,培养学生较强的管理信息系统设计开发能力。学生毕业后可到国家管理部门、工商企业、金融机构、科研单位、信息机构等从事管理信息系统分析、设计、实施管理和评价、企业信息管理、组织、开发与利用、信息分析与评价、竞争情报及其智能系统开发、网络信息资源管理与利用、电子出版物制作、信息咨询等工作。

2005年应用文理学院本专业设置现代企业与组织中的信息管理工作和管理信息系统设计两个专业方向,培养面向首都社会发展和经济建设第一线,适应WTO环境下市场竞争与国际竞争要求的,具备现代管理学、经济学理论和计算机科学技术知识及应用能力,从事企业信息管理工作及管理信息系统分析、设计、开发与使用的应用性、复合性专门人才。本专业特色是管理思维与计算机技能相结合,部分专业课程采用中英双语教学。毕业生具有较广的职业适应面和持久的发展潜质。培养学生掌握管理学、经济学知识,使学生受到基本的计算机操作技能及信息系统设计、开发、管理能力训练,培养学生综合运用所学知识分析和解决问题的基本能力。为学生开设管理学原理、经济学、市场营销、运筹学、线性代数、电子商务、信息管理学、信息组织、信息存储与检索、管理信息系统分析与设计、程序设计、数据库原理与应用、计算机网络、多媒体技术、生产与运作管理、项目管理等课程。学生毕业后可到国家管理部门、工商企业、金融机构、科研单位、信息机构等从事管理信息系统规划、分析、设计、实施管理和评价,企业信息管理与知识管理,信息分析与评价,网络信息资源管理与利用,信息咨询工作。

本专业 2003—2009 年、2011—2015 年也在商务学院招生。

2003—2006 年商务学院本专业是学院为适应现代信息技术的高速发展和首都国际化大都市需求而开办的专业,具有较为丰富的办学经验,1996 年开始在管理工程本科专业中开办了商务信息系统专业方向,2001 年正式以信息管理与信息系统名称招收本科生。本专业学生主要学习经济、管理、信息资源管理、计算机及信息系统方面的基本理论和知识,接受系统和设计方法以及信息管理方法的基本训练,具备综合运用所学知识分析和解决问题的基本能力。本专业培养富有社会责任感和创新精神,掌握现代管理科学、经济学理论基础以及信息管理理论和现代信息技术知识,具有较强的计算机应用和企业业务数据分析能力,能在企事业单位、政府机构从事信息化建设、信息系统开发及管理、企业数据分析的高素质应用性专门人才。商务信息管理专业方向侧重培养学生运用计算机、数据分析技术进行商务信息分析与管理的能力,为学生开设管理学、微观经济学、宏观经济学、会计学、统计学、数据库原理与应用、运筹学、信息管理学、ERP 原理与应用、信息系统分析与设计、商务建模与决策、商务智能、数据分析与预测等课程。学生毕业后可就业于各类企事业单位和各级行政机关的信息管理部门,

> 专业的印记

从事商务信息分析和信息系统运营管理的工作，主要就业方向有：信息系统运营及维护、IT 项目建设与管理、企业业务数据分析与处理等。

3. 汉语言文学

汉语言文学专业开设于 1988 年，2003—2015 年在应用文理学院招生。学院立足首都北京，培养适应国家文化繁荣需要，语言和文学理论基础扎实、人文素养高、表达能力良好、文化宣传能力强，具备宏观文化视野和高度社会责任感，拥有一定文化创新、创意竞争力，能够从事文化传播的高素质复合应用性人才。本专业始终坚持弘扬优秀传统文化，重视人文底蕴培育，培养学生对中国语言文学认同感的办学理念，构建"读—思—说—写"一体化渐进式的专业综合训练体系，通过经典阅读培养批判性思考和审美能力，并将内化的人文素养转化为良好的中文表达能力。本专业拥有国学素养深厚、国际视野开阔、理论教学与行业实践相结合的师资团队，为学生开设古代汉语、现代汉语、语言学概论、中国古代文学史、中国现代文学史、中国当代文学史、外国文学史、文艺理论、写作、中国文化名著选读、西方人文经典导读、人际交流训练、跨文化传播、编辑理论与实践等课程。本专业不但建立了以阅读经典、培养问题意识和撰写高质量文章构建"读—思—说—写"一体化的实践教学体系，还在第三学期至第七学期开设相应的实践课程，结合导师制，分层级完成任务，并以学术演讲、出版刊物和人文演绎等形式展现出来，还以学科竞赛方式鼓励学生参与实践。毕业生集中在媒体、学校、企业和政府部门从事语言文字运用、文化宣传工作。

本专业 2003—2015 年也在师范学院招生，培养具有汉语言文学的专业知识、审美鉴赏能力和语言文字表达能力，能在新闻出版、文化管理、教育培训、科研机构和其他相关企事业单位从事文学评论、汉语言文学教学与研究工作，以及文化传播、普及、文化活动组织等方面工作的复合性、创新性人才。为学生开设现代汉语、古代汉语、语言学概论、文学概论、写作、美学概论、中国古代文学史、中国现当代文学史、外国文学史、中国文学批评史、马克思主义文论、民间文学、比较文学、大学英语、计算机基础等课程。学生毕业后主要在科研院所、党政机关、企事业单位从事文化建设、行政管理、文秘等工作，在新闻出版部门从事编辑、创作工作，以及在文化创意产业领域从事相关的策划管理和文字工作。

师范学院本专业师范专业方向着力培养具有汉语言文学基本理论、基础知识和基本技能，具有较高的审美鉴赏能力和语言文字表达能力的教育工作者。为学生开设现代汉语、古代汉语、中国古代文学史、中国现当代文学史、外国文学史、写作、文学概论、学科教学论、语言学概论、中国文学批评史、马克思主义文论、民间文学、比较文学、美学概论、教育学、教育心理学、大学英语、计算机基础等课程。学生毕业后主要在普通中学、职业学校及小学从事与汉语言文学相关的专业理论和实践教学、研究和管理工作。

4. 法学

法学专业开设于1978年，2003—2015年在应用文理学院招生。

法律系的经济法专业是北京市高等院校重点建设学科，财税法的理论研究水平位居全国前列。本专业注重对学生进行法学思维和法律实务的基本训练，为社会输送应用性法律专门人才。设有模拟审判实训、法律诊所，并安排学生到公检法机关从事12—14周的专业实习。本专业注重提高学生的外语水平和

> 专业的印记

计算机技术，注重培养学生的语言文字表达能力、社交能力和一定的实际工作能力。本专业培养符合依法治国时代需要、法学理论基础扎实、实践能力强，具有较强的人文素养，具有国际化视野、创新创业精神、较强的适应能力和可持续发展能力，具备司法审判能力、行政管理能力、企业法律服务能力以及法律综合应用能力，能在审判机关、行政机关、法律服务机构、仲裁机构及其他企事业单位从事法律实务工作的高素质复合应用性法律人才。本专业着力培养法律应用能力，特别是企业法律服务能力。本专业80%的教师为"双师型"教师，实行聘请各类法律实务专家、职业人士进课堂讲学的"嵌入式教学"，广泛开展法律援助、法律诊所、法律志愿服务、法律咨询、学科竞赛等第二课堂活动。本专业大力开展国际合作办学，与俄罗斯、美国等国家的高校合作培养法律人才。

本专业为学生开设法理学、宪法学、民法学、商法学、知识产权法、刑法学、经济法学、刑事诉讼法学、民事诉讼法学、行政法与行政诉讼法、劳动与社会保障法、国际法、国际经济法、国际私法、合同法等课程，形成"口头表达—书面表达—实践操作—综合运用"的递进式法律职业能力培养的实践教学体系。现有模拟法庭/仲裁庭、现代企业运行法律实务、法律诊所/法律援助、知识产权教育与服务、社区法律实务等实验室。拥有丰台区人民法院、岳成律师事务所、方圆公证处等20余家校外人才培养基地。学生毕业后主要到基层社区组织、法院、检察院、律师事务所、公证处、党政机关工作。此外，本专业依托校内法律专业硕士学位点，为毕业生提供良好的深造机会，毕业生可申请美国圣托马斯大学法学院硕士学位（一年期）。

5. 历史学

历史学专业开设于1978年，2003—2015年在应用文理学院招生。

2003—2004年本专业培养德、智、体全面发展的，具有较深的历史文化基础、掌握文物鉴定和经营、博物馆管理与展陈方面基本知识和技能的应用性专门人才。为学生开设英语、计算机、中国通史、世界历史与文化、中国考古学通论、博物馆学、博物馆数字化管理、文物保护技术、文物法规、文物通论（古代青铜器、陶瓷、钱币、字画、玉器和古代建筑的鉴定）、文物经营与管理、历史文选、中国民俗学、北京地域文化等课程。近几年毕业生就业去向为中国革命博物馆、故宫博物院、北京古代建筑研究所、北京市文物研究所、首都博物馆、北京石刻艺术博物馆、智化寺、北京鲁迅博物馆、中国国际旅行社、北京中远国际旅行社、中国国家图书馆、华夏经纬网、移动互联网公司等。

2005—2011年本专业设置文博旅游专业方向，培养面向首都社会发展和经济建设第一线，具有深厚的历史文化基础，熟悉中外文博、文化旅游资源，掌握旅行社管理和经营、旅游策划、导游等方面的基本知识和技能，具有一定的涉外旅游管理能力的应用性专门人才。本专业是北京市属普通高等院校中唯一的以文博旅游为重点的历史学专业，重视实践教学，定期组织学生到京外甚至国外参观历史名胜古迹，寒暑假到旅游企业实习。为学生开设大学基础英语、计算机应用基础、中国通史、世界历史与文化、考古学通论、中国文化史、中国工艺美术史、旅游学概论、中华文物古迹旅游、欧美文化旅游、亚非文化旅游、旅行社经营管理、旅游政策与法规、市场营销、北京历史与文化、中国民俗学、文物通论、博物馆学概论等课程。学生毕业后可以从事旅行社管理和经营、旅游策划、旅游门市销售及对外宣传与联络工作，或者文化旅游、文物景点的导游与解

◆ 专业的印记

说工作和新闻出版、教育行业等其他相关文化工作。

2005—2013年本专业文物博物馆专业方向培养面向首都社会发展和经济建设事业第一线，具备历史学、文物博物馆学、艺术学的系统知识，能在文物与艺术品经营单位、博物馆和陈列展览单位、政府文物管理和研究机构从事文物与博物馆经营、管理、保护和研究工作的专门人才。本专业培养直接面向首都文博事业第一线的应用性专门人才，注重文物鉴定与辨伪、文物拍卖、博物馆陈列设计、博物馆藏品管理、文物考古技术（包括书画装裱、拓片制作、文物修复、文物摄影绘图）、文物保护技术（金属文物、纸质文物、陶瓷器的保护）等方面的实际动手操作能力。本专业与北京市文博行业建立了密切而广泛的联系，有故宫博物院、中国国家博物馆、首都博物馆等固定的校外实习基地。为学生开设大学基础英语、计算机应用基础、中国史、世界史、博物馆学概论、考古学通论、中国物质文化史、文物学概论、博物馆经营管理、博物馆数字化管理、文物经营、文物拍卖、艺术史、中国工艺美术、中国古代青铜器、中国古代陶瓷、中国古代钱币、中国古代书画、中国古代建筑、中国古代玉器、甲骨金文与先秦文献、汉至清历史文献、中国传统文化概论、民俗学等课程。学生毕业后可到文物与艺术品经营单位（北京市文物公司等）、博物馆和陈列展览单位（故宫博物院、中国国家博物馆、首都博物馆、中国美术馆、中华世纪坛等）、政府文物管理和研究机构及考古部门（北京市文物局、中国文物研究所、北京市文物研究所、北京市古代建筑研究所等）以及其他海关、新闻出版、教育、网络相关单位工作。北京市博物馆事业发展迅速，现有开放博物馆197家，而北京市文博系统的现有从业人员却处于新老交替、青黄不接的状态。另外，北京文物资源丰富，文物经营事业如火如荼，对具有文物鉴定知识和技能的人才的需求越来越多，就业形势乐观。

2012年本专业文化旅游专业方向培养以历史学基础为本，以文化旅游为用，历史知识基础扎实、实践能力强，具有创新创业精神、社会责任感和较强的适应能力，具有历史文献资料阅读与检索，史学研究、历史文化遗产解读、保护、传承与利用等核心能力，能够在旅游行业及其他文化企事业单位从事历史文化资源解说、旅游资源开发策划等相关工作的高素质应用性史学人才。为学生开设中国古代史、中国近现代史、世界古代史、世界近现代史、历史文献选读、史学导论、旅游学概论、北京通史、中国传统文化通论、中国民俗学、文化遗产学、中国文化旅游、世界文化旅游、旅行社经营与管理等课程。学生毕业后主要从事旅行社管理和经营、旅游策划、旅游门市销售及对外宣传与联络工作，以及文化旅游、文物景点的导游与解说工作和新闻出版、教育等单位的文化工作。

2012—2015年本专业历史学文化遗产专业方向面向国家文化遗产保护与利用事业第一线，培养历史学基础扎实，具有人文素养、科学思维以及先进的文化遗产保护理念，具备从事文化遗产研究、调查、评估、管理、保护、利用等工作的理论知识与实践能力，能够胜任文化遗产管理机构、文化创意产业、文化旅游行业相关工作的高素质复合应用性人才。本专业秉承"立足首都，服务人文，协同创新，综合育人"的理念，搭建了多元人才培养模式和课程体系，分别侧重培养学生文化遗产应用性学术研究能力、文化遗产保护利用技术技能、文化遗产跨学科综合能力，学生可以自主选择自己的发展方向。为学生开设中国通史、世界通史、艺术概论、文化遗产学、文化遗产数字化、中国文化遗产、世界文化遗产、文化遗产调查与评估、文化遗产政策与法规、中国民俗学、中国古代建筑、中国文物通论、中国文化史等课程。本专业还精心设计了文化遗产参观与解说、文化遗产调研、文化遗产保护与利用、文化遗产行业实习四个模块的递进式集中实践教学体系，搭建了校内外一体化的实践教学平台，拥有非物质文化遗产保护等4个校内专业实验室，以及首都博物馆（市级）、故宫博物院等多家校外人才培养基地。本专业坚持产学研用相结合，以文化遗产相关应用性科研项目带实践，重点培养学生文化遗产行业实践能力。学生毕业后主要就业于各级文物局、文化馆、非遗保护中心、博物馆、历史文化名城及古村落保护机构等文化遗产管理与保护政府机构和企事业单位，以及文化创意公司、文物景点、旅行社等文化创意行业和文化旅游行业。本专业依托专门史、考古学硕士学位点，为毕业生提供良好的深造机会。

6. 档案学

档案学专业开设于1978年，2003—2015年在应用文理学院招生。本专业培养面向首都档案建设事业需要，具有一定的人文科学素养、积极向上的人生观和扎实的档案学、信息资源管理理论知识，拥有业界所需的文件档案管理能力、档案工作组织与规划能力和信息开发服务能力，能够有效运用理论知识解决实际问题，能在党政机关、企事业单位从事文件档案管理、信息管理、行政管理等工作的高素质复合应用性人才。本专业是北京市属高校开设的为数不多的档案学专业，也是教育部档案学专业教学指导委员会委员单位。专业以"依托社会、合作育人，应用为本、服务首都"为教学理念，积极利用校内外优质教学资源，构建了以社会需求为导向、校政企合作为平台、实践能力培养为重点的档案学专业复合应用性人才培养模式。

本专业为学生开设管理学、信息资源管理、档案学概论、档案管理学、科技档案管理学、档案文献编研学、档案保护学、公文写作、文书学、电子文件管理、管理信息系统、图书馆学、信息组织、信息法规、多媒体技术及应用等课程，与政府机构、企事业单位密切合作，共同建立了北京市档案局（馆）等34家校外人才培养基地、档案装裱修复等4个校内专业实验室，构建了以任务为导向的开放式、模块化的集中实践教学体系，并贯穿大学四年，由浅入深梯次展开培养学生的文档管理能力、档案工作组织与规划能力和信息开发服务能力。本专业毕业生就业率连续多年达到100%，就业质量高，主要在党政机关、大型企业、大专院校、档案局（馆）、情报信息中心等各类社会组织从事文件档案管理、信息管理、行政管理等工作。此外，本专业还依托信息资源管理硕士学位点，为毕业生提供良好的深造机会。

7. 英语

英语专业开设于1978年，2003—2014年在应用文理学院招生。本专业以语言文学为基础，以语言应用为特色，面向首都社会、经济、文化建设，着力培养具备宽广的国际视野、合理的知识结构、扎实的英语听、说、读、写、译的基本功，具备较强的文本释读能力、口笔译能力、英语写作能力和跨文化交际能力，具有较强的适应能力和可持续发展能力的高素质应用性人才。

2007年以前专业特色是重基础，教学效果好。在全国大学英语考试中，专业四级一次通过率连续四届均超过同类院校及全国平均水平。学院与新西兰、澳大利亚、英国等国家的一些高校建立了校际交流关系，学生若通过对方学校指派的教师进行的语言测试，可直接申请到该校就读研究生，为学生取得国际认可的资格证书提供了指导。四名外教长期在本系任教。本专业每年举办3—4周中美夏令营，与美国大学生共同研习英语

◆ 专业的印记

语言和文化；组织学生进行英语教学实践，参加英语剧社等社团活动；开设技巧性、实践性强的多门选修课。为学生开设基础英语、英语阅读、高级英语、语言学导论、英国文学选读、美国文学选读、翻译理论与实践、英美报刊选读、希腊罗马神话、英语国家社会与文化、口译基础、商务英语口译、商务技能、秘书英语、剑桥商务英语等课程。学生毕业后主要就业于首都文化、经贸、外事、旅游、教育、会展等单位。

2014年应用文理学院本专业（国际商务英语、英美文化）面向首都社会、经济、文化建设，着力培养具备宽广的国际视野、合理的知识结构及扎实的英语听、说、读、写、译基本功，具备较强的文化与文学文本释读能力、口笔译能力和英语写作能力，能够在首都国际商务、文化翻译、商务会展等领域从事商务文秘、翻译、英语教育、会展解说翻译等工作，具有创新创业精神和社会责任感，具有较强的适应能力和可持续发展能力的高素质应用型英语人才。本专业始终坚持"英语语言文学为基础、商务技能为特色教育"的专业建设理念，努力贯彻落实北京市教委、国家发展改革委关于北京联合大学"十二五"时期学科专业建设应进一步"强化外语优势和旅游特色"的批复指示，注重培养学生实际应用英语语言的基本技能，强化文本释读能力、翻译能力和写作能力，强调中西方文化素质教育，提高跨文化意识，努力建设与纽约州立大学、美国圣达菲学院、安格利亚鲁斯金大学的"2+2"和"3+1"国际合作人才培养项目，为中国首都北京建设世界城市培养高素质应用型英语人才。本专业为学生开设基础英语、高级英语、翻译理论与实践、口译基础、英语语言学概论、英国文学选读、美国文学选读、英美诗歌名篇选读、希腊罗马神话、秘书英语、商务口译、商务技能等课程。本专业坚持"学以致用"应用型人才培养理念，以英语语言应用能力为目标，构建模块化递进式实践教学体系，依托国家级应用文科综合实验教学中心，开展英语专业学生课外科技活动，保持英语演讲、商务口译、文学翻译优势，依托校、院两级国际交流教学平台，拓展和开发国外英语实践教学项目，以校企合作模式建设校外实习基地，鼓励学生参与社会英语实践。学生毕业后可以在国际商务、文化翻译、商务会展等领域从事商务文秘、翻译、英语教育、会展解说翻译等工作。

本专业2003—2015年也在旅游学院招生，面向首都（区域）旅游业需求，培养具有丰富知识、完善人格、旅游情怀、国际视野，具备合理的知识结构和语言文化素养、较强的文本释读能力、口笔译能力、英语写作能力和跨文化交际能力，能在首都旅游、商务、翻译、文化、教育、外事等领域从事旅游管理与服务、商务外贸、口笔译、英语教育培训等工作的高素质应用性人才。2008年本专业设置英语旅游文化、商务英语、英语语言文学、翻译四个专业方向。2009年本专业设置英语旅游文化、国际商务英语、英语语言文学三个专业方向。2011年本专业设置英语旅游文化、国际商务英语两个专业方向。2012—2013年本专业设置国际旅游专业方向。

英语旅游文化专业方向开设英语国家客源国概况、英语北京导游、英语中国文化概览、旅游地理、北京导游基础、导游业务、中国历史文化、旅行社电子商务、旅行社营销、旅行社实务、第二外语等课程。商务英语专业方向开设商务英语、商务英语写作、商务管理、剑桥国际商务英语、商务沟通、商务技能、市场营销、第二外语等课程。英语语言文学专业方向开设欧洲文学简史、英美散文名篇选读、高级英语听力、英语词汇学、英语测试学概论、英美诗歌名篇选读、英美短篇小说选读、第二外语等课程。翻译专业方向开设英汉比较与翻译、科

◆ 专业的印记

技翻译、当代翻译理论、外贸应用文及函电、同传入门、经贸翻译、国际关系、第二外语等课程。国际旅游专业方向开设英语阅读、高级英语、英语听力、英语口语、英语写作、英语语法、英语语音、英语口笔译、高级阅读、英语视听说、英美文学简史与作品选读、英美报刊选读、语言学概论、论文写作、跨文化交际、中国文化概览、旅游文化与翻译、旅游高级应用文写作、旅游基础知识、旅游综合业务、旅游专业英语等课程。

学生毕业后可从事英语导游员、英语教师、英语翻译等工作，可就职于外企公司及外企驻华机构、外贸公司、旅行社、外资饭店、外航公司、银行、出版社、广告公司等。

本专业 2003 年、2005—2015 年也在师范学院招生，设置英语和英语师范两个专业方向，培养具有系统的英语语言学、英美文学、英美文化知识、商务英语、文秘英语和旅游英语的基本理论、基础知识和基本技能，具有扎实的英语听、说、读、写、译等方面的基本功和流畅的英语交际能力，能运用所学的英语专业知识和技能在国际贸易、新闻出版、影视传媒、文化旅游、英语教育教学、社会科学研究等领域从事国际交流工作，既具有专业英语水平，又适合宽口径工作需要的英语复合性人才。为学生开设的专业必修课有：精读、泛读、听力、口语、写作、口译、笔译、学术论文写作、英美文学、英美概况等。选修课设置广泛，主要涉及语言学、文学、翻译、商贸英语、文秘英语、旅游英语、信息技术、跨文化交际等方向的特色课程以及第二外语等课程。学生毕业后主要在新闻出版、影视传媒、文化旅游、社会科学研究等领域从事国际交流工作，也可到中等职业学校、普通中学以及各类教育机构从事英语教学和教育管理工作。

本专业 2005 年、2007 年也在国际语言文化学院招生，培养德、智、体、美全面发展，具有扎实的专业理论基础知识及英语口语、书面表达能力的高级应用性人才。本专业注重基础理论教学，强化实践动手能力，突出英语的阅读理解能力、口头表达能力，培养能够熟练掌握外语和国际商务贸易、涉外礼仪、涉外法律法规等知识和技能的复合性高级外语人才，要求学生熟练地掌握英语基本功，熟练地用英语进行听、说、写作和翻译，掌握必要的国际金融及国际经贸基础理论知识和技能，熟悉对外贸易操作规程，了解国际贸易惯例，基本具备从事国际贸易业务工作的能力。为学生开设英语精读、泛读、口语、听力、外贸函电、英语写作、英美报刊选读、经贸谈判口语、翻译、外贸函电与口译、英美概况、会计学、西方经济学、国际贸易理论与实务、市场营销、法律法规、办公自动化应用等课程。毕业生具备在国家机关、新闻出版机构、三资企业从事翻译、营销、文秘等方面工作的基本能力，能在涉外经济贸易部门从事对外贸易业务翻译和管理工作。

8. 信息与计算科学

信息与计算科学专业开设于1999年，2003—2012年在应用文理学院招生。本专业面向国家信息化建设培养德、智、体、美全面发展的，计算数学基础扎实、信息技术实践能力强，具有一定的数值计算和数学建模能力、较强的数据分析能力和可视化展示技能，具有创新创业精神和社会责任感，具有较强的适应能力和可持续发展能力的高素质应用性人才。为学生开设概率统计、运筹与优化、算法与数据结构、数学建模基础、数值计算方法、离散数学、数据库原理及应用、数据分析、计算机图形学、虚拟现实与三维可视化、数字图像处理技术、数据库应用系统设计、数据分析实务专题等课程。学生毕业后主要在教育科研机构、金融证券行业、投资贸易咨询公司、高新技路设计基础、SOC 设计技术、嵌入式集成电路设计技术、数字信号处理系统集成电路设计、RF 电路、DSP 应用技术等课程。建有基础实验室、集成电路设计实验室、DSP 与信号处理实验室、SOC 技术实验室、嵌入式与单片机技术实验室。毕业生可在北京市电子类高新科技企业、信息产业、通信行业相关领域从事研究、设计、开发和管理等工作。

2007—2011 年信息学院在本专业培养德、智、体、美全面发展的，面向首都社会发展和经济建设事业第一线，从事电子信息科学与技术领域工作，具有电子、信息、计算机、生物医学电子等基本知识、基本理论和较强实践能力，能在电子技术、信息产业及生物医学电子等领域从事科研、开发及管理工作的高级应用性专门人才。为学生开设高等数学、大学物理和大学英语等公共基础课，主要专业基础课有：电路分析、模拟电子技术、数字逻辑技术、计算机原理与接口技术、生物传感技术、生物医学电子学、数字信号处理、图像处理、EDA 技术与应用、自动控制原理等。本专业课程突出应用技术，特别是专业课，强调应用电子技术与生物医学技术的教学与应用训练。毕业生可在北京市电子信息类高新科技企业、计算机行业、通信行业、医疗卫生行业等相关领域从事研究、产品设计、科技开发、生产技术和管理工作。

2012—2013 年信息学院在本专业的培养目标是：为社会主义现代化建设服务，德、智、体、美全面发展，具有较高文化素质修养、敬业精神和社会责任感，具备电子信息科学与技术的基本理论和基本知识，受到严格的科学实验训练和科学研究初步训练，能在电子信息科学与技术及相关领域从事科学研究、教学、科技开发、产品设计、生产技术或管理工作的电子信息科学与技术专门人才。为学生开设电路分析基础、信号与系统、模拟电子技术、数字电子技术、电磁场与电磁波、EDA 技术与应用、DSP 技术及应用、嵌入式系统设计、通信原理、移动通信终端设计、射频与天线技术、传感技术及应用、通信电路测试技术等课程。本专业的专业方向为通信电子电路，毕业生可在电子信息类高新科技企业、通信行业等相关领域从事研究、产品设计、科技开发、生产技术和管理工作。

2014—2015 年信息学院在本专业培养具有良好的政治思想素质、人文素养、科学文化素养和创新精神，系统掌握电子信息科学的基础理论和专业知识，具有较强的实践能力，能够在电子信息技术、物联网应用领域及相关部门从事科学研究、工程设计、产品开发、运营维护和管理工作的高级专门应用型人才。为学生开设电路分析基础、模拟电子技术、数字电子技术、信号与系统、传感技术及应用、单片机原理及应用、嵌入式系统应用、EDA 技术与应用、C 语言程序设计、Visual C++与面向对象程序设计、微操作系统及应用、Java 程序设计、数据库设计与应用、通信原理、移动通信终端设计、物联网技术、机器人技术、无人车智能控制技术、多旋翼飞行器控制技术等课程。本专业的就业方向为物联网应用，毕业生可在物联网应用如智慧城市、智慧社区、智能交通、智能物流、穿戴设备、机器人、飞行器控制等相关领域从事科学研究、系统设计、产品开发、运营维护和行政管理等工作。

10. 金融学

金融学专业开设于 2000 年，2003—2015 年在管理学院招生。本专业保险专业方向培养具备现代金融学基础理论知识，掌握金融学基本原理，熟悉国家有关财经、金融、保险的法律、法规和政策，具备较系统的保险理论知识体系，熟悉保险产险、寿险、再保险及保险中介业务知识和操作流程，具备基础管理

◆ 专业的印记

　　应用文理学院金融学专业国际金融与财务专业方向培养坚持四项基本原则，热爱社会主义，德、智、体、美全面发展，具备经济学、金融学和公司财务方面的基本理论、基本知识和基本技能，具有较强实践能力，毕业后能在银行、证券、投资、中介机构及一般工商企业的财务、营销和管理等部门从事相关工作的应用性、复合性高级专门人才。该专业方向学生通过金融财务学基本理论和基本知识的学习，以及应用技能方面的科学思维和科学实践的训练，具有以下几方面的知识和能力：一是掌握金融与财务学的基本原理和基本方法，了解本专业的理论前沿、应用前景和最新发展；二是具有较好的英语听、说、读、写能力，要求学生在毕业前通过全国大学英语六级考试；三是具有较强的专业实践能力；四是具有良好的计算机应用能力和数理分析能力；五是掌握资料查询、文献检索及运用现代信息技术获取相关信息的基本方法；六是具有良好的学习方法和习惯、正确的思维方式和创新意识、良好的团结协作精神。该专业方向为学生开设微积分、线性代数、概率统计、数学建模、精读、泛读、听力、口语、听说、商务英语、高级英语阅读、公司财务管理、投资学、国际金融、国际财务管理、货币银行学、商业银行管理、金融工程学概论、基础会计、西方财务会计、成本管理会计、微观经济学、宏观经济学、政治经济学、国际经济学、企业管理、市场营销学、国际贸易、国际结算、民商法、统计学、电子理财、财政学、保险学等课程。该专业方向在经济学的基础上，把国际金融与财务管理有机地结合起来，增加了英语的授课时数，要求学生在毕业前通过全国大学英语六级考试。从大学二年级开始，部分课程就由美国等大学的外教用英文授课。该专业方向是1995年新开设的，因学生毕业后具备较强的外语水平和交流能力，熟悉国际上较先进的理论与操作惯例，并扎根于中国经济实际的背景，他们在我国加入WTO的背景下，有非常广阔的就业空间。

应用文理学院金融学专业注册会计专门化专业方向培养坚持四项基本原则，热爱社会主义，德、智、体、美全面发展，具备会计学、审计学和公司财务管理、咨询等方面的基本理论、基本知识和基本技能，具有较强实践能力，毕业后能在国内的会计师事务所、中外合作的事务所或一般企业的公共审计、管理咨询以及一般企业的会计、内部审计、财务管理等部门从事相关工作的应用性、复合性高级专门人才。该专业方向学生经过会计学、金融财务学、审计学等基本理论和基本知识的学习，以及应用技能方面的科学思维和科学实践的训练，毕业后具有多方面的知识和能力：一是掌握会计学、金融财务学、审计学、税务等方面的基本原理和基本方法，了解本专业的理论前沿、应用前景和最新发展；二是具有较好的英语听、说、读、写能力，要求学生在毕业前通过全国大学英语六级考试；三是具有较强的专业实践能力；四是具有良好的计算机应用能力和数理分析能力；五是掌握资料查询、文献检索及运用现代信息技术获取相关信息的基本方法；六是具有良好的学习方法和习惯、正确的思维方式和创新意识、良好的团结协作精神。该专业方向为学生开设微积分、线性代数、概率统计、数学建模、精读、泛读、听力、口语、听说、商务英语、高级英语阅读、基础会计、中级财务会计、高级财务会计、成本会计、管理会计、审计学、审计电算化、公司财务管理、民商法、税法、投资学、微观经济学、宏观经济学、统计学、企业管理、市场营销学等课程，注重培养学生进行会计学、审计学、金融财务学等专业理论的学习，要求学生熟练掌握计算机和数学在本专业中的运用，同时增加了英语的授课时数，要求学生在毕业前通过全国

◆ 专业的印记

大学英语六级考试。该专业方向是2002年新开设的，随着我国市场经济的不断发展，必然会促进社会各界对企业高质量会计信息需求的不断增加，审计业务的范围、内容不断扩展，同时，企业对财务咨询特别是长期资金项目和税收方面的咨询要求也有所增加。另外，入世后，国外的会计公司或事务所必然会大量进入我国会计市场，会聘用大量的具有"注会"执业资格以及那些熟悉国际会计准则和国际国内资本市场运作、精通外语、熟练掌握计算机的专业人才。因此，本专业毕业生具有广阔的就业空间。

本专业2003—2006年也在师范学院招生，为满足中国银行业全面跨入国际金融市场的需求，培养国际化、外向型的金融人才。专业师资力量雄厚，在岗教授、副教授占比在50%以上，教学完全采用多媒体手段。本专业的金融证券室可以进行各种全真模拟实验，并与多家金融单位合作进行实践教学。本专业培养具备经济学基础理论知识，熟悉现代金融理论和基本原理，了解国内外金融发展状况，熟悉金融法律法规，熟练掌握国际金融、国内金融、证券投资、公司理财等方面的业务操作与管理技能，具备金融及相关职业的从业能力，可在金融机构从事金融及相关工作的高级应用性人才。为学生开设大学英语、经济数学、计算机基础、数据库、世界经济与国际关系、宏微观经济学、货币银行学、国际金融、国际结算、商业银行业务管理、金融市场学、中央银行业务、证券投资学、投资经济学、资产评估、投资银行理论与实务、金融风险管理、银行会计、国际商务函电、金融英语、商务英语写作等课程。学生毕业后可以在中外金融机构从事国内金融业务和国际金融业务，包括国际投融资、国际结算、外汇交易、存贷业务、汇兑业务、票据贴现业务等，还可在证券机构从事证券业务，包括证券发行、证券交易、证券行情分析等，或者在教育系统从事与金融学相关的专业理论和实践教学、教学研究和教育管理等工作。

本专业2007—2015年也在商务学院招生。本专业以满足首都现代金融服务业发展的人才需求为目的，培养术德兼修、知行合一，具有扎实的经济学、金融学理论基础，通晓银行、证券、保险行业的业务流程，熟悉金融产品和市场，熟练运用现代信息技术和方法，具有较强的社会责任感、创新创业精神和可持续发展能力的高素质应用性人才。为学生开设微观经济学、宏观经济学、管理学、会计学、统计学、金融学、国际金融、商业银行业务管理、证券投资学、保险学、公司金融、金融营销学、期货交易、理财系列、小微金融系列等课程。学生毕业后可以在商业银行、保险公司、证券公司、信托公司、基金公司、交易所等金融机构和政府各级管理部门以及各类工商企业相关岗位从事管理、营销、客户服务以及现代金融业务操作等工作。

11. 公共事业管理

公共事业管理专业开设于2002年，2003—2010年在应用文理学院招生。本专业培养掌握公共事业管理基本理论和专业知识，具备市场调研、活动策划、产品营销、行政办公和社区管理等实际操作能力，能在政府部门、社区及文化创意产业等企事业单位从事市场调研员、企业文化师、市场营销师、行政管理秘书和社区工作者等工作的高级应用性人才。

《中共北京市委关于制定北京市国民经济和社会发展第十个五年计划的建议》明确指出，北京要加快科技教育的发展，使文化产业成规模。北京作为中国的政治文化中心，要在未来十年把文化作为重点发展产业，必然需要大批文化企事业方面的高级经营管理人才。中国公共事业管理从业人员逾十万，专业人才仅为1/1000。2000年9月仅在互联网上，在北京招聘公关策划与传播人才的单位就有1200多个，原市劳动局预测公共关系人才缺口在3000—4000个，我院公关与营销专业2002年就业率达到100%。随着时代发展，中国越来越需要高层次公关策划与传播人才。2005—2007年本专业坚持应用性专业方向，以管理学、经济学和文学三大学科为支撑，以设计基础、电脑图文设计、CIS手册制作等技能课程为主线，以课程实训、情景模拟、现场考评为手段，以（NVQ）企业行政管理证书为评价体系，培养"管理经营型"知识结构加"艺术制作型"操作技能的应用性文化管理人才。

本专业为学生开设管理学原理、管理心理学、人力资源开发与管理、管理经济学、公共关系、公共财务、管理信息系统、管理文秘、应用统计、行政管理学、公共事业管理概论、市场调查、设计基础、电脑图文设计、品牌战略与CIS策划等课程。学生毕业后主要在政府相关部门、社区以及新闻、出版、广播、影视、广告、信息咨询、文化集团等各类文化企事业单位从事经营管理工作。

12. 环境科学

环境科学专业开设于2001年，2003—2010年在应用文理学院招生。本专业培养具备环境科学的基本理论、基本知识和基本技能的适应国际化要求的高级应用性人才。本专业具有基础宽厚、理工结合、文理交叉、综合性和应用性突出的特点。本专业师资力量雄厚，在岗教授、副教授、博士和硕士学位教师占比在70%以上，注重学生专业素质的培养、实际应用技术的实践和专业环境科学知识的扩展，并具备良好的实验和实践教学条件。环境科学是一门协调环境与人类社会、经济发展的综合学科，是诸学科相互交叉融合的前沿学科。本专业注重理科基础理论学习和技能训练，同时又重点引入工科相关内容，广泛介绍交叉学科，包括人文学科的相关知识，注重培养学生的英语、计算机运用能力。室内环境质量是当前环境问题的热点，面对北京环境人才的需求特点，本专业特别在室内环境质量和水质检测及改善方面投入了较大的教学力度。本专业学生具有全方位环境科学的知识及一定的教学、研究、开发和管理能力，掌握环境教育、环境监测、环境质量评价的方法以及进行环境规划与管理的基本技能。为学生开设大学英语、专业英语、环境生态学、环境化学、环境生物学、环境检测、环境工程学、环境质量及评价、环境管理学、仪器分析、环境生态材料、计算机在环境中的应用、环境法学等课程。学生毕业后可到科研院所、学校、生产单位、决策机关、法律、经济、对外交流与贸易、制药等领域工作。

13. 新闻学

新闻学专业开设于2000年，2003—2015年在应用文理学院招生，开设影视传播专业方向。本专业立足首都北京，培养适应媒介融合时代需要、新闻传播理论基础扎实、新闻传播实践能力强，具有科学思维、人文基础、世界眼光、创新意识和创新高度的社会责任感及新闻专业主义精神，具有较强的媒介适应能力和持续发展能力的全媒体高素质复合应用性人才。本专业始终坚持核心价值导向，秉承新闻专业主义精神，建构适应媒介融合的教学生态和新媒体多元融合的实践平台，形成传媒与技术、传媒与艺术、传媒与产业相融合的师资团队，突出应用性人才培养的办学特色，学生创意思维活跃、媒介技能娴熟、表达沟通流畅、熟悉互联网特性，成为北京区域报道、媒介沟通、文化创意、社会人文建设的重要力量。为学生开设新闻学原理、传播学原理、广播电视学、新闻采访与写作、新闻编辑、

◆ 专业的印记

媒介批评、(新闻)摄影与摄像、中外新闻事业史、新闻法规与职业道德、媒介经营与管理、音视频节目制作、跨文化传播、数据新闻、网络传播实务、数字媒体应用技术等课程。本专业以实践能力为主线构建模块化、递进式实践教学体系，搭建多元融合实践教学平台，建有全媒体采编中心，下设数字媒体实验室、新媒体创新应用实验室、摄影工作室、虚拟演播室等6个实验室、4个工作室以及3间产学研合作开放实验室，强化新闻传播人才培养的文化底蕴和专业技能，以"工作坊"的创制方式组织作业，以校企合作互赢模式建设30余家校外实习基地，以学科竞赛、科教融合方式鼓励学生参与实践。学生毕业后集中在新闻传播、编辑出版、文化创意等企事业单位的宣传部门从事全媒体新闻采访、写作、编辑、评论、摄影等新闻实务与媒介宣传、媒介策划、媒介沟通与管理相关工作。

2004年本专业体育新闻专业方向培养具有新闻学和体育运动学的理论知识，掌握体育新闻传播的基本职业技术，能胜任新闻出版及影视传播部门、企事业单位、党政机关的记者、编辑、秘书、宣传及广告策划等工作的高级专门人才。该专业方向在德、智、体、美全面发展的素质教育的基础上，在理论和实训相结合的学习方法的指导下，使学生获得多方面的知识和能力：一是了解并掌握我国历史上特别是中华人民共和国成立以来的体育事业发展史及相关的理论和政策；二是掌握汉语言文学、新闻学的基本知识和基础理论；三是掌握体育新闻的采访、写作、编辑、评论、摄录和制作的基本方法；四是具备从事社会调查和科学研究的基本能力；五是了解并掌握古代奥运会和现代奥运会的发展历史及奥林匹克精神；六是了解并掌握28个奥林匹克运动项目的发展历史、世界水平、前沿技术和我国的实际水平；七是了解并掌握党和政府有关新闻事业的方针政策和制度法规，以及国际体育新闻工作的规范和惯例；八是了解并掌握现代化新闻报道的业务知识和技术手段；九是具备熟练的英语写作和口头表达能力，能独立从事对外宣传和采访工作。

该专业方向为学生开设写作、文学概论、中国古代文学史、中国当代文学、外国文学、文学概论语言学概论、现代汉语、古代汉语、新闻学概论、大众传播学、新闻采访与写作、编辑学、新闻摄影与摄像、广播电视学、广告学原理、体育与运动概论、奥林匹克运动史、专项体育运动与新闻报道、运动心理学、体育管理学、电脑图文设计、视听艺术、管理学、公共关系学等课程。学生毕业后可到电台、电视台、新闻报刊、企业、文化事业单位的宣传部门工作。

14. *广告学*

广告学专业开设于2001年，2003—2009年在应用文理学院招生，培养在我国加入WTO背景下具备一定市场、传播理论和系统广告专业知识，具有一定广告实际操作和运作能力，能在广告经营单位、媒体、研究部门、企业和广告教学单位从事广告策划、经营、研究和教学工作的高级应用性人才。本专业学生主要学习市场学、营销学、新闻传播学、现代汉语、文学、公共关系学、消费行为学、广告学、广告策划、中外广告史、广告法规、广告心理学及广告设计制作等方面的知识，受到有关理论、发展历史、研究现状、实际操作需求等方面的系统教育并了解WTO有关规则及现代广告发展趋势，同时得到专业业务能力方面的基本训练。毕业生具有的知识和能力有：一是掌握马克思主义的基本原理和关于市场动态研究、整合营销、广告原理、广告传播及广告心理等方面的基本理论；二是掌握本专业的基础知识以及新闻、公共关系、历史、哲学、艺术、法

◆专业的印记

律等学科的相关知识；三是具有较强的实际操作能力、审美能力、创意能力、策划制作能力、品牌推广能力、语言文字表达能力及较强的经营管理能力；四是了解我国在加入WTO背景下关于广告发展的方针、政策和有关法规；五是了解本行业与发达国家之间的差距，了解本学科的发展现状、前沿成就和发展前景；六是能阅读国外本专业的有关文献，掌握文献检索和资料查询的基本方法，具有一定的科学研究和实际操作的能力。为学生开设传播学、营销学、公共关系学、文学概论、经济学、统计学、市场调查、广告学、广告策划与创意、中外广告史、消费行为学、广告心理学、CIS与名牌战略、影视广告、广告摄影与摄像、平面广告、网络广告媒体等课程。学生毕业后可在政府相关部门、中外广告经营单位、媒体、会展企业、生产企业、涉外机构和广告教学单位从事广告策划、经营、设计、研究和教学工作。

本专业2003—2015年也在广告学院招生。学院针对当前我国和北京文化创意产业蓬勃发展的现状，要求本专业以培养具有扎实的广告学专业基础理论和较强就业能力的广告行业专门人才为目标，努力落实学以致用的教学原则，培养能适应大广告产业和市场需求，具备市场调研、营销策划、广告创意、广告制作、媒介策略等专业能力，具有突出的广告作业执行能力，胜任营销、广告、传媒、公关等行业领域各个职位的应用性广告人才。毕业生就业范围广泛，发展前景光明。为学生开设传播学概论、摄像与摄影、媒介伦理与法规、新媒体技术与应用、广告学概论、广告策划、影视广告学、实用美术与广告设计、广告文案写作、广告心理学、媒介策划与创意、广告法规与管理、市场营销学、市场调查、公共关系、广告文化、艺术概论、品牌与策划等课程。毕业生就业领域集中在文化创意产业，包括市场营销、广告、公关传媒（报纸、杂志、电台、电视台、影视公司）等行业，适合以上行业中的市场调查、客户服务、广告营销策划、广告设计、广告文案、公关策划、广告管理、媒介运营等岗位，也可到政府机构、事业单位、企业团体从事宣传策划、营销与公关传播等工作。学生上升空间大，社会认可度高。

2004年广告学院本专业设置网络传播艺术、综合绘画、营销策划三个专业方向。2005年本专业设置营销策划专业方向。

网络传播艺术已成为广告媒体传播的重要手段，网络广告更是广告行业推崇的对象。该专业方向培养具备系统的广告学、广告设计与制作、计算机应用、网络传播、摄影与摄像等基本理论知识，了解网络传播规则，具有网络广告策划、传播以及信息的采集、写作、编辑，网页设计与制作技能的高级技术应用性人才。为学生开设网络传播概论、网络广告、Java语言、电子商务、网站设计与管理、多媒体信息管理与应用、界面艺术设计、摄影基础等专业课，开设网络策划与建设实训、数字信息处理实训、广告软件设计实训等实践课。该专业方向的毕业生适合到广告公司、网络公司、网络媒体从事网页创意、编排、设计以及广告设计软件开发和电子商务等工作。

综合绘画专业方向是广告艺术设计的相关专业，是一个全新的艺术教育科目。该专业方向以视觉生理和心理为中心环节，将物质信息和精神信息的应用以更科学、更鲜明的方式加以概括和发挥，从而更加方便地促成人与事物之间的视觉信息交流，完善艺术设计的理念和方法。为学生开设美学概论、中外美术史、图形符号设计、视觉传播概论、油画、国画、影像设计、新材料开发与应用等专业课，开设绘画、广告平面设计等实践课。该专业方向的毕业生适合到广告经营单位、影视公司、美术单位从事创意设计，或从事戏剧影视脚本的设计制作、绘画工作。

营销策划专业方向是国内外的热门专业。营销策划已成为世界公认的最为有效的营销手段。广告策划已成为企业推广形象、促销产品必不可少的有效手段。该专业方向主要培养学生系统的广告学、管理学、市场营销理论等方面的基本理论知识，了解广告传播规则，接受营销策划方面与技巧等方面的基本训练，具有分析和解决广告市场营销与策划问题的高级应用性专门人才。为学生开设经济学、管理学、统计学、会计学、经济法、消费行为学、整合营销传播、企业形象策划、品牌营销个案分析学等课程。专业主要实践为广告营销策划与广告策划实务。学生毕业后可到各类广告公司工作，可从事CIS企业形象设计和市场调查、信息咨询等实际工作，也可到工商企业的经营部门从事营销策划工作。

15. 生物技术

生物技术专业开设于1994年，2003—2010年在应用文理学院招生，培养具有生命科学的基本理论和系统的生物技术的基本理论、基本知识、基本技能和较强的实践能力，能在生物技术领域中从事产品生产设计、生产过程管理和新产品研发，在食品化工、检验检疫、生物制品、生物制药等领域从事分析测试、技术研究、产品开发和管理等工作的生物技术高级应用性专门人才。为学生开设微生物学及实验、细胞生物学及实验遗传学、生物化学及实验、分子生物学及实验、基因工程、细胞工程、生物工程下游技术、发酵工程及应用、仪器分析、生物技术大实验、生物统计及应用、免疫学基础、实验动物学等课程。学生毕业后主要在工业、医学、食品、农林牧渔、环保、园林等行业的企事业单位从事与生物技术有关的应用研究、技术开发、生产管理和行政管理等工作。

2003—2007年应用文理学院本专业食品生物技术专业方向招生，生物系拥有北京市重点建设学科——食品科学与营养学，在我国著名食品科学与营养学专家金宗濂教授的领导下，经过十几年的不断努力已经形成了一支从事本科专业教学和科研工作的老、中、青结合的教师队伍，承担了多项国家、省部级科研课题，还和新西兰梅西大学合作办学，并通过选拔的方式，从二、三年级学生中挑选出优秀者作为国际交流生到该大学进修三个月专业课程。该专业方向培养具备生命科学的基本理论和较系统的生物技术的基本理论、基本知识、基本技能，能在科研机构或高等学校从事科学研究或教学工作，能在工业、医药、食品、农林牧渔、环保、园林等行业的企事业单位从事与生物技术有关的应用研究、技术开发、生产管理和行政管理等工作的高级专门人才。该专业方向学生主要学习生物技术方面的基本理论、基本知识，受到应用基础研究和技术开发方面的科学思维和科学实验训练，具有较好的科学素养及初步的教学、研究、开发与管理的基本能力。学生毕业后掌握多方面的知识和技能：一是掌握数学、物理、化学等方面的基本理论和基本知识；二是掌握生物学、生物化学、分子生物学、微生物学、细胞生物学、基因工程等方面的基本理论、基本知识和基本实验技能，以及生物技术及其产品开发的基本原理和基本方法；三是了解相近专业的一般原理和知识；四是熟悉国家生物技术产业政策、知识产权及生物工程安全条例等有关政策和法规；五是了解生物技术的理论前沿、应用前景和最新发展动态，以及生物技术产业发展状况；六是掌握资料查询、文献检索及运用现代信息技术获取相关信息的基本方法；七是具有一定的实验设计，创造实验条件，归纳、整理、分析实验结果，撰写论

◆专业的印记

文，参与学术交流的能力。为学生开设微生物学、生理学、细胞生物学、遗传学、生物化学、分子生物学、基因工程、生物工程下游技术、功能食品、生物技术制药基础、微生物学实验、生理学实验、细胞生物学实验、生物化学实验、分子生物学实验、生物技术大实验等课程。学生毕业后可在食品、轻工、生物医药、生物工程、海洋、农业等领域从事研究、开发、生产、技术管理、产品营销等工作。

2003—2007年应用文理学院本专业现代食品分析技术专业方向培养具备生命科学的基本理论和较系统的食品分析与检测相关领域实际工作的基本理论、基本知识和基本技能，适应"大食品"产业生产、管理和服务第一线需要，德、智、体全面发展，具有创新、创业能力的高等技术应用性人才。该专业方向学生主要学习食品科学方面的基本理论、基本知识，受到现代食品理化、安全、毒理和功能等检测技能方面的训练，具有较高的实际操作工作能力及较高的科研和管理素质。学生毕业后可掌握多方面的知识和技能：一是掌握数学、物理、化学等方面的基本理论和基本知识；二是掌握基本生物学、生物化学、食品微生物学、食品卫生学、食品毒理学、生理学、食品营养学、食品化学、食品工艺学等方面的基本理论、基本知识和有关食品检测（理化、安全、毒理和功能）基本实验技能，以及食品生物技术及其产品开发的基本原理和基本方法；三是了解相近专业的一般原理和知识；四是熟悉国家食品检测、相关食品产业政策、知识产权及生物工程安全条例等有关政策和法规；五是了解食品生物技术、分析检测技术的理论前沿、应用前景和最新发展动态及食品产业发展状况；六是掌握资料查询、文献检索及运用现代信息技术获取相关信息的基本方法；七是具有一定的实验设计、归纳、整理和分析实验结果、撰写论文、参与学术交流的能力。为学生开设食品化学、食品毒理与安全、仪器分析、食品微生物学、生物化学、食品毒理学、食品卫生学、功能食品、生理学、食品营养学、现代食品分析检测技术（安全、毒理、卫生、功能）等课程。学生毕业后可在食品、生物医药、海洋、农业等领域从事理化检测、安全检测、卫生检测和功能检测工作，也可从事相关领域的开发、技术管理、产品营销等工作。

本专业2003—2006年也在师范学院招生。发展生物经济是我国实现可持续发展的一项重要战略选择，生物技术已成为21世纪科学发展的主流。本专业自1994年开办以来，既顺应北京市生物技术产业的发展需求，又具有自己一定的特色。本专业以生物工程下游技术为主要专业内涵，以发酵工程和应用酶技术及相关产物的提取、分离、纯化、检测技术为核心，培养特色的技术人才。本专业是北京市重点建设学科，具有高级职称的教师占全系教师的三分之二以上。本专业培养具有扎实的生命科学基础理论知识，系统的生物技术基本理论、基本知识，了解生物技术发展现状与趋势以及在生产上的应用，熟练掌握生物技术和技能，在生命科学领域具有较好的科学素养及一定的实验、教学、研究、开发与管理的能力，富于创新精神的应用性人才。为学生开设无机及分析化学、有机化学、基础生物学、解剖生理学、遗传学、生物化学、微生物学、免疫学、酶学基础及应用、细胞生物学、分子生物学、仪器分析、生物工程（遗传工程、细胞工程、微生物工程、生化工程）下游技术、现代生物技术研究进展等课程。毕业生具有良好的就业前景，能够胜任轻工、化工、食品、生物制品、生物农药、环境保护、卫生防疫等企事业单位的生产、研究、开发、质量监控、生产管理和行政管理工作，还可从事大中专院校的教学、科研、实验室工作。

16. 食品质量与安全

食品质量与安全专业开设于2006年，2006—2015年在应用文理学院招生。本专业培养面向国家和首都社会发展和经济建设需要，具有扎实的食品质量与安全领域的基础理论与专门知识，掌握现代食品质量与安全检测检验技术、过程控制和预防管理方法，实践能力强，具有食品分析检测、保健食品功能评价、食品质量控制溯源预警、食品质量认证监督管理、食品安全监督管理能力的高素质复合应用性人才。本专业依托食品科学北京市重点建设学科、生物活性物质与功能食品北京市重点实验室、保健食品功能检测中心优势，突出功能（保健）食品功能因子分析检测、功能评价以及实验室认证管理特色，注重理论与实践结合，搭建了基本实践技能训练、食品检测仿真训练、科研能力训练以及校外实习基地实操能力训练的四级实践教学平台，通过递进式、模块化实践教学体系的训练，强化实践能力的培养。为学生开设生物化学、食品工程原理、食品化学、食品质量管理、食品分析、食品工艺学、营养学、食品毒理学、食品安全与卫生学、功能食品、仪器分析、食品安全与质量控制、食品检测实验室认可等资质认定等相关实践课程。本专业充分利用校内实验室大型进口仪器设备条件和校外实习基地的优势，开设食品理化检测、食品安全检测和食品功能检测三大实践模块，通过递进式、模块化实践教学体系训练和本科生科研项目，强化实践能力的培养。毕业生可到食品监督管理部门、检验机构、卫生监督机构、疾病预防与控制机构、生产企业、环保机构等企事业单位从事食品安全管理、卫生监督、质量控制、分析检测和相关科学研究等工作。本专业依托食品科学与工程硕士学位点，为毕业生提供良好的深造机会。

17. 会计学

会计学专业开设于2005年，2005—2008年在应用文理学院招生，旨在培养注册会计师专门化人才。学生通过本专业的学习掌握会计、审计、管理咨询，特别是财务咨询和税务咨询等方面的专业知识和技能，来适应国内的会计师事务所、中外合作的事务所的公共审计、管理咨询以及一般企业的会计、内部审计、财务管理等方面的工作。本专业是几个学科专业交叉的应用性专业，毕业生有较宽的就业面。

注册会计师专门化专业是会计、审计、公司财务几个专业学科交叉的应用性专业，毕业生不仅能适应国内的会计师事务所、中外合作的事务所的公共审计、管理咨询等工作，而且能胜任一般企业的会计、内部审计、财务管理等方面的工作。该专业注重拓宽专业基础，加强基础理论与基础工具的学习和训练，注重对学生进行会计学、审计学、金融财务学等专业理论的学习，要求学生熟练掌握计算机和数学在专业中的运用，开设了颇具特色的"电子理财"、会计电算化和审计电算化等课程，高水平的英语教学采用英语系专业教材，部分课程由外教讲授。该专业每年暑假为一年级学生举办丰富多彩的"中美英语夏令营"活动，注重实践环节，培养学生的实际操作能力。为学生在校期间安排了会计实务实习、财务案例实习、证券与股票模拟实习等专业实习，组织三年级学生到银行、会计师事务所和一般工商企业进行专业实习，组织学生参加美国惠普公司赞助的"全球经济挑战赛"，高年级学生还到外校进行专业实习，使学生们开阔眼界、增长见识。为学生开设基础会计、中级财务会计、高级财务会计、成本会计、管理会计、审计学、审计电算化、公司财务管理、民商法、税法、投资学、微观经济学、宏观经济学、统计学、企业管理、市场营销学、微积分、

◆ 专业的印记

线性代数、概率与数理统计、数学建模、计算机应用基础、VB程序设计以及英语精读、泛读、听力、口语、听说、商务英语、高级英语阅读等课程。该专业学生德、智、体全面发展，主要学习会计、审计、金融财务学的基本理论和基本知识，受到一定的会计、审计、金融财务学方面能力的培养，具备在实际工作中解决相关专业问题和进行实际操作的基本能力。学生毕业后可到国内的会计师事务所、中外合作的事务所从事公共审计、管理咨询以及一般企业的会计、内部审计、财务管理等方面的工作。

本专业 2005—2009 年也在师范学院招生，注重会计理论和会计教学实训，培养的学生具备宽基础、厚实践、实操能力强的特点。在开设会计类课程的基础上，本专业还增设了与其相关的经济学、管理学、营销学、金融学、财政与税收等专业课程。经过四年学习，学生成为会计核算、财务管理的高级应用性人才。本专业师资结构合理，教学完全采用多媒体手段。实训配备综合经济实验室，可进行各种会计全真模拟，多家企事业单位可作为本专业的实习基地。培养具备经济学、管理学等方面的基础知识和能力，掌握会计基础理论和原理，熟悉财经法律法规，具有良好的计算机、英语应用能力，熟练掌握会计业务操作技能，具备会计及相关职业的从业能力，可在企事业单位从事会计及相关工作的高级应用性人才。

本专业为学生开设大学英语、经济数学、计算机基础、数据库、政治经济学、西方经济学、管理学、统计学、初级会计学、成本会计学、中级财务会计学、高级财务会计学、财务管理学、管理会计学、审计学、经济法、市场营销学、资产评估、纳税会计、会计英语、计算机会计学等课程。毕业生可在会计师事务所、资产评估事务所从事专业工作，或在企事业单位从事会计核算、财务管理等工作，也可在教育系统从事与会计学相关的专业理论和实践教学、教学研究和教育管理等工作。

本专业 2005 年、2015 年也在商务学院招生，针对首都经济建设和发展需要，培养具有社会责任感、职业道德和创新精神，掌握扎实的管理学、经济学和财经法律基础、会计财务知识、业务技能和公司经营管理知识，熟悉国内外会计财务规则，具备分析、承担会计财务实际业务的综合能力和终生学习发展能力的国际化、高素质、应用性会计专业人才。

本专业为学生开设（植入英国特许公认会计师公会的课程体系）管理学、会计学、统计学、微观经济学、宏观经济学、会计师与企业、管理会计、财务会计、公司法与商法、业绩管理、税务、财务报告、审计与认证业务、财务管理等课程。毕业生可在各类工商企业（尤其是外资机构、会计师事务所、商业银行、证券公司）、政府部门和事业单位从事涉外会计、财务与审计工作。

本专业 2005—2014 年也在生物化学工程学院招生。会计作为一项经济管理活动，是经济管理的重要组成部分，其基本职能是通过核算和监督提供会计信息，为加强经济管理和财务管理、提高经济效益、维护社会经济秩序服务。办经济离不开会计，经济越发展，会计越重要。随着经济的发展，企业投资人、债权人、社会公众以及政府管理部门对会计信息的需求迅速增长。会计信息和会计工作质量被社会各界日益关注。规范会计行为，保证会计信息真实、完整，充分发挥会计职能，是社会主义市场经济发展对会计工作提出的新要求。本专业着力培养系统掌握会计学基本理论和基本技能，基础扎实、实践能力强，具有创新创业精神和社会责任感，具有较强的适应能力和可持续发展能力，具备管理、经济、法律和会计学等方面的知识，

◆专业的印记

具备会计、审计、财务管理专门技能，能在会计师事务所及政府部门从事会计实务、审计实务、财务管理和相关专业工作的高素质应用性人才。本专业要求在校学生考取会计从业资格证，鼓励学生考取助理会计师、注册会计师、理财规划师等资格证书。为学生开设会计学基础、中级财务会计、高级财务会计、成本会计、管理会计、税务会计、计算机会计、金融企业会计、政府与非营利组织会计、财务管理、审计学、税法、经济法、管理学、金融学、微观经济学、宏观经济学、统计学、市场营销学、公司战略与风险管理、资产评估学、会计制度设计、国际贸易实务、证券投资学、会计综合模拟训练、审计综合模拟训练等课程。毕业生可胜任企事业单位的出纳、会计、财务管理、内部审计、统计等岗位，会计师事务所的审计岗位，金融机构的会计、柜员等岗位。目前本校与多家企业、事务所建立联系，推荐学生在相关的企事业单位、事务所实习、就业。

本专业2009—2015年也在管理学院招生，培养具有会计、审计、管理咨询（主要是财务和税务咨询）等方面的专业知识和技能，能够胜任会计师事务所的公共审计、管理咨询以及一般企业和事业单位的会计、内部审计、财务管理等方面工作的高级应用性专业人才。为学生开设会计学基础、中级财务会计、高级财务会计、成本会计、管理会计、金融企业会计、政府与非营利组织会计、审计学、财务管理、财务报表分析、经济法、税法、微观经济学、宏观经济学、统计学、管理学、管理信息系统、电子理财等课程。毕业生可在中外合作会计师事务所、内资会计师事务所、国有大中型企业、外资企业、房地产公司、商业银行、非银行金融机构就业。

18. 地理信息系统

地理信息系统专业开设于2007年，2013年更名为地理信息科学专业，2007—2015年在应用文理学院招生。本专业面向国家和首都经济社会发展需要，培养具有良好的地理学和计算机科学基础理论以及扎实的地理信息科学专门知识，掌握位置服务、空间数据分析、遥感和卫星定位等现代高新技术，具备地理信息系统（GIS）综合应用、设计与开发的技能及初步的系统集成与管理能力的高素质复合应用性人才。本专业依托与中国科学院地理科学与资源研究所合作建立的院士工作站，GIS领域顶级科学家亲自指导专业建设和发展，以GIS行业大赛为引领，促进学生实际应用GIS技术能力的全面发展。为学生开设自然地理学、地图学、地理信息系统、人文地理学、空间数据库、测绘学与GPS、地理信息系统技术与应用、遥感数字图像处理、三维GIS、数据结构、WebGIS设计、GIS应用开发、GIS软件工程、GIS空间分析、3S技术集成与应用等课程。构建模块化、递进式实践教学体系，开设地理学认知实习、空间数据采集实习、空间数据分析实习、3S技术集成与应用实习等系列实验实训课程，强化学生实际动手能力的培养，大量课程教学采用理论授课与实际训练学时1∶1分配，企业生产实习真题真做，将课堂教学延伸到生产现场，通过校外实习基地培养学生适应实际工作的能力。GIS专业适用性广，从业口径宽，毕业生主要就业于智慧城市相关管理部门、IT行业、现代服务业等领域，能在城市、资源环境、交通、土地、基础设施管理、商业物流等领域及IT高科技企业从事与地理信息科学有关的应用研究、技术开发、生产管理和行政管理等工作。

19. 经济学

经济学专业开设于1992年，2003—2004年在师范学院招生。本专业培养社会经济发展所需要的财务会计高级应用性人才。培养的学生具有扎实的经济学基础理论，熟练掌握会计核算方法、财务管理知识与技能，熟知国内外会计有关法规，具有很强的会计实务操作能力和一定的会计分析能力，能熟练进行会计电算化操作，能胜任企事业单位的会计工作，以及承担中等专业学校的会计类教学工作。本专业师资力量充足，具有良好的实训条件，并配有设备先进、功能齐全的会计实验室，开展多种会计实务操作训练。本专业高效优质地塑造了毕业生的专业应用能力，使他们成为首都建设的高级应用性人才。为学生开设宏观经济学、微观经济学、经济数学、会计基础、中高级财务会计、成本会计、管理会计、预算会计、纳税会计、行政及事业单位会计、人力资源管理、资产评估、财务管理、审计学、会计电算化、财务报表分析、会计英语、会计实务、企业管理学、统计学、市场营销学、货币银行学、国际金融、国际结算、证券投资学、经济法等课程。

20. 计算机科学与技术

计算机科学与技术专业开设于1998年，2003年、2005—2015年在师范学院招生，2005年在东方信息技术学院招生，2005—2007年也在特殊教育学院招生，2003—2015年也在信息学院招生，其中信息学院在2003—2005年分网络工程（技术）、软件工程（技术）、信息系统、计算机信息系统4个专业方向招生，2006年开始不分专业方向招生，在专业内设置培养方向。

2003—2005年信息学院的网络工程（技术）专业方向培养从事计算机网络系统设计、应用、维护和管理的高级工程应用性人才，其基本要求是：系统掌握数据通信与计算机网络所必需的基本知识，掌握计算机网络应用和管理的基本技能，具有规划、设计一般应用部门计算机网络系统的初步能力以及较强的应用、维护和管理计算机网络的能力。该专业方向为学生开设计算机网络原理、网络操作系统技术、网络管理技术、网络安全技术、网络数据库技术、网络工程规划设计、Web应用开发技术和电子商务等课程，设有网络工程师认证课程，建有大型网络系统集成实训室，同时和首钢贸易公司的物流信息中心等单位建立了校企合作关系。毕业生可在科研及教学、高新科技企业和软件产业等相关部门从事计算机网络系统的规划、设计、建设、维护和管理工作。该专业方向与英国东伦敦大学计算与技术学院的计算科学专业和网络与通信工程专业对口，互认学分，实行"3+1"合作办学模式，在毕业时可同时获得双校的学士学位。

2003—2005年信息学院的软件工程（技术）专业方向强调以软件过程工程、软件开发技术等计算机新技术为发展方向，旨在培养面向北京市信息产业现代化建设所急需的，从事计算机应用软件系统分析与设计、软件开发与项目管理、软件生产和质量监控等覆盖当前计算机新技术发展方面的高级工程应用性人才。为学生开设离散数学、概率与数理统计、数据结构与算法、程序设计语言、程序设计技术、数据库原理、操作系统、数据库设计、计算机网络与通信、软件系统分析与设计、软件工程、软件过程工程、软件项目管理、软件标准与质量监控、信息安全与信息管理、专业英语、软件工程文档写作、软件工程师职业道德规范等课程，并开设软件工程认证课程。毕业生可在科研及教学、高新科技企业和软件产业等相关部门从事计算机软件系统的分析、设计、开发、生产和管理等工作。该专业方向与英国东伦敦大学计算与技术学院的软件工程和计算科学专业对口，互认学分，实行"3+1"合作办学模式，在毕业时可同时获得双校的学士学位。

2003—2005年信息学院的信息系统专业方向培养从事计算机信息系统设计、应用、评估、监理、咨询和审计的高级工

◆ 专业的印记

应用性人才。这是新的专业领域，教学宗旨是按照计算机信息系统相关从业人员的岗位需求及企业对技术人才的需求分析来设置课程方案，使学生学习后能够非常快地适应信息系统建设中新的工作岗位。同时，该专业方向符合国际计算机组织开发制定的"Information System（信息系统）"课程体系。为学生开设信息系统分析与设计、信息系统基本原理、电子商务、信息系统原理与实践、网络与通信、系统分析和逻辑设计、数据库结构设计与实现、程序设计环境的设计与实现、项目管理等课程。这些课程是专业化的信息系统专业技术课程和项目管理课程。毕业生可在科研及教学、高新科技企业和软件产业等相关部门从事信息系统的设计、应用、评估、监理、咨询、审计和管理等工作。该专业方向与英国东伦敦大学计算与技术学院的信息系统、计算科学、软件工程和电子商务等专业对口，互认学分，实行"3+1"合作办学模式，在毕业时可同时获得双校的学士学位。

2006—2009年信息学院设置软件工程、信息技术和计算机工程3个专业培养方向。专业定位为计算机科学与技术领域宽口径的专业，其中，信息技术专业方向计划招收两个专业建设与改革试点班，该试点班采用"3+1"培养模式。该专业方向培养掌握计算机科学与技术基本理论、基本知识和基本技能，具有良好的职业素质、较强的专业能力和实际工作能力的高级工程技术人才。为学生开设的主要公共基础课有：高等数学、大学物理和大学英语等。主要专业基础课和专业课有：离散数学、程序设计基础、数字逻辑技术、数据结构、数据库原理与应用、计算机组成、操作系统、计算机网络、软件工程、信息技术基础、Web系统与技术、软件测试、信息系统分析与设计、软件项目管理、信息安全等。三个专业方向在专业课设置上有所区别。毕业生可在政府、企事业单位（电信、民航、铁路、航运、医院等）从事软件设计、计算机应用技术、信息技术应用、信息系统开发和项目管理等工作。

2010—2011年信息学院设置软件工程、信息服务工程和计算机工程3个专业培养方向。专业定位为计算机科学与技术领域宽口径的专业和国家人才培养创新实验区主体专业。本专业培养掌握计算机科学与技术基本理论、基本知识和基本技能，面向软件与信息服务领域，具有良好的职业素质、较强的专业能力和实际工作能力的高级工程技术人才。为学生开设高级语言程序设计、数字逻辑技术、数据结构、数据库原理与应用、计算机组成、操作系统、计算机网络、软件工程、Web系统与技术、软件测试、信息安全、信息服务等课程。毕业生可在政府、企事业单位（电信、民航、铁路、航运、医院、证券公司等）从事软件设计、计算机系统和网络集成、信息技术应用、IT项目管理、IT服务和国内外软件外包服务等工作。

2012—2013年信息学院设置计算机工程、软件开发技术、数字媒体技术3个专业培养方向。培养目标是：面向首都及地方社会发展和经济建设事业第一线，具有解决计算机应用领域实际问题能力的高级应用性专门人才。专业核心能力主要包括计算机工程应用能力、软件应用及开发能力、多媒体技术应用能力。为学生开设离散数学、计算机网络、电子技术基础、程序设计基础、操作系统、计算机组成原理、数据结构、数据库原理与应用、Web技术、微机原理与嵌入式系统原理、计算机图形学等课程。毕业生可在政府、企事业单位（电信、民航、铁路、航运、医院、证券公司等）从事软硬件开发、数据库应用、系统集成、软件测试、计算机系统维护、软硬件产品技术支持和信息服务等方面的工作。

◆ 专业的印记

2014年信息学院设置嵌入式系统开发、网络应用开发、多媒体信息处理技术3个专业培养方向。培养目标是：专业基础扎实、实践能力强，具有较强的适应能力和可持续发展能力，具有解决IT领域实际问题的高素质应用型人才，专业核心能力主要包括计算机应用能力、嵌入式系统开发能力、网络应用开发和多媒体信息系统设计能力。为学生开设程序设计基础、离散数学、数据结构、计算机网络、数据库系统、计算机组成原理、面向对象程序设计、软件工程、Web技术、嵌入式系统及应用课程。毕业生可在企事业单位（电信、民航、铁路、航运、医院、证券公司等）及信息技术领域从事应用软件开发、数据库应用、数字媒体设计、系统维护与集成、嵌入式开发、软件测试与维护、软硬件产品技术支持和信息服务等方面的工作。

信息学院设置嵌入式系统开发、网络应用开发、系统维护、移动物联技术以及多媒体处理技术5个专业培养方向。培养目标是：面向首都及地方社会发展和经济建设，培养专业基础扎实、实践能力强，具有较强的适应能力和可持续发展能力，具有解决IT领域实际问题的高素质应用型人才。本专业定位于应用型本科，以建设成为北京市特色专业为目标。专业核心能力主要包括计算机应用能力、嵌入式系统开发能力、应用系统开发能力、移动互联与物联网系统开发能力、网络运行与系统维护能力和多媒体信息系统设计能力。为学生开设程序设计基础、离散数学、数据结构、计算机网络、数据库系统、计算机组成原理、面向对象程序设计、软件工程、Web技术、嵌入式系统及应用、网站设计、手机软硬件开发、操作系统设计、动漫设计课程。学生毕业后能在企事业单位（电信、民航、铁路、航运、医院、证券公司等）及信息技术领域从事应用软件开发、数据库管理与应用、数字媒体设计、系统维护与集成、嵌入式开发、软件测试与维护、软硬件产品技术支持和信息服务等方面的工作。

本专业 2003 年、2005—2015 年也在师范学院招生，主要包括计算机硬件、软件与计算机的应用，培养学生熟练地进行程序设计和使用智能优化技术、数据库技术、网络技术以及多媒体技术等解决实际问题。本专业的培养方向有多媒体技术、智能优化设计和计算机网络技术，拥有先进的软件开发环境和设备良好的机房、先进的网络编程和网络管理实训基地，注重对网络专门人才和学生实践能力的培养。本专业培养具有良好科学素养、系统地掌握计算机科学与技术的基本理论、基本知识和基本技能，具有较强的实践应用能力，能够从事有关计算机科学与技术方面的开发、应用工作的高级工程技术人才，以及在职业技术教育单位从事相关基础课程、技术基础课程、专业课程的教学、研究、管理工作的教育人才。2007 年、2008 年专业方向有多媒体技术、智能优化设计和计算机网络技术。为学生开设大学英语、高等数学、大学物理、高级程序设计、数据结构、计算方法、计算机图形学、汇编语言程序设计、C 语言程序设计、Java 程序设计、面向对象编程（VC++）、数据库管理系统（SQL Server）、操作系统、编译原理、软件工程、微型计算机技术、网络互联技术、计算机组成与结构、计算机网络基础、实用网络技术、Linnux 网络技术、多媒体技术、计算机图形学等课程。毕业生不仅在游戏开发设计领域、数字媒体产业和文化娱乐产业中具有良好的就业与发展前景，而且还可在 IT 公司、各类事业单位从事计算机应用系统的设计开发与应用、数据库系统的运行与维护、网络设计与管理等各类工作，以及在职业教育系统从事计算机及相关专业的理论和实践教学工作。

本专业 2005 年也在东方信息技术学院招生，培养具有坚实的计算机软硬件知识及计算机科学理论基础，具有较强工程实践能力，面向信息产业和软件产业所急需的，从事计算机应用软件系统分析与设计、软件开发与项目管理、软件生产和质量监控等方面的高级应用性人才。为学生开设离散数学、概率与数理统计、数据结构与算法、程序设计语言（C、VB、VC++、Java）、程序设计技术、数据库原理、操作系统、数据库设计、计算机网络与通信、软件系统分析与设计、软件工程、软件过程工程、软件项目管理、软件标准与质量监控、信息安全与信息管理、软件工程文档写作、软件工程师职业道德规范等课程，并开设软件工程师认证课程。由于北京市软件产业需求大，本专业毕业生的就业领域广阔，可在科研及教学、高新科技企业和软件产业等相关部门从事计算机软件系统的分析、设计、开发、生产和管理工作。

21. 艺术设计

艺术设计专业开设于1999年，2005—2007年在特殊教育学院招生，2003—2012年也在师范学院招生。2003—2008年师范学院艺术设计专业包含服装艺术设计、视觉传达设计、环境艺术设计、动画漫画设计、会议展览设计、工业产品设计、陶瓷艺术设计等多个专业发展方向。艺术设计专业自2004年度开始，不再按照具体专业方向招生，改为统一按照"艺术设计"大专业招生，学生在经过两年的艺术设计专业基础及相关文化理论学习后，按照自己的专业兴趣通过考试选择相关的专业工作室进一步深造，并与相关企业及市场需求相结合，加强实习实践活动，真正做到培养宽基础、复合性，符合首都经济建设与发展需求的艺术设计人才。专业基础课的主要课程有：设计素描、设计色彩、装饰构成、设计表现技法、装饰绘画技法、材质表现技法、服装服饰图案、建筑装饰图案、艺术设计概论、中外美术史、中外设计发展史、中外服装史、传统装饰艺术研究等。设置的主要专业课程有：服装结构制图、服装平面结构设计、服装立体结构设计、服装CAD/CAM、服装工艺学、服装款式设计、服装色彩设计、服装材料设计、服饰图案设计、民族服饰设计、服装经营管理、消费心理学、化妆与发型、形体训练、形象塑造、服装表演与展示、影视表演、编导与策划、公共关系、字体设计、标志设计、图形创意、包装设计与结构、招贴设计、书籍装帧设计、CIS设计、网页设计、印刷工艺流程、艺术摄影、人体工程学、建筑艺术导论、建筑设计、室内设计、公共空间设计、景观设计、绿化设计、展示设计、展示工程、商业设施设计、展览策划设计、装修材料与构造、展示空间研究、家具设计与工艺、照明设计与工艺、工程制图、卡通造型设计、动画设计与制作、分镜头设计、场景设计与制作、电影电视学、数码摄像等。学生除学习本工作室的专业课程外，还可选修其他工作室的专业课程。

同时，本系还设有国际商业美术设计师资格考证、Adobe中国认证设计师资格考证、电脑三维（3D）设计软件的培训与考核、服装工艺技术等级标准中级和高级考证等专业认证及培训课程，成绩合格颁发国际商业美术设计师资格证书。

2009—2011年师范学院本专业培养适应首都文化创意产业发展需求的高级艺术设计人才和技术人才，分为服装艺术设计、装饰艺术设计、视传艺术设计、环境艺术设计、会展艺术设计、动漫艺术设计6个专业方向，学生在经过3个学期的艺术设计学科专业基础及相关文化理论学习后，根据自己的兴趣并通过专业测试选择相关的专业工作室进一步深造。

本专业为学生开设素描、色彩、构成、图案、艺术设计理论、专业技法、专业设计、图形创意等主要专业基础课程。服装艺术设计专业方向课程有：服饰色彩设计、服装款型设计、服装专题设计、形象设计、面料应用设计、服装工艺基础、立体裁剪、计算机辅助设计等。装饰艺术设计专业方向课程有：装饰基础、装饰绘画、装饰雕塑、装饰艺术设计、纤维艺术、室内纺织品艺术设计、公共艺术设计、计算机辅助设计等。视传艺术设计专业方向课程有：版面设计、标志设计、包装设计、招贴设计、影视广告、书籍装帧设计、网页设计、CIS设计等。环境艺术设计专业方向课程有：家具设计、陈设艺术设计、室内专题设计、公共设施设计、景观设计、灯具与照明设计、建筑设计基础等。会展艺术设计专业方向课程有：展示道具设计、会展展示设计、展示视觉传达、展示照明设计、展示策划与设计、展示空间研究、展示工程等。动漫艺术设计专业方向课程有：动画设计与制作、动作与角色设计、影视剪辑学、非线性编辑系统使用、卡通动画造型、造型与场景设计、摄录像基础、广告制作与创意、灯光造型设计等。

本专业毕业生就业状况良好，许多毕业生在工作岗位上取得了出色的成绩，其中有些已成为高等院校的艺术专业的骨干师资和领导干部、国家大型企业的技术主管、中小型国企和私企的高级主管及首席设计师、新闻媒体出版单位的专业编辑等。

2012年师范学院本专业培养适应首都文化创意产业发展需求的应用型艺术设计人才和技术人才。艺术设计专业分为服装艺术设计、视觉传达设计、环境艺术设计3个专业方向，学生在经过3个学期的艺术设计学科专业基础及相关文化理论学习后，可根据自己的兴趣通过专业测试选择相关的专业工作室进一步深造。为学生开设素描Ⅰ、素描Ⅱ、色彩Ⅰ、色彩Ⅱ、中外美术史等主要课程。服装艺术设计专业方向课程有：专业设计、专题设计、专业技法、服装分类设计Ⅰ、服装分类设计Ⅱ、服装分类设计Ⅲ、民族服饰传统工艺、服装款型设计、服饰色彩设计。视觉传达设计专业方向课程有：专业设计、专题设计、专业技法、招贴设计、包装设计、书籍设计、三维动画设计与制作。环境艺术设计专业方向课程有：专业设计、专题设计、专业技法、住宅空间设计、博物馆展示设计、公共空间设计、陈设艺术设计。

本专业2003—2007年也在商务学院招生。本专业环境艺术设计专业方向是学院开办较早的专业方向之一，环境艺术设计专业方向的前身为环境艺术设计专科专业，学生主要学习艺术设计方面的基本理论和基本知识，通过艺术设计思维能力的培养、艺术设计方法和设计技能的基本训练，学生能够具备本专业创新设计的基本素质，成为能在环境艺术设计、研究、生产和管理单位从事艺术设计、研究、管理等方面工作的专门人才。该专业方向培养具备艺术设计、创作和研究等方面的知识和能力，能独立进行室内外环境空间的设计与规划、空间展示设计、家具设计、建筑造型方案、视觉传导系统设计以及景观设计，并能独立完成整体工程的市场运作与管理，成为具有较强综合设计能力的高级专门人才和高级设计管理人才。为学生开设素描、建筑水彩、三大构成、计算机辅助设计基础、效果图表现技法、家具设计、灯具与照明设计、视觉传达设计、展示设计、室内设计、园林与绿化设计、室外环境设计、建筑设计、环境规划等课程。学生毕业后可到环境艺术和建筑设计相关研究院所、相关建筑装饰和环境艺术设计工程公司、商业展览展示相关设计公司、各类相关设计院校、各个商业单位的陈设设计部门工作。

商务学院本专业电脑美术设计专业方向是学院开办较早的专业之一，电脑美术设计专业方向的前身为电脑美术专科专业，

◆ 专业的印记

学生主要学习艺术设计方面的基本理论和基本知识，通过艺术设计思维能力的培养、艺术设计方法和设计技能的基本训练，学生能够具备本专业创新设计的基本素质，成为能在广告、装潢等设计、生产和管理单位从事艺术设计、研究、管理等方面工作的专门人才。该专业方向培养具备艺术设计、创作和研究等方面的知识和能力，为广告、装潢、出版机构、教学、游戏软件开发、影视编辑、电子出版物开发、网站设计等单位及与互联网相关的文化、娱乐、电子商务等领域，培养具有扎实的文化基础、美术基础和较强的创意设计、制作能力的高素质专门人才。为学生开设素描、色彩、三大构成、计算机辅助设计基础、商业摄影、广告招贴、包装设计、书籍装帧设计、三维动画设计、三维造型设计、网页设计与制作、CIS 设计、电脑效果图制作、非线性编辑、多媒体课件制作等课程。学生毕业后可到广告公司、形象策划公司、报社、出版社、设计公司、贸易公司及商场工作。

本专业 2005—2012 年也在广告学院招生。本专业网络传播专业方向培养学生熟练运用网络广告实践和网络传播的基本技能，使学生具备网站设计与制作、网页设计与制作、动画设计与制作、多媒体设计与制作等方面的创意、制作能力。为学生开设素描、色彩、构成、图案、艺术设计理论、专业设计、专业技法、动画基本原理和造型设计、网络基础与互联网应用、多媒体艺术设计、网络广告等课程。学生毕业后可到广告公司、专业网站或企业、政府机构从事网络广告创意设计与制作、网页创意设计与制作、网络传播、网站策划设计、电子商务、网络动画、多媒体设计与制作以及系统工程的组织管理等工作。

广告学院本专业数字艺术专业方向依托于文化创意产业，是以数字化媒介为设计手段，以影像为主要创作对象的专业方向。专业方向针对数码、媒体设计（特别是游戏产业、影视产业）行业，培养既有深厚艺术素养和基础理论知识，又能熟练运用数码媒体手段进行设计创作和研究的专业人才。毕业生具备数字绘画、影视广告（或短片）设计与制作、动画设计与制作、多媒体艺术表现等方面的能力。为学生开设设计素描、设计色彩、设计构成、图案、速写、计算机辅助设计、摄影基础、动画概论、动画角色与场景设计、数字绘画技法、影视后期编辑、MAYA动画设计、电脑三维设计等课程。学生毕业后可到文化创意产业（特别是广告行业、游戏公司、媒体等企事业单位）从事角色场景设计、影视广告创意与设计、三维动画设计、栏目包装设计、多媒体影像设计等岗位的组织管理工作。

22. 音乐学

音乐学专业开设于1999年，2003—2015年在师范学院招生。本专业培养适应首都文化事业发展的社会音乐工作专门人才，为教育机构培养音乐教师，为文化事业单位（包括文化馆、少年宫、音像出版社、电台、电视台等）培养音乐、舞蹈活动的表演、组织、编辑、制作等工作的骨干人才。为学生开设乐理、视唱练耳、钢琴、声乐、舞蹈、和声、中外音乐史、民族民间音乐、音乐欣赏等课程。专业课程有：合唱与合唱指挥、艺术概论、音乐教学法、作品分析、配器、钢琴即兴伴奏、手风琴、小提琴、二胡等。学生毕业后可到中专、职高、中小学从事音乐教育教学、幼儿艺术教育工作，也可到文化机构、社区等从事音乐教育、组织、编辑、制作以及音乐普及和群众文化活动工作，社会评价良好。

2004年本专业分为音乐教育、幼儿艺术、舞蹈三个人才培养专业方向。本专业为各级各类教育机构培养音乐教育师资，为文化事业单位（包括文化馆、少年宫、音像出版社、电台、

专业的印记

电视台、社区文化活动中心）培养文艺骨干，为社会培养适应艺术文化发展需求的艺术专业人才。学生入学第一年不分专业方向，采用模块式教学。开设的专业基础课程有：乐理与视唱练耳、钢琴基础、声乐基础、舞蹈基础、民族民间音乐、音乐欣赏等。第二年起学生根据自身条件选择一个专业方向，接受更系统的专业培养，同时可选择专业副修及其他选修课程。音乐教育专业方向主要课程有：和声、曲式与作品分析、小型乐队编配、中外音乐史、合唱与指挥、声乐、钢琴等。幼儿艺术专业方向主要课程有：学前教育学、幼儿心理学、中外文学选读、朗诵、写作、教学法概论、美术基础等。舞蹈专业方向主要课程有：芭蕾基础训练、中国民间舞、舞蹈艺术概论、舞蹈创编、现代舞。本专业强调理论与技能相结合，突出实用性和实践性，培养学生具备"多能一专"的综合能力，以适应社会发展的需要。

23. 食品科学与工程

食品科学与工程专业开设于2002年，2003—2007年在师范学院招生。本专业是一个综合性的交叉学科，培养食品科学工程、食品质量与安全方向的高级技术应用性人才，具有理、工、管兼容的综合性，突出实践能力的技术应用性和宽基础、宽口径的广泛适应性的专业特色及人才特点。本专业具有高级职称的教师占全系教师的三分之二以上，培养系统掌握食品科学与工程基本理论知识、食品质量与安全监督管理知识及法律法规，掌握食品生产基本技术、食品分析检测技术，具备在生产、流通领域从事食品质量控制、分析检测及监督管理工作能力的技术应用性人才。

本专业为学生开设分析化学、食品化学、食品微生物学、仪器分析、食品工程原理、食品加工学、食品卫生学、食品质量检验及技术、食品分析、食品质量管理、食品生产危害分析与关键点控制、食品标准与法规、技术监督与管理等课程。学生毕业后可在食品生产部门从事生产、品质控制工作，在技术监督、商检、海关、工商及卫生防疫部门从事食品质量监督管理与检测、检疫工作，在各大超市、农产品及食品批发市场等流通部门从事食品分析、监督与管理工作，在与食品相关的学校、科研单位从事食品质量与安全相关的工作。

本专业 2010—2015 年在应用文理学院招生，培养具有综合的食品科学、食品营养与健康、食品加工与贮藏、食品安全与卫生理论知识，具备营养管理和食品安全卫生监督管理能力，食品加工与储运、功能食品制备技术，食品分析检测与品质控制技能，具有较强的社会责任感、创新创业精神和可持续发展能力，从事食品营养与品质控制工作的高素质复合应用性技术人才。本专业特色是依托学科，面向应用，以校内生物活性成分和功能食品北京市重点实验室、食品科学北京市重点建设学科、保健食品功能检测中心为支撑，搭建良好的学科平台，发挥科研优势，教科互动，建立了"厚基础、强技术"的技术应用性人才培养模式，形成了具有鲜明"食品营养与品质控制"特色的专业方向。毕业生考研成功率高，就业面广。

本专业为学生开设无机及分析化学、生物化学、食品微生物学、生理学、食品工程原理、食品保藏与技术原理、食品工艺学、食品化学原理、食品营养学、食品安全与卫生学、应用营养学、功能食品学、食品分析、仪器分析、食品质量管理及相关实践课程。通过校内与校外实践教学相结合、学生科技立项与教师科研项目相结合、学科竞赛和食品创新实践相结合的多重实践环节，构建专业技能递进式模块化实践教学体系，加强学生专业基础技能和专业核心能力的培养。校内实践包括基础化学与分析技术模块、食品生物技术模块、生理与应用营养实践模块、食品工艺实践模块四大模块实践课程体系。每年承担30余项校、市、国家三级本科生科技立项和教师科研项目。

学生毕业后可到各类食品企业从事生产技术管理、品质控制、贮运销售，保健食品制备工作，到工商、卫生防疫、质监、商检、海关部门从事食品质量监管与检验工作，到食品流通领域从事食品分析检测和食品卫生管理工作，到街道社区中心、餐饮行业、营养保健机构从事营养咨询指导、营养配餐设计、健康管理等工作，也可到食品相关的科研院所等国家机关、事业单位从事食品相关工作。近几年本专业就业率达99%以上，依托食品科学与工程硕士学位点，也为毕业生提供了良好的深造机会。

24. 应用心理学

应用心理学专业开设于2005年，2005—2015年在师范学院招生，培养心理学理论和方法基础扎实，心理咨询、心理健康教育、人才测评等方面实践能力强，能在学校等企事业单位和相关机构从事心理健康教育、心理咨询、人力资源管理方面工作，具有较强的创新创业精神和社会责任感，具有较强的适应能力和可持续发展能力的高素质应用性人才。为学生开设普通心理学、教育心理学、实验心理学、心理统计、心理测量、社会心理学、人格心理学、变态心理学、心理咨询与治疗基础、临床心理学、家庭治疗、音乐治疗、团体心理辅导、职业生涯辅导、中小学心理健康教育、工业心理学、人力资源管理等课程。

本专业师范专业方向培养系统掌握心理学的基本理论、基本知识，熟练掌握心理咨询与治疗、心理健康教育、心理测评等专业知识和技能，具备一定的科学素养和人文情怀，具备良好的语言表达和人际沟通能力，能够在中小学及其他教育培训机构从事心理健康教育教学、研究和管理等相关工作的教师及其他教育工作者。为学生开设普通心理学、教育心理学、实验心理学、心理统计、心理测量、社会心理学、人格心理学、变态心理学、心理咨询与治疗基础、临床心理学、家庭治疗、音乐治疗、团体心理辅导、职业生涯辅导、心理咨询实务操作、心理健康教育教学论、犯罪心理学等课程。毕业生可到普通中小学、职业学校以及各类教育机构从事心理健康教育教学、心理咨询和科研等相关的教育管理工作。

25. 工商管理

工商管理专业开设于1999年，2003—2015年在管理学院招生。工商管理专业培养适应经济发展需要的，系统掌握工商企业管理的理论知识与技能，具备经济管理、计算机应用及网络技术等方面知识，有较好的外语和信息技术应用能力，毕业后能在工商企业、各级政府、金融机构、科研单位等部门从事人力资源管理、运营管理、营销管理、市场策划、行政管理等方面工作的具有国际视野、基础扎实、社会责任感和实践能力强、具有一定实务性研究和创新创业能力的中高级复合性、应用性经营管理人才。本专业拥有两大突出特色：一是培养具有沟通、组织协调、策划等综合素质和能力的经营管理人才；二是依托北京市现代服务业，尤其是传媒文化产业培养既有行业背景，又有管理才能的复合应用性人才。为学生开设微观经济学、宏观经济学、管理学、统计学、会计学、企业战略管理、人力资源管理、市场营销学、财务管理、组织行为学、经济法、运营管理、管理信息系统、证券投资学、创业管理等课程。学生毕业后能在工商企业、各级政府、金融机构、科研单位等部门从事人力资源管理、运营管理、营销管理、市场策划、行政管理等方面工作。

　　管理学院工商管理专业国际商务专业方向培养具有国际视野，牢固掌握国际商务与管理基本理论知识和专业知识，熟悉通行的国际商务规则和惯例，具有良好的英语语言基础和广博的文化知识及技能，能运用英语在国际商务领域从事相关工作，能适应工商企业涉外业务发展需要的中高级复合性、应用性经营管理人才。同时，该专业方向为有志进一步出国深造或境外就业的同学奠定必要的国际商务知识与技能基础。为学生开设微观经济学、宏观经济学、管理学、会计学、财务管理、市场营销学、国际市场营销、电子商务、企业战略管理、人力资源管理、商务英语、国际贸易、经济法、国际商法、连锁经营等课程。毕业生可在各类工商企业就业，尤其是在外企或有涉外商务活动的工商企业就业比较有优势，如可在银行、证券公司、广告公司、保险公司、出版社、房地产公司、信托投资公司、管理咨询公司就业，也可在行政管理部门、资产管理部门就业。

　　管理学工商管理专业影视制片管理专业方向培养适应经济发展需要的，系统掌握影视制作技术和工商企业管理的理论知识与技能，具备经济管理、计算机应用及网络技术、企业运营管理、影视文化等行业技术方面知识，有较好的外语和信息技术的应用能力，毕业后能在影视传媒等行业的工商企业、政府管理部门、科研单位从事制片管理、发行管理、影视剪辑及后期制作、文化项目管理等工作的专业基础扎实并具有较强的实践能力、创新能力、国际视野和社会责任感的中高级复合性、应用性影视传媒行业经营管理人才。部分新生作为工商管理类学生入学，入学第一周即可选择参加工商管理（影视制片管理）专业班选拔考试，优先选择专业。学院选拔热爱影视艺术、性格开朗、思维活跃、具有合作精神、有想象力和创造力、英语听说能力强、成绩优异的学生进入工商管理（影视制片管理）专业班学习。为学生开设微观经济学、宏观经济学、管理学、统计学、会计学、企业战略管理、人力资源管理、市场营销学、财务管理、影视制片管理、广播影视节目策划、文化活动策划与管理、影视制作技术应用、影视产品运营管理、摄影技术应用、电影美学、电影阅读等课程。学生毕业后能在电视台、影视剧组、影视文化公司、视频网络公司、发行放映机构等文化传媒或其他行业的工商企业中从事影视作品的生产运营管理、投融资管理、发行管理以及市场策划、组织管理、人力资源开发等工作。

本专业2003—2011年也在商务学院招生。2004年本专业设置金融证券管理、会展商务管理两个专业方向。2005年本专业设置国际商务管理、会展商务管理、金融证券管理三个专业方向。2006—2008年本专业设置国际商务管理、会展商务管理两个专业方向。2010年开设了全英班。

商务学院工商管理专业金融证券管理专业方向的前身是金融证券专业（专科），2001年后改为工商管理本科专业金融证券专业方向。经过几年的发展，该专业方向已经建成有一定特色、发展方向较为明确、师资力量较强的一个专业方向。尤其是近两年与社会合作办学的展开与深入，不仅使专业教学更贴近社会，而且使专业建设不断得以创新。为满足首都经济发展对具有一定专业技能应用性人才的需要，该专业方向旨在培养具备管理、经济、法律等方面的知识和能力，同时具备基础的金融证券理论及其业务运作常识，具有金融证券管理、证券交易以及投资等方面的实务能力，能够熟练地运用计算机进行管理，并突出英语作为交流与管理手段的高级应用性专门人才，以适应中国加入WTO后金融业对人才的需求。为学生开设经济

专业的印记

学、货币银行学、会计学、财务管理、商业银行运营管理、商业银行国际业务、证券投资学、投资银行理论与实务、组合投资与共同基金、金融创新与风险投资、金融信息系统等课程。学生毕业后可到商业银行经营管理与营销、投资咨询与管理、证券经纪投资咨询、期货经纪业务、企业资本运营以及上市公司的证券部门工作。

商务学院工商管理专业会展商务管理专业方向培养具备管理、经济、法律及工商管理（会展管理）方面的知识和能力，熟悉会展策划、营销、管理和服务等全过程实务运作流程，具备会展组织与管理等基本能力，具有较强的外语和计算机运用能力，能在企事业单位相关部门从事会展营销、会展招展、会展项目开发与管理、会议组织与管理、展位设计以及教学、科研方面工作的工商管理类会展商务管理高级应用性专门人才。为学生开设管理学、微观经济学、宏观经济学、管理信息系统、统计学、会计学、财务管理、企业战略管理、会展市场营销、经济法、会展管理学、会展项目概预算、展馆管理概论、会展设计概论、会展比较研究、会展实务、国际会议组织与管理等课程。学生毕业后可在会展公司、会展场馆等相关部门从事会展策划、组织管理、展位设计、会展招展等工作。

商务学院工商管理专业国际商务管理专业方向培养德、智、体全面发展，掌握管理学、经济学、市场营销、国际贸易、国际商务管理基本理论和技能，具备跨国管理、国际贸易的基本知识与商务谈判、商务管理业务基本技能，熟悉通行的国际贸易规则和惯例，具有较强的外语能力、实践能力和创新意识，能胜任国际化大都市发展需要的国际商务管理和相关管理工作的国际化高级应用性专门人才。为学生开设管理学、国际商务、国际贸易理论与实务、经济法、市场营销学、统计学、宏观经济学、微观经济学、财务管理、战略管理、人力资源管理、国际市场营销、商务英语、商务谈判、国际商法等课程。学生毕业后可在涉外经济贸易部门、外贸企业、政府机构及事业单位从事实际业务、管理及调研和策划工作。

工商管理专业培养德、智、体全面发展，掌握管理学、经济学、市场营销、国际贸易、国际商务管理基本理论和技能，具备跨国管理、国际贸易的基本知识与商务谈判、商务管理业务基本技能，熟悉通行的国际贸易规则和惯例，具有较强的外语能力、实践能力和创新意识，能胜任国际化大都市发展需要的国际商务管理和相关管理工作的国际化高级应用性专门人才。本专业通过理论教学和实习、实训对国际商务管理活动进行管理实际操作业务、管理方法、管理技能和团队精神进行综合实践基本训练，使学生具有综合分析和解决企业管理问题的能力，同时具有企业管理的定性和定量分析的能力。2010年为满足经济全球化和北京经济建设发展对应用性国际商务人才的需求，在本专业2010级新生中选定一个班进行全英语教学。该班是学院为深入国际化办学，提高学生的专业国际化水平以及提高就业竞争力而设置的，其专业培养目标和课程设置与同专业普通教学班基本一致，但选用英文版教材，由专业教师用英语授课。该班三年级选派6名学生免费赴香港岭南大学学习。为学生开设管理学、国际商务、国际贸易理论与实务、经济法、市场营销学、统计学、宏观经济学、微观经济学、财务管理、战略管理、人力资源管理、国际市场营销、商务英语、商务谈判、国际商法等课程。学生毕业后可在涉外经济贸易部门、外贸企业、政府机构及事业单位从事实际业务、管理及调研和策划工作。

本专业2003—2009年也在生物化学工程学院招生。2004年设置会计学专业方向，培养具备会计学管理、经济、法律等方面知识和能力，有一定计算机应用能力和英语水平的高级应用性专门人才。开设的主要课程有：会计学基础、管理学、经济学、统计学、财务管理、市场营销、经济法、财务会计、成本会计、管理会计、审计学、会计专业英语、会计实务、财经应用文写作、财政金融等。学生毕业后能从事会计实务、财务管理、工商管理审计、金融等方面的工作。

生物化学工程学院工商管理专业培养掌握基本的宏观、微观经济理论和现代管理基本理论和方法以及企业经营战略分析与市场营销的理论与技能，掌握一定金融、财政、法律及计算机操作等方面知识，并能运用所学的基本知识分析和解决企事业单位的经济管理问题，具有与他人共同合作的团队精神，能胜任企事业单位及政府部门的常规管理职务，以及经济管理科研方面工作的中基层所需要的高级应用性专门人才。为学生开设管理学、经济学、企业战略管理、会计学、财务管理、统计学、经济法、市场营销学、人力资源管理、管理信息系统等课程。学生毕业后能够在国有企业、民营企业、外资企业及各类事业组织中从事生产运营管理、销售管理、物流管理、劳动关系管理等工作。

26. 市场营销

市场营销专业开设于2002年，2003—2015年在商务学院招生，旨在培养具备扎实的经济、管理理论基础，掌握市场营销专业理论知识，具有国际视野，通晓国际规则，能直接参与国际合作与竞争，有社会责任感，具有较强跨文化交流能力与国际商务实战能力，能够从事营销管理，擅长市场分析与决策、网络营销策划与执行、客户管理与客户服务等，在各领域（尤其是服务性行业组织营销业务）进行营销管理，也可以在政府部门从事市场调研、分析、规划等方面工作的国际化、高素质、应用性营销管理人才。毕业生可在政府部门及事业单位从事市场调查、分析与规划等工作，也可在国内外公司组织营销业务，从事经营、销售等工作，还可在其他行业领域从事各种项目的市场营销管理工作。

2010年商务学院本专业从第三学年开始按物流管理、现代物流技术两个专业方向进行专业分流培养。本专业旨在培养具备现代市场营销学、管理学、现代物流管理理论与实务等方面知识，掌握相关产品生产与检测技术以及现代物流技术，具备一定的物流信息系统管理能力和国际物流操作技能，能够在工商企业、大中型物流企业、生产制造企业的物流部门、国际物流企业从事市场营销管理与策划、网络营销与策划、现代物流管理及国际物流运作的高级应用性专门人才。为学生开设经济学、管理学、市场营销、物流与供应链管理、国际物流管理、物流信息系统分析与设计、现代物流技术、电子商务与物流管理、客户关系管理、市场调查与预测、商情分析、营销策划、经济法、国际商法、网络营销等课程。毕业生可在各类工商企业、大型物流企业、中外大型企业物流中心、生产制造企业的物流部门等从事市场营销管理与策划、网络营销与策划、物流公司物流系统的规划与设计、现代物流管理及国际物流运作等工作。

本专业2003—2004年、2006—2009年也在旅游学院招生，培养德、智、体、美全面发展，面向首都社会发展和经济建设第一线，具有营销管理与营销策划能力、营销环境分析与预测能力、应变和创新能力及旅游企业管理能力，能够从事营销管理、营销策划及旅游管理等方面工作的应用性高级专业人才。为学生开设管理学、微观经济学、宏观经济学、管理信息系统、统计学、会计学、财务管理、经济法、市场营销、消费者行为学、营销案例研究、服务营销学、国际市场营销、战略营销、市场调查与预测、旅游策划、会展管理、广告学等课程。毕业生可到景区、酒店、旅行社、外企、咨询公司以及各类需要营销策划和管理的企事业单位工作。

27. 财务管理

财务管理专业开设于2001年，2003—2014年在商务学院招生，培养具备扎实的财务管理理论基础，具有较强的财务预测与预算能力、投融资决策能力、企业理财应用能力，具有国际视野、创新创业精神和社会责任感，有较强的适应能力和可持续发展能力，能在企事业单位及政府的财政、审计等相关的经济管理部门从事财务、会计管理工作，具有解决财务管理工作实际问题能力的高素质、应用性财务管理人才。为学生开设管理学、经济学、会计学、财务会计、统计学、财务管理、市场营销学、证券投资学、中级财务管理、高级财务管理、跨国公司财务、项目经济评价、金融学、商业银行经营管理、审计学、财务信息管理系统等课程。学生毕业后可到各类工商企业、国家机关和事业单位、会计师事务所、金融机构从事财务管理、财务会计、投资分析咨询、财务规划等方面的工作。

本专业2003年、2005—2011年也在旅游学院招生，培养德、智、体、美全面发展的，面向首都及地方社会发展和经济建设事业第一线，具有一定的财务预测与预算能力、投融资决策能力、财务分析能力、企业理财应用能力、解决财务管理工作实际问题能力，能在企事业单位及政府的财政、审计等相关经济管理部门从事财务、金融等管理工作的应用性高级专业人才。为学生开设管理学、微观经济学、宏观经济学、管理信息系统、经济法、会计学、会计电算化、旅游企业会计、统计学、货币银行学、财务管理、管理会计、投资学、跨国公司财务管理、中级财务管理、项目评估、审计学、市场营销、商业银行经营管理、现代酒店管理、旅行社管理等课程。学生毕业后可到北京市各大酒店、旅行社、外企、银行、证券公司等企业及国家机关和事业单位从事财务、金融等管理工作。

本专业 2012—2015 年也在管理学院招生,培养具有财务预测与预算能力、投融资决策能力、财务分析能力、企业理财应用能力、解决财务管理工作实际问题能力,能在企事业单位及政府的财政、审计等相关经济管理部门从事财务、金融等管理工作的应用型高级专业人才。为学生开设管理学、微观经济学、宏观经济学、管理信息系统、经济法、会计学、会计电算化、统计学、货币银行学、财务管理、管理会计、投资学、跨国公司财务管理、中级财务管理、项目评估、审计学、市场营销、商业银行经营管理等课程。学生毕业后具备管理学、经济学、法律、理财和金融等方面的基础知识和能力,可到政府、企事业单位、金融与证券机构、会计师事务所、资产评估事务所等从事相关工作。

28. 电子商务

电子商务专业开设于 2003 年,2003—2015 年在管理学院招生,培养德、智、体、美全面发展,适应现代企业经营活动需要,具有良好思想素质、专业素质、文化素质,掌握经济、贸易与管理理论和应用知识、计算机相关应用技术及网络运用技能的高素质复合应用性电子商务人才。为学生开设管理学、会计学、微观经济学、宏观经济学、电子商务法、网页设计与制作、数据库原理与应用、网络技术与应用、网络营销、电子商务与物流管理、电子商务安全技术、管理信息系统、项目管理、电子商务案例分析、多媒体技术与应用、电子商务网站建设等课程。毕业生可从事电子商务(电子政务)或信息管理等方面

◆ 专业的印记

的技术与管理工作，适合各级管理部门和企事业单位电子商务、电子政务和信息管理等方面的技术或管理岗位，工商企业、金融机构、科研单位等电子商务分析、管理和使用维护等方面的业务工作，各类公司电子商务网站建设、运行维护及网络营销等方面的业务工作。

本专业2003—2008年也在商务学院招生，培养德、智、体、美全面发展，面向首都电子商务应用与现代物流应用第一线，具备现代经营管理学理论基础、经济学的基础理论、计算机科学技术和现代物流技术的知识及应用能力，掌握电子商务技术与方法，熟悉现代物流企业业务，具备电子商务网站设计与管理或现代物流管理能力，能在电子商务企业、电子商务服务公司、物流中心、大中型物流企业、生产制造企业的物流部门等从事电子商务与现代物流管理工作的"双证书"（毕业证+专业职业资格证）应用性复合人才。为学生开设管理学、经济学、计算机网络技术与应用、计算机程序设计、电子商务概论、数据库应用与开发、面向对象程序设计、UML建模、数据结构、网页设计与制作、互联网软件应用与开发、电子商务网站建设、数据库原理与应用、网络营销、电子商务物流管理、供应链管理、物流管理信息系统、配送与快递、现代物流技术等课程。毕业生可从事企事业单位电子商务系统（或网站）的规划、分析与设计及系统实现，电子商务系统（或网站）日常运营的技术维护与管理，电子商务的日常事务处理、电子商务服务商的技术咨询、专业培训，各类工商企业、物流中心的物流管理、物流公司、物流系统的规划与设计等工作。

29. 国际经济与贸易

国际经济与贸易专业开设于2004年，2004—2015年在商务学院招生，是学院为了适应北京建成国际化大都市对人才的需要而开办的专业。本专业具有国际贸易、国际经济和企业管理方法与技能方面的基本训练，使学生具有分析和解决外贸企业管理问题能力的同时具有企业管理的定性和定量分析的能力。本专业培养具有自觉的社会责任感、商业伦理观念，良好的职业道德、创新创业精神，具备扎实的经济理论基础，熟悉国际贸易基本知识、法律法规及通行的国际贸易规则和惯例，具有国际市场行情分析与判断能力、国际贸易业务运营与管理能力、国际商务沟通和运作能力，具有善用现代信息技术的能力，具有较强的可持续发展能力，能够从事对外贸易、国际市场开发、国际银行业务、国际投资等工作的高素质应用性国际经贸骨干人才。全英班专业培养目标和课程设置与同专业普通教学班基本一致，但课程选用英文原版教材，聘请外教和学院优秀教师用英语进行授课，以保证学生在四年的学习过程中既可学到相应的国际经贸专业知识，又可锻炼其英语听、说、读、写能力及专业英语水平，为毕业后从事国际贸易以及国际化工作打好坚实的专业基础和英语基础。为学生开设微观经济学、宏观经济学、管理学、会计学、统计学、海关实务、国际贸易理论、国际贸易实务、国际金融、国际商法、国际市场行情分析、跨国公司经营与管理、国际结算、国际贸易运输与保险、报关与商检实务、国际商务函电与谈判、商务英语、经贸英语听说等课程。毕业生可在海关、商务局等行政事业单位，报关行、外贸公司等有进出口经营权的企业，中国出口信用保险公司等金融保险机构及银行下设的单证中心等部门从事对外贸易、国际市场开发、国际银行业务、国际投资等工作。

30. 化学工程与工艺

化学工程与工艺专业开设于1999年，2003—2007年在生物化学工程学院招生。本专业适应北京市对环境保护人才的需要，

◆ 专业的印记

培养德、智、体全面发展,具备化学工程、环境保护与污染防治、环境管理、环境监测等领域的基本理论与专门知识,掌握与环境有关的化学、化工规律,熟悉环境管理与法规和环境治理的一般方法,具有较强的分析和解决问题的能力,能胜任与化工污染的产生和防治相关的管理工作和环境治理新工艺的研究、开发和设计工作的化工、环境保护和环境工程领域的应用性高级工程技术人才。为学生开设高等数学、线性代数与数理统计、英语、大学物理、工程制图、电工电子学、无机分析化学、有机化学、物理化学、现代仪器分析、传递过程与单元操作、化学反应工程、环境工程微生物学、水污染控制工程、固体废物处理、大气污染控制、环境监测等课程。毕业生可在化工、环境保护、污染防治、环境监测、环境评价、水处理工程等领域从事科学研究、工程设计、工程管理及产品开发与销售等方面的工作,也可以从事相应的教学与科研工作。

2005年本专业分为精细化工和分析检测与环保两个专业方向。化学工业是国民经济的基础工业之一,21世纪,我国化学工业高新技术迅速发展,针对人才市场需求,本专业及时调整课程结构,科学设置培养计划,以培养学生具有扎实的基础理论知识和较强的动手能力和创新精神为指导思想,教学内容已拓宽到精细化工、分析检测与环保两个专业方向。本专业基础课和专业课的授课教师大多为副教授和教授,同时还拥有完备的实验设施和实践基地,为专业发展提供了坚实的保证。

精细化工专业方向以化工为基础,目标是培养具有化学工程与工艺基础理论知识和实际操作技能,具备精细化学产品的合成、装备以及应用开发等多方面知识,从事化学工程与工艺专业精细化工专业方向相关领域生产过程的设计、产品开发、技术服务、研究和管理等方面工作的高级应用性工程技术人才。

分析检测与环保专业方向培养具有化学工程与工艺专业基础知识，对分析检测和环境保护有深刻理解，同时有一定的经营管理知识，掌握仪器分析和环境处理基本技能，能从事分析检测、化工生产和环境工程等领域的产品开发及技术服务和经营管理，具有较强实践能力的高级应用性工程技术人才。

本专业为学生开设马克思主义哲学原理、邓小平理论概论、高等数学、线性代数、概率与数理统计、大学英语、大学物理、工程制图、计算机文化基础、VB计算机程序设计、电工电子、无机与分析化学、有机化学、物理化学、高分子化学、高分子物理、计算机化学、化学反应工程、传递过程与单元操作、现代仪器分析、环境保护概论等课程。毕业生可从事化工、环保、建材、冶金、轻工、食品、医疗、生物、制药、汽车、进出口贸易等行业的相关产品的生产、加工、销售和管理工作。

31. 过程装备与控制工程

过程装备与控制工程专业开设于1999年，2003—2007年在生物化学工程学院招生，培养具有综合分析能力和创新意识，既懂设备，又懂工艺和控制技术，从事解决实际问题、维持生产正常运行、进行技术开发和经营管理等方面工作的复合性、应用性的高级工程技术人才。为学生开设工程力学、机械设计、电工电子学、化工原理、计算机控制技术、测控技术、过程设备设计、生物工程设备、制药设备与工程设计、计算机应用技术等课程。毕业生可面向北京市支柱产业中的生物工程新医药、石化及新材料和食品饮料工业，也适合于化学工业、能源工业、轻工业、环境保护、劳动保护和一些高新技术产业的基础，如微电子、纳米材料等，从事工程设计、生产技术、产品开发、经营管理以及工程科学研究等方面的工作。

2004年本专业包括两个专业方向：一是过程装备与控制工

▸ 专业的印记

程机电一体化专业方向，是集机械技术、计算机及信息处理技术、自动控制技术、检测传感技术、伺服传动技术为一体，培养从事生产线、机械手、机电一体化产品设计、开发、维护和经营管理的高级工程技术人才。主要课程有：理论力学、材料力学、机械设计、计算机辅助设计、自动控制原理、电子技术、计算机控制技术、可编程控制器、测控技术、电机与拖动、生产线及机械手、单片机技术实训、可编程控制器技术实训、液压气动技术实训等。毕业生可以在食品、轻工、石化、冶金、机电、生物、制药、汽车、楼宇自动化等行业从事生产线、机械手、智能仪表、机电一体化产品设计、开发、维护和经营管理工作。毕业生适应能力强，就业面宽，是当今社会急需的人才。二是过程装备与控制工程医药、食品装备专业方向，是按照加强基础、拓宽专业口径、增强适应性的原则将化学工程、机械工程、控制工程和管理工程等方面的知识有机结合起来的一个复合性专业，培养懂工艺、懂设备、懂管理、掌握一定的现代化控制手段、知识面广、跨专业和学科的高级应用性专门人才。该专业方向主要集中在生物、制药和食品工业的共有传统技术和高新技术方面。主要课程有：理论力学、材料力学、电路分析、电子技术、机械原理、机械零件、化工原理、自控原理、可编程控制器、过程装备设计、食品加工机械、制药机械等。毕业生可在生物、医药、食品、轻工等多个行业从事工程设计、技术开发、产品生产、经营管理等方面工作。

32. 制药工程

制药工程专业开设于 2000 年，2003—2015 年在生物化学工程学院招生。本专业培养具有扎实的制药工程技术、药物制剂技术、药物分析技术及药学的基础知识，具备药品生产管理、药品生产工艺开发、药品质量管理、药品质量控制、药物制剂等能力，能在制药工程、医药卫生、食品安全等领域从事药品生产管理、药品生产工艺研发、药品质量管理、药品质量控制、药品检验、药物制剂、药品营销及食品检验等工作，具有较强的沟通和表达能力以及实践能力的高素质应用性人才。为学生开设有机化学、无机与分析化学、化工原理、药物分析、药物化学、天然药物化学、药理学、药剂学、仪器分析、中药材概论、制药工艺学、药物分离技术、药事法规等课程。主要实践性教学课程有：药剂学综合实验、药物分析综合实践、制药工程专业综合实践、制药设备与车间设计课程设计、制药工程技术实训等。毕业生可从事与医药相关的工作，包括医药产品的工艺研究与生产、产品质量控制、技术开发、应用研究和药品管理等。可在药物研究、药品生产、药房、药品食品检验所、药品流通、药品监督管理等领域从事药物研发、药品生产管理、质量检验、质量研究、药房调剂、药物制剂、药品流通、药品推广、药品国内外贸易及药事管理、食品安全、食品检验等工作。目前，本专业已与多家医院、药品食品检验所、药物研发单位及大型医药企业建立良好的合作关系，可为学生实习和就业提供机会。

制药工程专业药剂师专业方向面向北京医药行业，培养德、智、体全面发展，具备药学学科及其相关的医学、化学、生物学学科的基本理论、基本知识和实验技能，能在医疗事业、药品生产管理检验、药品流通和使用领域从事一般药物分析、检验、临床、合理用药等方面的工作，具有药品质量控制、药品管理的能力，能够熟练检索科技文献，具有一定的英语交流能力，熟悉医药法规、药事管理的高级应用性工程技术人才。为学生开设基础化学、有机化学、现代仪器分析、药物化学、药物分析、生物化学、生理学、微生物学、药理学、药物分析、药剂学、天然药物化学、药学综合知识、中医学基础、药用植物学、GMP 质量认证、生药学、药事法规、市场营销等课程。学生毕业后可以在药品流通、使用领域如医院药剂科、私人药房工作，或在医药批发企业及药检等部门进行药品的调配、销售，也可在中医药、化学制药、生物制药、农药、食品及生物化工领域研究部门和企业从事技术、经营、产品检验及管理等工作。

33. 生物工程

生物工程专业开设于 2002 年，2003—2010 年、2012—2015 年在生物化学工程学院招生，培养目标是：掌握生物工程基本理论知识和基本技能，基础扎实，实践能力强，能在生物工程、制药工程、健康食品、农业生物技术、生物化工等领域从事产品生产、质量控制、化验分析、过程管理等技术性工作，具有较强生物工程实践能力的高级工程技术专门人才。为学生开设有机化学、生物化学、分子生物学、微生物学、化工原理、生物工艺学、生物分离工程、发酵设备、生物技术制药、疫苗和诊断试剂、酿酒工艺学等课程。毕业生可在生物工程和生物技术领域，以及在该领域的应用延伸行业从事技术研发、工艺设计、产品质控检验、生产工艺控制、技术管理、项目管理和物流等工作，包括疫苗与生物制品研究所及企业、发酵研究院（所）、生物制药企业、医疗试剂和医用设备生产企业、医院检验科、乳品业、白酒与啤酒生产企业、食品研究院（所）、食品和健康食品生产企业、饮料企业、生物化工企业、现代农业和精细化工企业等。

34. 人力资源管理

人力资源管理专业开设于 2001 年，2003—2015 年在生物化学工程学院招生。本专业培养具有扎实的人力资源管理基础知识和基本理论，良好的专业技能和实践动手能力，具有较强的组织沟通能力、人事信息处理能力、分析综合能力、团队合作能力和客户服务能力，取得国家人力资源管理职业资格，能在人力资源管理领域从事人力资源规划、招聘与配置、培训与开发、绩效管理、薪酬管理、劳动关系管理等相关工作的高素质应用性人才。为学生开设管理学、微观经济学、宏观经济学、劳动经济学、工作分析与评价、招聘与人才测评、培训与人力资源开发、人力资源规划、劳动关系与劳动法、薪酬与福利管理、绩效管理、人力资源管理信息系统、组织行为学、领导科学等课程。毕业生可在政府机构、国有企业、民营企业、外资企业及各类事业组织中从事人力资源规划、招聘与配置、培训与开发、绩效管理、薪酬管理、劳动关系管理等方面的工作。

35. 包装工程

包装工程专业开设于 2004 年，2004—2005 年、2009—2011 年在生物化学工程学院招生。本专业培养具备包装设计与技术等方面的能力，能在商品生产与流通部门、包装企业、广告公司、科研机构等从事包装系统设计、质量检测、技术管理和科学研究的艺术与技术相结合的应用性人才。本专业培养学生熟悉包装行业法律法规及生产流程，了解消费心理学和市场营销策略等基础知识，具备包装造型与结构、包装检测、包装造型与装潢、包装色彩设计等专业能力，熟练运用相关设计软件进行计算机辅助设计，同时注重培养学生的创新意识和团队协作精神。为学生开设大学英语、机械设计基础、消费心理学、构成基础、工程图学、摄影基础、人机工程学、专业英语、图形图像处理技术、包装测试基础、包装与环境、包装结构设计与制作、包装造型与装潢设计、视觉传达设计、包装材料学、包装工艺学、包装印刷学、包装CAD、计算机三维设计、产品包装开发实践等课程。毕业生可在产品制造企业、包装设计公司、包装物流公司、广告公司、视觉设计公司从事产品包装设计、包装材料开发与应用、包装色彩分析、商品包装升级、新产品包装的策划与开发等相关的包装设计以及教学科研工作。

36. 生物医学工程

生物医学工程专业开设于2005年,2005—2010年在生物化学工程学院招生。本专业培养具备电子技术、计算机技术的基础理论,掌握生物医学工程的基本原理和实验技能,能够从事医学领域中医学仪器、电子技术、计算机应用技术的开发、应用及管理工作的医工结合的复合性的高级工程技术应用性专门人才。为学生开设电路分析、模拟与数字电子技术、单片机原理与应用、人体解剖学、生理学、临床医学概论、生物医学电子与仪器、生物医学测量与传感器、信号与系统、医学信号处理、医学图像处理、医学成像技术、医学仪器管理与维护、医学仪器管理与维护等课程。毕业生可以在各类医院从事临床工程技术服务方面的工作或从事通用医疗器械设备的操作使用、维护维修和采购管理等工作,也可以在医疗仪器的生产及销售部门从事产品开发、生产制造、产品销售及安装维护工作,还可在医疗设备的管理部门或技术服务部门从事医疗器械监督管理、技术服务工作。

37. 日语

日语专业开设于1978年,2003—2015年在旅游学院招生,培养具有扎实的日语语言文学基础和良好的科学文化素养,能在旅游、外事、经贸、文教、新闻出版等领域从事相关日语工作,素质高、能力强、富有创新精神的高素质应用性人才。为学生开设基础日语、高级日语、日语听力、日语会话、日语基础阅读、日语基础写作、日语笔译(口译)理论与技巧、日语语法、高级日语阅读、毕业论文写作指导、日本概况、日本传统文化、日本社会解读、酒店日语、旅行社日语、国际领队日语等课程。此外，本专业还开设了旅游信息化导论、商务日语实践、情景模拟演习（酒店日语、旅行社日语）等实践课，同时组织学生赴日本进行短期文化体验、寒暑假赴日本带薪实习、交换留学、"2+2"攻读双学位，"2+2+2"硕士直通车等活动。毕业生可到银行、日资企业、旅行社、饭店从事相关工作。本专业目前与日本高知大学、新潟大学、山梨县立大学、高知县立大学、大阪经济法科大学、名樱大学、长野大学等院校建立了良好的合作关系，学生在本科三年级阶段即可以交换留学生、"2+2"攻读双学位等形式进入前述院校学习，出国学习的机会覆盖全体学生，每年有三分之一左右的学生考入日本的国立、公立大学或早稻田大学等私立名校就读硕士研究生。

本专业2005年、2007年也在国际语言文化学院招生，学生在校期间主要学习基础日语、商务日语、经贸类基础知识以及日本社会文化等基础课程。学生毕业后具备日语听、说、读、写、译的基本技能，掌握必要的商贸专业知识和商务谈判的基本技巧，了解对象国的社会文化特点并具有较高的业务素质与工作能力，培养面向首都现代化经济建设和社会发展，培养既拥护党的路线、方针和政策，又适应生产、建设、管理和服务行业第一线需要的，德、智、体、美等全面发展的，既有扎实的日语基础又懂经贸专业知识、基本法律法规且掌握现代办公技能的能够从事涉外经济事务、导游、公关、外贸翻译等的高级应用性人才。为学生开设日语精读、日语泛读、日语会话、日语听力、应用写作、商务写作、报刊选读、经贸口语、翻译、外贸函电与口译、外贸业务日语、日本国情、能力测试、高级日语、日本经济概论、会计学、国际金融、市场营销、企业管理等课程。毕业生活跃在国内外的各个领域，主要是国内的外资企业、进出口公司、各企业的日本事业部、旅行社、国际交流合作机构、文化出版机构、广告策划公司，也有部分学生到其他相关行业或部门任职，主要从事翻译、涉外文秘、导游、市场开发和调研、产品推广和经销业务、国际文化交流、经贸往来等工作。

38. 旅游管理

旅游管理专业开设于 1994 年，2003—2015 年在旅游学院招生，是国家级特色专业、北京市特色专业、北京市专业综合改革试点以及北京联合大学骨干专业。本专业师资队伍实力雄厚，具有博士学位的教师占 65%，有海外学习背景的教师占 50%，于 2008 年获北京市优秀教学团队称号。本专业有 49 家实习合作单位，拥有携程旅游集团、北京趣拿信息技术有限公司、西双版纳金孔雀旅游集团有限公司、北京露营者房车有限公司、贵州万象天合旅游演艺产业发展有限公司等新业态校外专业实习基地，以及世界自然遗产九寨沟等数十家校外专业实习基地。本专业培养能在旅游行政管理、国内外大型旅游集团（旅行社、酒店、景区等）、旅游局、行业协会等单位进行管理等工作的高素质复合性、应用性专门人才以及可以和国内、国际研究对接的研究后备人才。为学生开设管理学、微观经济学、宏观经济学、会计学、旅游学概论、旅游调查研究方法、旅游资源与开发、旅游人力资源管理、旅游营销策划、旅游投融资分析、生态旅游、户外游憩管理、旅游地理学、旅行社管理、旅游信息化导论等课程。毕业生可到各地旅游管理部门、旅游景区、酒店、旅行社、外企、咨询公司以及各类需要营销策划和管理的企事业单位、旅游院校及旅游科研机构工作，也可选择出国深造、考研等。本专业博雅实验班继续实施北京市旅游应用性人才培养模式创新试验区项目，择优录取30名旅游管理专业学生，组建博雅实验班。实验班实行大类培养和个性化培养相结合、校内学业导师培养和校外职业导师培养相结合、课堂学业养成和社会应用养成相结合的创新人才培养模式，开展境外带薪实习、短期交流和学习深造计划，培养具有国际视野的高端旅游人才。

2004年本专业膳食营养配餐专业方向培养热爱膳食营养事业，具有良好素质和一定专业基础理论、专业知识和专业技能，具备膳食制备和烹饪基础知识及英语、计算机操作与应用能力，能在餐饮业、大型特种行业的团体膳食供应部门、科研院所等领域从事膳食营养配餐有关的技术、监督、管理、策划、销售等工作的应用性营养配餐人才。为学生开设营养与食品卫生学、高等数学、烹饪与膳食制备、生物学概论、食品微生物学、基础生物化学、人体机能学、营养学、食品卫生学、食品化学、烹饪工艺学、餐饮企业管理、团体膳食计划、成本管理、食品安全与质量控制技术、食品质量检验技术、中国食疗、各类人群营养配餐等课程。

2004年本专业培养方向有：国际酒店经营与管理、旅游景区开发与管理、高尔夫俱乐部管理。本专业培养具有良好政治思想素质和职业道德，适应我国现代化发展和现代旅游业发展需要，熟悉市场运行机制和规则，熟悉国内外旅游业及其相关产业的发展状况和趋势，能够熟练运用所学的专业知识和技能，具有较高的英语水平和沟通能力，能够胜任旅游业及其相关产业经营管理的高级专门人才。为学生开设经济学、管理学、统计学、组织行为学、会计学、旅游经济与产业组织、旅游资源与开发、国际旅游业比较、旅游研究的方法与实践、旅游企业的战略管理、旅行社经营比较、旅游人力资源管理、现代酒店

◆ 专业的印记

经营与管理、度假村的运营与管理、生态旅游等课程。

2005年旅游管理学科下设7个专业方向，分别是旅游管理（综合）、国际酒店经营管理、旅游景区开发与管理、膳食营养配餐、物业管理、大型活动策划与管理、高尔夫俱乐部管理。本专业培养具有良好的政治素质和思想道德素质，能够适应21世纪国际旅游业发展，熟悉旅游业市场运行规则与机制，具有较高英语水平和沟通能力，能够胜任北京旅游业以及相关产业的经营管理工作的高级人才。为学生开设管理学、微观经济学、宏观经济学、管理信息系统、统计学、会计学、财务管理、市场营销、旅游学概论、旅游经济、产业与政策、旅游调查的研究与方法、旅游资源开发与管理、旅游企业的战略管理、旅游人力资源管理以及各专业方向的相关课程。

2007年本专业培养具有丰富的中外旅游文化知识，扎实的专业技能，较好的外语应用能力，熟悉市场经济运作规律与特点，掌握现代企业管理理论，具备经营管理能力，具有市场开拓意识和创新精神，熟悉市场运行机制、规则和国内外旅游业及相关产业的发展状况、趋势，能够熟练地运用所学专业知识和技能，具有较高的英语水平和沟通能力的高级专门人才。本专业下设综合管理、酒店管理、电子化管理、膳食营养四个专业方向，为学生开设高等数学、经济学、管理学、管理信息系统、统计学、会计学、财务管理、市场营销、经济法、旅游学概论、旅游经济学、人力资源管理等课程。学生毕业后可到各级旅游管理部门、旅游业及其相关大型企事业单位、旅游管理咨询公司、各大星级酒店、国际航空公司、外企工作。

2008年本专业下设综合管理、电子化管理、膳食营养三个专业方向，培养具有良好的思想品德和职业道德，能够适应现代旅游业发展需要，熟悉旅游业及相关产业发展状况和趋势，具有市场开拓意识和创新精神，能够熟练地运用所学的专业知识和技能，具有较好的沟通能力，能够胜任各级旅游管理部门、旅游及相关企事业单位岗位需求的高级专业人才。专业必修课程有：微观经济学、宏观经济学、管理学、管理信息系统、统计学、会计学、财务管理学、经济法等。综合管理专业方向课程有：旅游调查研究的方法与实践、旅游资源与开发、旅游经济、产业与政策、旅游业人力资源开发与管理、旅游市场营销、旅游企业财务分析、旅游企业战略管理、现代酒店管理、旅游企业业务流程等。电子化管理专业方向课程有：电子商务法规、电子商务概论、程序设计、网络数据库、Java 技术、管理信息系统、电子商务物流管理、网络营销、网站维护与管理等。膳食营养专业方向课程有：食品化学、生物化学、食品微生物学、营养学、食品卫生学、食品原料学、食品分析与检验、卫生质量管理、膳食营养设计、中国食疗学、餐饮企业管理、团体膳食经营与管理等。

综合管理专业方向毕业生可到旅游业及其相关大型企事业单位、旅游管理咨询公司等就业。电子化管理专业方向毕业生可到饭店、旅行社、景区、证券公司、外企、网站、银行、房地产、物业公司、会议展览、广告策划等单位从事与信息化有关的管理和技术工作。膳食营养专业方向毕业生可到餐饮企业和团体膳食部门从事技术管理、产品研发，或到政府、社区、食品企业、社团机构、科研机构从事营养、健康咨询工作，也可从事社会高端人群的专业营养师等。

2009 年本专业下设综合管理、电子化管理、资源规划与景区管理三个专业方向，培养具有良好的思想品德和职业道德，能够适应现代旅游业发展需要，熟悉旅游业及相关产业发展状况和趋势，具有市场开拓意识和创新精神，能够熟练地运用所学的专业知识和技能，具有较好的沟通能力，能够胜任各级旅游管理部门、旅游及相关企事业单位工作的高级专业人才以及可以和国内、国际研究对接的研究后备人才。

综合管理专业方向为学生开设旅游调查研究的方法与实践、旅游资源与开发、旅游经济、产业与政策、旅游业人力资源开发与管理、旅游市场营销、旅游企业财务分析、旅游企业战略管理、现代酒店管理、旅游企业业务流程等主要课程。电子化管理专业方向开设电子商务法规、电子商务概论、程序设计、网络数据库、Java技术、管理信息系统、电子商务物流管理、网络营销、网站维护与管理等课程。资源规划与景区管理专业方向开设旅游景区风险管理、投资学、区域经济学、旅游地理（学）、景观设计、景区管理信息系统、旅游资源与开发、生态旅游、主题公园开发与管理、会展旅游、旅游景区规划、旅游项目可行性分析、节事庆典管理、旅游企业（景区）财务管理、旅游企业（景区）战略管理等课程。

综合管理专业方向毕业生可到各级旅游管理部门、旅游业及其相关大型企事业单位就业。电子化管理专业方向就业方向为饭店、旅行社、景区、证券公司、外企、网站、银行、房地产、物业公司、会议展览、广告策划等单位从事与信息化有关的管理和技术工作。资源规划与景区管理专业方向专业毕业生可到旅游企业，策划、规划公司，景区，培训部门从事相关工作。

2011年本专业下设旅游管理综合、旅游策划、旅游信息化管理、资源开发与景区管理四个专业方向。旅游管理专业是国家级特色专业建设点，以我校的北京市级重点建设学科——旅游管理学科为龙头，由北京市级教学团队为重要师资力量，以国际教学模式——PBL教学法为基本模式，以培养学生的创新思维和自主学习为特征，通过课堂教学和实践教学紧密联系的产学结合方法，实现培养旅游业高级应用性人才的目标。

本专业着力培养具有良好的思想品德和职业道德，能够适应现代旅游业发展需要，熟悉旅游业及相关产业发展状况和趋势，具有市场开拓意识和创新精神，能够熟练地运用所学的专业知识和技能，具有较好沟通能力，能够胜任各级旅游管理部门、旅游相关企事业单位的高级专业人才以及可以和国内、国际研究对接的研究后备人才。实施北京市旅游应用性人才培养模式创新试验区项目，择优录取 60 名旅游管理专业学生，组建博雅实验班。实验班实行大类培养和个性化培养相结合、校内学业导师培养和校外职业导师培养相结合、课堂学业养成和社会应用养成相结合的创新人才培养模式，开展境外带薪实习、短期交流和学习深造计划，培养具有国际视野的高端旅游人才。

本专业为学生开设微观经济学、宏观经济学、管理学、管理信息系统、统计学、会计学、财务管理学、经济法等专业必修课程。旅游综合管理专业方向开设旅游调查研究的方法与实践、旅游资源与开发、旅游经济、产业与政策、旅游业人力资源开发与管理、旅游市场营销、旅游企业财务分析、旅游企业战略管理、旅游企业业务流程与再造等课程。旅游策划专业方向开设管理学、微观经济学、宏观经济学、管理信息系统、统计学、会计学、财务管理、经济法、市场营销、消费者行为学、营销案例研究、服务营销学、国际市场营销、战略营销、市场调查与预测、旅游策划、会展管理、广告学等课程。旅游信息化管理专业方向开设电子商务法规、电子商务概论、程序设计、网络数据库、Java 技术、管理信息系统、电子商务物流管理、网络营销、网站维护与管理等课程。资源开发与景区管理专业方向开设投资学、区域经济学、旅游地理（学）、景区管理信息系统、旅游资源与开发、生态旅游、主题公园开发与管理、旅游景区规划、旅游项目可行性分析、节事庆典管理、旅游企业（景区）财务管理、旅游企业（景区）战略管理等课程。

旅游综合管理专业方向毕业生可到旅游业相关企事业单位就业。旅游策划专业方向毕业生可到景区、酒店、旅行社、外企、咨询公司以及各类需要营销策划和管理的企事业单位就业。旅游信息化管理专业方向毕业生可到饭店、旅行社、景区、证券公司、外企、网站、银行、房地产、物业公司、会议展览、广告策划等企事业单位从事与信息化有关的管理和技术工作。资源开发与景区管理专业方向毕业生可到旅游管理政府部门，旅游企业策划、规划公司，景区，培训部门就业，也可选择出国进修。

39. 酒店管理

酒店管理专业开设于2008年，2008—2015年在旅游学院招生，是国内知名的专业。2014年，在由中国科学评价研究中心、中国科教评价网和中国教育质量评价中心共同完成的2014—2015年度中国酒店管理专业大学竞争力排行榜中，本校酒店管理专业名列第二，目前已形成了以"产学合作、学做交替"为教学模式，以"模块化"为特征的课程体系，以校企双授课、双指导、双评估为教学手段，具有国际化视野的、校企深度融合的、基于学生职业核心能力培养为一体的新型理实一体化的人才培养模式。学院与知名高星级酒店管理集团紧密合作，与香格里拉、喜达屋、万豪、四季、洲际等国际高端酒店保持着良好的合作伙伴关系。学生的教学实践及毕业实习均在这些国际品牌酒店进行。酒店管理系配备有酒店管理信息系统、3D虚拟酒店实践系统、酒店前沿案例实验室、酒店运营管理系统等实践环境，为学生提供真实情景下的智能化的酒店服务管理及技能学习平台、练习平台和考核平台。学院的酒店管理二期实训基地可以在完全真实的信息化智慧酒店实训室中完成教学工作，通过真实情景的演练，让学生在感知和实践中学习。

本专业着力培养具有宽广知识、职业素养、国际视野、创新精神，具备酒店管理专业知识和较强的酒店运营管理能力，能在酒店及相关现代服务业从事酒店管理、服务管理等工作的高素质复合应用性人才。为学生开设管理学、微观经济学、宏观经济学、旅游学概论、会计学、统计学、酒店管理概论、酒店运营管理、酒店人力资源管理、酒店财务分析、酒店营销管理、酒店市场调研、酒店项目投融资管理、酒店会议管理、酒店战略管理、酒店收益管理、酒店品牌管理、酒店地产与开发等课程。毕业生可到高星级国际、国内品牌酒店及管理集团、酒店管理咨询公司、航空公司及银行等企事业单位从事对客服务及服务管理工作，也可到旅游院校、旅游行政及行业主管机构就职。

40. 通信工程

通信工程专业开设于1978年，2003—2015年在信息学院招生。本专业培养面向国家和首都经济社会发展需要，具有较宽厚的基础理论和较扎实的通信网络、移动通信等领域的专门知识，具备较强的通信设备开发技术、通信与网络系统的应用技术、移动通信网络的管理和运维技术等方面的应用能力，能从事通信系统与通信网络维护、管理与开发的高素质应用性人才。2004—2005年主要专业方向是数字移动通信和宽带接入网，重点在通信系统集成、通信工程规划及开发应用领域。2006—2007年主要专业方向是数字移动通信、信息网络和宽带接入网，学习的重点在通信系统集成、通信工程规划及开发应用等领域。2008—2011年主要专业方向是数字移动通信、信息网络和宽带接入网、通信电子IC设计技术，学习的重点在通信系统集成、通信工程规划及开发应用等领域。2012—2013年主要专业方向是通信网络、移动通信、通信电子，学习的重点在通信系统集成、通信工程规划及开发应用等领域。2014年主要专业方向是通信网络、移动通信，学习的重点在通信系统集成、通信工程规划及开发应用等领域。为学生开设电路分析基础、信号与系统、模拟电子技术、数字电子技术、通信原理、现代交换技术、数字移动通信、计算机通信与网络、光纤通信技术与应用、通信网络管理与安全、通信网理论基础、网络系统规划与设计、射频与天线技术、移动互联网技术、无线通信与网络新技术、电磁场与电磁波、无线网络优化、4G移动通信技术与应用等课程。毕业生可在高新科技企业、信息网络通信行业、政府机构等相关领域从事科学研究、工程设计、设备制造、开发和通信管理与服务等工作。

41. 电子信息工程

电子信息工程专业开设于1999年，2003—2015年在信息学院招生。本专业数字视频技术专业方向是在电子信息工程宽口径专业基础上设置的面向现代广播电视行业和视听技术服务业的专业方向，单列教学计划和招生，培养从事现代视听技术及相关领域的高级工程应用性人才。为学生开设数字信号处理（DSP）技术、视频图像压缩、电声系统设计、视频处理与传输、数字图像处理、数字电视技术、数字语音分析与处理、多媒体技术、电视和宽带通信网、数字视听系统测量与安装和视听美学等课程。毕业生可在广播电视、娱乐产业等部门以及国家和北京市政府机构、高新技术产业、三资企业从事视听技术领域的产品设计、开发、系统集成、测试或管理有关工作。本专业与英国东伦敦大学计算与技术学院的电子工程专业和通信工程专业对口，互认学分，学生也可选择到英国东伦敦大学媒体与创新学院学习，实行"3+1"合作办学模式，在毕业时可获得双校的学士学位。

2004年信息学院本专业是面向北京市电子信息产业，社会需求很大的宽口径专业，培养从事各类电子信息技术及相关领域的，德、智、体全面发展的高级工程应用性人才。本专业主要侧重于培养学生电子系统设计、数字信号处理、DSP开发与应用等方面的能力。为学生开设电路分析、信号与系统、模拟与数字电路、电子设计自动化（EDA）、程序设计、数字信号处理、微机原理与接口技术、数字图像处理、DSP技术及应用、嵌入式系统、计算机与通信网络等课程。毕业生可在高新技术产业从事电子信息系统设计及软硬件的应用开发和管理等有关工作。本专业与英国东伦敦大学计算与技术学院的电子工程专业或通信工程专业对口，互认学分，实行"3+1"合作办学模式，学生毕业时可获得双校的学士学位。

2005年信息学院本专业是电子信息领域宽口径的专业，培养具有良好的科学技术素养，具有电子信息工程方面的广泛而坚实的基本理论、基本知识和基本技能，具有良好的科学思维、工程训练和较强的独立工作能力的高级工程技术人才。本专业与英国东伦敦大学计算与技术学院的电子工程专业和通信工程专业对口，学生可选择到英国东伦敦大学媒体与创新学院学习，双校互认学分，实行"3+1"共同办学模式，参加此项目的学生，毕业成绩合格即可获得双校学士学位。为适应新技术发展和北京市人才就业需求，本专业还设置了一个试点专业组和两个专业方向组。学生试点专业组是学院技术应用性本科试点专业，主要侧重于培养电子系统设计、数字信号处理、DSP开发与应用等方面的能力，除开设必备的专业基础课程外，还与电子信息技术企业有广泛合作，安排有整学期的实习和实践课。

◆ 专业的印记

IC设计技术专业方向组面向北京市电子信息产业中集成电路设计行业和应用电子技术行业，是社会需求很大的高技术专业，培养从事集成电路设计和应用系统设计技术及相关领域的德、智、体全面发展的应用性人才，主要侧重于培养学生通信系统集成电路设计、控制系统集成电路设计、数字信号处理集成电路设计、开发与应用等方面的能力。数字视频技术专业方向组是面向现代广播电视行业和视听技术服务业的专业方向，培养从事现代视听技术及相关领域的应用性人才，主干课程和专业课有：电路分析、信号与系统、模拟电子技术、数字逻辑技术、数字信号处理、电子设计自动化（EDA）、微机原理与接口技术、计算机通信与网络、C语言程序设计。试点专业方向组主要专业课除有数字图像处理、DSP技术及应用等课程外，还安排有整学期的实习，在实习的同时，根据学生需要开设课程，以强化实际应用能力和职业素质的培养。IC设计技术主要专业课有：集成电路设计基础、DSP集成电路设计、集成电路建模与仿真技术、VC程序设计、片上系统（SOC）、嵌入式系统设计技术、DSP技术及应用等。数字视频技术主要专业课有：DSP技术、视频图像压缩、电声系统设计、视频处理与传输、数字图像处理、数字电视技术、数字语音分析与处理、多媒体技术、电视和宽带通信网、数字视听系统测量与调试技术等，同时建有DSP实验室、EDA实验室、嵌入式系统实验室、通信工程综合布线实验室、IC设计实验室、音响工程实验室、多媒体实验室、视听技术实验室以及计算机网络通信实验室等实验环境，还设有电子行业相关认证课、音响和视听行业相关认证课。毕业生可在高新技术产业，广播电视、娱乐产业从事电子信息系统设计及软硬件的应用开发及业务管理等有关工作，也可从事有关集成电路设计、应用开发、电子系统软硬件设计和应用开发以及业务管理等有关工作，还可从事视听技术领域的产品设计、开发、系统集成、测试或业务管理等有关工作。

2006年信息学院在本专业设置有应用电子技术、集成电路设计技术和数字视频技术三个专业方向组，在高年级专业课设置上有所区别。本专业是电子信息领域宽口径的专业，培养具有良好的科学技术素养，具有电子信息工程方面的广泛而坚实的基本理论、基本知识和基本技能，具有良好的科学思维、工程训练和较强的独立工作能力的高级工程技术人才。为学生开设电路分析、信号与系统、模拟电子技术、数字逻辑技术、数字信号处理、电子设计自动化（EDA）、微机原理与接口技术、计算机通信与网络、C语言程序设计、DSP技术及应用、集成电路设计、数字电视技术等课程。学生毕业后主要从事智能电子系统设计、开发及相关应用领域的工作或集成电路设计和应用系统设计技术及相关领域的工作，也可从事现代视听技术及相关领域的工作。

2007年信息学院本专业设有电子系统测试、汽车与消费电子、集成电路设计三个专业方向组，在高年级专业课设置上有所区别。本专业培养具有良好的科学技术素养，具有电子信息工程方面的广泛而坚实的基本理论、基本知识和基本技能，掌握DSP技术、嵌入式技术、系统集成技术、EDA技术或IC设计等核心技术，具有良好的职业素质、较强的工程实践能力和独立工作能力的高级工程技术人才。为学生开设电路分析、信号与系统、模拟电子技术、数字逻辑技术、数字信号处理、电子设计自动化（EDA）、微机原理与接口技术、计算机通信与网络、C语言程序设计DSP技术及应用、嵌入式系统设计、集成电路设计、数字电视技术等课程。毕业生可在服务业从事电子系统设计、测试、开发及相关应用领域的工作。

◆ 专业的印记

2008年信息学院本专业设置有现代电子测量、应用电子技术、集成电路与系统设计三个专业方向组。进入高年级后，学生根据综合成绩及自身的兴趣和特长选择专业方向。本专业是电子信息领域宽口径的专业，为适应现代电子技术的发展和北京市人才就业需求，培养具有良好的科学技术素养，具有电子信息工程方面的广泛而坚实的基本理论、基本知识和基本技能，掌握DSP技术、嵌入式技术、系统集成技术、EDA技术以及IC设计等专业核心技术，具有较强的工程实践能力的高级工程技术人才。为学生开设高等数学、大学物理和大学英语等课程。主要专业基础课有：电路分析、信号与系统、模拟电子技术、数字逻辑技术、数字信号处理、电子设计自动化（EDA）、微机原理与接口技术、C语言程序设计等。主要专业课有：电子系统设计、DSP技术及应用、嵌入式系统设计、集成电路设计、数字电视技术、传感技术及应用、现代电子测量、Java程序设计等。学生毕业后可在高新电子科技企业、广播电视行业、信息产业从事电子系统设计、测试、开发、管理、技术支持及相关应用领域的工作。

2009—2010年信息学院本专业培养目标是：具有良好的科学技术素养，具有电子信息工程方面的广泛而坚实的专业理论基础，掌握DSP、嵌入式、系统集成、EDA以及IC设计等专业核心技术，具有较强的工程技术能力的高级工程技术人才。为学生开设电子系统设计、DSP技术及应用、嵌入式系统设计、集成电路设计、数字电视技术、传感技术及应用、现代电子测量、自动控制原理、Java程序设计等课程。学生毕业后可在高新电子科技企业、广播电视行业、信息产业从事电子系统设计、测试、开发、管理、技术支持及相关应用领域的工作。

2012—2013年信息学院本专业设立集成电路与系统设计与

电子技术应用两个专业方向组，培养能为社会主义现代化建设服务，德、智、体、美全面发展，具有较高文化素质、敬业精神和社会责任感，掌握电子信息工程及相关专业的基本理论知识，具有较强的自学能力和工程实践能力，能从事电子信息系统和设备的研发、维护、运营和管理的应用型工程人才。为学生开设电路分析基础、信号与系统、模拟电子技术、数字电子技术、电磁场与电磁波、EDA技术与应用、DSP技术及应用、嵌入式系统设计、模拟集成电路设计基础、数字集成电路设计、集成IC测试技术、传感技术及应用、现代测试技术、自动控制原理等课程。毕业生可在高新电子科技企业、广播电视行业、信息产业从事电子信息系统和设备的研发、维护、运营和管理及相关应用领域的工作。

2014—2015年信息学院本专业培养具有现代电子技术与信息系统的基础知识和专业基本技能，具有较强的工程技术应用能力，面向电子技术、自动控制和智能控制、计算机与网络技术等电子、信息、通信领域的宽口径、高素质、德智体全面发展的高级应用型技术人才。为学生开设电路分析基础、信号与系统、模拟电子技术、数字电子技术、电磁场与电磁波、EDA技术与应用、单片机原理及应用、通信原理、数字信号处理、计算机网络、Java程序设计、嵌入式系统设计、传感器技术及应用、现代测试技术、自动控制原理等课程。毕业生具有较宽领域的工程技术适应性，就业面广，可在工业控制、汽车电子、通信电子、医学电子、消费电子等相关的高新技术企业、电子信息相关行业从事嵌入式系统开发、计算机技术、电子技术产品的开发及应用，也可以在国家机关以及企事业单位从事电子信息系统和设备的研发、维护、运营和管理等相关应用工作。

本专业2003—2012年也在师范学院招生。2004年师范学院

◆ **专业的印记**

本专业分为自动化专业方向和多媒体技术专业方向，主要培养适应北京市电子信息产业发展的需要，从事信息的采集、传输、控制及各种系统的设计、运行、管理、维护的高级技术应用性人才，同时，也为该领域的中等技术教育提供师资及高级技术人才。自动化专业方向开设的主要专业课程有：计算机控制、单片机与接口技术、可编程控制器应用技术、现代传感技术、DSP数字信号处理、VHDL硬件描述语言、现场总线技术、控制电机、办公自动化、现代控制理论、电工仪器仪表使用与维修。毕业生可在各企事业单位从事典型单片机控制系统的开发、设计及智能仪器设备开发、研制工作，也可在职业技术教育单位从事自动化专业基础课、理论及专业技术课程的教学研究工作或管理工作。多媒体技术专业方向开设的主要专业课程有：电子电路、DSP数字信号处理系统、摄录像机原理与技术、声像节目制作、三维动画制作、声像数字技术、音响工程、电子仪器设备使用及维修。毕业生可从事广告宣传，视音频节目制作及编辑，声像多媒体系统的开发、应用、安装调试、使用与维护及各种电子电器设备的使用及维修（包括各种现代化技术设备的使用及板级维修），制作多媒体音像资料、教学片、广告片等工作，也可从事电子与信息类教学、培训及管理工作，还可在电子技术实验室、计算中心或机房从事管理与维护及信息管理等工作。为加强学生能力培养和素质训练，除让学生参加理论学习外，还为学生安排多种实践性环节，如电子工艺实训、电工实习、教育实习、电子制作、电视维修、电视节目制作等。

师范学院电子信息工程专业（师范）培养目标是：德、智、体、美全面发展，面向首都中等职业技术教育第一线，具有电子信息工程专业技术和实践技能、先进教育教学理念和现代教育技术和方法的复合性中等职业技术教育师资。本专业培养的学生具有一定的教学设计能力、教育组织管理能力、指导实践实验能力，能在中等职业技术教育单位从事电子或电气类相关专业技术课程的理论教学和实践教学工作。为学生开设电路分析、模拟电子技术、数字逻辑技术、单片机原理与接口技术、DSP技术与应用、自动控制原理、嵌入式系统与应用、现场总线技术、电子电路自动化设计、传感技术及应用、PLC原理与应用、软件技术基础、教育学、教育心理学等课程。毕业生可在职业教育系统从事电子信息技术及相关专业的理论和实践教学工作，也可在电子信息相关领域内从事信息获取、采集、处理及应用等方面技术工作，或在企事业单位从事计算机网络信息系统的组建、运行、管理与维护工作。

师范学院电子信息工程专业培养掌握数字媒体技术基础知识，具备基本工程技术素质，掌握计算机基础理论和基本技能，具备数字媒体技术基本理论及数字内容制作与开发能力，熟悉数字媒体技术领域基本规范，富有创业激情和创新意识，务实进取，能适应首都文化创意产业、数字媒体产业需要的高素质复合性、应用性专业技术人才。为学生开设视听语言、数字媒体设计基础、计算机图形图像软件应用、数字媒体技术与应用、计算机网络、流媒体技术与应用、网页设计与网站开发、Web程序设计、数字音视频技术、数字影像创作、动画创作基础、二维/三维动画设计与应用等课程。毕业生可在新闻媒体、出版、影视、教育、广告、商贸、IT等相关领域从事数字媒体内容开发、广告制作、音视频数字化、影视后期编辑制作、多媒体教学软件制作、网页设计与网站开发维护、多媒体设计制作、数字媒体设备运营和维护、信息服务及数字媒体管理等工作。

42. 材料科学与工程

材料科学与工程专业开设于1994年，2003—2015年在机电

◆ 专业的印记

学院招生,培养具备扎实的自然科学基础、人文社会科学基础和材料科学与工程专业基础,具有较强的沟通能力、责任感、创新精神和工程实践能力,能在材料、机械、汽车、环保等新材料产业、先进制造业、生产服务业相关的企事业单位综合运用材料科学与工程的理论与方法,在涉及材料科研、加工与应用的生产、技术开发与服务领域从事材料分析检测、工艺设计与实施、质量控制的高素质应用性人才。本专业是校级骨干专业,拥有行业专家在内的校级优秀教学团队。为学生开设机械设计基础、工程图学、工程力学、物理化学、材料科学基础、材料工程基础、现代材料分析方法、材料性能学、材料加工学基础、试验设计与误差分析、质量管理学、质量管理统计方法、管理体系与认证、工程材料基础分析技术训练、潜在失效模式分析与控制综合实践、材料检测分析综合实践等课程。毕业生可到材料、汽车、机械、电子、环保等高科技企事业和科技服务业单位的技术领域从事材料科研、材料检测和技术开发与服务工作,也可在管理领域从事质量管理、供应商质量管理、产品(服务)质量控制等工作。

本专业2003—2010年也在生物化学工程学院招生。生物材料是对生物体进行诊断、治疗和置换损坏的组织、器官或增进其功能的学科。国家已将生命科学和新材料科学列为21世纪重点发展的领域,而生物材料作为生命科学和材料科学的前沿性交叉学科,更是优先发展的重点。材料科学与工程专业生物材料专业方向正是根据社会发展的需要对专业人才的迫切需求而设立的一个新型专业。它是研究材料组成(成分、组织与结构)、性能、生产流程(工艺)和使用效能以及它们之间的关系的一门学科。该专业方向为首都经济建设和社会发展第一线服务,培养德、智、体全面发展,具备较宽泛的该专业方向的基本知识和较强的实践能力,能在材料科学与工程生物材料及相关领域和生产、管理部门从事生产技术或管理工作的高级应用性工程技术人才。为学生开设英语、高等数学、计算机、大学物理、无机与分析化学、有机化学、物理化学、生物化学、化工原理、高分子科学基础、材料科学与工程基础、材料表征与应用技术、材料加工与制备工程、信息检索与利用、功能材料、生物材料、生理学基础、临床医学基础、生物材料综合性实验等课程。毕业生可在通用性材料、化学化工产品、生物材料的制备、加工成型等领域从事科学研究、生产与技术开发、工艺和设备设计、技术改造及经营管理等方面工作,尤其是在生物医用材料等新材料领域从事生产加工、技术开发、技术支持和服务、营销与管理等方面工作。

43. 工业工程

工业工程专业开设于1999年,2003—2015年在机电学院招生。本专业培养具备现代工业工程和系统管理等方面的知识和应用能力,在高端制造产业、物流业、科技服务业及其他工商企业(行业领域)从事生产、经营、服务等管理系统的规划、设计、评价、创新等实际岗位需要的,具有扎实的理论基础、较宽的知识面、较强的实践能力、适应能力、创新创业精神的高级工程技术管理人才。为学生开设工业工程基础、人机工程、物流工程、生产与运作管理、工程经济学、质量管理、管理学、管理信息系统、运筹学、经济学、工程制图、工程力学、机械设计基础、现代制造工程、计算机网络技术、会计学与财务管理、工业工程综合训练、企业物流管理训练、生产管理综合训练等课程。毕业生可到高端制造业、物流业、服务业和其他产业相关领域致力于生产效率的提高、质量及安全的保证和成本的降低,实现低碳、绿色的生产系统和产品的精益设计,从事包括生产技术管理、物流管理、质量和安全管理、企业信息化等方面工作,也可从事机电高科技产品的经营销售及供应链管理等方面的工作。

44. 工业设计

工业设计专业开设于 2003 年,2003—2005 年、2007—2008 年在机电学院招生,面向首都及地方社会发展和经济建设事业第一线,培养具有机电产品造型与设计表现能力、产品设计技术整合和多学科交叉合作创新能力、产品流程与设计方法的应用能力、工业设计实践能力的应用性高级专门人才。本专业培养的学生具有计算机辅助工业设计技术应用能力、人机工程在产品设计中的技术应用能力、模型制作技术应用能力、材料工艺与功能结构选型的技术应用能力、造型与手绘草图技术应用能力,能在工业设计及相关领域工作。为学生开设素描与速写、工程图学、计算机辅助工业设计、设计原理、机械设计基础、人机工程学、产品造型材料与工艺、模型设计与制作、产品效果图表现技法、工程力学、产品设计程序与方法、改良性产品设计、创新性产品设计、工业设计史、设计心理学、视觉传达、环境艺术设计、设计管理等课程。毕业生可到工业设计中外企业及相关设计领域(展示设计公司、人机界面设计公司、版面设计公司、广告公司等)从事数字化建模设计、模型制作、产品设计技术整合、手绘草图和工业设计相关的技术与设计工作。

本专业 2009—2015 年在生物化学工程学院招生,培养具有工业设计基本知识和基本理论,实践能力强,具有创新创业精神和社会责任感,具有较强的适应能力和可持续发展能力,在工业产品设计、服务与交互设计、产品包装与展示设计等领域从事相关工作的高素质应用性人才。为学生开设结构素描、工程制图、机电基础、工业设计史、设计程序与方法、人机工程学、设计心理学、材料成型与工艺、产品开发设计、计算机辅助工程建模、视觉传达设计、交互设计、展示与空间设计等课程。毕业生可到中外专业设计机构（产品设计公司、平面设计公司、广告设计公司、展示设计公司等）和科研单位从事工业产品设计、人机界面设计、产品设计技术整合、产品包装设计，以及数字化建模设计、数字媒体设计、平面设计、环境设计、展示设计、设计咨询等相关工作。

45. 机械工程及自动化

机械工程及自动化专业开设于1999年，2013年更名为机械工程专业，2003—2015年在机电学院招生。本专业教学团队为北京市优秀教学团队，特色课程——机械工程技术综合实践为北京市精品课程，在培养学生应用所学知识综合解决工程实际问题能力方面效果显著。本专业培养具备机械设计、制造、自动化测控知识与基本理论，具备工程师的基本素质，具有较强机电一体化、数控技术方面的实践能力以及技术应用能力、新技术学习能力、技术创新能力，能在高技术制造业和现代制造业的高新技术企业从事产品设计、制造、技术研发、生产管理等方面工作的工程师、管理干部等。

本专业下设计算机控制、数控技术、机电一体化、计算机辅助设计与制造、汽车运用工程等专业方向。学生在修完必要的基础课和专业基础课后，可根据社会需求以及自身的兴趣和特长，选择专业方向。本专业是现代制造领域的宽口径专业，培养从事机电产品的设计制造、应用研究、运行管理、经营销售及现代制造企业各部门技术管理等方面工作的高级工程应用性人才。主干学科是机械学、电子学、自动化、计算机科学。学生在校期间通过相关学习、考证后，可获得西门子股份公司颁发的可编程控制器技术、数控系统维修与调整技术、变频驱

◆专业的印记

动技术等证书,德国 FESTO 公司颁发的液压气动技术证书以及原劳动和社会保障部[1]颁发的数控工艺员证书、数控车床或数控铣床操作证书等。学生毕业后可到现代制造业企业、生物医药产品生产企业等高新技术企业从事机电一体化产品、信息技术设备、智能化设备的设计开发、应用研究、运行管理、经营销售等方面的技术工作和管理工作,从事生产一线的机电一体化技术支持和管理工作,从事现代制造工程的技术管理工作,也可从事外企技术公司的产品推广、销售、技术支持、技术服务等工作。

本专业计算机控制专业方向培养将自控学、电子学、计算机技术与机械学相结合,可提高机电设备智能化、自动化程度的高级工程应用性人才。该专业方向学生学习自动化的基础理论,学习微电子技术、计算机技术和信息处理技术的基本知识,训练其进行机电设备控制、运行管理的能力。主要课程有:控制工程基础、机电控制技术、单片机接口技术、流体控制技术等。

本专业数控技术专业方向培养适应现代制造业需要,掌握数控技术,熟悉数控设备和系统,可从事数控设备技术管理、工艺编程、设备调试维护及故障诊断维修等工作的高级工程应用性人才。该专业方向学生学习数控设备及系统的结构、性能和工作原理,训练其数控设备及系统的控制、运行管理、编程、维护与维修、操作的能力。主要课程有:数控技术、数控机床驱动与控制、数控加工工艺、CAD/CAM 工程软件应用、数控机床故障诊断与维修等。

本专业机电一体化专业方向培养将机械学、电子学与计算

---

[1] 劳动和社会保障部于 2008 年撤销。

机技术有机结合，可从事光机电一体化、微电子、汽车、生物医药等产业生产设备应用研究、运行管理的机电一体化高级工程应用性人才。该专业方向学生学习机电一体化、数控的相关知识，训练其机电一体化设备的应用研究、运行管理能力。主要课程有：测试技术、数控技术、数控机床故障诊断、机电一体化系统设计等。

本专业计算机辅助设计与制造专业方向培养将现代制造技术与计算机技术和现代管理理念相结合，应用先进制造技术和计算机辅助技术实现产品、生产装备的设计与制造的高级工程应用性人才。该专业方向学生学习现代制造工程的相关知识，训练其使用大型高档工程软件进行产品、生产装备的设计与制造的能力。为学生开设三维实体造型设计、计算机辅助工艺设计、数控加工、制造过程信息管理等课程。

本专业汽车运用工程专业方向培养掌握机械、计算机、外语等基础知识和汽车运用工程专业知识，具有现代汽车检测、故障诊断、维修、管理、营销能力，能在与汽车相关的单位或部门从事现代汽车技术服务、技术管理和技术开发等工作的高级工程应用性人才。为学生开设汽车构造、汽车运用工程、现代汽车诊断与检测技术、汽车电器与电控技术、汽车维修工程、市场营销学、汽车运输企业管理等课程。毕业生可在汽车生产厂的制造、营销等部门以及汽车运输、修理、检测、配件营销及交通管理等企事业单位相关部门从事生产、维修、运用管理、经营销售、技术开发、技术服务等工作。

本专业暖通空调系统专业方向的毕业生具备空调系统的技术应用及开发能力，具备空调工程的运行、施工、规划与管理能力。

本专业建筑环境智能控制专业方向培养具有暖通空调系统

与设备的专业知识并掌握自动控制技术的复合性人才。毕业生具备空调控制系统的技术应用及开发能力与空调控制系统施工、规划与管理能力。为学生开设计算机程序设计、计算机绘图、PLC应用技术、空调技术基础、制冷技术、空气调节、空调工程施工组织与管理、概预算、微机控制应用、制冷空调自动控制技术、建筑电气技术、综合布线技术、建筑自动化系统等课程。毕业生可在房地产开发公司、智能大厦、建筑设计院、饭店、高级物业公司从事建筑暖通空调及其自动控制系统的设计与开发、监理、施工组织与规划、工程预算、设备管理与营销等工作。

46. 建筑环境与设备工程

建筑环境与设备工程专业开设于2002年，2003—2008年在机电学院招生。改革开放以来，人们对居住的舒适性要求不断提高，特别是随着中国加入WTO以及北京申奥成功，体育场馆、饭店、商务办公大厦、涉外公寓以及高中档社区都得到了极大的发展，带动了中央空调市场的繁荣。因此，形成了从设计、制造、施工、运行、维修、管理、销售各环节的技术岗位群，蕴含着巨大的人才市场潜力。随着技术的发展，产品设计的自动化、控制系统的微机化和网络化以及大量新技术的应用，对人才的知识结构、专业技能和综合素质提出了更高的要求。空调制冷行业已经转化为技术知识密集型的产业。因此，对有较强的技术理论基础、实践能力强、有创新精神、综合素质高的应用性人才的需求更加旺盛。近几年，北京市人才市场对建筑领域毕业生的需求量占第二位，其中对建筑环境与设备工程专业毕业生的需求占很大比重。为了加强学生综合职业能力的培养，本专业与国内外多家知名企业合作，建立了校内外实践教学基地，积累了校企合作教育的经验，为培养高素质人才打下了基础。

本专业下设暖通空调系统与建筑环境智能控制两个专业方向。学生在修完必要的基础课和部分专业基础课后，可根据社会的需求以及自身的兴趣和特长选择专业方向。暖通空调系统专业方向的毕业生具备空调系统的技术应用及开发能力，具备空调工程的运行、施工、规划与管理能力。建筑环境智能控制专业方向则培养具有暖通空调系统与设备的专业知识并掌握自动控制技术的复合性人才，毕业生具备空调控制系统的技术应用及开发能力和空调控制系统施工、规划与管理能力。

本专业为学生开设计算机程序设计、计算机绘图、PLC应用技术、空调技术基础、制冷技术、空气调节、空调工程施工组织与管理、概预算、微机控制应用、制冷空调自动控制技术、建筑电气技术、综合布线技术、建筑自动化系统等课程。毕业生可在建筑设计单位、建筑集团公司、自动化设备安装公司、房地产开发公司、智能大厦、高级物业公司等单位从事建筑暖通空调及其自动控制系统的设计与开发、监理、施工组织与规划、工程预算、设备管理与营销等工作。

本专业2009—2012年在生物化学工程学院招生，培养具有扎实的建筑环境与设备工程专业基本知识和基本理论，实践能力强，具有创新创业精神和社会责任感，具有较强的适应能力和可持续发展能力，在暖通空调和建筑环境智能控制工程领域具有设计、工程管理、优化运行和节能管理能力的高素质应用性人才。建筑环境与设备工程专业是北京市特色专业，下设暖通空调系统与建筑环境智能控制两个专业方向。毕业生通过相应考试后，可取得如下证书：①住房和城乡建设部颁发的公用设备工程师、造价工程师、电气工程师、监理工程师证书；②人力资源和社会保障部颁发的能源管理师、能源审计师、节能评估师证书。

本专业为学生开设工程热力学、传热学、工程流体力学、建筑环境学、自动控制基础、AutoCAD、暖通空调、空调冷热源技术、供热工程、建筑给水排水、建筑环境测试技术、施工技术与组织管理、安装工程造价与招投标、网络与通信技术、建筑电气技术、建筑设备自动化技术等课程。毕业生可面向中央空调工程、通风工程、供热工程及其智能化控制等领域，从事工程设计、工程项目管理、工程造价、工程招投标、工程监理、设施管理及建筑能源管理等工作。

47. 自动化

自动化专业前身是自动控制专业，开设于1985年，1996年更名为自动化专业，2003—2015年在自动化学院招生，培养立足首都，面向全国经济社会发展需要，德、智、体、美全面发展，素质、知识、能力协调统一，掌握自然科学基础知识、工程技术基础知识、自动化理论与方法知识、计算机软硬件与网络技术知识和专业技能，具有较强的工程实践能力和解决实际工程问题能力，能在综合自动化系统、智能监控系统、物联网等方面从事系统分析、开发、集成、设计和系统运行、管理、维护等工作，具有创新创业精神和社会责任感，具有良好外语运用能力、较强适应能力和可持续发展能力的宽口径、复合性的高素质应用性人才。2004年本专业设置控制工程、信息处理与多媒体技术两个专业方向。2005年本专业设置控制网络与控制技术、信息处理与智能技术两个专业方向。2006—2008年本专业设置控制网络与控制技术、信息处理与智能技术、视听工程三个专业方向。2009—2010年本专业设置控制网络与控制技术、信息处理与智能技术两个专业方向。2011—2014年本专业设置控制网络与控制工程、信息处理与物联网工程两个专业方向。为学生开设电路原理、模拟电子电路、数字逻辑电路、信号与系统、自动控制原理、现代控制理论、微机原理及接口技术、计算机网络与通信、数据库设计与开发、数据结构、C语言程序设计、面向对象的程序设计、检测技术与仪表、现场总线技术、单片机原理及应用、嵌入式系统、计算机控制技术、专业模块电力电子技术、过程控制、运动控制、先进控制技术、可编程控制器原理及应用、现场总线控制系统、虚拟仪器技术、数字信号处理、传感网原理及应用、现代传感器与传感技术、物联网应用系统设计等课程。

本专业是北京联合大学骨干专业、优势专业，配备有一流的实验室、自动化工程实践培训中心和校外实践教学基地群，校级优秀教师团队，以"优基础、宽口径、强素质、重能力"为学生培养目标定位，非常注重学生的创新能力和工程能力培养，实践教学四年不间断，课程实验安排了200多学时，集中实践教学安排了40周，其中有课程设计、专业综合训练、工程实践训练、认识实习、专业实习、毕业实习、毕业设计等。学生经过四年的培养，毕业后具有的专业基本技能有：电工电子技术应用能力、计算机技术应用能力、网络与通信技术应用能力、自动控制技术应用能力。具有的专业核心应用能力有：综合自动控制系统或物联网应用系统集成、设计和开发能力。本专业将第二课堂纳入学生整个培养过程，开展大量的学生课外科技创新活动和组织学生参加各类学科竞赛，主要有国家和北京市举办的数学建模竞赛、物理竞赛、电子设计竞赛、挑战杯竞赛、全国大学生智能汽车竞赛、工业自动化挑战赛等。在教师的指导下，自动化专业学生连续获得国家级、市级的优异成绩，特别是近几年，每年获工业自动化挑战赛、智能汽车竞赛的国家总决赛特等奖、一等奖、二等奖，排在全国高校的第一阵列。另外，本专业与企业联合培训学生，颁发职业证书。每年都有相当数量的学生考取本校和重点大学的研究生。

毕业生就业前景良好，就业面广，行业需求始终保持着良好的上升势头，就业率连年保持100%。毕业生可到政府机构、自动化工程公司、电气工程公司、高科技公司、大型智能化场馆与智能建筑大厦、智能住宅小区、大型商贸、金融中心从事控制系统的设计、研发、系统集成、运行维护工作，也可从事综合技术支持与管理、信息获取与处理、物联网工程、智能监控、网络化控制、自动化设备和系统的商贸交易、企业管理等方面的工作。

本专业2005—2010年也在生物化学工程学院招生，培养德、智、体全面发展，基础扎实、知识面宽、能力强、素质高、具有创新精神，在工业控制中既懂工艺，又懂装备和机电控制技术，能进行工程设计技术开发、生产技术开发、经营管理等方面工作的高级技术应用性人才。为学生开设机械设计、电路分析、模拟与数字电子技术、自动控制原理、计算机控制技术、嵌入式系统、可编程序控制器、检测仪表与过程控制、电机拖动及控制技术、工程训练等课程。本专业就业方向主要集中在过程工业、机电一体化技术和信息化服务行业，学生毕业后可从事以过程工业控制、信息化服务技术支持、机电一体化为基础的机械设备及其自动化技术的设计、开发、生产、技术管理等应用性工作。

48．汽车服务工程

汽车服务工程专业开设于2006年，2006—2015年在机电学院招生。本专业培养掌握扎实的汽车技术基本理论知识、必要的汽车服务经营管理知识，具有较强的实践能力及可持续发展能力，富有创新创业精神，能够在汽车设计研发、制造生产、营销与售后服务、汽车运用领域从事技术支持及经营管理等工作的高素质应用性人才。为学生开设工程图学、机械设计基础、工程力学、电工与电子技术、汽车构造、汽车发动机原理、汽车运用工程、汽车电器、汽车电子控制技术、汽车检测与诊断技术、汽车维修工程、汽车营销与策划、汽车服务企业管理、汽车保险与理赔等理论课程及汽车拆装实习、汽车电器综合实验、汽车检测与诊断综合实验、汽车维修实习、创新创业实践等实践课程。本专业为全国就业50强热门专业。国家产业政策和汽车行业的蓬勃发展为毕业生提供了宽广而持续的发展舞台。本专业毕业生可在汽车（整车及零部件）设计研发、制造生产、市场营销与售后服务、交通运输领域、科研机构及与汽车运用相关的企事业单位管理部门从事技术支持与管理、汽车检测维修与管理、汽车改装、汽车及配件营销与管理、汽车保险理赔及管理、二手车交易、车辆鉴定与评估、汽车运用管理等工作，也可在职业院校、培训机构从事教学、技术培训等工作，或在汽车类网站、期刊编辑部从事汽车测评及编辑等工作。

49. 电气工程与自动化

电气工程与自动化专业开设于1999年，2013年更名为电气工程及其自动化专业，2003—2015年在自动化学院招生。本专业培养德、智、体全面发展，面向首都社会发展和经济建设事业第一线，从事电气工程与自动化领域工作，具有电气控制与计算机控制系统的工程设计、工艺组织、试验分析、运行管理、科研开发以及信息综合的专业基本知识、基本理论和较强实践能力的高级工程技术专门人才。学生通过系统的专业理论与专业技术学习，在电工电子技术、自动控制理论、计算机软硬件应用技术以及信息处理技术等方面可获得较充分的培养和训练，掌握电气控制与计算机控制工程方面的知识与技能，具备胜任电气工程领域工程应用与技术应用多种岗位工作的专业技术能力。2004—2005年本专业设置计算机控制工程、智能建筑控制工程两个专业方向。2011—2013年本专业设置电气技术、视听工程两个专业方向。2014年本专业设置电气技术、建筑电气及智能化两个专业方向。2015年本专业设置电气技术、电气工程两个专业方向。

本专业为学生开设电路原理、电子技术基础、控制理论、计算机原理及应用、电力电子技术、电机与拖动、电力拖动控制系统、工业过程控制与自动化仪表以及供电技术、PLC与电气控制、控制系统数字仿真与CAD、计算机网络与通信、嵌入式系统、面向对象程序设计等课程。毕业生可到政府机构、电气自动化设备专业公司、工程建设与专业设计施工公司从事控制系统设计开发、工程项目组织管理及施工运行、技术支持与信息综合等方面的工作。

50. 工程管理

工程管理专业开设于2001年，2003—2009年在管理学院招生，培养适应经济建设发展需要，具备工程技术知识，能运用现代管理理论与方法，从事投资决策、工程项目管理、工程项目监理、工程造价管理、房地产估价的高级专门人才。本专业注重对学生工程技术基本理论的培养，强调运用现代经济管理的手段和方法分析和解决工程施工、工程监理、工程造价管理、房地产评估等工程项目运作过程中出现的问题。为了不断提高专业的办学水平，本专业还聘请校外专家担任兼职教师。本专业高度重视实践教学，在积极建设校内实训基地的同时，还建立了较为稳定的校外实训基地，并与大型工程公司建立了长期有效的合作关系。为学生开设经济学、经济法、管理学、建筑施工技术、施工组织与管理、建筑工程造价、工程造价管理、工程经济学、财务管理、国际工程管理、工程项目管理、房地产经营与管理、房地产估价、建筑法规、可行性研究与项目评价、构成设计和室内设计原理等课程。学生毕业后可从事政府建设管理部门的质量监督、报建、招投标管理、审批等工作，也可担任设计研究院、工程咨询公司的造价工程师、装饰工程造价工程师、建造师、现场代表或施工企业的建造师、工程师，房地产开发及经营管理公司的项目经理、监理工程师等，还可在银行与投资信托公司的项目评估、概预算等岗位工作。

本专业2010—2015年在生物化学工程学院招生，培养面向国家和首都经济社会发展需要，具有较扎实的建筑工程技术及与工程管理相关的管理、经济、法律方面的基本知识，具有工程项目全过程的组织和管理、工程项目估算及招投标文件的编制和审核能力，能在建筑施工、建筑设计、工程咨询、房地产开发领域从事建筑工程项目全过程管理、项目投融资及工程造价全过程管理等工作，具有创新创业精神和社会责任感，具有较强的适应能力和可持续发展能力的高素质应用性人才。工程管理专业下设工程项目管理和投资与造价管理两个专业方向。工程项目管理专业方向的毕业生初步具有进行工程项目可行性研究，一般建筑工程（尤其是装饰工程）的营销、设计、施工、工程项目全过程的投资、招投标进度、质量控制及合同管理、信息管理和施工组织协调的能力，主要适合于从事工程项目的全过程管理工作。投资与造价管理专业方向的毕业生初步具有项目评估、工程造价管理的能力，编制招投标文件和投标书评定的能力，编制和审核工程项目估算、概算、预算和决算的能力，主要适合于从事项目投融资及工程造价全过程管理工作。该专业方向为学生开设经济学、管理学、会计学、运筹学、工程经济学、工程估价、工程合同管理、工程项目管理、建筑施

◆ 专业的印记

工技术与组织、工程结构、工程力学、房屋建筑学、建设法规等课程。学生毕业后可在政府建设管理部门从事质量监督、报建、招投标管理、审批等工作，也可在银行、投资信托公司、设计研究院、工程咨询公司、房地产开发企业、施工企业从事项目评估、工程造价、工程招投标、工程建造管理、工程监理和概预算等工作。

51. 特殊教育

特殊教育专业开设于 2000 年，2003—2015 年在特殊教育学院招生。本专业培养掌握特殊教育的基本理论、基本知识和基本方法，形成正确的特殊教育观，具有从事培智学校和随班就读学校教育、教学和科研工作的基本能力，能够从事培智学校、随班就读学校的数学或语文学科的教学以及对发展障碍儿童进行相关训练的专门的应用性人才。为学生开设教育学、心理学、特殊教育导论、智力落后儿童教育、教学设计、小学语文教学法、小学数学教学法、随班就读教育学、行为矫正技术、教育与心理测量等课程。学生毕业后可到特殊教育学校、普通小学和相关的特殊教育机构工作。

2003—2004 年本专业开设义务教育、学前教育、社区与职业教育三个专业方向，为特殊学校和普通学校随班就读培养师资，为特殊儿童早期教育、社区教育与康复，特殊儿童中等教育、职业教育培养师资。特殊教育专业是师范类本科专业，面向北京，文理兼招，培养一专多能的，从事有特殊需要儿童的教育、训练的高级应用性专业人才。特殊教育系有一支朝气蓬勃，具有较高教科研水平的师资队伍。除公共基础课外，本专业开设的主干课程还有：特殊教育导论、心理学、儿童心理咨询、心理测量与评估、行为改变技术、教学活动设计、教学法、家庭教育概论、特殊儿童早期干预、公共关系学等。学生可以根据自己的兴趣、能力灵活选择专业方向，就业前景广阔。

2005—2011年本专业根据首都特殊教育需求，开设特殊学校教育、普校特殊教育资源教师（随班就读）两个专业方向，为特殊儿童早期教育、特殊儿童基础教育（特殊学校和普通学校随班就读）、特殊青少年职业教育、康复训练、心理辅导培养师资。通过四年学习，学生成为一专多能、可从事有特殊需要儿童的教育、训练的高级应用性专业人才。为学生开设大学英语、计算机基础、生理学基础、特殊教育医学基础、特殊教育导论、普通心理学、发展心理学、教育心理学、教育与心理统计、儿童心理与咨询、心理测量与评估、行为改变技术、现代教育技术、教学法、特殊儿童早期干预、特殊儿童的心理与教育、课程与教学设计、教育科研方法、音乐与音乐治疗、康复与生涯发展等课程。毕业生可到普通中小学担任特殊教育资源教师、心理辅导教师、随班就读教师，或到特殊学校当教师，也可到康复机构和福利院当专业教师。

52. 学前教育

学前教育专业开设于2003年，2003—2015年在特殊教育学院招生，培养能在各种学前教育机构、特殊教育机构、教育行政管理部门从事教育、康复、科研、管理等工作的专业人才。所培养的学生热爱学前教育事业与特殊教育事业，具有正确的儿童观、教育观，具备人文、社会、教育与心理学科方面的基础知识，掌握全面的幼儿教育和特殊教育专业知识，具备较强的从事普通幼儿园教学、特殊儿童早期教育康复、教育研究与管理的能力，尤其在学前特殊儿童的融合教育方面具有实际运用能力，具备运用计算机技术辅助教学与科研的能力，具备阅读、翻译英语教育文献资料的能力。为学生开设大学英语、计算机基础、人体解剖生理学、普通心理学、幼儿保健学、儿童

◆ 专业的印记

发展心理学、学前教育学、幼儿游戏理论、幼儿园课程、教育科研方法、特殊教育学、心理测量与评估技术、学前语言教育、学前数学教育、学前科学教育、学前艺术教育、学前健康教育、学前儿童社会性发展与教育、残疾儿童康复、普通教育学、教育统计学、中外教育史、教育技术等课程。本专业培养的学生能在学前教育机构、特殊教育机构、教育行政管理部门从事教育、康复、科研等工作，能够胜任普通幼儿园的特殊儿童融合教学与管理工作，并且具备家长咨询、幼儿偏差行为指导等实践能力，能够在特殊教育机构从事教学与管理工作，能够在教育行政管理部门从事管理工作，也能在相关的研发机构就业。

特殊教育学院学前教育听力语言康复专业方向为国内首个以听力语言康复为方向的师范类本科专业，面向北京地区招生，文理兼收。该专业方向师资力量雄厚，聘请听力语言康复机构经验丰富的专家执教。教学过程中在强调理论修养的同时，也注重实践技能的培养，并配备有实验室与相关语言康复设备，在全国设有多个实习基地。该专业方向培养能在各种学前教育机构、听力语言康复机构、教育行政管理部门从事教育、康复、科研、管理等工作的专业人才，所培养的学生热爱学前教育事业与学前听障儿童康复事业，具有正确的儿童观、教育观，具备人文、社会、教育与心理学方面的基础知识，掌握全面的幼儿教育和学前听障儿童教育专业知识，具备较强的从事普通幼儿园教学、学前听障儿童听力语言康复、学前教育研究与管理的能力，尤其在学前教育与听力语言康复方面具有实际运用能力，具备运用计算机技术辅助教学与科研的能力，具备阅读、翻译英语教育文献资料的能力。该专业方向为学生开设大学英语、计算机基础、人体解剖生理学、残疾儿童生理与病理、语言学基础、幼儿保健学、幼儿心理学、学前教育学、幼儿游戏理论、学前儿童语言教育、学前儿童科学教育、幼儿园教育活动设计与指导、听力语言康复导论、听障儿童康复医学基础、听力学基础与临床、聋童心理与教育、听力语言训练、听障幼儿教学教法、听障幼儿教育评价、幼儿教育研究方法、听障幼儿教育活动设计与指导、听障幼儿家庭与社区康复等课程。该专业方向培养的学生能在学前教育机构、听力语言康复机构、教育行政管理部门从事教育、康复、科研等工作。

本专业 2014—2015 年也在师范学院招生,强调面向首都学前教育事业第一线,培养从事普通幼儿及特殊幼儿的学前教育实践工作,具有扎实的学前教育专业基本知识与基本理论、较强实践能力的高素质应用型与复合型人才。本专业培养的师资不仅具备普通幼儿教师应有的教育教学知识与能力,而且具备开展特殊幼儿教育指导的知识与能力。为学生开设学前教育学概论、儿童发展、幼儿卫生与保健、幼儿游戏理论与实践、幼儿语言教育、幼儿数学与科学教育、幼儿社会性发展与教育、幼儿体育活动、幼儿园课程、艺术素养选修模块、特殊儿童特点与教育选修模块、学前拓展选修模块、幼儿园教育见/实习等课程。毕业生可到幼儿园、特殊学校的早期教育部门、早期教育培训机构就业。

53. 表演

表演专业开设于 2004 年,2004—2015 年在广告学院招生。本专业旨在培养掌握丰富的人文社会科学和艺术文化理论,具备较高的审美能力、艺术修养和较强的创新意识,拥有丰富的表演实践经验的复合性戏剧影视专业表演人才。本专业注重基础技能的训练,着重挖掘和提高学生自身个性魅力的培养,加强学生对生活的认识和积累,让学生有意识地观察生活、积累素材,不断提升和完善自身的艺术修养,进行艺术创作。为学

◆ 专业的印记

生开设应用广告原理、表演理论、表演技巧、台词、形体训练、声乐、中外戏剧影视欣赏、中外戏剧史、广播电视广告原理等课程。毕业生可到全国话剧团体、影视公司、广告公司从事表演艺术工作和相关的项目管理工作。

2007年本专业设置影视表演艺术、主持艺术、导演艺术三个专业方向，培养掌握丰富的人文社会科学和艺术文化理论，具有一定的表演实践经验的戏剧影视表演、播音主持、影视编导方面的复合性影视表演专业人才。为学生开设表演理论、台词、音乐学、中外影视文学、影视审美艺术等主要课程。影视表演艺术专业方向开设形体训练、声乐、表演技巧、中外电影史、中外戏剧影视欣赏等课程。主持艺术专业方向开设广播电视播音学、语音基础、发声技巧、传播学、专题播音与主持、综艺娱乐主持、影视配音艺术、电视策划与主持、灯光艺术、人物造型等课程。导演艺术专业方向开设导演创作、导演基础、摄像基础、影视编剧、录音艺术、影视剪辑制作、影视作品评析等课程。毕业生可到全国艺术团体、影视公司、广告公司、电视媒体从事表演艺术和相关的项目管理工作。

2008年本专业设置影视表演艺术、综艺节目主持、编导艺术三个专业方向。

影视表演艺术专业方向培养掌握丰富的人文社会科学和艺术文化理论，具备较高的审美能力、艺术修养和较强的创新意识，具有一定的表演实践经验的戏剧影视表演专业人才。为学生开设表演技巧、台词、声乐、形体训练、中外电影史、中外戏剧影视欣赏、音乐赏析、中外影视文学、影视审美艺术、化妆等课程。毕业生可到全国艺术团体、影视公司、广告公司、电视媒体从事表演艺术和相关的项目管理工作。

综艺节目主持专业方向培养德、智、体、美全面发展，面向首都及地方社会发展和经济建设事业第一线，从事综艺节目主持艺术领域工作，具有广播电视新闻传播以及综艺节目主持艺术、美学等多学科专业基本知识、基础理论和较强实践能力的新闻媒体以及其他单位从事广播电视综艺节目主持工作的复合性应用语言学及有较强社会实践活动能力的高级应用性专门人才。为学生开设播音发声学、播音创作基础、文艺作品演播、电视节目主持、传播学、采编艺术、表演艺术、造型艺术、音乐学、形体艺术、中国古代文学、中国现代文学等课程。毕业生可到综艺节目主持艺术领域或广播电视新闻传播、综艺节目主持艺术和新闻媒体以及其他单位从事广播电视综艺节目主持工作。

编导艺术专业方向培养德、智、体、美全面发展，面向首都及地方社会发展和经济建设事业第一线，从事电视编导艺术领域工作，具有广播电视新闻传播以及电视编导艺术、美学等多学科专业基本知识、基础理论和较强实践能力的新闻媒体以及其他单位从事广播电视编导工作的复合性应用语言学及有较强社会实践活动能力的高级应用性专门人才。为学生开设影视导演基础、导演创作、摄像技术、视听语言、纪录片制作、影视节目策划、表演艺术、形体艺术、影视美术、灯光技术、影视节目制作、中国古代文学、中国现代文学等课程。毕业生可到电视编导艺术领域工作，也可从事广播电视新闻传播以及电视编导工作，还可到新闻媒体以及其他单位从事广播电视编导工作。

2009年本专业设置影视表演艺术、综艺节目主持、编导艺术、模特四个专业方向。

影视表演艺术专业方向培养具有戏剧影视表演理论知识，掌握表演艺术的创作规律与技能，有较高的艺术品格和良好艺

◆ 专业的印记

术素质的应用性表演艺术专门人才。为学生开设表演技巧、台词、声乐、形体训练、化妆、中外电影史、中外影视音乐赏析等课程。学生毕业后可到全国艺术团体、影视公司、广告公司、电视媒体从事表演艺术和相关的项目管理工作。

综艺节目主持专业方向培养具有广播电视新闻传播以及节目主持艺术、文学、美学等学科专业的基础理论，并有较强社会实践活动能力的复合性高级专门人才。为学生开设播音主持艺术创作基础、语音发声学、文艺作品演播、类型节目主持、传播学、采编艺术、表演艺术、戏曲、曲艺、中国古代文学、中国现代文学等课程。毕业生可到广播电视传媒机构等企事业单位宣传部门、广告公司、艺术团体工作。

编导艺术专业方向培养从事电视编导艺术领域工作，具有影视编导艺术、文学、美学等多种学科的基础理论，有较强社会实践活动能力的高级应用性专门人才。为学生开设影视导演创作基础、剧本创作、摄像艺术、视听语言、纪录片编制、影视节目策划、表演艺术、录音艺术、灯光技术、世界名著赏析、中国古代文学、中国现代文学等课程。毕业生可到影视媒体机构、文化事业单位及各大影视文化艺术制作公司从事策划、创作工作。

模特专业方向培养具备影视模特、多方位模特、T台模特专业知识的应用性专业人才。学生能够系统地掌握影视模特、多方位模特及T台模特表演的基本理论，有较强的观察、理解、反应能力，掌握模特表演艺术的基本理论知识，具有模特表演艺术创作的基本能力。为学生开设的课程有：形体艺术、T台技巧、表演艺术、视听语言、音乐学、艺术概论、文化礼仪、人物造型艺术、影视节目策划、戏曲、曲艺、声乐、中国古代文学、中国现代文学等课程。毕业生可到影视传媒公司、文化艺术领域等企事业单位的文艺部门从事相关工作。

2010—2012年本专业设置影视表演艺术、儿童剧表演、综艺节目主持三个专业方向，培养具有一定的马克思主义基本理论素养，具备良好的文化素养、艺术底蕴和自觉以社会主义创作原则为指导，掌握表演艺术的理论和知识，具有在戏剧、影视等作品中独立完成不同人物形象塑造的能力和技巧的人才。学生在经过表演学科专业基础及相关理论学习后，可根据自己的兴趣并通过专业测试选择相关的专业方向进一步深造学习。2009级学生周悦冰获得2010年环球旅游小姐中国赛区总冠军，并代表中国赴德国法兰克福参加世界大赛。2006级学生文梦洋在《丑女无敌》等多部影视剧中出演主要角色。在校生先后参加了《神探狄仁杰》（第一部至第三部）、《猎鹰1949》等电视剧的拍摄，部分学生参与了北京人民艺术剧院新版历史剧《蔡文姬》的演出。2005级、2006级多名学生参与了中国儿童艺术剧院《皮皮·长袜子》、中国国家话剧院剧目《简爱》、北京儿童艺术剧院《红孩子》等多部剧目的演出，并饰演主要角色。2007级、2008级学生担任北京移动电视名牌栏目、青岛台多档综艺娱乐节目、全国移动电视平台中《爱在阳光下》等多档节目主持人。

本专业为学生开设表演、语言、声乐、形体、艺术概论、影视理论、中外影视史、中外影视音乐赏析等基础课。影视表演艺术专业方向开设表演、语言、声乐、形体、戏剧影视赏析、中外影视史、中外影视音乐赏析等课程。儿童剧表演专业方向开设儿童剧表演、儿童剧语言、声乐、形体、戏剧影视赏析等课程。综艺节目主持专业方向开设文艺作品演播、配音艺术、广播综艺节目主持、电视综艺节目主持、即兴表达等课程。毕业生不仅可以从事演员工作，而且可到国家机关、企事业单位

> 专业的印记

从事相关文化宣传、群众文化普及、艺术培训等工作。

2013—2015年本专业设置影视表演艺术、综艺节目主持两个专业方向，旨在培养具备在戏剧、影视作品中能完成不同人物形象塑造能力，以及具有良好的文化素养，掌握表演艺术的理论知识，符合文化艺术相关岗位的工作需求，并服务于首都文化创意产业的复合型表演艺术人才。学生在经过表演学科专业基础及相关理论学习后，可根据自己的兴趣并通过专业测试选择相关的专业方向进一步深造学习。优秀学生在校期间有机会参加赴海外合作院校学术交流、夏令营及交换生等活动。为学生开设表演、台词、声乐、形体、艺术概论、影视理论、中外影视史、影视音乐赏析、电视综艺节目主持、广播综艺节目主持、影视配音、文艺作品演播、节目采编等课程。毕业生可从事演员工作，也可到国家机关、企事业单位从事相关文化宣传、群众文化普及、艺术培训等工作，还可成为戏剧、影视类的职业演员、文艺节目主持、策划及后期制作人员，或成为满足基层文化单位需求的有创作能力的文艺骨干。

54. 绘画

绘画专业开设于2005年，2005—2015年在广告学院招生，旨在培养具有扎实的艺术造型能力及计算机应用技能，具备商业插画理论知识，了解商业绘画的先进创作理念和创作手法，掌握书籍插画创作、出版、广告与游戏等领域中的策划、编辑、制作等综合技能，具有较强的创作能力、手绘能力，并能适应市场变化，独立开展商业绘画、原画创意造型与表现，胜任艺术创作、广告、出版、数字传播媒体、动漫企业、新闻出版机构及教育科研等相关单位工作需求的应用性、复合性艺术人才。绘画专业教师来自中央美术学院、清华大学美术学院、首都师范大学等国内外专业艺术高校，拥有强大的教学与科研能力。

本专业课程强调对不同材质、不同艺术形式的实践应用，以工作室制为基础，强调校企实习合作、每年定期进行全国范围的采风实训、毕业创作等实践教学环节。

本专业为学生开设造型基础、人体造型、绘本设计、场景设计、商业插画、动画运动规律、动漫人物角色造型设计、综合材料创作、国画技法、数字绘画艺术、动画脚本设计与制作、图形创意设计等课程。毕业生可在与文化产业相关的出版机构、中小学教育机构、动画公司、影视公司、科研所等企事业单位从事脚本编绘、原画设计、插画与绘本设计、动画图形设计及美术教学等工作。

55. 文物与博物馆学

文物与博物馆学专业开设于2014年，2014—2015年在应用文理学院招生。本专业面向国家及首都文物博物馆事业发展需要，培养考古学和历史学基础扎实，具有人文素养、科学思维以及先进的文化遗产保护理念，具备博物馆业务、文物保护修复等技能，能胜任文物博物馆行业实际工作的高素质复合应用型人才。本专业理论课程与实践课程并重，构建以考古学基础课程+文物保护修复与博物馆核心课程+校内外文博实践三组课程群为主干的课程体系，师生深度参与首都文物保护与博物馆行业真实课题，产学研用结合，重点培养学生在文物保护与修复、博物馆展陈服务等方面的应用能力。为学生开设考古学通论、中国古代史、世界古代史、中国民俗学、文化遗产学、博物馆概论、艺术史概论、博物馆陈列与设计、博物馆藏品管理、文物保护与修复技术、田野考古实习、陶瓷文物鉴赏、青铜器文物鉴赏、玉石文物鉴赏、科技考古等课程。本专业还具有集设计博物馆参观与解说、可移动文物调查、可移动文物保护与修复、文博行业实习为一体的递进式、模块化的集中实践教学体系，搭建校内外一体化的实践教学平台，拥有国家考古发掘资质（团体领队资质），以及故宫博物院、首都博物馆（市级）等30家校外人才培养基地。毕业生可到博物馆、文博管理机构、文物考古研究机构、文物商店、文化公司、拍卖行、图书馆、古籍书店、学校等企事业单位从事文物鉴定、文物修复、博物馆展陈等工作。此外，本专业依托考古学、专门史硕士学位点，为毕业生提供良好的深造机会。

56. 数字媒体艺术

数字媒体艺术专业开设于2013年，2013—2015年在广告学院招生。

2013年本专业培养具有扎实的数字媒体技术和艺术设计理论，掌握数字技术在影视艺术、多媒体艺术领域中的应用技能，适应北京文化创意产业发展的，能在影视特效及网络多媒体艺术领域中进行创作实践、应用研究和系统管理的复合型一线人才。本专业是以计算机媒体技术为基础，以艺术设计为依托的跨学科专业。毕业生可在动漫、影视、多媒体装置艺术、平面设计、广告、网络、游戏等行业从事各类数字媒体的艺术设计、创作及传播等方面的工作。为学生开设设计素描、设计色彩、设计美学法则、中外设计史、艺术设计概论、数字摄影、数字摄像、视听语言、数字图像处理、网络动画设计、动画角色与场景设计、数字绘画、视频特效与非线性编辑、MAYA动画设计与制作、网页设计、电视栏目包装、数字音频处理等课程。毕业生可在动漫、影视、多媒体装置艺术、平面设计、广告、网络、游戏等行业从事各类数字媒体的艺术设计、创作及传播等方面的工作。

2014年本专业设置两个专业方向：数字影视特效设计和交互界面艺术设计，培养具有扎实数字媒体技术和艺术设计理论，掌握数字技术在影视、网络、多媒体等领域中的应用技能，适应文化创意产业发展，能在数字媒体领域中进行艺术创作实践、应用设计研究和系统管理的复合型应用人才。本专业是以计算机媒体技术为基础，以艺术设计为依托的跨学科专业，每年均会有一定数量的国内外专家来校讲座，带来行业前沿相关信息。优秀学生在校期间有机会参加赴海外合作院校学术交流、夏令营及交换生等活动。为学生开设设计素描、设计色彩、设计美学、中外设计史、设计概论、数字摄影、数字摄像、视听语言、数字图像处理、网络动画设计、动画角色与场景设计、数字绘画、视频特效与非线性编辑、MAYA动画设计与制作、网页设计、电视栏目包装、数字音频处理等课程。毕业生可在平面设计、广告、动漫、网络、影视、游戏、多媒体装置艺术等行业从事各类以数字媒体为载体的艺术设计、创作及传播方面的工作。

2015年本专业下设三个专业方向：数字影像、交互设计和动漫设计，面向文化创意产业中的动漫设计、影视特效设计、交互界面与网页设计、游戏设计、平面广告设计等行业，培养具有扎实数字软件操作和艺术设计理论基础，掌握数字技术在影视、网络、动画等领域中的应用技能，能在数字媒体艺术领域从事艺术创作实践、应用设计研发和艺术管理的复合应用型艺术创意人才。本专业教师来自中央美术学院、清华大学美术学院、江南大学设计学院等国内外知名艺术高校，拥有较强的教学与科研能力。本专业所开设的专业课程采用项目式教学方法，注重项目实践，强调校企合作机制。学生入学后以校企合作项目课题为课程主导，为学生提供专业化学习保障。每年有数十位国内外专家来校授课、举办讲座，学生在校期间有机会赴海外参加学术交流、夏令营及交换生等活动。为学生开设设

◆ 专业的印记

计素描、设计色彩、艺术设计概论、中外设计史、设计方法、数字摄像、视听语言、数字图像处理、网络动画设计、影视后期与合成编辑、三维动画设计、网页设计与制作等课程。毕业生可在动漫、信息与交互、影视、游戏、平面广告设计等行业从事各类以数字媒体为载体的艺术设计、创作研发及传播方面的工作。

本专业2013—2015年也在师范学院招生，培养德、智、体、美全面发展，掌握数学与自然科学基础知识以及与数字媒体相关的计算机科学与技术等学科的基本理论、基本知识、基本技能和基本方法，具备良好的技术素质和一定的艺术修养，熟悉数字媒体技术行业领域基本规范，富有创业激情和创新意识，务实进取，能适应首都文化创意产业、数字媒体产业需要的高级复合型、应用型技术人才。本专业以技术为主、艺术为辅，注重实践能力的培养。为学生开设数字媒体技术导论、计算机网络、计算机图形学、数字图像处理、数字视频基础、非线性编辑基础、镜头画面设计、动画短片制作、三维动画造型与动画技术、游戏开发、虚拟现实技术、影视制作与合成等课程及相关课程的综合技能实训、专业实习、毕业设计等环节。毕业生可在网络媒体、新媒体工程、影视机构及IT领域从事数字媒体内容开发、音视频数字化、动画制作、影视编辑制作、媒体设计制作、数字媒体设备运营和维护、信息服务及数字媒体管理等工作，也可在中小学从事信息技术、数字媒体方面的教学工作。

57. 服装与服饰设计

服装与服饰设计专业开设于2013年，2013—2015年在师范学院招生。本专业培养能从事服装与服饰设计策划和时装研究工作，具有较强的设计创造能力和动手能力，具有较强的市场设计意识和市场竞争能力，掌握服装企业、服装市场的基本运作知识，以及把握时尚潮流、进行流行预测的基本方法，能在服装艺术领域与应用研究型领域及艺术设计机构从事设计、研究、教学、管理等方面工作的应用型人才。为学生开设服装设计方法与程序、服装材料及再造、人体速写及服装效果图技法、服装画电脑表现技法、服饰图案、服饰色彩设计、服装工艺基础、立体裁剪、中外服装设计艺术、服装款式图表现技法、服装分类设计、服装陈列设计、服饰品设计、民族服饰传统工艺、服装 CAD、毕业设计等课程。毕业生就业面广、就业率高，就业方向为各类服装、服饰品、装饰品等生产、贸易企业。学生毕业后可从事服装设计、服装制版、服饰品设计、面辅料外观设计、形象设计、视觉营销设计、品牌市场推广、时尚买手等设计和管理工作。

58. 视觉传达设计

视觉传达设计专业开设于 2013 年，2013—2015 年在师范学院招生。本专业培养具有国际设计文化视野、中国设计文化特色，适合于创新时代需求，集传统平面（印刷）媒体和现代数字媒体于一体，在专业设计领域、传播机构、大企业市场部门、中等院校、研究单位从事视觉传播方面的设计、教学、研究和管理工作的应用型人才。为学生开设文字设计、印刷设计与工艺、版面设计、书籍设计、招贴设计、包装设计、品牌策划、插图设计、标志设计、影视广告、计算机辅助设计、三维动画设计与制作、动画运动规律、数字影像创作、电视栏目包装、网页设计、毕业设计等课程。毕业生可担任广告公司设计师、出版社美术编辑、网站设计与维护、中小学美术教师、商业摄影工作室艺术总监等职位。

59. 环境设计

环境设计专业开设于2013年，2013—2015年在师范学院招生。本专业培养适应我国社会主义经济建设的发展需要，掌握专业基础理论、相关学科领域理论知识与专业技能，并具有创新能力和设计实践能力，能在高等艺术学校从事环境设计或教学、研究工作，在艺术环境设计机构从事公共建筑室内设计、居住空间设计、城市环境景观与社区环境景观设计、园林设计，具备项目策划与经营管理、教学与科研工作能力的高素质环境艺术应用型人才。为学生开设室内设计表现技法、展示设计、建筑设计基础、图像处理技术、CAD制图设计、三维造型设计、室内设计程序、材料与工艺、住宅空间设计、公共空间设计、博物馆展示设计、展览会展示设计、陈设艺术设计、景观设计基础、照明设计与工艺、家具设计与工艺、毕业设计等课程。环境设计行业市场用人兼容度较大，涉及城市建筑设计、会展活动、室内设计、景观设计等范畴，与此相关的新服务类公司、设计公司等企事业单位均对环境设计专业人才有用人需求，学生就业面广。学生毕业后可从事的职业范围包括室内设计、会展设计、景观设计、陈设品设计、家具设计、照明设计等。

60. 产品设计

产品设计专业开设于2013年，2013—2015年在师范学院招生。本专业培养知识、能力、素质协调发展，具有扎实的工业设计基础理论知识及产品造型能力、良好的职业技能和职业素质，能在专业设计部门、教学科研单位从事以产品创新为重点的设计、管理、科研或教学工作，也能从事与产品设计相关的视觉传达设计、信息设计、环境设施设计或展示设计工作的应用型人才。为学生开设皮雕产品设计、陶瓷产品设计、印染工艺、网印技术、产品造型工艺技术基础、传统手工艺、旅游产品设计、布艺产品设计、服饰产品设计、传统工艺产品开发、毕业设计等课程。毕业生主要从事工业及日用产品造型开发设计工作，工艺美术产品和手工艺术产品设计、开发、教学与研究工作，旅游产品以及产品销售包装、推广、策划宣传工作。

61. 小学教育

小学教育专业开设于2015年，在师范学院招生，培养具有系统的教育科学理论知识、广泛的文化科学知识和良好的艺术修养，具备一定的从事小学教育教学工作能力和教育教学研究能力，能适应当前小学教育改革和发展需要，有持续发展潜能和较强实践能力，具有创新精神的优质小学教师。为学生开设教育概论、中文、数学、英语、小学各学科教学与研究、小学班队原理与实践、课程与教学论、小学教育学、小学心理学、教育心理学、现代教育技术、小学语文课程与教学论、小学数学课程与教学论、小学英语课程与教学论、小学音乐课程与教学论、小学美术课程与教学论、小学体育课程与教学论、小学信息技术课程与教学论、小学教师写字与口语实训、小学教师学科课程说课与评课实训等课程。毕业生可从事小学语文、小学数学、小学英语、小学科学等学科的教学工作，以及各种教育科学研究机构的研究工作和小学及各类教育行政部门的相关管理工作。

62. 国际商务

国际商务专业开设于2012年，2012—2015年在商务学院招生。本专业培养适应首都经济与建设世界城市发展需要，系统掌握国际商务活动中基本的定性、定量分析方法和分析工具，熟悉企业国际化运营的规则、惯例以及管理实务，具备一定的国际商务策划、国际商务运营、组织管理及开拓国际市场的能力，具有国际视野、创新精神和较强的跨文化交流能力，能够在现代服务企业特别是商务服务企业、政府部门及相关事业单位从事商务运营及管理工作的高素质应用型国际商务人才。为学生开设管理学、宏观经济学、微观经济学、会计学、经济法、企业战略管理、国际商务、国际金融、国际商法、国际商务英语听说、国际商务英语写作、国际贸易理论与实务、国际市场营销、统计学、跨国公司管理、人力资源管理、战略管理、商务沟通、国际商务谈判、国际商务环境、国际企业管理、服务管理等课程。毕业生可在各类商务服务企业、跨国公司、商业银行、商贸企业及政府各级管理部门等企事业单位从事国际商务运营与管理工作。

63. 建筑环境与能源应用工程

建筑环境与能源应用工程专业开设于2013年，2013—2015年在生物化学工程学院招生，培养具有扎实的建筑环境控制、能源供给系统和建筑设施智能化工程的基本知识和基本理论，实践能力强，具有创新创业精神和社会责任感，具有较强的适应能力和可持续发展能力，在暖通空调、建筑能源管理、建筑环境智能控制工程领域具有设计、工程管理、优化运行和节能管理能力的高素质应用型人才。建筑环境与能源应用工程专业是北京市特色专业，2013年设置暖通空调系统与建筑环境智能控制两个专业方向。毕业生通过相应考试后，可取得如下证书：①住房和城乡建设部颁发的注册公用设备工程师、注册造价工程师、注册电气工程师、注册监理工程师证书；②人力资源和社会保障部颁发的能源管理师、能源审计师、节能评估师证书。为学生开设工程热力学、传热学、工程流体力学、建筑环境学、自动控制基础、AutoCAD、暖通空调、空调冷热源技术、供热工程、建筑给水排水、建筑环境测试技术、施工技术与组织管理、安装工程造价与招投标、网络与通信技术、建筑电气技术、建筑设备自动化技术等课程。毕业生可在暖通空调、绿色建筑能源管理、智能建筑领域从事工程规划与监管、工程设计、项目咨询、项目管理、工程造价、工程招投标、工程监理、设施管理、绿色建筑评估、建筑能源管理等工作。就业范围包括：政府机构、建筑设计院、建筑咨询公司、大型施工企业、设施管理公司、建筑节能服务公司、房地产公司、监理公司和机电设备（暖通空调、楼宇自动化）专业公司等。

64. 会展经济与管理

会展经济与管理专业开设于2004年，2009—2010年在商务学院招生，旨在培养具有会展经济学、会展管理学、会展市场营销、会议组织与管理、展览项目运营与管理等方面的理论与实务知识，深谙会展运作模式及特点，具有较强外语能力、现代会展信息技术运用能力以及会展实务活动相关专业技术与技能，能在会展专业公司、会展场馆和行业协会从事招商招展、会展项目组织与策划、现场服务与管理，具有较强会展综合实践能力的会展高级应用性、复合性专门人才。为学生开设管理学、经济学、统计学、财务管理、企业战略管理、会展经济学、会展市场营销、会展管理、会议组织与管理、展览实务、会展项目管理、会展场馆管理、大型节事活动组织与管理、会展策划实务、展示设计概论、会展礼仪、会展实务实训等课程。毕业生可在会展专业公司、会展场馆、大型企业会展部、旅行社、会议型酒店、行业协会、会展管理机构从事会展招商招展、会展市场营销、会展项目管理、会议及大型活动组织与管理等工作。

本专业2011—2015年在旅游学院招生，面向会展行业，培养具有丰富知识、完善人格、旅游情怀、国际视野，具备会展策划、设计、营销、管理等专业知识，能在会展公司、会展场馆、会展服务公司、大型企业会展部、旅行社、会议型酒店、政府部门和行业协会从事会展相关的策划设计、会展营销、会展运营管理等工作的高素质复合应用性人才。为学生开设旅游学概论、管理学、微观经济学、宏观经济学、统计学、会展财务管理、会展市场营销、会展管理学、会议组织与管理、展览组织与管理、会展项目策划与管理、节庆活动策划与管理、会展场馆经营与管理、展示空间与设计、会展风险与安全管理、会展商务英语等课程。毕业生可在会展专业公司、会展场馆、大型企业会展部、旅行社、会议型酒店、行业协会、会展管理机构等单位从事会展策划、会展市场营销、会展项目管理、会展服务管理、会议及大型活动组织与管理等工作。本校会展经济与管理专业自2004年开始招生，是全国最早招收会展学生的高校之一，在北京乃至全国会展界具有较高知名度，具有"外语应用好、实践能力强、专业方向明"的突出特色。会展专业师资力量雄厚，现有会展专业教师9人，其中教授1人，副教授6人，拥有博士学位的教师7人，6人有海外交流访学背景。学校与业界联系紧密，已建立包括国家会议中心、中青旅等多家校外实践基地，学生在校期间除了能学习全面的专业知识，还有大量的实践机会，包括参加北京大型展会活动、企业实习和参加全国会展大赛、学生自办校园展会活动等以提高学生的综合素质。

65. 软件工程

软件工程专业开设于2012年，2012—2015年在信息学院招生，培养学生适应社会发展需求，德、智、体、美全面发展，具备扎实的计算机软件基础理论和丰富的软件工程专业知识、系统分析和设计方法，受到良好的软件工程基本训练，了解软件工程领域的前沿技术和未来的发展趋势，具有较强的实践能力和创新精神，具备良好的外语水平和交流能力，具备较强的软件项目的系统分析、设计、开发和测试能力，成为能够运用先进的软件工程方法从事软件项目开发和管理的应用型人才。本专业是国家级服务外包人才培养模式创新实验区主体专业，并设有校级实验班。为学生开设程序设计基础、软件工程、数据结构与算法、离散结构、面向对象程序设计、数据库原理与应用、计算机系统基础、操作系统、网络与计算、系统分析与设计、软件项目管理与质量保障、软件测试、移动应用开发技术等课程，还设置了信息技术外包（ITO）特色技术及训练课程。毕业生可在政府机构、高新科技企业、电信、通信、民航、铁路、航运、医院、证券等相关领域从事软件工程领域的研究、设计、开发、组织与管理等工作。

66. 建筑电气与智能化

建筑电气与智能化专业开设于2009年，2009—2010年在自动化学院招生，培养适应我国社会主义现代化建设的需要，德、智、体、美全面发展，掌握人文社科、电路理论、电子技术、控制理论、信息处理、微机原理及应用、通信技术、建筑及建筑设备、建筑智能环境学等较宽领域的基础理论，掌握建筑供配电、建筑照明、楼宇设备控制系统、智能建筑系统集成、建筑设备自动化管理以及通信网络工程等专业知识和技术，基础扎实、知识面广、综合素质高、实践能力强、有创新意识、具备执业注册基础知识和基本能力的建筑电气与智能化专业高级工程技术人才。为学生开设电路、电子技术基础、电机与拖动、微机原理及接口技术、自动控制原理、计算机网络、传感与检测技术、计算机控制技术、建筑智能环境学、建筑设备控制系统、安全工程技术、建筑供配电与照明工程、建筑智能化系统集成技术等课程。学生毕业后可到建筑设计和施工企业、智能

◆ 专业的印记

建筑系统集成公司、建筑智能化专业公司、智能化体育场馆从事智能建筑工程领域有关的工程设计、工程项目管理、设备安装与调试、信息处理以及综合技术支持与管理等方面的工作。

自动化学院本专业视听工程专业方向是面向首都现代建筑业、首都新兴文化产业、现代服务业发展需要而设置的，培养适应现代视听系统建设需要，掌握人文社科基础知识、专业基础与专业课程，具有专业视听工程设计、施工组织与管理、视听系统控制和维护、视听节目采编等方面的能力和素质，基础扎实、综合素质高、实践能力强、有创新意识的建筑电气与智能化视听工程方向的复合性高级工程技术人才。为学生开设电路原理、电子技术基础、信号与系统分析、计算机原理及应用、计算机网络、音乐与音响、数字视音频技术、音响工程、舞台灯光、电视原理、视频工程、录音与音频节目制作、摄像与电视节目制作等课程。毕业生可在广播影视、文化宣传部门、音响及视听工程公司、大型场馆/剧院饭店等视听场所以及音响及视听演播制作公司等从事音响及视听工程、卫星及有线电视系统工程、广播系统工程、智能灯光与音响控制系统工程、会议系统的工程设计、施工组织与管理、影视节目、多媒体节目制作以及视听系统的运行与维护等工作。

本专业2011年在生物化学工程学院招生，培养适应智能建筑行业发展要求，具有较宽厚的专业基础理论和较扎实的建筑电气与智能化专门知识，能在建筑智能化领域从事系统工程设计、工程项目组织与管理、智能建筑系统集成、技术支持以及楼宇智能化产品研发等技术与管理工作的高素质应用性专门人才。为学生开设电路、电子技术基础、自动控制原理、计算机原理与接口技术、网络与通信基础、建筑供配电与照明、建筑电气控制技术、建筑设备自动化、音视频工程技术、建筑物信息设施系统、公共安全技术等课程。毕业生可到建筑工程设计和施工企业、设备安装企业、智能楼宇物业管理企业、建筑智能化工程招投标服务企业、工程建设监理企业从事智能建筑工程领域有关的工程设计、工程项目管理、设备安装与调试、信息处理以及综合技术支持与管理等方面的工作。

67. 物流工程

物流工程专业开设于2010年，2010—2015年在自动化学院招生。物流工程专业培养适应国家和首都经济发展需要，具有系统的管理学、工学理论基础，掌握物流项目策划、设计和实施，物流系统运作与管理的基础知识与基本技能，具有物流技术和信息技术综合应用的实践能力以及良好的计算机和外语能力，能在企业、科研院所及政府部门从事物流系统设计决策、管理、运营等工作的复合型、应用型人才。物流工程专业采用本科导师制，全程指导学生的职业发展、学业规划、科研和技术实践。为学生开设管理学基础、物流经济学、运筹学、供应链管理、物流工程、计算机软件技术基础、物流管理信息系统、现代物流信息化技术、物流自动化技术、物流系统规划与设计、物流系统建模与仿真、电子商务技术与应用、现代物流装备、应用统计学、交通运输学、采购管理、国际物流、商品学、物流运作优化设计、物流软件设计等课程。物流工程专业拥有物流实验室、物流规划与信息技术实验室和校级物流人才实践基地。作为中国物流与采购联合会常务理事单位，本专业在实践类课程中依托国际商业机器公司（IBM）、甲骨文（Oracle）公司、西门子股份公司、北京空港物流集团、中关村软件园、北京通州物流产业园区、北京奥运城市发展促进中心等企业开展工程化教育合作，由具有国家高级物流师职业资格的授课教师和国际知名企业工程师指导学生开展专业实践。物流业是融合

> 专业的印记

运输仓储、货运代理、信息等产业的复合型服务业，是支撑国民经济发展的基础性、战略性产业，毕业生可就职于政府或企事业单位的供应链管理和采购管理部门、国际物流运输企业、物流园区管理机构、商品流通企业、物流服务咨询企业、电子商务运营和物流信息技术研发企业，从事物流系统规划、商业物流运营与管理、国际货运代理、物资采购、物流信息服务等工作。

2012—2013年物流工程专业包含两个专业选修方向：物流信息技术和物流系统规划。

物流产业是国家和北京市重点发展的新兴产业，物流工程专业的主干学科是管理科学与工程、交通运输工程、控制科学与工程、融合自动控制技术、物联网技术、信息技术、货运代理和交通运输服务。北京联合大学物流工程专业拥有北京市优秀教师、教育部 IBM 中国优秀教师、北京市市属高校中青年骨干教师，且多名教师获国家留学基金委奖教金。作为中国物流与采购联合会常务理事单位，本专业在教育部高等学校物流类专业教学指导委员会和中国物流与采购联合会指导下，与国内外著名企业开展校企合作，并采用导师制，全程指导学生四年的学习、科研和实践。

物流工程专业面向首都经济产业、物流产业、信息产业和物联网技术应用领域，培养适应国家技术和经济发展需要，具有较高的思想道德和文化修养、扎实的工程科学和管理科学的基础理论知识、良好的计算机和外语能力，富有创新创业精神和社会责任感，掌握现代物流专业知识，在物流领域具有较强的适应能力和可持续发展能力的高素质应用性人才。物流信息技术专业方向培养具有运用物流技术和信息技术，从事物流工程项目实施、物流信息服务、物联网技术、物流装备控制与维护等行业领域人才。物流系统规划专业方向培养具有运用物流信息技术和经济管理技术，从事物流产业管理、物流系统规划与设计、物流园区规划与管理、城市物流配送等行业领域人才。

本专业为学生开设管理学基础、运筹学、供应链管理、电工电子技术、计算机软件技术基础、工程经济学、应用统计学、控制工程基础、交通运输学、计算机网络与通信、物流工程、物流管理信息系统、条码与射频技术、物流装备自动控制技术、物流仓储规划与管理、物流运输与配送规划、商品学、专业英语、电子商务技术与应用等主要课程。物流信息技术专业方向开设无线智能传感网络、卫星导航与定位技术、物流系统建模与仿真、XML技术与应用等课程。物流系统规划专业方向开设企业物流管理、交通系统规划与控制、国际货运和港口物流、采购管理等课程。毕业生可就职于政府相关管理部门、物流园区、各类物流和商贸企业、进出口代理公司、物流服务咨询公司和物流信息技术公司，从事物流工程技术开发、物流运营控制与管理、物联网技术与应用、物流信息服务等工作。

68. 交通工程

交通工程专业开设于2011年，2011—2015年在自动化学院招生，培养适应社会主义建设需要，德、智、体、美、劳全面发展，具备良好人文、科学和职业素养，掌握交通工程学、运筹学、信息科学和系统工程学等学科基础理论和基础知识，具备运用所学专业知识和技能解决实际工程问题能力，创新意识和创业能力强的高素质应用性城市轨道交通工程技术和管理人才。本专业以城市轨道交通自动化和智能化为特色，宽口径、厚基础，强化知识、技能和才干三位一体的有机融合，注重培养学生解决实际工程问题的能力和素质。本专业毕业生掌握城市轨道交通信号、控制、运营组织管理等方面的基本知识和技

◆ 专业的印记

能，初步具备信号系统设计、施工、维护以及城市轨道交通行车组织和运营管理的能力。毕业生可从事城市轨道交通领域的系统集成、工程施工、咨询监理、运营管理等工作，也可从事自动化等相关领域的技术开发、技术支持和组织管理工作。毕业生可到政府交通管理部门、地铁运营公司、城市轨道交通建设公司、轨道交通设备研发生产企业、公共交通企事业单位、智能交通生产研发单位工作。学生还可报考交通信息工程及控制、交通运输工程、控制科学与工程以及相关专业的硕士研究生，或选择出国深造。

本专业为学生开设交通工程学、运筹学、控制工程基础、电路与电子技术、系统工程基础、城市轨道交通概论、轨道交通运营管理基础、轨道交通规划与设计、城市轨道交通信号系统、城市轨道交通智能控制系统、城市轨道交通综合监控系统、轨道交通安全工程、智能交通系统和项目管理等课程。在实践教学环节中，综合性、设计性、创新性实验比例占到60%，加强企业实习、工程实践、课程设计、毕业设计环节中的工程训练，将提高学生的创新能力和实践动手能力贯穿于培养计划的全过程，推行基于工程全生命周期的案例教学，不断创新和改革教学内容与教学方法。校内专业实验室设施齐备，具有城市轨道交通系统综合训练、计算机联锁控制、CBTC列控、城市轨道交通综合监控和车站服务设备等先进专业实验室以及 Open Track、Trans CAD、Trans Model 等主流交通仿真软件。本专业还注重建立校外专业实践企业群，同北京市轨道交通建设管理有限公司、北京全路通信信号研究设计院集团有限公司、河南辉煌科技股份有限公司、北京和利时集团、中国铁道科学研究院集团有限公司等建立了良好的合作关系，同北京交通大学等高校合作紧密，聘请以上单位的专家、高工和学者担任专业建设委员会校外委员和顾问专家，构建政产学研一体化协同创新的专业实践教学平台和专业建设智库，具有能够为专业实习、就业提供保障的稳定校外实践基地群。

2012年本专业设置轨道交通信号、轨道交通运营管理两个专业方向，培养适应城市轨道交通领域发展需要，具有良好人文素质、科学文化素质、创新精神和社会责任感，掌握较为扎实的交通工程学、系统工程学、城市轨道交通信号和运营管理等方面的基础理论和基本知识，实践能力强，能够从事轨道交通信息系统的研发、安装、调试和维护，以及轨道交通系统运营管理，具有较强适应能力和可持续发展能力的高素质应用型人才。为学生开设运筹学、交通工程学、系统工程基础、轨道交通运营管理基础、轨道交通规划与设计、轨道交通安全工程等课程。轨道交通信号专业方向开设轨道交通供配电与触网系统、区间信号与列车自动控制系统、轨道交通通信与信号、计算机联锁控制、轨道交通电气故障诊断与维护等课程。轨道交通运营管理专业方向开设列车运行计算与设计、轨道交通客运组织、列车调度集中系统、数据库设计与开发、交通专业软件及其应用等课程。毕业生可到政府机构、城市轨道交通运营管理公司、交通规划设计院所、轨道交通设备生产制造企业从事城市轨道交通信号与控制系统，机电技术及其装备的开发、维护和管理，城市轨道交通规划设计，列车运营管理，客/货运输组织，工程施工调试，项目咨询监理，产品销售等工作。

69. 轨道交通信号与控制

轨道交通信号与控制专业开设于2015年，在自动化学院招生，培养身心健康，具有良好人文科学文化和强烈社会责任感与职业道德，具备自动化通信、计算机应用交通运输等轨道交通行业相关专业学科背景，满足轨道交通信号与列车运行自动

◆ 专业的印记

控制领域需要，掌握自动化领域的系统理论和轨道交通信号、控制的专门知识关键技术和专业技能，视野开阔、专业基础扎实，具有较强工程实践和创新创业能力，能够从事轨道交通信号系统工程设计、应用开发、设备安装调试与维护，具有较强适应能力和可持续职业发展能力的高素质应用型轨道交通工程技术和管理人才。为学生开设电路分析、信号与系统、模拟电子技术、数字电子技术、数字信号处理、自动控制原理、微机原理与接口技术、轨道交通信号系统、列车运行控制技术、通信原理、轨道交通通信技术、数据结构、程序设计与开发、轨道交通安全工程等课程。本专业重视实践教学，构建从专业认知实践、课程设计、专业实习、专业综合实践到毕业设计的政产学研一体化共同创新的专业实践教学平台，不断加强学生工程能力训练和创新能力的培养。校内专业实验室设施齐备，拥有轨道交通综合仿真实验室、轨道交通设备实验室和轨道交通信号与控制实验室以及多种主流交通仿真软件。本专业注重构建校外专业实践企业群，在北京市轨道交通建设管理有限公司、河南辉煌科技股份有限公司、北京地铁、京港地铁、北京和利时集团建立了校外教学实践基地，为学生专业实习和毕业实习提供了良好的条件。毕业生可到政府交通管理部门、轨道交通建设单位、轨道交通运营公司、轨道交通设备研发生产企业工作。

70. 教育康复学

教育康复学专业开设于2015年，在特殊教育学院招生。本专业在医教结合、综合康复理念指导下整合教育与康复的手段和方法，培养兼具教育与康复两种技能的专业人才。为学生开设教育学、心理学、教育康复学导论、中国传统康复技能、教育与心理测量、教育与心理统计、心理咨询技术、康复听力学、言语障碍评估与矫治、作业治疗学、物理治疗学、自闭症儿童康复与教育、智力障碍儿童康复与教育、听力障碍儿童康复与教育、学习障碍儿童康复与教育等课程。毕业生可到特殊教育支持中心、特殊教育学校任康复教师，也可到康复中心、民政福利机构、医院相关科室从事集康复、教育、咨询于一体的康复指导师。

71. 网络与新媒体

网络与新媒体专业开设于2013年，2013—2015年在广告学院招生。互联网及手机移动媒体等新兴媒介的迅速发展，使当前的传媒格局和相关产业发生了巨大的变化，市场和产业对掌握新媒体策划应用、设计等技术的应用型人才产生了巨大需求，本专业是应对这种人才需求而设置的专业。本专业的人才培养目标是：适应我国尤其是北京市相关产业发展的迫切需要，培养具备较扎实的新闻传播理论、媒介策划创意、艺术设计基础以及一定的网络和新媒体技术，能够整合运用网络与新媒体，完成媒介策划、创意、信息制作发布以及经营管理等工作内容的应用型人才。本专业的课程设置充分体现当前和未来社会的发展需要，毕业生就业能力强，具有较强的应用实践能力、创新创业精神和社会发展适应能力。为学生开设传播学概论、新媒体概论、新媒体技术与应用、新媒体市场运营与战略管理、网络与新媒体舆情研究、网络营销策划与创意、数字图像创意与设计、网络与新媒体广告创意制作、网络与新媒体视频编辑与制作、广告学概论、公共关系学、整合营销传播、企业形象与品牌推广、动画设计、新媒体产业、新媒体视觉传达、艺术概论、品牌与策划等课程。毕业生可从事网络与新媒体广告策划、公关策划、营销推广等工作，也可从事网络与新媒体信息设计制作、资讯编辑、调查服务等技术类工作，还可到各媒体机构、政府机构从事网络舆情监督、网络运行、营销等工作。

五

2016年以来，我国处于新的内涵发展时期，国家推进实施创新驱动发展、京津冀协同发展、世界一流大学和一流学科建设等重大发展战略。北京市围绕"四个中心"城市功能定位，分步实施疏解非首都功能，推进京津冀协同发展，规划建设城市副中心。作为诞生于北京、成长于北京、以北京生源为主的市属高校，为更好地服务于北京"四个中心"建设，北京联合大学自觉从国家和北京市需要的高度审视和把握学校的工作，在"十三五"规划中明确提出了"城市型、应用型大学"建设目标，确定了"深入实施'三大战略'，完善四个体系，优化五条路径，提升七项工程，夯实六个保障"的建设思路。

2016年，北京联合大学启动本科教学审核评估工作，召开专业建设工作会，首次将专业评估结果与专业年度建设经费挂钩；聚焦服务首都文化创意产业，整合师范学院和广告学院的艺术类学科和专业资源，完成广告学等8个本科专业的调整工作，优化了专业布局。

2017年，北京联合大学分析和研判京津冀人才需求，以优化学科专业结构为目标，调整院系布局，将原信息学院调整为智慧城市学院、原自动化学院调整为城市轨道交通与物流学院、原机电学院和机器人学院合并组建成新的机器人学院，"适应型"学科专业结构更加凸显。

2018年，北京联合大学开始试点"专业思政"建设，并进一步优化学科专业布局，申报新办交通运输、机器人工程、物联网工程3个本科专业。调整校内专业评估指标体系，出台《普通本科专业评估实施办法》，推动学前教育、应用心理学等师范类专业认证，机械工程、建筑环境与能源应用工程等工科类专业认证，以及AACSB国际商学院认证工作。

2019年，北京联合大学进一步优化专业布局，申报新办数据科学与大数据技术、科学教育2个本科专业，停办广告学、汽车服务工程和工业工程3个本科专业。人文地理与城乡规划、财务管理、旅游管理3个专业获批国家级一流专业；酒店管理、数字媒体艺术2个专业获批北京市一流本科专业；档案学专业获批北京高校"重点建设一流专业"。学校持续推进校内外专业评估，调整校内专业评估指标体系46个观测点，开展专业建设第三方评估。

2020年，北京联合大学加强专业内涵建设，推荐申报一流本科专业建设点国家级5个、北京市级12个。推进适应型学科专业体系建设，新增俄交大联合交通学院物流工程和交通工程2个中外合作办学本科专业。持续深入推进专业认证，学前教育、应用心理学专业通过教育部师范类第二级专业认证，启动第二批专业认证工作；建筑环境与能源应用工程专业的专业认证申请进入专业自评阶段；AACSB国际认证进入最后现场评估阶段，专业内涵建设水平不断提升。

2016—2020年本科专业设置

2016—2020年招生的本科专业一览表

序号	2016年	2017年	2018年	2019年	2020年	开办学院
1	人文地理与城乡规划	人文地理与城乡规划	人文地理与城乡规划	人文地理与城乡规划	人文地理与城乡规划	应用文理学院
2	汉语言文学	汉语言文学	汉语言文学	汉语言文学	汉语言文学	应用文理学院（招生至2017年）、师范学院
3	法学	法学	法学	法学	法学	应用文理学院
4	历史学（文化遗产）	历史学（文化保护与利用）	历史学（文化保护与利用）	历史学（文化保护与利用）	历史学（文化保护与利用）	应用文理学院
5	文物与博物馆学	文物与博物馆学	文物与博物馆学	文物与博物馆学	文物与博物馆学	应用文理学院
6	档案学（信息开发）	档案学（信息开发）	档案学（信息开发）	档案学（信息开发）	档案学	应用文理学院

续表

序号	2016年	2017年	2018年	2019年	2020年	开办学院
7	新闻学（影视传播）	新闻学（影视传播）	新闻学（影视传播）	新闻学（含影视传播专业方向）	新闻学	应用文理学院
8	地理信息科学	地理信息科学	地理信息科学	地理信息科学	地理信息科学	应用文理学院
9	网络与新媒体	网络与新媒体	网络与新媒体	网络与新媒体	网络与新媒体	应用文理学院
10	广告学	广告学	广告学	广告学		应用文理学院
11	英语	英语	英语	英语	英语	师范学院、旅游学院
12	计算机科学与技术	计算机科学与技术	计算机科学与技术	计算机科学与技术	计算机科学与技术	师范学院、信息学院和智慧城市学院接续招生
13	数字媒体技术	数字媒体技术	数字媒体技术	数字媒体技术		师范学院
14	音乐学	音乐学	音乐学	音乐学	音乐学	师范学院
15	应用心理学	应用心理学	应用心理学	应用心理学	应用心理学	师范学院
16	小学教育	小学教育	小学教育	小学教育	小学教育	师范学院
17	学前教育（融合教育）	学前教育	学前教育	学前教育	学前教育	师范学院、特殊教育学院（仅2016年融合教育专业方向招生）
18					科学教育	师范学院

续表

序号	2016年	2017年	2018年	2019年	2020年	开办学院
19	信息管理与信息系统（商务信息管理）	信息管理与信息系统	信息管理与信息系统	信息管理与信息系统	信息管理与信息系统	商务学院
20	金融学	金融学	金融学	金融学	金融学	商务学院、管理学院
21	市场营销	市场营销	市场营销	市场营销	市场营销	商务学院
22	国际经济与贸易	国际经济与贸易	国际经济与贸易	国际经济与贸易	国际经济与贸易	商务学院
23	国际商务	国际商务	国际商务	国际商务	国际商务	商务学院
24	食品科学与工程（食品营养）	食品科学与工程	食品科学与工程	食品科学与工程（营养与健康）	食品科学与工程（营养与健康）	生物化学工程学院
25	食品质量与安全	食品质量与安全	食品质量与安全	食品质量与安全	食品质量与安全	生物化学工程学院
26	制药工程	制药工程	制药工程	制药工程	制药工程	生物化学工程学院
27	生物工程	生物工程	生物工程	生物工程	生物工程	生物化学工程学院
28	人力资源管理	人力资源管理	人力资源管理	人力资源管理	人力资源管理	生物化学工程学院
29	工业设计	工业设计	工业设计	工业设计	工业设计	生物化学工程学院
30	建筑环境与能源应用工程	建筑环境与能源应用工程	建筑环境与能源应用工程	建筑环境与能源应用工程	建筑环境与能源应用工程	生物化学工程学院

续表

序号	2016年	2017年	2018年	2019年	2020年	开办学院
31	工程管理	工程管理	工程管理	工程管理	工程管理	生物化学工程学院
32	日语	日语	日语	日语	日语	旅游学院
33	旅游管理（博雅实验班）	旅游管理（博雅实验班）	旅游管理（博雅实验班）	旅游管理	旅游管理	旅游学院
34	酒店管理	酒店管理	酒店管理（全英语教学实验班）	酒店管理	酒店管理	旅游学院
35	会展经济与管理	会展经济与管理	会展经济与管理	会展经济与管理	会展经济与管理	旅游学院
36		烹饪与营养教育	烹饪与营养教育	烹饪与营养教育	烹饪与营养教育	旅游学院
37			西班牙语	西班牙语	西班牙语	旅游学院
38	电子信息工程（智能硬件）	电子信息工程（智能硬件）	电子信息工程（智能硬件）	电子信息工程	电子信息工程	信息学院（仅2016年招生）、机器人学院（连续招生，其中2019年、2020年未分专业方向招生）
39	电子信息科学与技术	电子信息科学与技术	电子信息科学与技术			信息学院、智慧城市学院接续招生
40	软件工程（智能软件）	软件工程	软件工程（实验班）	软件工程	软件工程	信息学院（仅2016年招生）、机器人学院（2017年起招生）

续表

序号	2016年	2017年	2018年	2019年	2020年	开办学院
41	通信工程	通信工程	通信工程	通信工程		信息学院、智慧城市学院接续招生
42			信息安全	信息安全	信息安全	智慧城市学院
43				物联网工程	物联网工程	智慧城市学院
44					数据科学与大数据技术	智慧城市学院
45	材料科学与工程					机电学院
46	工业工程	工业工程	工业工程			机电学院（招生至2016年）、机器人学院（2017年起招生）
47	机械工程	机械工程	机械工程	机械工程	机械工程	机电学院（招生至2016年）、机器人学院（2017年起招生）
48	汽车服务工程	汽车服务工程	汽车服务工程			机电学院（招生至2016年）、机器人学院（2017年起招生）
49	自动化（智能控制）	自动化	自动化	自动化	自动化	机器人学院(连续招生，其中2016年分专业

续表

序号	2016年	2017年	2018年	2019年	2020年	开办学院
						方向招生)、自动化学院(仅2016年招生)
50				机器人工程	机器人工程	机器人学院
51	电气工程及其自动化	电气工程及其自动化	电气工程及其自动化	电气工程及其自动化	电气工程及其自动化	自动化学院、城市轨道交通与物流学院接续招生
52	物流工程	物流工程	物流工程	物流工程	物流工程(中外合作办学)	自动化学院、城市轨道交通与物流学院接续招生
53	交通工程	交通工程	交通工程		交通工程(中外合作办学)	自动化学院、城市轨道交通与物流学院接续招生
54		轨道交通信号与控制(中外合作办学)	轨道交通信号与控制(中外合作办学)	轨道交通信号与控制(中外合作办学)	轨道交通信号与控制(中外合作办学)	城市轨道交通与物流学院
55				交通运输		城市轨道交通与物流学院
56	财务管理	财务管理	财务管理	财务管理	财务管理	管理学院
57	会计学(国际会计)	会计学(国际会计)	会计学(国际会计)	会计学(国际会计)	会计学(国际会计)	商务学院(国际会计专业方向)、管理学院
58	电子商务	电子商务	电子商务	电子商务	电子商务	管理学院

续表

序号	2016年	2017年	2018年	2019年	2020年	开办学院
59	工商管理	工商管理	工商管理	工商管理	工商管理	管理学院
60	特殊教育	特殊教育	特殊教育	特殊教育	特殊教育	特殊教育学院
61	教育康复学	教育康复学	教育康复学	教育康复学	教育康复学	特殊教育学院
62	服装与服饰设计	服装与服饰设计	服装与服饰设计	服装与服饰设计	服装与服饰设计	艺术学院
63	视觉传达设计	视觉传达设计	视觉传达设计	视觉传达设计	视觉传达设计	艺术学院
64	环境设计	环境设计	环境设计	环境设计	环境设计	艺术学院
65	产品设计	产品设计	产品设计	产品设计	产品设计	艺术学院
66	表演	表演	表演	表演	表演	艺术学院
67	绘画	绘画	绘画	绘画	绘画	艺术学院
68	数字媒体艺术	数字媒体艺术	数字媒体艺术	数字媒体艺术	数字媒体艺术	艺术学院
69		工艺美术	工艺美术	工艺美术	工艺美术	艺术学院

注：信息学院2017年4月更名为智慧城市学院，自动化学院2017年4月更名为城市轨道交通与物流学院；机电学院和原机器人学院2017年4月合并为新机器人学院。

2016—2020年各专业情况及沿革

1. 人文地理与城乡规划

人文地理与城乡规划专业开设于2013年，2016—2018年在应用文理学院招生，学院面向国家和首都城乡发展需要，培养具有扎实的地理学和城乡规划学基础理论与专门知识，具有城市与区域调研、分析评价、规划设计、综合应用等核心能力，能在城乡规划、国土与住房等领域从事调研分析、规划设计、评估咨询等技术和管理工作的高素质复合应用型人才。本专业特色是构建以课业规划、学业规划、职业规划为核心的"三规合一、四年演进"的人才培养模式，课程体系设置以学生学习效果为导向，强化"政产学研用"相结合的项目主导式实践路径，通过递进式、模块化市级精品实践课程体系，培养学生在城乡规划与设计、土地利用与房地产开发方向的实践能力。

本专业为学生开设自然地理学、人文地理学、经济地理学、城市地理学、地图学、地理信息系统、城市规划原理、区域分析与规划、城市设计、景观设计、场地设计、土地利用规划、房地产开发、房地产营销、房地产金融、快速设计与表现等课程。此外，本专业与京内外企事业单位共建校外实习基地，开设"城市与区域野外综合实习、城乡要素调查与分析、城乡规划设计与展示、城乡规划管理综合应用"四大实践模块，以本

专业的印记

科生导师制指导学生"启明星"科研立项、参加各类学科竞赛，强化学生理论联系实际的应用能力，培养学生专业素养、实践能力和社会责任意识。

本专业毕业生可在城乡规划建设与管理、国土、房管、规划咨询、房地产评估、房地产金融等领域从事规划设计与管理、不动产评估、营销策划等相关工作，也可从事地理学相关教育教学等工作。本专业依托地理学一级学术型硕士点和文化遗产区域保护规划硕士学位点，为学生提供良好的深造机会，且与国外大学地理系合作推进本科"2+2"和暑期联合实习等项目，开拓专业学生的国际化视野。

2019—2020年本专业在应用文理学院招生，运用地理学的相关理论和技术，对城乡建设、土地整理、房地产开发、旅游资源开发等活动进行调查评估、规划设计和审批管理。研究对象是与城乡建设发展有关的自然资源、人文条件以及人类活动。为学生开设人文地理学、经济地理学、城市地理学、城市规划原理、区域规划、土地资源管理学、住区规划、城市设计、景观设计、房地产开发、房地产策划、规划CAD、快题设计等课程。

本专业培养优势是2019年获批教育部首批国家级一流专业建设点。专业肇始于1978年北京大学分校地理系，2018年、2019年全国专业排名位居前10%，五星级专业，拥有地理学一级学科硕士学位点。专业师资力量雄厚，2019年获批北京高校优秀本科育人团队称号，拥有新世纪百千万人才北京市级人选1名，北京市高创名师1名，北京市教学名师1名，北京市高层次人才（长城学者）3名。专业围绕培养学生城市与区域要素调研、空间分析、规划设计和综合应用四大核心应用能力，构建了以地理学为主，城乡规划学为辅的文、理、工交融的课程体系，凸显了专业"厚理论、重实践"的人才培养特色。本专业设有本科生导师制，推动教师将科研优势转化为课程内容和实践任务，指导本科生申报"启明星"科研立项，参加全国学科竞赛。

本专业毕业生不仅可以到政府规划管理部门、国土管理部门、环境保护部门工作，也可在规划、土地、房地产、旅游等领域的企业从事规划、设计、开发、评估和管理工作，还可以在考取教师资格证后从事地理基础教育工作。伴随我国城镇化高速发展以及人们对美好宜居生活的追求，本专业人才可为社会在空间资源优化配置、国土空间规划、优质人居环境建设等方面提供重要的规划、管理以及技术支撑，是引领城市与区域可持续发展的重要科技力量。

2. 汉语言文学

汉语言文学专业开设于1978年，2016—2017年在应用文理学院招生。学院立足首都北京，培养适应国家文化繁荣需要，语言和文学理论基础扎实、人文素养较高、中文表达能力良好、文化宣传能力强，具备宏观文化视野和高度社会责任感，拥有一定文化创新、创意竞争力，能够从事文化传播的高素质复合应用型人才。本专业特色是始终坚持弘扬优秀传统文化、重视人文底蕴培育，培养学生对中国语言文学认同感及构建"读—思—说—写"一体化渐进式的专业综合训练体系，通过经典阅读培养学生批判性思考和审美的能力，将内化的人文素养转化为良好的中文表达能力。本专业拥有国学素养深厚、国际视野开阔、理论教学与行业实践相结合的师资团队。为学生开设古代汉语、现代汉语、语言学概论、中国古代文学史、中国现代文学史、中国当代文学史、外国文学史、文艺理论、写作、中国文化名著选读、西方人文经典导读、人际交流训练、跨文化

◆ 专业的印记

传播、编辑理论与实践等课程。本专业除了以阅读经典、培养问题意识和撰写高质量文章构建"读—思—说—写"一体化的实践教学体系,还在第三至第七学期开设相应的实践课程,结合导师制,分层级完成任务,以学术演讲、出版刊物和人文演绎等形式展现出来,并以学科竞赛方式鼓励学生参与实践。

本专业就业率连续多年达到100%,毕业生集中在媒体、学校和政府部门从事语言文字运用、文化宣传工作。

本专业2016—2018年也在师范学院招生。学院面向首都基础教育发展需要,培养具有强烈的社会责任感、良好的教师职业道德素养和可持续发展能力、扎实的汉语基础知识和教学技能、较高的审美鉴赏能力和文字表达能力,能熟练运用现代化教学手段,适应未来教育教学改革发展的需要,可在普通中小学、中等职业学校及其他教育培训机构从事汉语言文学教学、研究的高素质应用型人才。本专业特色是本着"厚基础、宽口径、有特色"的方针,夯实专业基础,面向首都基础教育,加强师范生教育理论、教学技能的培养,突出师范特色,致力于为北京市中小学培养卓越的语文教师。通过四年的学习,学生不仅具有扎实的专业知识,还具有先进的教育理念和宽广的国际视野。为学生开设现代汉语、古代汉语、中国古代文学史、中国现当代文学史、外国文学史、写作、文学概论、学科教学论、语言学概论、中国文学批评史、民间文学、比较文学、美学概论、中国传统文化专题、中外影视艺术欣赏、儿童文学、教育学、教育心理学等课程。

本专业毕业生主要在普通中小学、中等职业学校及其他教育培训机构从事与汉语言文学相关的教学和教育管理工作。毕业生大部分进入北京市重点或者区重点小学任教。

2019—2020年师范学院本专业师范专业方向招生。学院面向首都小学教育发展需要，培养具有强烈的社会责任感、良好的教师职业道德素养和可持续发展能力、扎实的汉语言文学专业基础知识和教学技能，能熟练运用现代化教学手段，适应未来小学教育语文学科教学改革发展需要的高素质应用型人才。该专业方向以中国语言文学为研究对象，致力于为北京市小学培养卓越的语文教师。经过四年的学习，学生不仅具有扎实的专业知识，还具有先进的教育理念和宽广的国际视野。为学生开设现代汉语、古代汉语、中国古代文学史、中国现代文学史、中国当代文学史、外国文学史、写作、文学概论、大学书法、语言学概论、中国文学批评史、美学与美育、学科教学论、教育学、教育心理学等课程。

经过几十年的建设，至 2020 年，本专业拥有五大培养优势：一是本专业已有 40 余年的办学历史，培养了刘恒、陈染、宁肯等一批闻名全国的中青年作家，以及一大批中小学语文骨干教师，形成了"文学创作文脉绵延、国学修养潜细入深、语文教育薪火相传"的培养特色；二是现有教师 22 名，绝大多数毕业于北京大学、清华大学、中国人民大学，拥有博士学位教师 18 人，高级职称教师 10 人；三是开展创意写作工坊、民俗文化、书法、吟诵等特色活动，致力于一生一特长的培养，在校生可在北京市 20 余所知名小学的教育实习基地进行实习；四是建有校级的城市文学与文学教育研究所，初步形成了以城市文学研究为主的研究特色，注重培养学生的写作能力，组建由著名作家担纲的创意写作工坊，每年均有学生在《民族文学》《时代文学》等全国知名报刊发表文章；五是本学院是教育硕士（学科教学·语文）的培养单位，毕业生可选择考研深造，还与国外多所优秀大学开展交流与合作，致力于为学生搭建教育国际化的平台。

本专业毕业生主要在小学及教育培训机构从事与汉语言文学相关的教学和教育管理工作。本专业人才具有强烈的社会责任感、良好的教师职业道德素养和语文学科核心素养，对发展首都教育事业具有重要推动作用。

3. 法学

法学专业开设于1978年，2016—2020年在应用文理学院招生。学院致力于培养能够从事党政机关和司法机关、律师事务所和公证处、企事业单位和基层社区等领域法律专业工作的应用型高级人才。本专业以法律意识、法律行为、法律规范、法律关系以及通过它们所体现的法律文化、法律技术等为研究对象，为学生开设法理学、宪法学、中国法律史、民法学、刑法学、国际法、民事诉讼法学、经济法学、行政法与行政诉讼法、国际经济法、知识产权法、商法学、财税法、金融法、公司法、外商投资法、监察法、文创文旅文遗法律专题、地方立法与基层治理专题、模拟审判、法律诊所实践等课程，着力于培养业务精、能力强、有社会责任感、可持续发展的应用型法律人才。

经过几十年的建设，至2020年，本专业拥有五大培养优势：一是人才培养学术支撑雄厚，拥有北京市重点建设的经济法学科、首都法治研究中心、北京市法学会金融与财税法学研究会等教学、学习和研究平台；二是通过邀请法官、检察官、律师、政府官员等实务专家进课堂，创建"学知法律讲堂"，将法律实务和法治建设最新成就带到课堂，真正做到理论联系实际，培养应用型法律人才；三是专业实践平台广阔，建有模拟法庭/仲裁庭、法律诊所（法律援助中心）等实验室，拥有北京国振律师事务所、北京市延庆区人民法院等30余家校外实践基地；四是注重学生全面素质的培养，除培养学生掌握专业知识和技能之外，还构建新生辩论赛、读书会、专业演讲与辩论、模拟法庭竞赛等"学知杯"素质培养体系，全方位培养学生的综合素质；五是毕业生可选的深造途径多样，可报考研究生，还可申请境外合作高校的研究生入学资格。

本专业的毕业生既有从事法官、检察官、律师等法律职业的，也有在国家机关、企事业单位、社区基层等领域从事管理和法律工作的，还有自主创业、开拓新兴的法律服务市场的。从事法学专业科研与实务工作的毕业生通过自身研究工作与实践工作的总结，对我国法治与司法实践的完善建言献策，是我国普法工作的主力军，为全面提升我国公民的法治观念贡献了力量。从事法官、检察官、公安执法人员等法学专业实务工作的毕业生，成为我国法律制度的践行者与维护者。

4. 历史学

历史学专业开设于1978年，2016—2018年在应用文理学院招生。学院面向国家文化遗产保护与利用事业第一线，培养历史学基础扎实，具有人文素养、科学思维以及先进的文化遗产保护理念，具备从事文化遗产研究、调查、评估、管理、保护、利用等工作的理论知识与实践能力，能够胜任文化遗产管理机构、文化创意产业、文化旅游及历史研究与教学等相关工作的高素质复合应用型人才。

本专业特色是秉承"立足首都，服务人文，协同创新，综合育人"的理念，搭建了"历史学基础+文化遗产学理论+校内外文化遗产保护实践"构成的独具特色的课程体系，分别侧重培养学生文化遗产研究的学术能力和文化遗产保护利用的应用能力。2015年开始，在故宫博物院等校外行业导师的指导下，本专业将学历制与师徒制相结合，开设文化遗产保护与修复试点班，着力打造国内一流的文化遗产保护与修复高级人才培养基地。

本专业为学生开设中国通史、世界通史、艺术概论、考古学概论、北京历史与文化、文化遗产学、文化遗产数字化、文化遗产调查与评估、文化遗产政策与法规、中国民俗学、中国古代建筑、中国文物通论、非物质文化遗产实践、文物保护与修复系列等课程，精心设计了文化遗产参观与解说、文化遗产调研、文化遗产保护与利用、文化遗产行业实习四个模块的递进式集中实践教学体系，搭建了校内外一体化的实践教学平台，拥有金属文物保护、纸质文物保护、非物质文化遗产保护等8个校内专业实验室，以及首都博物馆（市级）、故宫博物院（校级）等30家校外人才培养基地，坚持"政产学研用"相结合，以文化遗产应用性科研项目带动实践，在真题真做中提高学生的实践能力，同时为地方的文化遗产保护事业做出了贡献。

　　本专业学生毕业后主要就业于文物局、文保所、文化馆、非遗保护中心、博物馆、历史文化名城及古村落保护中心等文化遗产管理与保护政府机构，以及文化创意公司、文物景点、旅行社等文化创意行业和文化旅游行业。本专业拥有中国史和考古学一级学科学术型硕士学位授权点，拥有文物与博物馆学专业硕士学位授权点，每个硕士点都设有文化遗产相关研究方向，为有志于研究历史学、考古学、文化遗产学的毕业生提供良好的深造机会。本专业与威尔士三一圣大卫大学、博洛尼亚大学、托伦哥白尼大学等有密切合作，在校期间，学生可以通过交换生、夏令营、联合考古发掘等方式前往合作高校进行交流，毕业后也可选择国外相关高校继续深造。

　　2019—2020年本专业在应用文理学院历史学专业文化保护与利用专业方向招生。历史学文化保护与利用专业方向是运用历史学的理论、方法，对历史资源、物质文化遗产与非物质文化遗产资源进行挖掘、调查与评估、综合保护与利用的本科专业。历史学专业文化保护与利用专业方向的研究对象主要包括历史文化、物质文化遗产（世界遗产、国家各级文物与文保单位、大型遗址、历史街区、传统村落）与非物质文化遗产（传统手工技艺、传统表演艺术、传统生产与生活知识、传统仪式与节日）。为学生开设中国通史、世界通史、北京史、元明清史、文化遗产学、文化遗产调查与评估、文化遗产数字化、中国古代建筑等课程。

经过几十年的建设，至2020年，本专业拥有三大培养优势：一是自1978年成立以来，专业发展势头良好。作为国内高校率先践行"应用史学"人才培养的专业之一，2009年本专业被评为北京市特色专业建设点，2013年被评为教育部专业综合改革试点，也是本校唯一入选教育部综合改革试点的专业。二是拥有雄厚的师资力量。本专业现有教学团队实力雄厚，拥有副教授以上职称教师占所有教师队伍的81.8%，拥有博士学位人员占到80%以上。本专业教师先后获得北京市教学名师、北京市"高创"领军人才等众多荣誉称号，入选北京市"培养新世纪社科理论人才百人工程"。三是教学成果突出。本专业多年来强调学科专业一体化发展，教学改革成果多次获得校级教学成果奖。2012年本专业的教改成果《依托学科、面向应用、服务首都的文化遗产保护与利用人才培养体系的构建》获北京市教育教学成果二等奖。

毕业生可就职于文化与文物管理机构、博物馆、文化馆、非遗保护中心、文化创意产业相关行业与机构、拍卖行等。本专业很多毕业生在首都文博系统工作，就业率近年来一直维持在98%以上，考研成功率接近20%，有多名学生进入北京大学、北京师范大学、中央民族大学、首都师范大学、中国人民大学等高校继续深造。本专业已经成为首都文化遗产人才培养的重要基地，对北京的文化遗产保护事业做出了突出贡献。毕业生大量活跃在北京文物保护第一线，在北京的历史文化名城、地下文物保护以及非物质文化遗产的研究、保护与传承等方面均有建树，彰显了本专业毕业生在北京文博行业中的地位。

5. 文物与博物馆学

文物与博物馆学专业开设于2014年，2016—2018年在应用文理学院招生。学院面向国家及首都文物博物馆事业发展需要，培养考古学和历史学基础扎实，具有人文素养、科学思维以及先进的文化遗产保护理念，具备博物馆业务、文物保护修复等技能，能胜任文物博物馆行业实际工作的高素质复合应用型人才。本专业特色是理论课程与实践课程并重，构建以"考古学基础课程+文物保护修复与博物馆核心课程+校内外文博实践"三组课程群为主干的课程体系，师生深度参与首都文物保护与博物馆行业真实课题，"政产学研用"结合，重点培养学生在文物保护与修复、博物馆展陈服务等方面的应用能力。

本专业为学生开设考古学通论、中国古代史、世界古代史、中国民俗学、文化遗产学、博物馆概论、艺术史概论、博物馆陈列与设计、博物馆藏品管理、文物保护与修复技术、田野考古实习、陶瓷文物鉴赏、青铜器文物鉴赏、玉石文物鉴赏、科技考古等课程。本专业还设有设计博物馆参观与解说、可移动文物调查、可移动文物保护与修复、文博行业实习递进式、模块化的集中实践教学体系，搭建了校内外一体化的实践教学平台，拥有国家考古发掘资质（团体领队资质），在河南开设本科考古发掘实习基地，以及拥有首都博物馆（市级）、故宫博物院（校级）等30家校外人才培养基地。

本专业毕业生可以到博物馆、文博管理机构、文物考古研究机构、文物商店、文化公司、拍卖行、图书馆、古籍书店、学校等企事业单位从事文物鉴定、文物修复、博物馆展陈等工作。同时本专业依托考古学、中国史一级学科学位硕士点，以及文物与博物馆专业硕士点，为毕业生提供良好的深造机会。

2019—2020年本专业在应用文理学院招生，培养具备文物学、博物馆学的系统知识，能在政府文物管理和研究机构、各类博物馆和陈列展览单位、考古部门、文物与艺术品经营单位、海关、新闻出版、教育等单位从事文物与博物馆管理、研究工作的高级专门人才。本专业的主要研究对象一个是博物馆学理论，包括对博物馆的定义、性质、任务、功能等问题的基础性研究，另一个是博物馆工作与实践的研究，即博物馆如何保护管理和展览陈列古代人类遗留下来的具有历史、艺术、科学价值的遗迹、遗物。为学生开设考古学通论、文化遗产学、博物馆概论、文物学概论、艺术史概论、博物馆陈列与设计、博物馆藏品管理、西方博物馆概论、科技考古等课程。

经过多年建设，至2020年，本专业拥有六大培养优势：一是师资力量。我们的团队成员中有北京市级教学名师、长城学者等高水平教师，90%以上的教师具有博士学位，此外，本专业还聘请了知名高校和文博行业的20多位资深专家担任客座教授。二是教学条件。我们紧密依托校内两大国家级实践教学中心，拥有11个文化遗产实验室，能充分满足学生在考古发掘与研究、博物馆实务、文物科技分析与保护等方面的学习和实践。三是实践教学。本专业包含了博物馆展陈设计、博物馆数字化、文物科技分析等实践课程，各寒暑假前后还专设博物馆参观解说、考古文博调研、文化遗产调研等集中实践环节。四是实习基地。本专业与北京大学、清华大学等高校广泛开展了课程资源共享合作，并与故宫博物院、中国国家博物馆、首都博物馆共同建设了不同层次的人才培养基地、实习基地。五是考研深造。本专业目前拥有考古学一级学科学术硕士及文物与博物馆专业硕士学位授权点,可为学生的深造提供良好的机会,也有不少毕业生报考了国内外其他知名高校的研究生。六是国际交流。本专业与威尔士三一圣大卫大学、法国人类古生物研究所、意大利博洛尼亚大学有密切合作,学生可以通过夏令营、联合考古发掘等方式前往国外进行学习、交流。

本专业毕业生就业于博物馆、文博管理机构、文物考古研究机构、文物商店、文化公司、拍卖行、图书馆、古籍书店、学校等企事业单位。在国家文化产业大发展的背景下,本专业毕业生在文化行业传统领域及文化创意、文化服务、影视、动漫游戏开发、创作、制作、技术、运营等创意产业发挥了核心作用。

6. 档案学

档案学专业开设于1978年,2016—2018年在应用文理学院招生。学院面向北京档案事业发展需要,培养具有一定人文素养和北京文化底蕴、扎实的信息资源管理及档案学理论知识和应用技能,能在北京地区党政机关、企事业单位及其他各类社会组织从事档案工作组织与规划、档案管理现代化、档案文化资源建设和传播、信息管理、行政管理等工作的交叉复合应用型人才。北京联合大学是1978年以来唯一开设本专业的市属高校,本专业也是教育部档案学专业教学指导委员会委员单位,以"依托社会、合作育人、应用为本、服务北京"为教学理念,与北京市档案局(馆)、中国人民大学信息资源管理学院等密切合作,构建了以社会需求为导向、校政企合作为平台、实践能力培养为重点的档案学专业复合应用型人才培养模式,为北京地区档案事业输送了大批优秀人才。

本专业为学生开设管理学、档案学概论、档案管理学、科技档案管理学、档案文献编研学、档案保护学、数字档案馆建设、公文写作、文书学、电子文件管理、图书馆学、信息资源管理、信息组织、信息法规、管理信息系统、信息分析与预测、多媒体技术及应用等课程。为切实培养学生的文档管理能力、档案工作组织与规划能力和信息开发服务能力，本专业还与政府机构、企事业单位密切合作，建立了北京市档案局（市级）、北京市城市建设档案馆（校级）、北京城市副中心投资建设集团有限公司（校级）、中国科学院档案馆、北京出入境边防检查总站、中关村科技园区管理委员会等34个校外人才培养基地，依托国家级应用文科综合实验教学中心，建立了档案鉴定与长期保存、档案信息化管理、档案修复、信息资源开发与传播4个校内专业实验室，构建了开放式、模块化的集中实践教学体系。

本专业毕业生主要在北京地区档案馆、党政机关、企业及其他各类社会组织从事档案管理、信息管理、行政管理等工作。在档案工作现代化、人才队伍专业化背景下，档案专业人才需求不断攀升，学生就业竞争优势突出，就业领域宽广，就业质量高。本专业具有信息资源管理硕士学位授权点、图书情报硕士专业学位授权点，并与伊利诺伊大学香槟分校建立合作关系，为学生继续深造、开拓国际化视野提供多种机会。

2019—2020年本专业在应用文理学院招生，旨在培养对档案实体和档案信息进行管理并提供利用服务的人才。本专业毕业生能够综合运用现代信息技术，从事档案信息组织与规划、档案文化建设与传播、信息资源开发与利用和行政办公管理等工作。

本专业主要学习档案及档案管理相关知识。档案是国家机构、社会组织或个人在社会活动中直接形成的、有价值的各种形式的历史记录，包括纸质、录音录像、数字等各种载体，有文书档案、科技档案、人事档案、财务档案等多种类型。本专业为学生开设的课程主要分为两类：①专业核心课程，包括档案管理学、档案保护技术、档案文献编纂学等；②特色选修课程，包括信息组织、管理信息系统、信息分析与预测等信息类课程，历史文书、北京地方档案文献研读、中国政治制度史、图书馆档案馆空间文化等具有历史和文化特色的课程，以及电子文件管理、数字档案馆建设、大数据分析平台实践等体现档案工作中新技术应用的课程和公文写作、秘书学等行政办公类课程。

经过几十年的建设，至2020年，本专业拥有四大培养优势：一是本专业成立于1978年，北京联合大学是开设本专业的唯一一家市属高校，本专业是北京市100个重点建设一流本科专业之一，师资力量雄厚；二是本专业注重应用能力培养，拥有全国高校档案学专业中一流的实践教学体系，依托2个国家级实验教学中心和4个专业实验室，全力保证学生掌握扎实的专业技能；三是本专业拥有北京市档案局（馆）、中国石油档案馆、北京市工商行政管理局档案管理中心等38个不同行业领域的校外人才培养基地，为专业人才培养提供重要支持；四是本专业拥有图书情报硕士专业学位授权点，并与伊利诺伊大学香槟分校建立了合作关系，可以为学生提供多条深造途径。

本专业毕业生就业范围广泛，北京地区各级各类档案馆、党政机关以及医院、学校、研究院所等事业单位、各类企业等均有旺盛需求。随着档案信息化、数据化的发展，档案工作的重要性日益提高。本专业是北京地区最主要的档案专业人才输送单位，数千名毕业生已成为北京地区档案事业的中坚力量。目前，52.5%的北京市档案高级职称和30%的北京市档案人才"131工程"领军人才、专家和业务骨干为我校校友，他们为北京地区档案事业做出了突出贡献。

7. 新闻学

新闻学专业开设于 2000 年，2016—2018 年在应用文理学院新闻学和新闻学影视传播专业方向招生。学院立足首都北京，培养适应媒介融合时代需要、新闻传播理论基础扎实、新闻传播实践能力强，具有科学思维、人文基础、世界眼光、创新意识、高度的社会责任感及新闻专业主义精神，具有较强的媒介适应能力和持续发展能力的全媒体高素质复合应用型人才。本专业特色是始终坚持社会主义核心价值导向、秉承新闻专业主义精神，建构适应媒介融合的教学生态和新媒体多元融合的实践平台，形成传媒与技术、传媒与艺术、传媒与产业相融合的师资团队，校媒融合共同培育新闻传播应用人才，实现专业与行业的无缝对接。本专业突出城市型、应用型人才培养的办学特色，学生创意思维活跃、媒介技能娴熟、表达沟通流畅、熟悉互联网特性，成为北京区域报道、媒介沟通、文化创意、社会人文建设的重要力量。

本专业为学生开设新闻学原理、传播学原理、广播电视学、新闻采访与写作、新闻编辑、媒介批评、（新闻）摄影与摄像、中外新闻事业史、新闻法规与职业道德、媒介经营与管理、音视频节目制作、跨文化传播、数据新闻、网络传播实务、数字媒体应用技术等课程。此外，本专业还以实践能力为主线构建模块化、递进式实践教学体系，搭建多元融合实践教学平台，建有全媒体采编中心，下设数字媒体实验室、新媒体创新应用实验室、广播节目制作实验室、摄影工作室、虚拟演播室、平面媒体与舆情监测、平面媒体与舆情分析 7 个专业实验室，强化新闻传播人才的文化底蕴和专业技能，以"工作坊"的创制方式组织作业，以校企合作互赢模式建设 40 余家校外实习基地，以学科竞赛、科教融合方式鼓励学生参与实践。

◆ 专业的印记

学生毕业后集中在新闻传播、编辑出版、文化创意等企事业单位的宣传部门从事全媒体新闻采访、写作、编辑、评论、摄影等新闻实务与媒介宣传、媒介策划、媒介沟通与管理等相关工作。

2019—2010年本专业在应用文理学院新闻学融媒新闻和新闻学影视传播两个专业方向招生。本专业是研究新闻传播活动、新闻事业及新闻工作规律的一门学科，研究内容包括理论新闻学、历史新闻学和应用新闻学，是以人类社会客观存在的新闻现象和新闻活动作为研究对象，以新闻事业和人类社会关系的研究为重点。为学生开设马克思主义新闻思想、传播学原理、新闻学原理、新闻采访与写作、融合新闻学、中外新闻事业史、新闻编辑、摄影与摄像、媒介伦理与法规、视听语言、广播电视学、音视频节目编辑与制作、媒介经营与管理、网络传播实务、数字媒体应用技术等课程。本专业为新闻学融媒新闻专业方向学生开设新闻评论、数据新闻、媒介策划与创意、社会学、媒介前沿问题研究、纪录片创作等课程，为新闻学影视传播专业方向学生开设影视理论与批评、中外电影发展史、影视剧作、影视剪辑、影视前沿问题研究、纪录片创作等课程。

经过几十年的建设，至2020年，本专业拥有六大培养优势：一是历史积淀深厚，深度融入北京发展，形成良好的品牌效应；二是依托国家级实验平台，校媒融合共同培养人才的创新模式；三是学生思维活跃，动手能力强，成果屡获殊荣，社会赞誉度高；四是适应媒介融合转型，与行业需求无缝对接，职业前景广阔；五是硕士学位点学科支撑，国内外交流频繁，国际化程度高；六是师资队伍实力雄厚，拥有长城学者与北京市级/校级创新团队。

本专业学生就业选择覆盖传统媒体和新媒体，部分学生在中央广播电视总台、北京广播电视台、《中国青年报》《北京青年报》《法制晚报》、人民网、搜狐网、新浪网、腾讯网、千龙网、爱奇艺担任编辑、记者、编导、制片、摄像、网编、全媒体运营师等职务,此外还有部分学生在文化影视传媒公司担任宣传发行、节目制作、后期剪辑、媒体运营等职位。毕业生能够胜任企事业单位的新闻内容生产、媒介运营管理及文化传播工作。部分学生考入国外知名高校攻读硕士研究生和博士研究生。近几年本专业学生就业率多保持在100%,考研成功率保持在5%,出国率接近10%。

作为北京联合大学城市型、应用型大学办学目标的有力支撑,本专业毕业生适应媒介融合转型需要和文化建设新局面,为北京新闻和影视传播行业发展提供人才保障和智力支持,对于信息时代社会的有序运行、媒介社会的人际沟通、文明的传承和传播承担着自己的专业责任。本专业致力于生产和传播高质量的文化传媒内容,全力服务于北京全国文化中心建设目标,为国家和社会向融媒时代转型贡献才能和智慧。

8. 地理信息科学

地理信息科学专业开设于2013年,2016—2018年在应用文理学院招生。学院面向国家和首都经济社会发展需要,培养具有良好的地理学和计算机技术基础理论和扎实的地理信息科学的专门知识,掌握位置服务、数据分析、遥感和卫星定位等现代高新技术,具备地理信息系统（GIS）综合应用、设计与开发的技能及初步的系统集成及管理能力,可以从事空间数据处理与分析、GIS应用技术支持、应用系统技术开发以及其他与地理信息科学有关的应用研究、技术开发或生产管理等工作的高素质复合应用型人才。本专业特色包括：一是依托与中国科学院地理科学与资源研究所合作建立的院士科研工作站,GIS领域顶

◆ 专业的印记

级科学家亲自指导专业建设和发展；二是以 GIS 行业大赛为引领，促进学生实际应用 GIS 技术能力全面发展；三是国际合作广泛，和美国、韩国等国家多所高校建立合作网络，通过短期交换生项目、国外联合实习、"2+2"项目等促进学生国际化视野的培养；四是重视产学合作，和众多 GIS 行业的知名公司建立校企合作实习基地，校企合作网络广泛。

本专业为学生开设自然地理学、地图学、地理信息系统、空间数据库、测绘学基础、数据结构、计量地理学、GIS 空间分析、遥感概论、Web GIS 设计、GIS 应用开发、GIS 软件工程、GIS 空间分析、3S 技术集成与应用等课程。为了构建模块化、递进式实践教学体系，本专业还开设了地理学认知实习、空间数据采集实习、空间数据分析实习、3S 技术集成与应用实习等系列实验实训课程强化学生实际动手能力的培养，大量课程教学采用理论授课与实际训练学时 1:1 分配，企业生产实习真题真做，将课堂教学延伸到生产现场，通过校外实习基地培养学生适应实际工作的能力。

本专业毕业生主要就业于智慧城市相关管理部门、IT 行业、现代服务业等领域，能在城市、资源环境、交通、土地、基础设施管理、商业物流等领域及 IT 高科技企业从事与地理信息科学有关的应用研究、技术开发、生产管理和行政管理等工作。近年来毕业生主要就业于政府部门的信息中心，地理信息系统、遥感相关的上市公司和知名 IT 企业。

2019—2020 年本专业在应用文理学院招生，主要研究应用计算机技术对地理信息进行处理、存储、提取以及管理和分析过程中提出的一系列基本问题，在位置服务、数据分析、遥感和卫星定位等现代高新技术领域得到广泛应用。本专业研究对象的核心就是"地理信息"，简单来说就是带有空间位置的各种信息。信息社会里信息就是最大的金矿，大约 80% 的信息都有位置属性，地理信息科学就是研究如何管理、分析和利用这些带有位置的信息，来服务于社会和个人的各种需求。

本专业为学生开设自然地理学、人文地理学、地图学、地理信息系统、空间数据库、测绘学基础、数据结构、计量地理学、GIS 空间分析、遥感概论、Web GIS 设计、GIS 应用开发、GIS 软件工程、3S 技术集成与应用等课程。

经过多年的建设，至 2020 年，本专业拥有三大培养优势：一是依托与中国科学院地理科学与资源研究所合作建立的院士工作站，GIS 领域顶级科学家亲自指导专业建设和发展；二是国际合作广泛，和美国、韩国、日本等国家的多所高校建立合作关系，通过短期交换生项目、"2+2" 项目等促进学生国际化视野的培养；三是重视产学合作，和众多 GIS 行业的知名公司建立校企合作实习基地，将课堂教学延伸到生产现场，着重培养学生的实际工作能力，以 GIS 大赛为引领，促进学生实际应用 GIS 技术能力的全面发展。

本专业毕业生主要就业于智慧城市相关管理部门、IT 行业、现代服务业等领域。近年来本校本专业主要就业方向包括：政府部门的信息中心、GIS 遥感相关的上市公司和 IT 相关企业。地理信息科学专业被称为 21 世纪具有发展潜力的三大技术之一，涉及地理信息获取、处理、分析、应用和服务，已经形成了一个完整的地理信息产业生态系统。在大数据、云计算等新技术浪潮的推动下，2014 年初，国务院办公厅印发了《关于促进地理信息产业发展的意见》，地理信息产业作为朝阳产业前景十分广阔。

9. 网络与新媒体

网络与新媒体专业开设于 2012 年，2016—2018 年在应用文理学院招生。学院适应我国尤其是北京地区互联网和新媒体产业发展的迫切需要，培养具备传播理论、媒介策划创意、内容设计制作能力，能够整合运用网络与新媒体，完成媒介策划、创意设计、信息内容制作发布和媒体运营管理等一系列工作内容，并具备一定的网络和新媒体技术的高素质复合应用型人才。

本专业是一个与时俱进的专业，根据市场对人才新的知识结构和能力的要求，调整教学内容和课程设置。本专业的学生实践能力和创新发展意识突出，社会适应能力和可持续能力强。本专业创办以来，多名学生在全国大学生广告艺术大赛、移动营销创意大赛、"互联网+"大学生创业创新大赛、校级程序设计比赛、外研社英语写作比赛等赛事中获奖。毕业生去向主要是互联网和新媒体公司，以及其他企事业单位的网络和新媒体部门，具有宽阔的发展空间。本专业以"新媒体设计与应用"为主要方向，注重学科融合，学生既通晓媒体整合策划，又懂营销，且具备一定的设计制作能力和互联网软硬件操作能力，这些构成了学生未来在人才市场上的核心竞争力。

本专业为学生开设传播学概论、新媒体概论、摄影与摄像、艺术概论、品牌与策划、网络与新媒体调查分析、网络营销策划与创意、整合营销传播、传播伦理与法规、媒介研究、新媒体视觉传达、新媒体技术与应用、市场营销、网络新闻采编、网页制作设计、网络动画设计、设计基础、数字图像创意设计、网络与新媒体视频编辑制作、新媒体文本创作、数据分析与应用、数据新闻、网络与新媒体热点案例研究、新媒体广告策划、专业实习等课程。为了给学生提供多样化的实践教学课程和机会，本专业产学研结合，与企业联合培养人才，目前已与中国网络电视台、千龙网、神州数码、蓝色光标、苏宁易购、伟德福思等20多家企业建立合作关系，接收本专业学生参加实训、实习。本专业建有多个实验室，学院硬件设施完善，拥有国家级的应用文科综合实验教学中心，充分满足师生教学需求。本专业鼓励和指导学生参与相关竞赛，锻炼实践应用能力。此外，本系学生还有自己运营的微信公众号，作为学生校内的实践平台。

毕业生主要面向北京地区的互联网和新媒体行业，就业岗位包括网络与新媒体平台运营管理、媒介策划、网络编辑、网络监测、市场调研、新媒体产品开发、营销传播策划设计、品牌维护与传播等。

2019—2020年本专业在应用文理学院招生。网络，通常指互联网，也包括宽带通信网、数字电视网，这三大网络互联互通，在业务应用方面趋于融合。新媒体是在新的技术支撑下出现的媒体形态，如智能手机、微信、微博、APP、视频网站、网络影视等。本专业的核心要素是"网络"和"新媒体"，研究对象包括产业动态、新媒体产品的策划设计、传播内容的生产制作、媒介整合营销传播、网络和新媒体运营管理、舆情监测和数据分析应用等。

本专业为学生开设传播学、网络与新媒体概论、视听语言、摄影与摄像、电子商务与网络营销、网络与新媒体调查分析、融合新闻学、媒介伦理与法规、数字媒体技术、新媒体数据分析与应用、舆情监测与研判、网页设计与制作、非线性编辑、新媒体产品设计与项目管理、数字多媒体作品创作、融合新闻作品创作等课程。

经过多年建设，至2020年，本专业拥有三大培养优势：一是本专业是新兴专业，排名居前。本校是2013年本专业首次招生的高校之一。根据2016—2019年中国科教评价网的报告，本校本专业在全国持续居于前20位。二是本专业立足北京网络和新媒体产业，实践教学扎实。本专业提供多样化的实践教学课程和机会，建有多个实验室，满足教学需求。北京互联网和新媒体企业众多，本专业积极开展产学研结合，推荐学生到企业实习。另外，本专业多名学生在全国大学生广告艺术大赛、移动营销创意大赛、"互联网+"大学生创业创新大赛、程序设计比赛中获得国家级、市级、校级等奖项。三是丰富的对外学习和交流活动，本专业积极扶持学生参加"3+1"项目，多名学生赴韩国、美国、英国等国外高校参加交换学习，还有机会参加加利福尼亚大学的暑期交流项目。

本专业的毕业生社会需求大，就业面广，包括网络与新媒体运营管理、网络编辑、网络舆情监测、新媒体产品开发设计、营销传播等工作。本专业的毕业生在"互联网+"时代背景下能够发挥重要作用，服务相关产业坚持和强化北京作为首都所承担的政治中心、文化中心、国际交往中心、科技创新中心的核心功能，切实落实让互联网更好造福国家和人民、推动媒体融合向纵深发展等指导精神。

10. 广告学

广告学专业开设于2001年，2016—2019年在应用文理学院招生。本专业研究消费者的需求、分析产品的优势，用创意将消费者的需求和产品的优势关联起来，制作广告作品把这一关联展示出来，再通过电视、网络等媒介把广告作品散播出去，让广大的消费者了解产品、购买产品。广告学就是学习广告活动规律和技能的专业，研究对象就是广告活动，包括广告活动的发展历史、广告运作规律、广告作品设计与制作、广告媒介使用、广告经营与管理等。为学生开设广告史、广告创意与策划、市场营销、电脑图文设计、广告文案写作、影视广告制作、广告法规等课程。

经过几十年的建设，至 2020 年，本专业拥有三大培养优势：一是专业发展方向明确。本专业以校企合作办学为方向，以主抓行业竞赛为手段，发展应用型教育，发挥专业特色，汇聚专业优势，提升专业实力，培育专业人才，努力为首都的文化创意产业培养出更多更好的广告和媒介创意人才。二是学科竞赛成果丰硕。2018 年，本专业学生获得全国大学生广告艺术大赛国家级一等奖 1 项、二等奖 1 项、三等奖 4 项、优秀奖 7 项，北京市级奖项 185 项，全国大学生广告艺术节铜奖 1 项。三是实践能力全面扎实。本专业课程体系设置综合考虑广告行业当前的发展和需求，实践类课程占全部课程一半以上，学生的广告行业实践能力扎实，实践能力覆盖广告活动全过程。

本专业毕业生多从事于广告、公关、营销、咨询公司的客户部、策划部、创意部、媒介部、制作部。本专业毕业生历年来的就业率均在 98% 以上，就业面广，职业发展前景良好。在我国产业结构升级的大背景下，在中国制造向中国创造转变的过程中，广告人是中国品牌塑造与推广的军师，是提升我国企业营销能力的主力军，是增强我国企业和产品国际竞争力不可缺少的重要力量。广告业是文化创意产业的一个重要组成部分，广告人可以通过广告弘扬我国优秀的传统文化和社会主义先进文化，为增强民族文化自信、推动中华文化走向世界做出贡献。

11. 英语

英语专业开设于 1978 年，2016—2018 年在师范学院招生。学院面向首都基础教育发展需要，培养具有强烈的社会责任感、良好的教师职业道德素养和英语学科核心素养，热爱英语教育事业，具备扎实的听、说、读、写、译英语语言基本功、合理的知识结构，具备较强的英美文学与文化文本释读能力、口笔译能力、英语写作能力，掌握英语学科教育的基本理论和英语教学、科研的基本能力，掌握现代教育理论知识和技能，能够运用现代化教学手段在小学和中学等教育机构从事英语教学和研究的高素质应用型基础教育英语教师。

本专业特色是学生英语基础知识扎实，英语基本技能完备，课程设置覆盖英语听、说、读、写、译基本功训练，强化英美文学与文化文本释读能力、口笔译能力、英语写作能力、教学和教学研究能力的培养，突出英语课堂教学技能训练，注重培养学生的英语教育教学实践能力。通过课堂教学、英语教师职业技能训练、教育见习、教育实习和国际交流合作等多方式、全方位立体培养模式，将学生培养成为具备宽广的国际视野，具有创新创业精神和社会责任感，具有良好的适应能力和可持续发展能力的卓越基础教育英语教师。为学生开设英语精读、泛读、听力、口语、视听说、写作、口译、笔译、英美文学作品选读、英语语言学基础、教育心理学、英语教学理论与方法、计算机辅助教学等课程。选修课有英语语言系列、英语教学法系列、文化交流系列以及第二外国语系列课程。

本专业学生毕业后主要在北京市小学和中学等教育机构从事英语教学和教育管理工作。就业单位有北京第二实验小学、北京市中关村第三小学、史家小学、北京市西城区奋斗小学、北京市西城区黄城根小学、北京市西城区育翔小学、北京市中古友谊小学、北京市朝阳区芳草地国际学校、北京市第二中学、北京市第二十一中学、北京朝阳外国语学校、北京市和平街第一中学、中央电视台、北京广播电视台等。

2019—2020年本专业在师范学院英语专业师范专业方向招生，面向首都小学教育发展需要，培养具有扎实的英语语言基础知识、英语语言基本技能，较熟练的英语语言运用能力，具有先进的教育理念，熟悉教育基本规律，能够使用现代化教学手段和方法，适应未来小学英语教学和研究的高素质应用型人才。英语专业以学习和研究英语语言和英语教学为主线，学习研究英语语音、语法、词汇等语言知识，学习研究现代教育理论知识和英语学科教学知识，培养学生综合运用英语语言以及掌握英语学科核心素养，培养英语学科教学的能力。

本专业为学生开设基础英语、英语语音、英语听力、外教口语、英语阅读、英语视听说、英语写作、口译、笔译、英美文学作品选读、英语语言学基础、教育学、教育心理学、英语学科教学论、英语教学设计与教学技能、优秀英语教师案例分析、第二外语等课程。

经过几十年的建设，至2020年，本专业拥有五大培养优势：一是有丰富的英语专业办学经验，专业课程全英文授课率100%；二是师资力量雄厚，拥有英语语言文学、英语教育、英语翻译研究生学历的教师团队，高级职称率达60%以上，还有具备小学一线英语教学经验的教师；三是为学生提供国外能力拓展机会，与国外知名院校合作开展交换生项目、TESOL项目、暑期研习营和创新创业课程项目；四是实现"课证赛"一体化培养模式，本专业课程体系与国际英语教师资格证、英语教学技能大赛、国家级英语演讲比赛、英语阅读比赛无缝对接；五是注重学生的英语语言能力和英语教学能力的培养，小学一线英语教学专家和国内一流师范院校英语教育专家进课堂，还有条件丰厚的小学教育见习和教育实习基地。

本专业毕业生主要在北京市小学从事英语教育教学和教育管理工作。本专业培养的人才具有强烈的社会责任感、职业认同感和职业理想、良好的教师职业道德素养和英语学科核心素养，对提升首都小学英语师资水平、发展首都小学教育事业具有重要的推动作用。

◆ 专业的印记

本专业2016—2018年也在旅游学院招生。学院立足北京旅游业发展的需求，培养学生掌握扎实的英语语言和中西文化基本知识，熟悉专门用途英语、口头和书面翻译、文本释读方法等专业知识，能够综合运用英语语言文学理论、跨文化交际理论、专门用途英语理论和旅游相关理论分析并解决通用和专用情景中的有效交际的实际问题，培养学生正确认识世界和中国发展大势、正确认识中国特色和国际比较、正确认识时代责任和历史使命、正确认识远大抱负和脚踏实地培养能够满足旅游业涉外交际能力要求的，将来能够成为在旅游、商务、翻译、文化、教育、外事等领域从事旅游管理与服务、商务外贸、口笔译、英语教育、英语培训等工作，具有较强的职场适应能力和可持续发展能力的复合型、创新型、应用型专门人才。

英语专业设立了英语旅游文化和英语翻译两个专业方向。通过"英语+旅游"的课程建设、"学习+实践"的人才培养体系、"国内+国际"的学习渠道，形成了进一步强化人才培养的中心地位的教育理念。英语专业旨在培养通晓英语、知晓旅游，具备合理知识结构和语言文化素养、较强文本释读能力、口笔译能力、英语写作能力和跨文化交际能力，能在首都旅游、商务、翻译、文化、教育、外事等领域从事旅游管理与服务、商务外贸、口笔译、英语教育培训等工作的高素质复合型、应用型人才。为学生开设基础英语、高级英语、英语阅读、英语口语、（高级）英语听力、（实用）英语写作、翻译理论与实践、英美文学选读、语言学、跨文化沟通与管理、北京导游英语、中国文化概览、剑桥商务英语、高级国际商务英语、职业英语能力等课程。

本专业毕业生可就业于外航公司、外资企业、外贸公司、英语教育培训机构、银行、出版社、广告公司等。

本专业 2019—2020 年也在旅游学院招生，英语专业致力于培养"首都圈"旅游及相关行业中所需的高端复合型应用英语人才，是以英语语言文学为基础、英语语言应用为特色，强调中西方文化素质教育和跨文化意识的应用型本科英语专业。英语专业以英语语言、文化、文学知识为研究对象，突出其中与旅游及其相关行业所需的交际能力相关的部分，研究语言在不同情境中运作的机制，并通过实境训练使学生获得良好的英语呈现、沟通、翻译能力。为学生开设的英语专业学科大类核心课程包括基础英语、高级英语、英语阅读、英语听力，专业核心课程包括英美文学选读、旅游翻译、口译、中国文化概览、实用英语写作、语言学导论等。

经过几十年的建设，至 2020 年，本专业拥有四大培养优势：一是毕业生具有较强的行业适应性。专业实施了 OBE 理念导向的"英语+"应用能力培养体系，提高了毕业生的英语呈现能力、实境沟通能力、社会服务能力。二是人才培养过程国际化特色明显。专业与欧洲多国大学有合作培养计划，采用"3+1"或"2+2"的培养模式，部分学生可获双学位，还为学生提供了多种国际交流项目。三是综合运用"学习+实践"的培养模式、"课堂教学+移动学习"的教学方式，在实境中综合培养学生的知识、能力、素养。学生多次获国家级、市级各类英语竞赛、行业竞赛奖项。四是本专业 6 名教师具有"双师"素质资格，多人次参加企业实践、欧洲领队培训，参加北京语言建设相关项目，具有较强的服务北京社会经济建设的能力。

本专业毕业生可在旅游、商务、翻译、文化、教育、外事等领域工作。近年来，毕业生就业率保持在 100%。毕业生可就职于航空公司、外企、外贸公司、英语教育培训机构、银行、出版社、广告公司等企事业单位。本专业利用实践教学与创新

专业的印记

教育并举的途径，加强校企合作，与多家旅游类企事业单位开展产学研合作，如建立首旅集团国家级大学生校外实践基地、北京市公园管理处实践教学基地。近年本专业在天津国际邮轮母港邮轮基地组织的新业态综合集中实习实训，锻炼了学生实境语言应用的能力，充分服务于京津冀都市圈的旅游产业建设与发展。

12. 计算机科学与技术

计算机科学与技术专业开设于1996年，2016—2018年在师范学院招生。学院面向首都基础教育发展需要，培养具有强烈的社会责任感、良好的教师职业道德素养和可持续发展能力，数学基础扎实，掌握计算机科学与技术基础理论知识，具备计算机应用软件设计开发能力，具有中小学信息技术课程、创客教育课程、综合实践课程（STEAM课程）和数学课程教学能力，具有指导软件、创客、机器人等课外科技竞赛能力，能胜任基础教育单位以及其他教育机构的教学工作的高素质应用型人才。

本专业学生数学基础扎实、计算机实践动手能力强，在软件开发、机器人竞赛、数学建模竞赛等方面受到专门训练，教师课堂教学技能突出，课外科技竞赛指导能力强，引导学生参加国际交流与合作培养，培养其跨文化沟通交流的能力。本专业为学生开设高等数学、线性代数、概率论与数理统计、电子技术基础、C语言程序设计、Java程序设计、软件设计开发、数据库系统、动态网站设计开发、数字图像与音视频编辑、3D应用软件设计制作、网络互连与服务技术、班级管理与实践、基础教育课程改革、优秀教师教学案例分析、信息化教学设计等课程。

本专业毕业生可以担任中小学信息技术教师、创客教育教师、综合实践课程（STEAM课程）教师、数学教师以及中小学课外竞赛指导教师，毕业生就业率高，广泛就业于中小学、中专、职高。

2019—2020年本专业在师范学院计算机科学与技术专业师范专业方向招生，本专业是四年制本科专业。学院自招生以来，一直坚持"学科引领、队伍保障、协同创新、内涵发展、质量为本"的专业建设理念，重视计算机专业技能、课堂教学技能和课外科技竞赛指导技能三大专业核心能力建设，并且配置了相应的课程模块来支撑这三大专业核心能力的培养，使学生毕业后能够顺利就业。本专业着力培养数学基础扎实、计算机实践动手能力强、课堂教学技能突出、课外科技竞赛指导能力强、具有国际化视野的高素质信息技术教师。

本专业为学生开设高等数学、线性代数、概率论与数理统计、数学建模、数学思维训练与能力培养、Scratch创意编程、C语言程序设计、软件设计开发、三维教育软件设计制作、动态网站设计开发、电子技术及应用、科技竞赛编程、人工智能、教育心理学、教育学、课程与教学论、基础教育课程改革、教学媒体理论与应用、信息化教学设计、STEAM教育理论与实践等课程。

经过几十年的建设，至2020年，本专业拥有三大培养优势：一是师资队伍实力雄厚。本专业的教师学历层次高，年龄和职称结构合理，45%以上的教师具有海外经历，多名教师被评为国家级和市级大赛的优秀指导教师、北京联合大学优秀教师，多名教师获得北京联合大学教学优秀奖、北京联合大学优秀教学成果奖。二是重视优质课程和资源在人才培养中的重要作用。本专业已建设双语教学示范课程、精品视频公开课、专业核心课、特色应用型课程、教学创新课程等多门优质课程，

> 专业的印记

编写出版国家级规划教材多部，有多部微课和多媒体课件在国家级和市级大赛中获奖。三是国际合作、开放办学。本专业通过"3+1"对外双学士学位项目、"3+2"对外研究生联合培养项目、对外交换生项目等积极开展国际合作办学。已有多名学生通过此类项目获得对外双学士学位、国外硕士学位。

本专业的学生毕业后能胜任小学或初中的信息技术、创客、综合实践和数学等课程的教学工作，承担青少年编程、青少年人工智能、青少年创客、青少年机器人等课外科技竞赛的指导工作，以及中小学校园信息化建设工作。本专业培养的人才不仅计算机专业能力强，而且拥有教师情怀，热爱教育事业，掌握先进的教育理念和方法，对促进首都基础教育领域信息技术课程的改革与质量提升以及智慧校园建设能发挥积极的作用。

本专业 2016 年也在信息学院招生。学院面向首都及地方社会发展和经济建设需要，培养专业基础扎实、实践能力强，具有较强的适应能力和可持续发展能力，具有解决 IT 领域实际问题的高素质应用型人才。本专业定位于应用型本科，以建设北京市特色专业为目标，设置嵌入式系统开发、网络应用开发、系统维护、移动物联技术以及多媒体处理技术等专业方向，专业核心能力主要包括计算机应用能力、嵌入式系统开发能力、应用系统开发能力、移动互联与物联网系统开发能力、网络运行与系统维护能力和多媒体信息系统设计能力。为学生开设程序设计基础、离散数学、数据结构、计算机网络、数据库系统、计算机组成原理、面向对象程序设计、软件工程、Web 技术、嵌入式系统及应用、网站设计、手机软硬件开发、操作系统设计、动漫设计等课程。

本专业学生毕业后能在电信、民航、铁路、航运、医院、证券公司等相关部门及信息技术领域从事应用软件开发、数据库管理与应用、数字媒体设计、系统维护与集成、嵌入式开发、软件测试与维护、软硬件产品技术支持和信息服务等方面的工作。

本专业2017—2018年也在智慧城市学院招生。移动互联、人工智能、大数据和云计算为计算机科学与技术专业的发展带来了持续的发展动力。本专业面向IT行业人才需求，设置嵌入式系统开发、网络应用开发、多媒体信息处理技术等课程模块，能够适应社会不断变革和可持续发展的要求。本专业被中国科学评价研究中心确定为优势专业，依托计算机科学与技术一级学科硕士点和国家级服务外包人才培养模式创新实验区，培养专业基础扎实、实践能力强，具有解决相关领域实际问题的高素质应用型人才。本专业深入开展产学研合作，与达内集团、中公教育、文思创新等企业合作建立实习基地，成立专业社团，支持鼓励学生参加课外科技活动。为学生开设程序设计基础、数据结构、计算机网络、数据库系统、计算机原理、面向对象程序设计、软件工程、Web技术、嵌入式系统、移动应用开发、网络游戏开发、多媒体技术、数字图像处理、软件测试等课程。

本专业学生毕业后主要在信息技术领域从事应用软件开发、移动应用开发、嵌入式开发、数字媒体设计、数据库应用、软件测试与维护、系统维护与集成、软硬件产品技术支持和信息服务等方面的工作。

本专业2019—2020年也在智慧城市学院招生。在信息化的时代，人们的生活、学习和工作都离不开计算机。人工智能、大数据、云计算、无人驾驶和区块链这些代表当今世界潮流的热门领域，以及手机APP，都离不开计算机科学与技术，计算机科学与技术专业的发展进入了新的阶段。计算机科学与技术是对描述和变换信息的算法过程进行的研究和应用，包括从算

◆ 专业的印记

法研究到根据硬件和软件解决各种各样的实际问题。简而言之，它不但包括从总体上对算法和信息处理过程进行的理论研究，还包括满足给定规格要求的软硬件设计。计算机科学与技术专业的研究对象主要分为计算机硬件和软件。计算机硬件是指计算机系统各种物理装置、设备的总称，包括智能手机。计算机软件就是运行在硬件之上的程序，包括操作系统、数据库管理系统以及各种各样的应用软件。计算机科学与技术专业作为一个大型本科专业，可以具体分为以下几个分支学科：计算机科学（主要研究计算的理论、算法和实现）、计算机工程（主要研究现代计算系统和由计算机控制的有关设备上的软件与硬件的设计）、软件工程（研究软件设计的方法，以系统、科学、定量的方法，将工程应用于软件的开发、运行和维护）、信息技术（从广义上来说，包括了所有计算技术的各个方面，侧重在一定组织及社会环境下，通过集成、应用和管理的计算技术来满足用户的需求）。

本专业为学生开设离散数学、程序设计基础、数据结构、操作系统、计算机网络、数据库系统、计算机组成原理、电路信号与系统、面向对象程序设计、Python 程序设计、软件工程、机器学习、Web 技术、嵌入式系统、移动应用开发、网络游戏开发、数字图像处理等课程。

经过几十年的建设，至 2020 年，本专业拥有四大培养优势：一是面向首都 IT 行业人才需求，能够适应社会不断变革和可持续发展的要求。本专业设置 Web 开发与移动互联应用、人工智能、多媒体信息处理技术等课程模块，采取分类培养、分层教学模式，学生可根据自己的特长选择课程模块。二是专业参加了北京市普通高等学校计算机科学与技术本科专业评估，排名第七。学院设有计算机科学与技术一级学科硕士点，专业依托学院硕士点和国家级服务外包人才培养模式创新实验区,被中国科学评价研究中心确定为优势专业。本专业学生录取分数连续几年全校名列前茅,学生第一志愿率100%。三是师资力量雄厚,现有教师17名,其中教授2人,副教授9人,讲师6人。师资团队的科研和教学成果突出,近年来发表学术论文100余篇,出版学术专著6部,取得专利和软件著作权50余项,编写国家规划教材和北京市高等教育精品教材多部,承担多项国家科技支撑计划课题、国家自然科学基金项目、北京市自然科学基金项目、北京市教委科技项目、省部级重点实验室开放课题基金项目和各类实际应用的横向课题。四是深入开展产学研合作,与中公教育、达内集团、文思创新等企业合作建立实习基地,校企合作开发实践教学课程,培养学生的应用能力和职业技能。本专业引导学生成立专业社团,积极参加课外科技活动,学生在中国大学生服务外包创新创业大赛、蓝桥杯等大赛中屡获大奖。

本专业学生毕业后主要在信息技术领域从事应用软件开发、移动应用开发、嵌入式开发、数字媒体设计、数据库应用、软件测试与维护、系统维护与集成、软硬件产品技术支持和信息服务等方面的工作。本专业毕业生社会评价良好,以实践能力强、工作踏实受到用人单位欢迎。毕业生近几年的就业率在95%以上,专业领域就业比例在70%以上,具体岗位比例如下:计算机应用15%;网络工程8%;软件开发30%;软件测试10%;计算机维护7%;其他30%。计算机科学与技术发展日新月异,已渗入社会方方面面,对人才的要求也越来越高。本专业作为宽口径的专业,结合社会人才需求和技术潮流,专业定位以行业需求为目标,面向社会技术进步,培养学生的Web应用开发、移动物联开发、多媒体设计、嵌入式应用等技能,为首都IT技术的发展提供人才储备。

13. 数字媒体技术

数字媒体技术专业开设于2013年，2016—2018年在师范学院招生。学院面向首都基础教育发展需要，培养具有强烈的社会责任感、良好的教师职业道德素养和可持续发展能力，掌握数字媒体艺术基础知识，具备数字媒体技术应用能力，具有先进教育教学理念和现代教育技术与方法，具有较强的教学设计和教育组织管理能力，能够在北京市基础教育领域从事媒体创意与制作及信息技术课程教学的高素质应用型人才。

作为一个基础教育领域培养数字媒体技术师资的专业，本专业努力践行技术驱动艺术以及与区域文化的融合创新理念，注重专业技能，突出实践能力培养，着力培养具有动画设计与制作、影视拍摄和后期制作能力的高素质应用型人才。本专业教师的作品多次获得中国电影金鸡奖、"五个一工程奖"等国家级奖项。学生在华北五省大学生机器人大赛、全国大学生电子商务挑战赛和"创青春"全国大学生创业大赛中多次获得市级一、二等奖和国家级铜奖。为学生开设动画设计基础、动画短片制作、三维动画技术及应用、虚拟现实技术及应用、影视制作与合成、影视动画特效、计算机网络、动态网站设计与开发、教育学、教育心理学、学科教学论等课程。

本专业毕业生可以从事中小学定格动画、Flash动画、微电影等课程的教学工作，也可以担任中小学生电脑动漫及绘画制作竞赛、科学DV竞赛、创意构建和数码摄影竞赛的指导老师，还可以从事其他数字媒体技术相关工作。本专业的毕业生大受欢迎，就业率高，广泛就职于北京市中小学校。

2019年本专业在师范学院数字媒体技术专业师范专业方向招生。本专业是面向首都基础教育发展需要，培养掌握数字媒体技术基础知识，熟练运用数字媒体技术进行影视创作与动画创作，具有先进教育教学理念和现代教育技术与方法以及较强的教学设计和教育组织管理能力，能够在北京市基础教育领域从事影视动画创意与制作、胜任信息技术课程教学的高素质应用型人才的专业。本专业主要研究数字媒体技术在教学中的应用，研究虚拟现实技术、动画、动漫技术、影视制作及多媒体后期合成技术、三维建模、动态网站设计与开发。为学生开设教育学、学科教学论、教师职业技能训练、动画短片制作、三维造型技术及应用、虚拟现实技术及应用、影视制作与合成、影视动画特效、动态网站设计与开发等课程。

经过几年的建设，至 2019 年，本专业拥有三大培养优势：一是作为北京市为基础教育领域培养数字媒体技术师资的专业，本专业教师多次获得中国电影金鸡奖等国家级奖项；二是本专业兼具艺术性、技术性和教育性，努力践行技术驱动艺术以及与首都文化、教育的融合创新理念；三是注重专业技能，突出实践能力培养，着力培养具有动画设计与制作、影视拍摄和后期制作能力的高素质应用型人才。

本专业毕业生可以从事中小学定格动画、微电影等课程的教学工作，也可以担任中小学生电脑动漫及绘画制作竞赛、科学 DV 竞赛、创意构建和数码摄影竞赛的指导老师，还可以从事其他数字媒体技术相关工作。数字媒体技术为教育的发展提供了新思想、新技术、新方法、新模式，同时也对大学生思想政治教育、道德及价值观的正确形成发挥了重要作用。

14. 音乐学

音乐学专业开设于 1999 年，2016—2018 年在师范学院招生。学院面向首都基础教育发展需要，培养具有强烈的社会责任感、良好的教师职业道德素养和可持续发展能力，具有现代

◆ 专业的印记

教育理念，掌握扎实音乐学科基本理论、基础知识和教学技能，能运用所学专业知识在中小学进行音乐教学的高素质应用型音乐教育人才。本专业突出师范性、应用性和实践性，坚持音乐理论与音乐技能相结合，注重全面基础知识、突出实践能力和规范职业素养的综合培养，注重社会责任感、创新创业精神和可持续发展能力的养成。毕业生在国内外重要的音乐比赛及教学比赛中曾多次获得优异成绩。为学生开设学科大类课程包括中西方音乐史、中国传统音乐理论、曲式与作品分析等，专业核心课程包括乐理与视唱练耳、声乐、钢琴、和声基础、合唱与指挥等。

本专业毕业生可在中小学、中专、职高从事音乐教育教学、幼儿艺术教育工作。毕业生广泛从事北京基础音乐教育工作，其中的佼佼者已成为北京市重点学校的教育管理人员或教学骨干。

2019—2020年本专业在师范学院音乐学专业师范专业方向招生。学院面向首都基础教育发展需要，培养具有强烈的社会责任感、良好的教师职业道德素养和可持续发展能力，具有现代教育理念，掌握扎实音乐学科基础知识和教学技能，能运用所学专业知识在小学进行音乐教学的高素质应用型音乐教育人才。本专业以培养小学音乐基础教育高素质应用型人才为主线，以培养首都小学基础音乐教师所面临的实际问题为研究对象，研究内容涵盖小学音乐教师专业发展所需要的教育学理论、音乐学科专业理论与技能，以及小学基础音乐教育见习与教育实习。为学生开设音乐教学论、教师职业技能训练、教学设计与教学技能、奥尔夫音乐教学法、中西方音乐史、和声基础、曲式与作品分析、乐理与视唱练耳、钢琴基础、声乐基础、合唱与指挥、音乐创作等课程。

经过几十年的建设,至 2020 年,本专业拥有三大培养优势:一是教师梯队合理。现有专职教师 17 人,其中教授 1 名、副教授 7 名,具有博士学位 3 人,均来自国内外知名艺术学府。二是教学条件优越,教学设备先进,实践教学基地充沛。各类先进音乐实验室满足各类专业课程的使用,如琴房、舞蹈教室、奥尔夫音乐教室、多功能排练厅及多台三角钢琴和 40 余所中小学校外实习基地,保证学生的校外见习、实习。三是国际交流广泛。本专业已开展多个对外研究生交流项目、对外交换生项目、寒暑假冬夏令营项目。

本专业毕业生主要在北京市从事基础音乐教育教学和教育管理工作,报考国内外知名高校音乐教育类研究生的年录取率约为 4.6%。本专业人才致力于提高小学阶段学生的审美能力,发展学生的创造性思维,形成良好的合作意识及人文素养,并为学生终生喜爱音乐、学习音乐、创造音乐、享受音乐奠定了良好的基础。

15. 应用心理学

应用心理学专业开设于 2005 年,2016—2020 年在师范学院招生。本专业培养德、智、体、美、劳全面发展,具有高度的社会责任感和可持续发展能力,热爱心理健康教育事业,严格遵守教师职业道德规范和儿童心理工作法律法规,具有扎实的心理学学科基础、良好的教育教学能力、较强的心理咨询技能,能够在小学开展心理教学、心理辅导与咨询等工作的心理健康教育教师。为了帮助教师科学地开展教育教学活动,促进学生健康、快乐、全面的成长,本专业既研究小学教育领域中的特定心理学现象和规律,也研究心理学的基本规律在小学教育实践中的应用,主要包括个体心理发展的规律和促进学生全面健康成长的教育心理学规律等,并以其中的心理健康教育规律研究为核心。为学生开设心理学导论、教育心理学、发展心理学、小学生心理健康教育、心理咨询与治疗基础、团体心理辅导、家庭治疗、音乐治疗、舞动治疗、绘画治疗、心理剧疗法、心理统计、心理测量等课程。

经过十几年的建设，至2020年，本专业拥有五大培养优势：一是本专业的人才培养具有师范教育和专业教育并举，第一课堂和第二课堂系统设计，理论基础和实践技能双优，可持续发展能力和就业能力兼备，人文素养和教育情怀相融的理念和特色。二是本专业2013年被评为校级优势本科专业，现有教师15名，其中教授2名、副教授7名，具有博士学位12人，有北京市教学名师1名，北京市高校青年教师基本功大赛一等奖获得者1名，另有校级各类教学奖励获得者多名。三是本专业2019年10月接受了教育部师范类第二级专业认证。本专业成绩合格的在校生在认证正式通过后可获得教师资格证笔试免试资格。四是本专业是教育硕士（心理健康教育专业方向）的培养单位，可招收心理健康教育专业方向的教育硕士研究生，有专业硕士导师8名。五是学生可通过学院的平台参与境外高水平大学的交换生项目、"3+2"对外研究生联合培养项目，以提升国际化视野。

本专业毕业生可在普通中小学以及其他教育机构从事心理健康教育教学、心理辅导与咨询、心理测评等相关的教学和管理工作。在小学教育领域中，本专业人才用实际行动关注少年儿童的心理健康，提升小学生心理素质，促进学生快乐与全面的成长。

16. 小学教育

小学教育专业开设于2015年，2016—2020年在师范学院招生。小学教育专业以落实立德树人为根本任务，以培养新时代

"四有"好老师为基本要求，面向北京，培养适应北京小学教育改革与发展需要，具有小学教师的理想信念、教育情怀和道德情操，具有"双专多辅"的专业素养，具备扎实教育教学能力、班级管理能力、现代化信息技术应用能力和开放的国际化视野，能够胜任小学和其他教育机构多学科教育、教学要求的高素质应用型人才。小学教育专业以培养卓越的小学教师为主线，以首都基础教育发展所需要的小学教师培养中所面临的实际问题为研究对象，研究内容涵盖小学教师专业发展所需要的理论与实践、知识与技能等相关问题，包含小学教师培养实践中的相关问题。为学生开设教育概论、教育心理学、小学教育学、中外教育史、儿童发展心理学、课程与教学论、小学班队管理、小学课标与教材教法等课程。

经过几年的建设，至2020年，本专业拥有三大培养优势：一是四年教学实践不断线、校内学习与校外实践基地培训相结合共同培养学生的实践能力，与北京市多所优质小学合作建立优质校外实践基地，全方面提升师范生的教育教学实践素养；二是注重基础理论学习与实践训练相结合，邀请知名小学校长和名师名家进课堂，与区教委、优秀小学三位一体协作育人；三是与境外高水平大学开展交换生项目，提升国际化视野。

本专业毕业生能胜任小学语文、小学数学、小学英语、小学科学等学科的教学工作，能从事教育科学研究机构的研究工作、相关教育培训机构及各类教育行政部门的管理和教学工作，还可以选择继续深造，报考研究生。本专业人才具有小学教师教育情怀和"双专多辅"的专业素养，为提升首都小学教育多学科融合教学的师资水平，促进首都基础教育的发展发挥着积极的作用。

17. 学前教育

学前教育专业开设于2003年，2016—2020年在师范学院招生。学前教育专业是专门培养幼儿园教师的高等教育学科门类，隶属教育学，通过四年有目的、有计划、有系统的培养，让学生成为合格的幼儿园教师。学前教育专业立足国家幼儿教育改革发展需要，面向未来，培养应用型、复合型高素质的学前教育教师、学前教育管理工作者和学前教育研究者，具有广阔的发展前景。学前教育专业以促进儿童健康成长和发展为主线，重点研究儿童成长发育规律，儿童的认知与情感、情绪规律，儿童教育与保育规律，研究儿童教育学、儿童心理学、儿童卫生学，结合学前教育实践，探索幼儿园发展、儿童教育与人才培养等课题。为学生开设学前教育学、教育心理学、儿童发展心理学、幼儿园保育学、钢琴、舞蹈、美术、儿童行为观察与分析、幼儿园班级管理、幼儿园课程、幼儿园游戏、儿童文学、学前教育法规与政策以及学前儿童语言教育等课程。

经过十几年的建设，至2020年，本专业拥有四大培养优势：一是立足首都学前教育改革发展需要，培养北京市需要、在北京就业的幼儿园教师；二是专业培养模式具有融合式课程体系、复合型优秀教师团队、浸润式实践模式以及丰富的海外学习机会；三是本专业2019年10月接受了教育部师范类第二级专业认证；四是本专业与30余所市级、区级示范性幼儿园合作，建立了优质、稳定的实习基地，使学生能深入幼教实践一线，完成全学程体验式实践学习。

本专业学生毕业后就业前景十分广阔，既可以到幼儿园做幼师，也可以到幼教研发与服务机构、儿童研究机构、幼教行政管理相关部门工作。本专业人才服务于首都基础教育，对幼儿园发展、儿童发展、家庭幸福，以及社会和谐具有重要意义。

本专业 2016 年也在特殊教育学院招生。学院强调面向首都学前融合教育第一线，培养从事普通幼儿及特殊幼儿的学前教育实践工作，具有扎实的学前教育专业基本知识与基本理论、较强实践能力的高素质应用型与复合型人才。学生不仅具备普通幼儿教师应有的教育教学知识与能力，而且具备开展特殊幼儿教育指导的知识与能力。

本专业为学生开设幼儿卫生与保健、学前教育学、儿童发展心理学、幼儿游戏理论与实践、幼儿语言教育、幼儿数学教育、幼儿科学教育、幼儿社会性发展与教育、幼儿体育活动、幼儿园课程与教育活动设计、幼儿园艺术教育实践模块、特殊儿童教育模块、学前教育拓展模块、幼儿园教育见实习等课程。

本专业毕业生绝大部分任教于幼儿园、特殊学校的早期教育部门、早期教育培训机构，还有部分毕业生赴国外留学或考取相关专业的硕士研究生。本专业学生还曾先后参加过韩国、美国以及我国台湾地区的院校交流访问项目。

18. 科学教育

科学教育专业开设于 2020 年，在师范学院招生。本专业面向首都小学教育发展需要，培养具有强烈的社会责任感、良好的教师职业道德素养和可持续发展能力，具有良好的科学素养、宽广的知识面、较强的教育教学能力、良好的组织协调能力和创新精神，能适应小学教育科学学科教学改革发展需要的高素质应用型人才。本专业着力培养热爱小学科学教育事业、师德高尚、科学素养高、执教能力强、国际视野宽阔，能胜任小学科学课堂教学工作和小学科学竞赛指导工作的，具有较强的社会责任感、创新创业精神和可持续发展能力的高素质小学科学教师。为学生开设大学生物、大学化学、大学物理、地球与空间科学、科学技术史、科学研究方法论、小学科学课程标准与

> 专业的印记

教材分析、小学科学学科教学论、小学科学教师职业技能训练、创意编程、STEAM理论与实践、科技竞赛技能训练、科技模型制作与训练等课程。

  本专业拥有三大培养优势：一是师范特色的人才培养体系。本专业是目前北京市首批获教育部批准的四年制本科师范类专业，是专门为满足北京市中小学对科学教师的需求而创办的，目标是培养高素质的小学科学教师。本专业的人才培养方案严格按照国家师范专业认证标准和《普通高等学校本科专业类教学质量国家标准》，紧扣北京市对小学科学教师在知识、能力和素养方面的实际需求，从师德规范、教育情怀、学科素养、教学能力、班级指导、综合育人、沟通合作、学会反思等方面对学生进行全面培养。二是先进的实验实践环境。本专业拥有科技创新实验室、理化生地综合实验室、机器人实验室，并且拥有丰富的校外教育实习基地，为学生的实践动手能力、教育教学能力的培养提供良好的保障。三是与国内外高校紧密合作，协同育人。本专业经常与赫尔辛基大学、柏林洪堡大学、首都师范大学科学教育研究中心等国内外多所高校开展科学教育专业的人才培养以及科学研究方面的交流与合作，为学生搭建学科交流和学习的平台。本专业还通过"3+1"对外双学士学位项目、"3+2"对外研究生联合培养项目、对外交换生项目积极开展国际合作办学。

  本专业的学生毕业后能胜任小学科学、创客和综合实践等课程的教学工作，可从事小学科学／科技竞赛的指导工作、小学科学教育的教育教学研究工作，以及与科学教育相关的教育行政管理工作。本专业培养的学生拥有教师情怀，热爱小学科学教育事业，不仅具有丰富的科学知识、较高的科学素养，而且掌握小学科学教育的理论与方法，对首都的小学生学习科学知识、体验科学探究过程、培养求真创新的科学精神、提升科学素养发挥了积极的作用。

19.信息管理与信息系统

信息管理与信息系统专业开设于1999年，2016—2020年在商务学院招生。本专业学生学习经济学、管理学、计算机科学等学科知识，在应用信息系统的基础上，重点做好信息资源开发利用工作，能够运用主流工具实现大数据管理与应用，进行科学的统计分析和管理研究并形成决策知识，服务于商务运营效率和市场竞争力的提升。本专业主要研究数据管理和信息服务流程，注重学生信息价值的开发利用和商务决策能力的培养。为学生开设管理学、运筹学、数据库原理与应用、信息资源管理、信息系统分析与设计、数据科学导论、商务智能、Python数据分析实践、大数据挖掘系统分析与设计实践等课程。

本专业秉承"应用型、国际化"特色，着力培养具有国际视野和社会责任感、擅长信息管理和数据分析技术的商界骨干人才。经过几十年的建设，至2020年，本专业拥有四大培养优势：一是复合型高水平师资团队。70%的教师拥有博士学位，80%的专业教师具有海外访学或行业企业实践经历，专业导师制贯穿四年，实施个性化、面对面指导。二是完善的学习实践保障体系。本专业与北京市商务局、北京CBD管委会、德昂信息技术（北京）有限公司等企事业单位密切合作，邀请企业专家进课堂，打造校外实践基地，全面建构产学研用合作网络，提供从课堂教学到实验、实习、实践、就业系统化进阶服务。三是多层次国际合作培养项目。学院专项资金支持与谢菲尔德哈勒姆大学、布达佩斯商学院、京畿大学合作开展暑期、学期、学位（本、硕、博）等多层次交流项目，全面提升学生国际视野和跨文化交流能力。四是丰富的创新创业孵化资源和机会。

教师团队具有"互联网+""挑战杯"等国家级大赛指导经验，有完善的创业孵化基地，学生可以参与科研项目、地方服务性项目和真实创业项目，并获独立创业机会。

本专业毕业生可就业于电商平台等企事业单位，从事信息系统应用、信息处理、商业决策分析等工作。适合的职位有：项目经理、数据分析师、IT顾问、商务智能实施经理等。本专业毕业生近五年就业率达到99.5%，培养的人才具有较强的商务数据分析和信息系统运营能力，全面适应"互联网+"和大数据时代的人才需求，服务北京信息产业和知识服务业。

20. 金融学

金融学专业开设于2000年，2016—2020年在商务学院招生。本专业是以融通货币和货币资金的经济活动为研究对象，具体研究个人、机构、政府如何获取、支出、管理资金和其他金融资产的学科专业。本专业的研究对象包括货币与货币制度、信用、利率与利息、外汇与汇率、金融市场、金融机构、货币需求、货币供给与货币均衡、货币政策、通货膨胀与紧缩、金融监管等重要内容。为学生开设微观经济学、宏观经济学、管理学、会计学、统计学、金融学、国际金融、商业银行业务管理、证券投资学、保险学、公司金融、金融营销学、期货交易、理财系列、小微金融系列等课程。

经过多年建设，至2020年，本专业拥有两大培养优势：一是本专业为国家级特色专业，依托中小企业金融服务，注重学生实践能力的培养，拥有高素质的"双师型"师资队伍和以金融服务能力培养为主线的实践教学平台，与行（企）业合作成效显著。二是本专业的师资力量雄厚。现有教师14名，队伍中硕士生导师5人，教授3人，拥有高级职称的教师所占比例为57.1%，具有博士学位教师比例为92.9%，是具有活力和创新的团队，且师资全英（双）语教学能力强，教师队伍中7人有海外长期访学、留学经历，与国外学者学术交流顺畅。

本专业毕业生可在商业银行、保险公司、证券公司、信托公司、基金公司、交易所等金融机构就业，也适合在各类工商企业相关岗位从事管理、营销、客户服务以及现代金融业务操作等工作。近几年金融学专业学生就业主要面向商业银行、信用担保机构、村镇银行，就业率分别为98.2%、98.2%和98.5%。本专业培养的人才满足北京现代金融服务业发展的人才需求，培养具有国际视野和较强的社会适应能力，掌握扎实的经济学、金融学理论知识，通晓银行、证券、保险行业的业务流程，熟悉金融产品、金融市场和相关法规，具备良好的社会责任感、优秀的人格品质，具有创新创业精神的国际化高素质应用型人才。

本专业2016—2020年也在管理学院招生。金融学是从经济学中分化出来的应用经济学科，是以融通货币和货币资金的经济活动为研究对象，具体研究个人、机构、政府如何获取、支出以及管理资金和其他金融资产的学科。本专业以融通货币和货币资金的经济活动为研究对象，主要研究现代金融机构、金融市场以及整个金融经济的运行规律。具体研究内容包括：银行与证券、保险等金融机构的理论与实务；货币市场、资本市场与国际金融市场的理论与实务；金融宏观调控及整个金融经济的理论与实务以及金融管理特别是金融风险管理的理论与实务。为学生开设西方经济学、金融学、会计学、财政学、金融市场学、保险学、公司金融、商业银行业务管理、国际金融、证券投资学、计量经济学、金融营销、金融工程、个人理财规划、中小企业金融服务等课程，主干课程皆有实践环节。

金融学专业始建于1995年，2010年获批教育部高等学校特色专业建设点，2012年获批北京市专业综合改革试点，2014年获批金融硕士专业学位授权点。本专业以国家与首都经济发展对金融人才的需求为导向，制定创新能力培养体系，推行师生共同体全程导学模式，建立优质共享的网络教学资源，根据社会需求设立课程模块，实施个性化人才培养。本专业师资力量雄厚，高级职称教师比例为52%，拥有博士学位的教师比例为64%，在中小企业金融服务、科技金融、普惠金融、互联网金融等领域形成了系列研究成果。同时专业引入校外名师与行业导师直接授课和指导实践教学，注重对外交流与合作，构建了校内外、国内外多层次的开放式人才培养环境，与美国、英国等多所大学建立了良好的合作关系，同时与交通银行、光大证券等多家金融机构以及国内其他数十家大学的金融学专业建立了紧密稳定的合作关系。

本专业毕业生既可在商业银行、证券公司和保险公司从事金融产品营销、金融投资分析和金融业务管理工作，也可在互联网金融公司、担保公司、小额贷款公司担任资本运营人员。本专业已向社会输送毕业生2100余人，就业率一直保持在95%以上，考研成功率达30%，部分学生考取北京大学、清华大学、中国人民大学、厦门大学、中央财经大学、哥伦比亚大学等国内外知名大学继续深造。随着我国经济的高速发展，金融业对国民经济与社会发展的重要作用日益凸显，经济发展离不开金融业的助力，而金融业又是经济发展的基础和前提，未来金融专业就业前景将更加广阔。本专业人才可在政府管理部门、金融机构以及工商企业相关部门从事金融投资分析、金融产品营销、客户服务和业务拓展等岗位的管理及应用创新等工作。

21. 市场营销

市场营销专业开设于2003年，2016年在商务学院招生。本专业培养具备扎实的经济、管理理论基础,掌握市场营销专业理论知识,具有国际视野、通晓国际规则,能直接参与国际合作与竞争,具有较强跨文化交流能力与国际商务实战能力的市场营销人才。本专业培养术德兼修、知行合一,具有伦理道德、职业道德和社会责任感,能够从事营销业务管理、市场调查与分析、网络营销策划与执行、客户管理与客户服务等工作,在各领域尤其是服务性行业组织营销业务,进行营销管理,也可以在政府部门从事市场调研、分析、规划等方面工作的国际化高素质应用型营销管理人才。为学生开设管理学、宏观经济学、微观经济学、会计学、统计学、市场营销学、消费者行为学、市场调查与预测、国际市场营销、战略管理、服务营销学、供应链管理、营销策划等课程。

本专业毕业生可在国内外从事经营、销售、管理、策划等方面工作,也可在政府部门及企事业单位从事市场调查、分析与规划等工作,还可在各个行业领域从事各种项目的市场营销管理工作。

2017—2018年本专业在商务学院招生,培养术德兼修、手脑并用、知行合一,具有伦理道德、职业道德和社会责任感,具备扎实的经济、管理理论基础,掌握市场营销专业理论知识,具有国际视野、通晓国际规则,能直接参与国际合作与竞争,具有较强跨文化交流能力与国际商务实战能力,能够从事营销业务管理、网络营销策划与执行、新媒体营销、大数据营销、市场开发与推广、品牌运营与策划、客户管理等工作,在各领域尤其是服务性行业组织营销业务,进行营销管理,也可以在政府部门从事市场调研、分析、规划等方面工作的国际化高素质应用型营销管理人才。

本专业为学生开设经济学、管理学、会计学、统计学、市

◆ 专业的印记

场营销学、消费者行为学、市场调查与预测、国际市场营销、战略管理、服务营销学、供应链管理、营销策划等课程。

本专业毕业生可以在国家机关、企事业单位胜任新媒体营销、互联网营销、大数据营销、市场开发、市场推广、品牌运营、品牌策划、客户管理等工作。

2019—2020年本专业在商务学院招生。市场营销专业是通过各种新媒体和传统媒体的传播手段，整合营销过程，将企业的产品和服务以统一的形象向消费者进行传播，并为顾客、客户、合作伙伴以及整个社会带来经济价值的活动、过程和体系的学科专业。市场营销专业通过大数据分析与消费心理分析，发现消费热点，指导企业研发部门进行产品设计与策划，从而使顾客产生主动消费，引领市场潮流。为学生开设市场营销学、消费者行为学、市场调查与预测、网络营销、市场营销案例分析、新媒体营销、服务营销、零售管理、广告学、营销策划等课程。

经过十几年的建设，至2020年，本专业拥有四大培养优势：一是理论与实践相结合的培养模式。学生就读期间不仅可以获得中国市场学会与美国市场营销协会共同认证的营销策划师及营销经理助理认证，同时有机会在大型上市公司进行三个月以上的实习，有效助推理论与实践的结合。二是紧跟营销前沿，培养新媒体营销精英。本专业与知名教育机构合作，聘请知名企业高管，培养学生全面掌握"两微一端"（微博、微信及APP客户端）营销工具，轻松实现营销精英梦想。学生利用新媒体营销工具撰写营销策划方案、参加全国营销类大赛，获奖率达到30%以上。三是专业推荐就业、实习单位留用、企业高管定点培养等多渠道帮助学生就业。市场营销专业近几年就业率均为100%。四是师资力量雄厚。现有专业教师9名，教授2名，副教授 5 名，7 名教师拥有博士学位，2 名教师有博士后研究经历，全部教师均具有国外研究经历和企业管理实战经验。企业导师 20 余人，均为央企、国企、外企和大型民企高管。

本专业学生就业范围广泛，包括政府机构、银行、学校、大型央企及上市公司，职位涵盖营销助理和客户经理等，职务上升空间大。市场营销打通了顾客与产品之间的通道，让产品可以顺畅传递到消费者手中，没有营销就没有市场，没有营销就没有企业的成功，营销是企业经营核心中的核心，营销部门是企业最关注同时也是最需要人才的部门。如今市场营销已成为企业普遍认同的经营行为，正发挥着越来越重要的、无可替代的核心作用。

22. 国际经济与贸易

国际经济与贸易专业开设于 2004 年，2016—2020 年在商务学院招生。本专业主要研究国际贸易理论、政策、规则、惯例及运营实务、世界经济理论与实践，是应用经济学学科下的本科专业。本专业侧重培养学生英语语言能力、有效沟通能力、商务实战能力以及国际视野等核心能力，是以世界经济与国际贸易为研究对象，既研究宏观的世界经济、国际贸易理论与发展，又研究微观国际贸易业务实践的规则、惯例及运营的专业。为学生开设微观经济学、宏观经济学、管理学、基础会计、统计学、金融学、计量经济学、国际贸易学、国际贸易实务、国际结算等课程。

经过十几年的建设，至 2020 年，本专业拥有六大培养优势：一是校级优势专业。本专业获北京市财政专项和优势专业建设经费支持，四星级专业，全国排名前 20%。二是师资力量雄厚。教师全部拥有博士学位，82% 的教师具有高级职称，83% 的教师具有长期国外留学、访学、进修经历，67% 的教师具有双师资格。三是校级全英语教学实验班。学生入学即实行导师制培养，有机会到对外经济贸易大学、北京科技大学交换学习。四是四年英语学习不断线。本专业开设商务英语初、中、高级以及系列专业英语课程。五是注重培养商务实践能力。多个职业资格证书、全国专业竞赛与专业课程深度融合，行业专家进课堂，优质企业认识实习，本专业连续6年获得全国商业精英挑战赛一、二等奖，获得全国"挑战杯"大学生校外学术科技作品大赛二等奖。六是国内外能力拓展机会。为学生提供为期一年的海外带薪实习和参加海外暑期全英语夏令营的机会，提供英国、美国、俄罗斯等多个国家高校交换学习的机会，以及参加"2+2""3+1""3+1+1"中外合作办学学位项目的机会。

本专业毕业生可到政府、行政事业单位从事与经济贸易相关的工作，也可到外贸、金融、商贸、国际货物运输与代理等国际经贸类国有企业、三资企业从事贸易和商务相关工作。近三年，本专业学生考研成功率21%，就业率100%，部分学生考上了对外经济贸易大学、南开大学等国内知名大学和英美等10余个国家大学的研究生。本专业人才在"一带一路"倡议、中国服务贸易进一步扩大开放、跨境电子商务快速发展背景下的国际货物贸易、国际服务贸易、国际货物运输与保险、国际结算、对外投资、国际商务谈判、跨境电子商务、国际市场行情分析、国际会展等多个领域发挥着业务骨干作用。

23. 国际商务

国际商务专业开设于2012年，2016—2020年在商务学院招生。国际商务专业是适应经济全球化、区域化发展与现代服务业发展的需要，培养具有国际视野、民族精神和职业素养，掌握现代商务基础知识和国际商务运作管理实务，通晓国际商法与国际惯例，具备国际商务问题分析与决策能力，能够熟练运用英语进行商务交流和跨文化沟通的创新型、应用型、复合型高素质国际商务人才。国际商务专业以现代企业进行国际化经营为主线，以现代企业从事跨境商务活动所面临的实际经营管理问题为研究对象，研究内容既涵盖企业国际化经营所应遵循的国际商务理论工具、国际商务决策方法和国际商法与国际惯例，也涵盖企业国际营销、国际投融资、国际人力资源管理、国际商务谈判、跨文化沟通等国际商务运营管理实务。为学生开设国际商务（双语/全英语）、国际贸易、国际金融、跨国公司管理（双语/全英语）、国际营销学（双语/全英语）、战略管理、国际人力资源管理（双语/全英语）、国际商法、国际商务谈判、国际商务英语（剑桥商务英语双证书）等课程。

经过多年建设，至2020年，本专业拥有六大培养优势：一是专业课双语/全英语教学比例高，拥有全英语教学示范课程；二是与英国、美国、匈牙利、韩国等国家多所知名院校合作开展交换生、带薪实习、暑期研习营和创新创业课程项目，以及"3+1""2+2"本科双学位和本硕连读项目；三是专业教师全部具有博士学位，90%的教师有国外进修或访学经历，且专业拥有稳定的外籍专业教师，63%的教师拥有高级职称，80%的教师具有国际商务业界资质，长期从事剑桥商务英语（BEC）口语考官、雅思考试（IELTS）考务管理、国际项目管理师、国际商务策划师等实践活动；四是实施本科生学术导师制，定期组织学生参加课题研究、国际学术会议、发表论文等学术活动，以提升学生学术研究能力和商务实战能力；五是实施"课证赛"协同培养模式，课程体系与国际商务职业资格证书、剑桥商务英语证书、国际商务管理及谈判等国家级大赛有效衔接，学生连续三年获得国家级"国际商务谈判"大赛一、二等奖；六是注重学生国际商务实践能力的培养，政企行业专家进课堂，拥有通标标准技术服务有限公司、北京市纺织品进出口公司、北京时尚控股有限责任公司等多家知名企业为依托的校外实践基地。

本专业毕业生可在跨国公司、外资企业从事商务代表、国际市场与品牌拓展、国际商务师及国际商务经营管理和实务工作，在涉外经济贸易部门、政府机构及社会团体从事对外经营管理、政策法规制定与实施以及国际商务活动策划等工作。本专业近三年就业率100%，考研成功率达20%，学生顺利考上对外经济贸易大学、中国石油大学以及国外多所著名大学的研究生。本专业人才在跨国公司在华本土化运营、中国企业国际化开拓以及涉外机构和组织的国际化进程中，重点在国际经营环境分析与预测、国际营销、国际投融资、国际人力资源管理、国际商务谈判、国际商务活动策划等领域发挥了业务骨干和决策支持的作用。

24. 食品科学与工程

食品科学与工程专业开设于2002年，2016—2020年在生物化学工程学院招生。本专业是学习应用食品科学、营养学、健康管理等专业知识，致力于膳食营养与疾病防控、食品营养品质保持、公共营养与健康管理、健康食品制备等方面的学习和研究的专业。本专业涉及产业面广，包括科学研究、公共卫生、健康管理、食品研发生产销售、质量监管等领域。本专业以食品营养与人类健康关系为研究对象，研究食物营养与健康，如各类人群如何合理膳食、平衡营养、防控疾病、保持健康，研究食品营养与安全保持机理、健康食品研发生产等。为学生开设基础化学、生物化学、微生物学、基础医学概论、生理学、食品营养学与卫生学、食品工程原理与工艺学、功能食品学、食品分析、食品质量管理等课程。

经过十几年的建设，至 2020 年，本专业拥有六大培养优势：一是良好的学科专业平台，是北京市食品科学重点建设学科、生物活性物质与功能食品北京市重点实验室、国家保健食品功能检测中心、食品科学与工程一级学科硕士点、中国营养学会注册营养师课程教学基地；二是专业基础好，办学历史长，中国科教评价网专业全国排名前 20%；三是师资力量强，有北京市级优秀教师、注册营养师、保健食品评审专家、特医食品评审专家、ACI 健康管理师等行业专家担任教师，产学研融合，科研成果丰厚；四是优质的校外人才培养基地，如中粮营养健康研究院、北京营养师协会、北京市理化分析测试中心等知名企事业单位；五是 20% 以上的学生到中国农业大学食品学院辅修"食品营养与安全"学位，与安格利亚鲁斯金大学合作"3+1"项目，可学习"应用营养学"专业；六是学生培养实施导师制，可做到个性化培养，学科竞赛活动硕果累累，获得多项国家级、省部级以上奖励。

本专业毕业生可到食品和营养相关的科研院所、行政和企事业单位从事科学研究、公共卫生、食品分析检测与卫生监管、健康食品研发与评价相关工作。本专业培养人才在食品、营养相关科研院所、食品市场监管、食品分析检测、健康食品生产研发等领域为健康北京和健康中国建设发挥着积极的促进作用。

25. 食品质量与安全

食品质量与安全专业开设于 2006 年，2016—2020 年在生物化学工程学院招生。本专业是为解决食品中出现的各种安全问题，培养在食品质量检测与安全评价、活性因子功能和毒理学评价等方面具有较强的知识和技能，符合北京大都市需求，具有创新意识和较强动手能力的应用型人才。本专业以食品安全、营养与健康关系为研究对象，通过对食品原料、生产、加工、

◆ 专业的印记

储运等环节进行全面系统的质量控制及管理，保证食品的营养品质和安全，促进人体的健康。为学生开设生物化学、有机化学、无机化学、微生物学、食品化学、食品质量管理、食品分析、营养学、食品毒理学、食品安全与卫生学、功能食品、食品安全与质量控制等理论课程及相关实践课程。

经过十几年的建设，至2020年，本专业拥有四大培养优势：一是雄厚的师资力量。本专业是我校优势专业，专业教师16人，15名有博士学位。其中特聘教授2名，有3名博士生导师、12名硕士生导师，其中有3名国家保健食品审评专家。二是一流的教学和科研平台。本专业拥有"生物活性物质与功能食品"北京市重点实验室、"食品科学"北京市重点建设学科、食品科学与工程一级学科硕士点等教学和科研平台，具有"本科、硕士"完整的人才培养体系。三是高水平的校内外实训基地。本专业拥有在国家市场监督管理总局备案的"保健食品功能检测中心"校内实训基地，以及与北京市理化分析测试中心、中粮营养健康研究院等一批知名企事业单位共建的校外实训基地，为学生的实践实习提供了强大的支撑。四是中外合作。本专业与哈佛大学医学院、斯坦福大学、犹他州立大学等大学实验室的课题组建立了合作，并聘请相应专家作为特聘教授，与美国北帕克大学签订了"2+2"合作办学协议，获得此项目顺利毕业的学生可同时获得两校的学位。

本专业毕业生可到食品监督管理部门、检验机构、疾病预防与控制机构、科研机构等企事业单位工作。每年约30%的学生考上硕士研究生和出国深造，近三年本专业考上研究生的学生有一半考入中国农业大学、江南大学等985、211院校，其中有一个宿舍的5名学生考上了研究生，从而得名"学霸宿舍"。本专业培养的学生在食品分析检测与安全评价、保健食品功能和毒理学评价、食品质量管理及安全控制等领域为建设安全中国、健康中国发挥了十分重要的作用。

26. 制药工程

制药工程专业开设于2000年，2016—2018年在生物化学工程学院招生，培养具有扎实的制药工程技术、药物制剂技术、药物分析技术及药学的基础知识，具备药品生产管理、药品生产工艺开发、药品质量管理、药品质量控制、药物制剂等能力，能在制药工程、医药卫生、食品安全等领域从事药品生产管理、药品生产工艺研发、药品质量管理、药品质量控制、药品检验、药物制剂、药品营销及食品检验等工作，具有较强的沟通和表达能力以及实践能力的高素质应用型人才。为学生开设有机化学、化工原理、药物化学、中药学、生物化学、药剂学、药物分析、药理学、制药工艺学和制药专业设备等课程。毕业生具有医药产品的生产、工程设计，新药的研制与开发的基本能力。

本专业毕业生可从事与药物有关的工作，包括：研发人员——在药厂、大学、研究所的研究部门从事药物研发工作；生产、技术人员——在药厂从事药品生产、技术工作；药品监督人员/公务员——在国家药品监督管理局从事药品质量监督管理、药物的质量鉴定和制定相应的质量标准工作或从事药品质检化验工作；管理人员——在药厂从事药物的生产技术管理等工作；营销人员——在药厂、医药营销公司从事药品营销、内勤等工作；药剂师——在医院药剂科从事制剂、质检、临床药学等工作；在药店、医药营销公司从事药品使用指导咨询等工作；公司职员——在医药贸易公司或制药企业从事药品流通及国内外贸易工作。

2019—2020年本专业在生物化学工程学院招生。本专业运用化学、生物学、药学（中药学）和工程类学科的原理与方法

◆ 专业的印记

解决药品规范化生产过程中的工艺、工程和质量管理等问题。制药工程所涉及的领域包括药品研发、药品分析、药品生产、药品质量管理、药品应用、药厂设计等，临床使用的药品都是通过制药工程设计、研发并制造出来的。本专业主要研究化学和中药制药工程的解决方案，研究制药系统、单元（部件）或工艺流程，包括药物设计、药物分析与数据解释，通过信息综合得到合理有效的结论。为学生开设有机化学、化工原理、药物化学、药剂学、药物分析、制药工艺学、药理学、制药设备与车间设计等课程。

经过二十年的建设，至 2020 年，本专业拥有四大培养优势：一是本专业是北京联合大学骨干专业，师资力量雄厚。80%的教师具有副教授以上职称，70% 的教师拥有博士学位，承担多项国家级和企业委托及成果转化项目。二是配备先进的高精密分析仪器设备和 GMP 中试实训基地，为学生提供药物制剂技能训练、药品车间设计和药物分析检测等综合实践和科研活动。三是竞赛成果多。教授实验室和实践教学中心全部对学生开放，本专业学生全部参与大学生科研计划项目，80% 的学生参与大学生创业类项目，在导师的指导下接近 30% 的本科生在核心期刊发表科研论文并申请专利，30% 的学生获得国家级、市级及校级科技论文竞赛、创业大赛及学科竞赛奖项。四是交流与合作。本专业与中国科学院化学研究所、国家纳米科学中心、清华大学、中日友好医院等建立了合作关系，与北京化工大学合作进行双培生教育，学生享受北京化工大学的优质教学资源。

本专业就业领域涉及新药研发和新药临床、药品质量检验和控制、药品生产管理、新药报批、市场策划、药房调剂、药厂设计和工程管理等，毕业生就业率达 99%，就业单位多为医药类企事业单位，部分学生考上北京协和医学院、天津大学、北京化工大学等学校的研究生。医药产业已成为世界经济强国竞争的焦点，国家把建立医药工业视为国家强盛的象征之一。而无论是药品还是制药过程均需要新型制药工程师，这类人才掌握新技术，具备制药过程和产品双向定位的知识及能力，同时了解密集工业信息并熟悉全球药事法规。制药工程处于大健康产业链的重要链条，是医药健康的关键保障。

27. 生物工程

生物工程专业开设于 2002 年，2016—2018 年在生物化学工程学院招生。学院面向首都，培养符合我国经济社会发展需要，具备自然科学和人文科学基础知识，具有生化产品检测分析评价核心应用能力、生物工程仪器设备熟练应用能力、生物技术信息获取能力、解决生物工程实际问题的综合能力四大能力，有较强的社会责任感、创新创业精神，在生物工程和技术领域能从事产品生产、工艺设计、质量控制、生产管理、新技术研究和新产品开发等工作的高素质复合型、应用型人才。为学生开设有机化学、生物化学、分子生物学、微生物学、化工原理、生物工艺学、生物分离工程、发酵设备、生物技术制药、生化分析、基因工程、细胞工程、酿酒工艺学等课程。

本专业毕业生主要去向为重点生物医药产业园相关单位，例如，到疫苗与生物制品研究所、发酵研究院（所）、生物制药企业、医疗试剂和医用设备生产企业、医院检验科、乳品业、白酒与啤酒生产企业、食品研究院（所）、食品和健康食品生产企业、饮料企业、生物化工企业、现代农业和精细化工企业等从事与生物工程和生物技术相关的工作。

2019—2020 年本专业在生物化学工程学院招生。本专业是一项利用生物学、化学和工程技术相结合的方法，按照人类的

> 专业的印记

需要改造和设计生物的结构与功能，以便更经济、更有效地大规模为人类提供所需产品的技术，这项技术是生物技术成果走向工业化的关键技术。生物工程学科是20世纪70年代初兴起的、飞速发展的一门新兴的综合性应用学科。现代生物工程学科是以基因工程为核心，以生物技术研究成果为基础，以借助工程技术实现产业化为基本任务的工学学科。本专业主要研究内容有：基因工程、细胞工程、酶工程、发酵工程和蛋白质工程。为学生开设生物化学、分子生物学、微生物学、基因工程、生物工艺学、生物技术制药、生化分析、酿酒工艺学等课程。

经过十几年的建设，至2020年，本专业拥有五大培养优势：一是我校生物工程专业在全国251所设置此专业的高校中排第30位；二是本专业立足北京的人才需求，培养更具有针对性；三是本专业与明尼苏达大学、千叶大学、哈佛大学医学院、挪威生命科学大学、俄罗斯喀山联邦大学等建立了紧密的合作关系，为学生搭建了对外交流和学习的平台；四是本专业师资力量强，共有教授6名；五是本专业拥有北京市重点实验室和北京市国际科技合作基地等科研平台，为人才培养提供了良好的条件。

本专业毕业生主要就业去向为生物医药类企业。本专业学生考研成功率较高，部分毕业生考入了清华大学、中国科学院、北京协和医学院、南开大学、武汉大学读研。现代生物技术产业是北京市重要的战略性新兴产业之一。本专业为服务北京"四个中心"的功能定位提供重要的人才保证，为我国逐步实现由生物技术大国向生物技术强国的转变提供强有力的人才支撑。

28. 人力资源管理

人力资源管理专业开设于2016年，2016—2020年在生物化学工程学院招生。本专业是为实现企事业单位、国家机关、社会团体等组织的自身发展目标，研究运用现代管理方法选择、培养、保留和适用人才等活动的总称。为学生开设组织与工作设计、招聘与人才测评、培训与人力资源开发、绩效管理、薪酬与福利管理、劳动关系与劳动法、人力资源规划、人力资源管理模拟实训、组织行为学等课程。

本专业拥有三大培养优势：一是专业被中国科教评价网评为四星级专业，位列全国343所开设此专业高校的前15%，专业致力于创新人力资源管理技术，提高组织人力资源管理效率，营造和谐工作环境；二是专业坚持学生个性化培养理念，通过建立"一站式"人才培养模式、实施科研参与式教学、打造学科与专业技能竞赛品牌、建设产学合作与校企合作人才培养基地、搭建境外研究生联合培养与短期交流平台，构建了"五位一体"的立体化人才培养体系；三是本专业增设了数字化应用模块课程，以适应人工智能与大数据应用对人力资源管理的要求，旨在塑造跨文化和未来人机协同环境下，学生从事人力资源中高端管理工作的专业素质与成长潜力。

本专业毕业生主要在国家机关、企事业单位和社会团体等组织中从事人力资源规划、招聘与配置、培训与开发、绩效管理、薪酬管理、劳动关系管理等相关工作，具有宽广的职业发展前景和职业上升通道。近年来本专业毕业生就业率均为100%，专业对口率超过75%，人才培养质量得到用人单位的认可和好评。人力资源管理专业的发展不仅有利于优化企事业单位等组织内部的资源配置与使用效率，实现组织利益最大化，而且因其人才培训与开发功能而有利于提升国民整体人力资本水平，推进人力资本强国的建设进程。未来，本专业还将在应对强人工智能时代挑战的人机协同管理方面有所作为，在"以人为本"的管理理念下实现劳动者的智慧人生。

29. 工业设计

工业设计专业开设于2003年，2016—2020年在生物化学工程学院招生。本专业是以工业产品为对象，运用科技成果和工学、美学、心理学、经济学知识，对产品功能、结构、形态及包装进行整合创新的新兴专业。本专业是一门多领域交叉的综合学科，研究环境、用户、市场、功能、造型、色彩、结构、材料、工艺的相互关系，并将这些关系综合表现在产品及服务设计上。为学生开设结构素描、工程制图、机电基础、工业设计史、设计程序与方法、人机工程学、设计心理学、材料成型与工艺、产品开发设计、计算机辅助工程建模、视觉传达设计、用户研究与体验、展示与空间设计等课程。

经过十几年的建设，至2020年，本专业拥有五大培养优势：一是地处"设计之都"，立足朝阳文化创意产业，设计氛围良好。二是作为中国工业设计协会设计教育分会全国理事会、中国五金产业技术创新战略联盟、中关村工业设计产业协会的成员单位，学术资源丰富。三是注重实践教学，校内外实践基地为学生提供实践机会，培养工程与艺术素质兼备的综合性设计人才。四是学以致用。学生在首届国际概念汽车设计大赛、中国"互联网+"大学生创新创业大赛、北京市大学生工业设计竞赛等国内外各级专业竞赛中获奖，毕业生作品获得"中国设计红星奖""德国红点至尊奖"等重要奖项。五是专业与境外多所高校开展交换生、设计工作坊等项目，拓宽国际视野。

本专业毕业生可到中外专业设计机构（产品设计、平面设计、展示设计等公司）和科研单位从事工业产品设计、人机界面设计、产品设计技术整合、产品包装设计以及数字建模、数字媒体、平面设计、展示设计、设计咨询等工作。

30. 建筑环境与能源应用工程

建筑环境与能源应用工程专业开设于2013年，2016—2020年在生物化学工程学院招生。本专业涵盖健康、能源、环境等内容，致力于解决民用和工业建筑等领域的能源与环境问题，为人们营造卫生、健康、舒适的生活居住环境和精准、高效、适宜的生产工艺环境，同时最大限度地减少建筑能源与资源的消耗。本专业研究对象是建筑系统，关注于人、建筑、环境、能源之间的关系。为学生开设建筑环境学、空气调节、空调冷热源技术、生态城市与绿色建筑概论、建筑节能新技术、空气洁净技术、建筑机电信息模型（BIM&MEP）、建筑设备自动化等课程。

经过几年的建设，至2020年，本专业培养优势突出，包括：本专业是北京市特色专业，师资力量雄厚，现有教授2人，拥有博士学位和高级职称的教师占82%。本专业承担了"十三五"国家重点研发项目、各类基金和重大工程项目60多项，为国家和北京市发展提供了重要的智力支撑。本专业还与北京市建筑设计研究院等10多家领军企业建立战略合作关系，为学生的成长和高质量就业创造了条件，学生在产学研用融合的环境中得到锻炼，多次在"挑战杯"全国大学生课外学术科技作品竞赛、中国制冷空调行业大学生科技竞赛和全国大学生节能减排科技竞赛等比赛中斩获国家级奖项。

本专业毕业生可在政府部门、设计院、国有大型建筑公司胜任能源与建筑管理、暖通空调与智慧建筑设计、绿建咨询评估、工程项目管理等工作。根据麦可思中国大学生就业报告，本专业在就业率最高的50个专业中排名第二，人才需求大。绿色化是人类社会发展的重要约束条件，在城市化进程中，保障社会的可持续发展成为专业人才的使命和责任。本专业适应

专业的印记

《京津冀协同发展规划纲要》提出的建立以首都为核心的世界级城市群的战略要求和建设世界一流的和谐宜居之都的目标，所培养的学生是生态城市、绿色建筑和智慧建筑领域的主力军。

31．工程管理

工程管理专业开设于2001年，2016年在生物化学工程学院招生，培养具有较扎实的建筑工程技术及与工程管理相关的管理、经济、法律方面的基本知识，具有工程项目全过程的组织和管理、工程项目估算及招投标文件的编制和审核能力，能在建筑施工、建筑设计、工程咨询、房地产开发领域从事建筑工程项目全过程管理、项目投融资及工程造价全过程管理等工作的，具有创新创业精神和社会责任感，具有较强的适应能力和可持续发展能力的高素质应用型人才。为学生开设经济学、管理学、会计学、运筹学、工程经济学、工程估价、工程合同管理、工程项目管理、建筑施工技术与组织、工程结构、工程力学、房屋建筑学、建设法规等课程。

本专业毕业生可在政府建设管理部门从事质量监督、报建、招投标管理、审批等工作，也可在银行、投资信托公司、设计研究院、工程咨询公司、房地产开发企业、施工企业从事项目评估、工程造价、工程招投标、工程建造管理、工程监理和概预算等工作。

2017—2018年本专业仍在生物化学工程学院招生。学院面向京津冀地区，培养具有土木工程技术、管理学、经济学和法律等学科基本理论和知识，掌握建筑信息模型（BIM）技术等现代工程管理科学方法和手段，具备较高的专业综合素质，能进行建筑三维可视化建模、绿色健康建筑分析与评价、造价控制及智慧建造，最终实现项目全生命周期精细化管理的，具有较强的社会责任感、创新创业精神的，适应建筑信息化建设和企业技术创新需求，能在建筑企业、总承包企业、房地产开发公司、工程咨询和评估公司、政府建设主管部门、科研和教育单位从事工程建设项目决策、策划、招投标、投融资、成本控制和全过程项目管理的高素质复合型、应用型人才。为学生开设经济学、管理学、工程经济学、工程造价、工程合同管理、工程项目管理、建筑施工技术与组织、工程结构、工程力学、房屋建筑学、建设法规、BIM理论与实务等课程。

本专业毕业生可在政府建设管理部门从事质量监督、报建、招投标管理、审批等工作，或担任设计研究院、工程咨询公司、施工企业的造价工程师、建造师、BIM工程师，房地产开发及经营管理公司的项目经理、监理工程师等，也可在银行与投资信托公司的项目评估、概预算等岗位就业。

2019—2020年本专业依然在生物化学工程学院招生。工程管理是指对工程项目进行决策、计划、组织、协调和控制，以期用最小的投入获得最大的回报，使项目在投资造价、施工进度、工程质量、资源节约、安全等多目标上实现优化。专业方向涵盖工程项目管理、智慧建造、房地产开发投融资、工程造价与招投标、工程咨询与评价、国际工程承包等。工程管理的研究对象是与工程项目相关的技术、经济、法律和管理技能。为学生开设管理学、经济学、工程项目管理、建筑施工技术与组织、项目投资与融资、工程造价、工程合同管理、工程经济学、房地产开发与经营、房屋建筑学、建设法规、BIM理论与实务等课程。

经过十几年的建设，至2020年，本专业拥有两大培养优势：一是校企合作的协同育人模式。本专业承担教育部产学合作协同育人、北京市高水平人才交叉培养等项目，所培养的学生多次在"挑战杯"全国大学生课外学术科技作品竞赛、全国大学生节能减排科技竞赛、全国高等院校 BIM 应用技能比赛、全国大学生智能建造与管理创新竞赛中斩获国家级、市级奖项。二是以需求为导向的人才定制化培养模式。本专业将项目投融资管理、智慧城市与数字建造作为人才培养方向，拥有东易日盛装饰集团、绿建斯维尔公司等校外人才培养基地，与北京建筑设计研究院、中国建筑技术集团等具有良好合作关系，为学生提供实践及就业机会。

本专业的毕业生主要在政府经济管理部门或建设单位、银行、工程咨询公司、国际工程公司、设计单位、房地产开发企业、建筑施工企业、工程建设监理单位从事工程管理等工作。毕业生就业单位包括中国建筑集团、中技能源集团、中国葛洲坝集团、北京住总集团等大型企业，部分毕业生被派往国外从事国际工程投资与建设项目。

32. 日语

日语专业开设于 1978 年，2016—2020 年在旅游学院招生。本专业培养具有国际视野、家国情怀的高素质应用型人才，经过专业学习的学生将掌握扎实的日语语言及文学基础知识，了解我国国情和日本社会文化，具有较强的跨文化交际能力、社会责任感、创新创业精神和可持续发展能力，能熟练运用日语从事旅游、教育、翻译、外事、外贸、研究、教育培训等工作。本专业从日语的语音、文字、词汇、语法、句型等入手，帮助学生掌握系统的日语语言知识，同时辅之以文化文学类课程，帮助学生全面了解日本社会、日本文化。

本专业课程按照基本语言技能、特色专业方向、综合实践应用三个知识体系设置，力求在培养学生听、说、读、写、译等外语语言基本技能的基础上凸显学生在日本旅游文化、日语旅游翻译两个专业方向上的专业素养与综合运用能力，体现国际化高素质应用型、复合型人才特征。本专业的主要课程有：基础日语、高级日语、日语听力、日语会话、日语口（笔）译理论与技巧、日本文学史、日本旅游概况、日本社会解读、日本传统文化、酒店日语、旅行社日语等。

相比国内同类高校，本专业具有办学特色鲜明、国际化程度高、复合型特点鲜明、学生就业率高的特点。本专业拥有两大培养优势：一是灵活性强、以学生为本的办学理念。本专业全面实施"外语+"的新型人才培养模式，以"学生个性化培养"为特色、"国际化合作办学"为内容、"教学团队建设"为保障，在语言、文化、旅游三个互为支撑的知识体系框架内建立了多模式、多层次的旅游日语人才培养平台。"语言+专业"的特色课程、"学习+实践"的培养体系、"国内+国际"的国际化教育背景，保证了经过专业培养的学生具有厚实的人文素养和坚实的外语能力，掌握跨学科领域知识，善于钻研、善于思考。学生可以根据个人的爱好和特长、毕业后的就业意向等自主选择专业方向课程，具有较强的灵活性。二是丰富多样的国际化交流平台。专业建成了涵盖日本国立、公立、私立各类大学的留学资源库，可为学生提供赴日本短期游学、寒暑假赴日本带薪实习、赴日交换留学、"2+2"攻读双学位、"2+2+2"硕士直通车等多种留学模式，打造的"2+2"国内外联合培养获取双学位模式可以使学生在文学学士学位外，获得经济、法律、管理、国际、传播等学士学位，出国学习的机会可覆盖到全体学生。每年更有三分之一左右的毕业生考取日本的国立、公立大学或私立名校的硕士研究生。

本专业毕业生大多就业于日资企业、银行、旅行社、饭店等，学生每年的就业率均达到100%。随着中国综合国力的不断提高以及"一带一路"建设的不断开展，外语人才在服务国家经济社会发展方面将发挥越来越重要的作用。本专业的毕业生们将作为新时代的国际化人才在讲好中国故事、推进国际交流中发挥语言优势。

33. 旅游管理

旅游管理专业开设于1994年，2016—2018年在旅游学院博雅实验班招生，培养具备扎实的经济管理、旅游管理、电子商务及互联网基础理论知识，具有较高外语水平，了解旅游管理体系及运作模式，熟悉旅游信息化技术、业务流程和大数据分析方法，具有实践能力和创新精神，能够从事互联网与旅游行业相结合领域业务，能够适应国家旅游产业发展特别是首都建设国际一流旅游城市发展需要的复合型优秀创新人才。

北京联合大学旅游管理专业博雅实验班是依托于北京市一流旅游管理专业、国家级特色专业、国家级优秀教学团队、北京市级和国家级人才培养模式创新实验区，集中优势教育、教学资源，培养基础好，具有优良品质，能带动学风，又能满足"京津冀一体化协同发展"需要的拔尖人才。博雅实验班由国家级教学名师、业界名师、校内名师领衔授课，双语课程比例超过50%，并为学生提供出国交流以及多元化的高端就业机会。学生在校期间可以享受学校为博雅班学生搭建的短期访学、交换学习等多种形式的国际化交流平台，可选择澳大利亚格里菲斯大学、谢菲尔德大学、托伦哥白尼大学等知名旅游院校交流访学。学生毕业后可以选择去国外多所合作大学继续完成研究生的学历教育。在专业技能培养方面，学校为博雅实验班实行双导师制，为每位学生配备校内导师和企业导师，让学生有更多实践的机会。为学生开设旅游学概论、旅游资源与开发、旅游人力资源管理、旅游营销策划、旅游投融资分析、旅游管理信息系统、旅游企业业务流程再造、旅游大数据、移动互联网应用与实践、空间信息技术与旅游应用等课程。

本专业毕业生多就业于京津冀旅游行政管理部门、各大景区、旅游集团、在线旅游企业、外企、咨询公司等企事业单位，从事企业管理、营销策划、旅游教育、科学研究等相关工作，也有很多学生进入国内外名校继续深造，成为旅游科研队伍的生力军。

本专业是国家级特色专业、北京市属高校一流专业，培养具备扎实的旅游管理专业知识，能够综合利用旅游管理学科的理论和技术手段（特别是旅游信息化和旅游规划等技术）分析并解决本专业实际问题，熟悉旅游业及休闲行业的管理和服务全过程的实务运作，能在旅游行政管理部门、境内外大型旅游集团（在线旅游企业、旅行社、景区和酒店等）从事旅游管理等相关工作的高素质复合型、应用型专业人才。本专业致力于服务首都，辐射全国。

旅游管理专业是北京联合大学旅游学院的强势和奠基专业，也是全国首个旅游管理本科专业和目前全国师生规模最大的旅游管理专业。本专业以雄厚的师资力量和鲜明的办学特色荣获2017年北京市属高校一流专业重建设项目。本专业现有教师32人，具有博士学位的教师占76%，有海外学习背景的教师占80%，具备高级职称的教师占70%。本专业基于问题导向的教学方式和"政产学研用"合作办学的模式赢得了国家级特色专业、北京市特色专业、北京市专业综合改革试点以及北京联合大学骨干专业的荣誉称号。

近年来本专业坚持"面向国际，服务首都"，求真务实，与时俱进，不断开拓新专业，除了继续坚持办好旅游公共服务、智慧旅游（旅游信息化）、旅游企业管理、旅游市场营销、旅游资源开发与规划、旅游目的地管理等专业方向外，更注重多学

专业的印记

科融合，面向京津冀协同发展，引领旅游学科发展方向，为旅游产业发展提供智力支持，参与了中国旅游"十三五"发展规划、中国旅游A级景区评定标准、"一带一路"建设、北京市朝阳区"十三五"旅游规划等一批项目研究工作。2018年本专业又与中航教育联盟合作新建旅游航空服务与管理专业方向，与美国、波兰等国家的国际知名院校合作创办了"2+2""3+1"双学位办学项目。为学生开设旅游学概论、旅游资源与开发、旅游人力资源、旅游营销策划、旅游投融资分析、户外游憩管理、旅游信息化导论、国家公园游憩管理、旅游目的地管理等课程。

本专业毕业生已经成为北京旅游业发展的中坚力量，遍布在北京市各区文化和旅游局、旅游行业协会、景区以及国际高端酒店管理集团和知名的线上线下旅游集团，从事企业管理、营销策划、旅游教育、科学研究等相关工作。另有部分学生考入国内外名校继续深造，成为旅游科研队伍的生力军。

2019—2020年本专业仍在旅游学院招生。旅游管理专业是随着我国旅游产业大发展对旅游人才的需求而建立的一个新型专业，是统筹规划旅游资源、综合管理旅游运营、规范协调旅游服务的一门综合性学科。本专业培养适应新时代旅游产业大发展所需要的高素质旅游应用型人才，以及具有丰富的旅游管理专业知识、良好的道德品质和综合素质、较强的综合职业能力和发展基础，能在各级旅游管理部门、旅游企事业单位从事旅游管理工作的高级人才。本专业研究旅游产业发展中的管理问题，主要包括旅游政策法规与旅游公共服务管理、旅游目的地管理、旅游企业管理、旅游资源开发、旅游项目策划与规划、旅游信息化管理等。为学生开设旅游策划与规划、旅游信息化两个专业方向。本专业的主要课程有：旅游学概论、旅游信息化导论、管理学、旅游地理学、旅游心理学、旅游经济学、旅游营销策划、旅游人类学、旅游目的地管理、旅游资源与开发、旅游人力资源管理、空间信息技术与旅游应用、旅游管理信息系统、旅游网站设计与开发、旅游新媒体营销等。

本专业拥有的培养优势包括：旅游管理专业是全国第一批国家级一流专业建设点、国家级特色专业建设点、北京市第一批一流专业重点建设项目。本专业具有硕士学位授权点，为学生未来的发展提供了广阔的空间，拥有5个国家级教学科研平台——国家级一流专业建设点、国家级特色专业、旅游管理国家级实验教学示范中心、国家智慧旅游重点实验室、国家级校外人才培养基地，另外还有4个省部级教学科研平台。

本专业毕业生可在政府的旅游行政管理部门、境内外大型旅游集团（在线旅游企业、旅行社、景区和酒店等）从事旅游管理工作。本专业历年毕业生就业率均达到100%。本专业培养学生具有从事旅游服务的基本知识及职业道德，熟悉相关的法律法规，具备旅游服务部门主要岗位的服务技能和管理能力，具备熟练运用计算机技术进行业务沟通和规范服务的能力，具有团队合作意识，具有继续学习、应用新技术和适应职业变化和创新创业的能力。本专业以服务首都需要为根本点，紧贴北京城市经济社会发展战略目标和旅游产业发展需求，在人才培养上以北京生源为主，旨在培养不同层次的城市型专门人才；在社会服务和文化传承上，密切关注所在城市的旅游行业、企业发展需求；在旅游信息化、旅游规划、旅游公共服务等重点领域，为北京建设国际一流旅游城市提供技术和智力支持。

34. 酒店管理

酒店管理专业开设于2008年，2018年在旅游学院全英语教学实验班招生。本专业面向北京住宿业发展需求，培养具有较

专业的印记

高的职业素养和人文素质、宽阔的国际视野和良好的跨文化交流能力、高度的社会责任感和创新创业精神，掌握酒店管理专业知识和管理能力，适应行业发展要求，能够不断自我完善的国际化高素质酒店经营管理人才。

北京联合大学酒店管理专业全英语教学实验班依托北京市属高校优势专业、北京联合大学特色专业开展人才培养。本专业连续多年在中国科学评价研究中心发布的中国酒店管理本科专业大学竞争力排行榜中排名前五位。本专业拥有三方面培养优势：一是人才培养采用"理论—实践—理论"三明治式体系设计，提高学生利用理论解决实际问题的能力，做到学以致用、知行合一，课程按照理论、实践和语言课三位一体的理念设置。课程教学中，本专业注重理论和实践学时的有机结合，强化英语学习专业课程实施双语或全英教学。二是实验班创新人才培养模式，突出"英语教学"和"国际化培养"特色，服务于国家"一带一路"倡议，服务于酒店国际化发展需要。专业任选课与美国饭店协会及中国饭店协会的证书对接，学生经考核合格获得证书后，可获取同等于专业任选课的学分。实验班通过境外实践、国际访学、课程对接、学分互认等方式实现人才的国际化培养。三是采用"小班化"教学和英语教学，采用国外原版教材，借鉴国内先进的全英教学模式组织课程教学，广泛采用案例教学、情景教学、体验式学习等多种互动教学方法。为学生开设管理学、微观经济学、宏观经济学、旅游学概论、现代服务业管理、统计学、酒店管理概论、酒店运营管理、酒店人力资源管理、酒店财务管理、酒店营销管理、酒店专业实践等课程。

本专业毕业生多就业于京津冀高端品牌酒店、旅游酒店管理集团、行业主管部门及协会、在线旅游企业、银行、咨询公司、航空公司等企事业单位，从事酒店管理、服务管理、旅游酒店教育、科学研究等相关工作，另有一部分学生考入国内外名校继续深造，成为旅游科研队伍的生力军。

2016—2020年本专业都在旅游学院招生，酒店管理是对酒店人力、物资、财务资源及其经营活动进行有效计划、组织、领导、协调和控制，为顾客提供优质服务并获取利润的过程。酒店管理涉及的领域很多，包括奢华酒店管理、高端商务及度假饭店管理、智慧酒店管理、生活方式酒店管理、邮轮经营管理、民宿管理等。酒店管理作为现代服务业的标杆，专修酒店管理的专业人才因其出色的服务意识和跨文化沟通能力受到银行业、保险业、航空业、IT业等现代服务业的青睐。酒店管理专业是一门研究酒店有效管理人、财、物等资源以高效运营，有效做好服务控制与管理以服务顾客的科学和艺术，利用现代信息技术，持续优化管理过程，实现卓有成效的管理，赢得顾客满意。为学生开设管理学、经济学、会计学、统计学、旅游接待业、旅游目的地管理、旅游消费者行为学、旅游学概论、酒店运营管理、酒店人力资源管理、酒店营销管理、酒店财务管理、酒店收益管理、酒店商务英语、酒店战略管理、旅游及酒店项目投融资等课程。

酒店管理专业为省级一流本科专业建设点，连续三年在中国科学评价研究中心发布的中国酒店管理本科专业大学竞争力排行榜中排名前三。本专业师资力量雄厚，具有高级职称和博士学位的教师占比均达到70%以上。师资队伍国际化程度高，60%以上教师有国外高校留学及访学经历，可以胜任双语教学或全英语教学工作。酒店管理专业拥有国内先进的教学设施，依托国家级旅游实践教学中心平台，建有智慧客房等6个专业实训室，配备有3D虚拟酒店实践系统、酒店经营及管理沙盘系统及标准化考试系统等,为学生提供智能化的酒店管理学习平台、练习平台和考核平台。酒店管理专业拥有四大培养优势:一是"三明治"式人才培养模式。专业采用"酒店运营管理理论—实践—酒店综合管理理论—再实践"的多层次"三明治"式设计,学生能够及时地在酒店真实工作场景中运用所学理论内容,实现知行合一。教学团队综合利用智慧客房等校内实训室和校外高端酒店资源,创设酒店真实工作场景,采用基于问题的教学法,培养学生发现问题、分析问题及解决问题的能力,实现学生专业能力和职业能力同步提升。二是产教深度融合的学生实践能力培养。专业形成校企合作共同体,与企业在确定培养目标、联合培养、共同建设课程体系、共同实施培养过程以及共同评价等方面深度参与,依托国家级、省级、校级校外人才培养基地以及其他40余家合作酒店,组建由专业教师和酒店高管组成的教学团队,对学生的学习、实践、参与比赛、课外活动等实行全过程指导。专业核心课程按照线上线下混合式金课标准建设,形成教学过程师生有效互动、学习过程精细管理、学习效果及时反馈的智慧课堂。三是"走出去、引进来"的国际化人才培养模式。专业开设酒店管理全英语实验班,所有专业课程采用全英语授课,注重学生英语能力和管理素养的培养,为学生在外资企业就业及境外就业奠定国际视野和能力基础,形成国际化合作办学格局,与澳大利亚格里菲斯大学、俄克拉荷马州立大学、谢菲尔德哈勒姆大学等多所旅游及酒店管理专业名列前茅的大学签署长期合作协议,将"走出去"与"引进来"相结合。一方面,学生通过"2+2"(本科双学位)项目、"3+1+1"(本硕连读)项目及其他短期交流项目"走出去",赴欧美等合作大学求学,可获得国外知名大学的本科、硕士学位。另一方面,将境外优秀师资"引进来",在校内为学生开设全英文学术讲座，举办全英文工作坊并进行专业指导。四是大赛和项目带动的创新创业能力培养。以大赛和项目带动，培养学生创新创业的能力。学生参与大学生旅游创意大赛、全国高校餐旅类专业创业大赛等国家级比赛，获得一等奖及二等奖的佳绩，学生的民宿设计在与爱彼迎青年创新挑战赛中获二等奖。专业鼓励学生开展真实创业项目，学生在校内学习期间运营的民宿项目、咖啡厅项目、航空旅游项目等获得了较高的商业收益。此外，专业注重学生投融资能力的培养。开设酒店投融资管理专业方向，强化学生进行创业计划书撰写和路演的知识和技能培养，提升学生创业融资的能力。

本专业毕业生多进入国内外大型知名旅游酒店及管理集团、咨询公司、航空公司、银行和旅游行业主管机构等企事业单位就业，另有部分学生考入国内外名校继续深造。历年本专业学生就业率达100%，其中在旅游酒店行业就业占30%，在航空公司、银行、IT业等现代服务业就业占50%，在旅游行业主管部门、教育机构等行政及事业单位就业占10%，考研及自主创业10%。部分学生考取美国、英国、瑞士、澳大利亚、新西兰等国家名校及国内985、211知名高校继续深造。本专业人才具有丰富的知识、较高的职业素养、宽阔的国际视野，且具备创新精神，在国际化、信息化、品牌化、个性化的时代背景下，致力于在酒店行业转型升级、信息技术应用、品牌建设及管理、优质住宿产品开发、酒店投融资等多个领域，探索中国酒店自主品牌走向国际的途径及形式，传承中国历史文化中的待客之道及服务价值之精粹，发掘中华文化软实力，为中国住宿品牌之崛起贡献力量。

35. 会展经济与管理

会展经济与管理专业开设于2009年，2016—2020年在旅游学院招生。本专业是一门运用相关的知识和技术对会展产业链所涉及的主要内容及相关活动进行分析、策划、组织与管理的专业。会展活动既包括会议、展览、大型活动，也包括节日庆典、体育赛事及奖励旅游等，会展管理既包括对会展活动的硬件管理（如会展场馆、会展设备设施等），也包括相应的软件管理（如人员、技术、信息、服务等）。会展业是蓬勃发展的朝阳产业，会展活动的经济效应和社会效应越来越突出，会展经济与管理涉及的范围也越来越广。本专业的研究对象主要包括会议、展览、大型活动、节日庆典、休闲体育及赛事管理、奖励旅游等。为学生开设会展管理学、会展市场营销、会展项目策划与管理、节庆活动策划与管理、会议组织与管理、展览组织与管理、会展场馆经营与管理、会展风险与安全管理、会展信息管理、会展文案写作、展示空间与设计、体育赛事管理、旅游经济学、会展专业英语、国内外会展前沿等课程。

北京联合大学是我国开办会展专业最早的高校之一，在国内高校中处于领先地位。会展经济与管理专业是北京联合大学的优势专业，2018年在全校70个专业排名中位列前十。本校会展经济与管理专业师资力量雄厚，90%以上的教师具有高级职称，拥有博士学位和海外访学经历的老师均超过90%。

经过十几年的建设，至2020年，本专业拥有三大培养优势：一是产业结合紧。专业始终与业界紧密结合，聘请业界专家进课堂并作为学生业界导师，专业教师赴企业挂职并开展合作研究。二是实践教学强。专业学生实践四年不断线，实践活动包括认识实习、企业实习、综合实习、毕业实习等，部分学生还参与了北京市大型展会项目，如科博会、文博会、京交会、会议产业大会等。每年还组织学生参加国家级会展大赛、全国大学生旅游创意大赛等，成绩突出。三是国际合作实践。本专业国际合作非常紧密，从2019年开始，分别与博林格林州立大学、密苏里州立大学合作开展"3+1+1.5"等本硕连读项目，并和印第安纳大学与普渡大学联合分校开展"4+1""4+2"本硕连读项目。经考试成绩合格者，均可获得国内本科和国外硕士相应学历。同时，本专业还开展与英国、韩国、澳大利亚、马来西亚、塞尔维亚等多个国家的高校短期交流或游学项目，深受学生及家长的喜欢。

本专业毕业生就业面宽，重点面向大型会展公司、会展场馆、大型企业会展部、节庆礼仪公司、广告及活动策划公司、旅行社、会议型酒店、休闲体育及赛事管理公司、政府部门和行业协会等单位从事会展相关的策划、设计、会展营销、会展运营管理等工作。由于会展业发展前景广阔，尤其是北京、上海等大城市对会展人才需求旺盛，报考本校会展专业学生第一志愿率高，专业就业率连年达到100%，深受学生、家长的欢迎。2018年，本专业两名毕业生被国务院办公厅录用，从事高端会议组织与服务工作。本专业的人才在会展行业、活动策划、休闲体育与赛事活动管理等领域都发挥着重要的创新和引领作用。

36. 烹饪与营养教育

烹饪与营养教育专业开设于2017年，2017—2020年在旅游学院招生。本专业以餐饮产业链为主线，研究烹饪加工各个环节科学的加工方法、合理膳食营养及全民食学教育。具体来说，就是使民众吃得科学、吃得美味、吃得健康。本专业所涉及的领域包括烹饪学、营养学、食品卫生学、教育学等。为学生开设烹饪科学、营养学、教育学、食品安全、生物化学、烹调工艺学、面点工艺学、膳食营养设计、烹饪原料学、烹饪化学等课程。

◆ 专业的印记

1996年起，本校开办烹饪工艺与营养高职专业，是北京市唯一一所开办烹饪专业的高等学校，2015年获批"旅游服务"方向专业硕士授予单位，2017年获批"烹饪与营养教育"本科专业。多年来，本专业的教学和科研取得了较丰硕的成果：① 科研方面：先后出版了《中式面点工艺》《西式面点工艺》《烹饪学》《烹饪基础营养》《食品原料学》《中式烹调基础》等规划教材和市级精品教材；实践课程"工作导向、同步协作式教学模式"获北京市高等教育教学成果一等奖，"校企联动、协同建设餐旅类高技能人才培养体系的创新与实践"获北京市高等教育教学成果二等奖；服务北京，开创餐饮特色科研。承接了2022年冬奥会原材料市场、餐饮市场资源调研、菜单制定及开展、餐饮服务规范等相关项目，整理并出版了国宝级烹饪大师谱系，为北京、为行业发挥了智库作用。② 师资方面：学校拥有烹饪及相关专业教学和科研教师20人，其中具有高级职称的教师11人，具有博士学位的教师7人，有"烹饪工艺与营养"国家级优秀教学团队1个，北京市级创新团队2个，有由高星级饭店、大型餐饮企业集团总经理、厨师长、高级管理人员等企业专家组成的稳定的高水平兼职教师队伍。③ 教学平台方面：学校建有4000平方米的餐饮管理实践教学中心，包括智慧餐饮实训室、餐饮管理实训室、烹饪实训室、食品安全与营养分析实验室四大类实训室／实验室，拥有首旅集团（国家级）、洲际酒店集团（市级）和中国全聚德（集团）股份有限公司（校级）各级校外人才培养基地，拥有国家级食品检测中心1个，北京市生物活性物质与功能食品重点实验室、首都餐饮文化研究发展基地等市级科研机构6个。

本专业毕业生可以在星级酒店、大型饭店等企事业单位从事与饮食营养、餐饮产品开发及餐饮管理相关工作，也可在烹饪学校或相关科研部门从事教学、科研工作。随着人们生活质量和水平的不断提高，人们对营养、健康和安全的饮食要求也越来越高，加之《"健康中国2030"规划纲要》的颁布实施、十九大报告中提出的"实施健康中国战略"，都使得具备营养基础的烹饪人才和餐饮管理人才需求量越来越大。

37. 西班牙语

西班牙语专业开设于1985年，2018—2020年在旅游学院招生。以西班牙语作为母语使用的人数约有4.37亿人，为世界第二大语言，是联合国六大官方语言之一。西班牙语优美动听，被誉为与上帝对话的语言。使用西班牙语的国家有西班牙、美国、墨西哥等。本专业的研究对象为西班牙语语言基础、相关社会文化方面的专业知识以及西班牙语在旅游、翻译、外事、商贸、新闻、文教、科研等领域的综合运用。为学生开设基础西班牙语，西班牙语听力，西班牙语口语，西班牙语视听说，西班牙语阅读，西班牙、拉美文化概况，西班牙、拉美旅游和服务研究，旅游西班牙语口译，西班牙文学，拉丁美洲文学，西语国家世界文化遗产保护，西语国家旅游政策法规等课程。

经过几十年的建设，至2020年，本专业拥有很大的培养优势，西班牙语专业人才将按照国际班的模式，打造"2+2"本校与西班牙、拉美地区大学校际交流项目、本硕项目、公派交流项目等国际化合作品牌，为学生提供多元化国际交流及高端就业的选择。目前本校已与多所国外大学建立长期稳定的校际交流机制，如与巴塞罗那自治大学、阿尔卡拉大学、纳瓦拉公立大学、罗维拉·维尔吉利大学、墨西哥拉萨尔大学、乌拉圭奥尔特大学开展合作交流项目。在课程体系上配套开设文化概况、国际旅游和服务业的专门课程，请国内外专家来校授课、讲座，将高年级学生派出留学，研修国外大学的专业课程，在扎实的西班牙语+专业知识基础上,使"外语+职业"的专业学习发挥最大优势,培养国家国际交往需要的外语人才。

本专业毕业生可报考面向小语种毕业生的国家公务员或担任企事业单位小语种相关职位,也可发挥专业特长,成为国内或西班牙语国家高级旅游管理人才、旅行社西班牙语计调或西班牙语导游。本专业人才主要面向国家"一带一路"倡议、京津冀协同发展战略、首都"四个中心"重要定位的需求,满足西班牙语国家与中国之间经贸往来和国际旅游增长对人才的需要,紧扣首都北京国际旅游业和国际服务业的发展。学生在拥有西班牙语听、说、读、写、译扎实基本功和跨文化素养的基础上,对西班牙语国家国情、旅游资源开发、旅游规划管理、旅游需求分析、旅游市场研究等专业领域有良好的认知,能够满足首都国际旅游业和服务业对西班牙语人才的要求。毕业生可以在旅游、商务、翻译、文化、教育、外事等领域发挥重要作用。

38. 电子信息工程

电子信息工程专业开设于1999年,2016年在信息学院招生。本专业培养具有现代电子技术与信息系统的基础知识和专业基本技能,具有较强的工程技术应用能力,面向电子技术、自动控制和智能控制、计算机与网络技术等电子、信息、通信领域的宽口径、高素质的高级应用型技术人才。

本专业为学生开设电路分析基础、信号与系统、模拟电子技术、数字电子技术、电磁场与电磁波、EDA技术与应用、单片机原理及应用、通信原理、数字信号处理、计算机网络、Java程序设计、嵌入式系统设计、传感器技术及应用、自动控制原理、机器人控制技术、无人车控制技术、多旋翼无人飞行器等课程。

本专业毕业生具有较宽领域的工程技术适应性，就业面广，可在工业控制、汽车电子、通信电子、医学电子、消费电子、机器人、飞行器控制等相关的高新技术企业从事嵌入式系统开发、计算机技术、电子技术产品的开发及应用工作。同时还可以在企事业单位从事电子信息系统和设备的研发、维护、运营和管理等相关应用工作。

2017—2020年本专业在机器人学院招生。本专业具有悠久的发展历史和雄厚的科研平台支撑，深入践行北京联合大学机器人学院院长、中国工程院院士李德毅提出的"科学任务带动人才培养，载体汇聚不同学科专业"的理念，面向轮式机器人、无人机及智能制造、大数据等领域应用开发，旨在培养掌握现代电子技术理论，通晓电子系统设计原理与设计方法，具有较强的理论水平和相应工程技术应用能力，面向传统电子行业以及新兴的智能机器人、无人驾驶汽车、无人机等应用领域的宽口径、高素质，具有创新能力的工程技术人才。电子信息工程是一门应用计算机等现代化技术进行电子信息控制和信息处理的学科，主要研究信息的获取与处理，电子设备与信息系统的设计、开发、应用和集成。本专业学生要有扎实的数学知识，对物理学的要求也较高。为学生开设电路分析基础、模拟电子技术、数字电子技术、信号与系统、电子测量技术、程序设计基础、计算机网络、微机原理与接口技术、电磁场与电磁波、EDA技术应用、数字信号处理、自动控制原理、单片机原理与应用、嵌入式系统设计、传感器技术及应用、无人汽车驾驶概论、无人驾驶原理与实践、汽车电子与总线技术、机器人与机器智能、车载传感器原理与应用等课程。本专业还和国内外知名企业一起设置了围绕智能电子技术设计开发的各阶段实践训练课程。

◆ 专业的印记

本专业是北京联合大学的资深专业,办学历史悠久,依托北京市信息服务工程重点实验室、试验区等国家、市级教学科研创新平台,多年来培养了大批技术人才。专业师资由校内外教师和校企专兼职结合。中国工程院李德毅院士和戴琼海院士分别担任机器人学院院长和信息服务工程北京市重点实验室学术委员会主任,对本专业的建设进行全程指导。以本专业教师和同学为核心的"旋风智能车"团队在国内外无人驾驶领域具有较大知名度,所培养的毕业生具有广阔和美好的就业前景。

本专业毕业生可在工程控制、汽车电子、通信电子、机器人控制等相关高新技术企业、科研院所从事电子产品设计、开发、应用测试、技术推广等工作。在雄厚的科研平台的支撑下,本专业所培养的学生具有良好的理论基础和较强的实践能力,特别适合于无人驾驶汽车、智能机器人等新兴领域从事技术开发、产品测试等工作。近年来,全球以人工智能、大数据和机器人技术为代表的科学和技术革命,正引发第四次产业变革。电子信息工程专业以无人驾驶技术为核心竞争力,抓住全球向智能化时代转变的机遇,以《中国制造2025》、京津冀协同发展战略及北京"四个中心"城市功能定位中对电子信息类人才的需要为切入点,结合北京联合大学"建设北京人民满意的城市型、应用型大学"的办学定位,培养适应科技进步、产业结构调整和较强岗位适应能力的智能创新型人才。

39. 电子信息科学与技术

电子信息科学与技术专业开设于1999年,2016年在信息学院招生。本专业致力于培养具有良好的政治思想素质、人文素养、科学文化素养和创新精神,系统掌握电子信息科学的基础理论和专业知识,具有较强的实践能力,能够在电子信息技术、物联网应用领域及相关部门从事科学研究、工程设计、产品开发、运营维护和管理工作的高级专门应用型人才。

本专业为学生开设电路分析基础、模拟电子技术、数字电子技术、信号与系统、传感技术及应用、单片机原理及应用、嵌入式系统应用、EDA 技术与应用、C 语言程序设计、VisualC++与面向对象程序设计、微操作系统及应用、Java 程序设计、数据库设计与应用、通信原理、移动通信终端设计、物联网技术、机器人技术、无人车智能控制技术、多旋翼飞行器控制技术等课程。

本专业毕业生可在物联网应用领域如智慧城市、智慧社区、智能交通、智能物流、穿戴设备、机器人、飞行器控制等从事科学研究、系统设计、产品开发、运营维护和行政管理等工作。

2017—2018 年本专业在智慧城市学院招生。本专业顺应经济和社会发展，培养高级电子信息企业管理者、运营决策者必备的能力和素质，培养物联网、智慧城市、人工智能等信息技术领域的技术总监、总工程师、技术骨干必备的业务专长，培养具有"自主创新""自主创业"能力，适应国家和社会需求的双创人才。本专业设置物联网技术、智能控制与智能系统两个专业方向，专业核心能力包括移动应用的软硬件开发能力、物联网系统设计开发能力、智能系统的开发设计能力和信息技术管理能力等。近年来，电子信息科学与技术专业通过案例教学、社团培训、产教融合、产学研合作等教学模式改革，学生的创新、创业能力，解决复杂工程问题的能力得到了充分的锻炼和提升，就业竞争力强。

这一时期本专业为学生开设思想政治理论、智能感知与信息检测、计算机网络及应用技术、信息处理技术、机器人技术、智能硬件开发技术、手机软件开发、深度学习、机器学习、人工智能、智慧系统设计、创新创业实践、领导力修养、企业管理、电子项目管理等电子信息类课程。毕业生具有从事电子、计算机、软件等电子信息全领域就业的技术实力，可在企事业单位、科研院所从事智慧城市、智能系统、智能穿戴、人工智能、航空航天设备、机器人、飞行器的电子系统设计、软硬件开发、管理和运营维护等工作。

40. 软件工程

软件工程专业开设于2012年，2016年在信息学院招生。本专业培养学生适应社会发展需求，德、智、体、美全面发展，具备扎实的计算机软件基础理论和丰富的软件工程专业知识、系统分析和设计方法，受到良好的软件工程基本训练，了解软件工程领域的前沿技术和未来的发展趋势，具有较强的实践能力和创新精神，具备良好的外语水平和交流能力，具备较强的软件项目的系统分析、设计、开发和测试能力，成为能够运用先进的软件工程方法从事软件项目开发和管理的应用型人才。本专业是国家级服务外包人才培养模式创新实验区主体专业，并设有校级实验班。为学生开设程序设计基础、软件工程、数据结构、离散数学、面向对象程序设计、数据库系统、操作系统、计算机网络、移动应用开发技术、计算机组成原理、软件系统分析与设计技术、软件项目管理与质量保障、软件测试等课程。此外，还设置了信息技术外包（ITO）特色技术及训练课程。毕业生可在高新科技企业、电信、通信、民航、铁路、航运、医院、证券等相关领域从事软件工程领域的研究、设计、开发、组织与管理等工作。

2017—2020年本专业在机器人学院招生。软件工程是一门用工程化方法构建和维护有效的、实用的和高质量软件的学科，它涉及软件的设计、开发、测试、管理、服务等方面。在现代社会中，软件应用于多个方面。典型的软件有智能控制软件、人机交互软件、办公软件、操作系统软件、数据库软件和游戏等。同时，各个行业几乎都有软件的应用，如工业、农业、银行业、航空业等。软件的应用促进了社会经济的发展，也提高了工作效率和生活效率。依托软件工程一级学科硕士点，学院的软件工程专业是北京市一流建设专业，是国家级服务外包人才培养模式创新实验区主体专业。专业深入践行机器人学院院长、中国工程院院士李德毅提出的"科学任务带动人才培养，载体汇聚不同学科专业"的理念，面向轮式机器人、无人机等智能制造和大数据领域应用开发，培养术德兼修、知行合一，掌握软件工程基础理论、智能软件专业知识及高级开发技术，具有较强的知识工程实践能力、外语熟练运用能力、团队协作精神、创新创业精神和良好的职业道德，能够解决实际工程问题的高素质智能软件应用型人才，培养学生成为卓越软件工程师和软件行业精英人才。本专业设置软件工程校级实验班，鼓励优秀学生脱颖而出，全校相关专业的学生进校后也可参加二次选拔进入软件工程校级实验班。学生在校期间可到多所境外大学及国内双一流院校进行交流学习。软件工程是应用计算机科学、数学、逻辑学及管理科学等原理，开发各种软件的工程。软件工程借鉴传统工程的原则、方法以提高质量、降低成本和改进算法。其中，计算机科学、数学用于构建模型与算法，工程科学用于制定规范、设计模式、评估成本及确定权衡，管理科学用于计划、资源、质量、成本等管理。

这一时期本专业为学生开设软件工程、数据结构、程序设计基础、人工智能、大数据技术、Python基础、计算机网络、软件系统分析与设计、软件测试技术与实践、数据分析与处理等课程，还设置了围绕软件设计开发的各阶段科研任务实践训练等课程。

◆ 专业的印记

软件工程专业实验班为学生开设机器人感知与实践、智能机器人导论、人工智能概论、离散数学、软件工程、数据结构、计算机网络与云计算、数据库系统、Python 基础、软件系统分析设计与 UML 技术、智能交互技术、手持设备软件开发、软件测试技术与实践、机器学习、数据分析与处理、机器人与机器智能、机器人系统仿真、计算机视觉、多智能体协同、高等数学Ⅲ等课程，还设置了围绕智能软件设计开发的各阶段实践训练课程。

经过几年的建设，至 2020 年，本专业拥有很大的培养优势，本专业依托软件工程一级学科硕士点、国家级服务外包人才培养模式创新实验区和北京市信息服务工程重点实验室等高水平教学科研创新平台，专业教师也承担有国家自然科学基金重大研究计划、英国皇家工程院牛顿基金等国家级科研项目。师资由软件工程一级学科硕士学科和软件工程专业一体化的科研教学团队，以及外校和企业兼职专家队伍构成，其中北京市教委高水平教师队伍建设支持计划特聘教授中国工程院李德毅院士和戴琼海院士分别担任机器人学院院长和信息服务工程北京市重点实验室学术委员会主任。教师团队共 46 人，其中中国工程院院士 2 名，外籍电气与电子工程学会（IEEE）会士 1 名，教授/研究员 11 名，副教授/高级工程师 16 名，专职教师共 34 名。

本专业毕业生就业前景良好，软件工程专业立足北京，面向京津冀经济社会发展需要，特别适于在互联网、智能机器人、无人驾驶汽车、智能制造等领域从事智能软件开发和测试等工作。明者因时而变，知者随事而制，近年来，全球以人工智能、大数据和机器人技术为代表的科学和技术革命，正引发第四次产业变革，软件工程专业抓住全球向智能化时代转变的机遇，以《中国制造 2025》、京津冀协同发展战略及北京"四个中心"城市功能定位中对智能软件人才的需要为切入点，结合学校

"建设首都人民满意的城市型、应用型大学"的办学定位，培养适应科技进步、产业结构调整和具有较强岗位适应能力的智能软件创新型人才。在专业设置上更加注重以高精尖技术、社会需求为导向，在课程设置上更加注重科学知识、思想品德、人文素养和实践能力的融合，在教学方法上更加注重发挥学生的主体作用，在社会合作上更加注重用人单位的参与。软件工程专业培养的人才作为人工智能和大数据的"创新主体"，承担起智能机器人和智能科技发展的重要推动职责，为国家和京津冀智能产业带来生产力和经济效益的飞速提升。

41. 通信工程

通信工程专业开设于1985年，2016年在信息学院招生。学院面向国家和首都经济社会发展需要，培养术德兼修、手脑并用、知行合一，具有较宽厚的基础理论和较扎实的通信网络、移动通信等领域的专门知识，具备一定的通信设备开发技术、较强的通信与网络系统应用技术、移动通信设备管理与运维技术等方面的应用能力，能在信息通信领域从事工程设计、网络运营与维护、技术管理与开发等工作，作风踏实、社会责任感强，具有创新创业精神和可持续发展能力的高素质应用型人才。

这一时期本专业为学生开设电路分析基础、信号与系统、模拟电子技术、数字电子技术、通信原理、通信电子电路、数字信号处理、单片机原理及应用、现代交换技术、移动通信、计算机网络、光纤通信技术与应用、通信网络管理与安全、通信网理论基础、网络系统规划与设计、射频与天线技术、移动互联网技术、无线通信与网络新技术、电磁场与电磁波、无线网络优化、4G移动通信技术与应用等课程。毕业生可在通信设备制造行业、通信运营行业、通信工程设计与施工企业以及网络内容、服务提供商的相关部门从事科学研究、工程设计与管理、设备制造、系统测试、运营维护和行政管理等工作。

2017—2019年本专业在智慧城市学院招生。本专业属于电子信息大类下面的一个专业，它研究的是信息的获取、传输、处理和应用的技术。本专业紧密围绕通信与信息产业升级和融合、智慧城市建设中不断变化的人才需求，以通信技术、通信软件和大数据技术应用为主要方向，培养具有较宽厚的通信与信息领域专业知识以及相关交叉学科知识，具备较强的通信和移动互联网软件开发、大数据分析、通信与网络设计、通信设备运维等方面的技术能力的高素质应用型人才。研究对象包括通信技术、通信系统、通信网、通信软件和大数据技术等。

学生主要学习硬件基础、通信技术和通信大数据方面相关课程，包括电路分析基础、数字电子技术、模拟电子技术、信号与系统、通信原理、数字信号处理、移动通信、无线通信与网络新技术、计算机网络、数据结构、数据库设计、移动应用开发、Java程序设计、机器学习、移动大数据技术等课程。

至2019年，本专业拥有三大培养优势：一是先后被评为国家级特色专业建设点、北京市特色专业建设点、北京市品牌建设专业。二是通信软件与大数据技术类课程体系。在通信技术类课程培养的基础上，引入软件开发和大数据分析相关课程，培养既懂通信技术又有软件开发和大数据分析能力的复合型人才，以满足通信和移动互联网产业日益增长的软件和大数据类人才需求。三是丰富的实习实践类课程、专业社团和专业竞赛活动。开设了和专业理论课程相配套的、贯彻大学四年的实践类课程，在企业环境中开展专业实践训练，为学生进入就业岗位做好衔接，以练促学、以赛代练，组建了多个专业社团，由专业教师带领学生开展专业兴趣活动和参加专业竞赛，在竞赛中锻炼学生运用专业知识解决实际问题的能力。

本专业毕业生主要面向通信与信息行业，包括：①电信运营商。在三大运营商从事网络运维、市场营销、业务运营、研发类工作。②在通信设备制造商、通信软件和技术服务商从事销售、技术售前、售后、研发和测试等工作。③在互联网和软件类企业从事软件开发、算法和数据分析、业务运营、技术支持等工作。④在国家机关及事业单位从事IT类相关工作。十九大报告提出中国将建设智慧社会，随着以窄带物联网（NB-IoT）技术为代表的物联网的广泛部署、车联网和无人驾驶的日趋成熟、智慧城市建设的逐步深入以及5G的商用，通信与人们的工作生活越来越密切，通信和信息产业拥有广阔的发展前景，需要各个层次、各个细分领域的通信技术类人才，通信工程专业的毕业生将大有可为。

42. 信息安全

信息安全专业开设于2018年，2018—2020年在智慧城市学院招生。本专业研究的是对信息与信息系统固有属性的攻击与保护的过程。它围绕信息系统、信息自身及信息利用的保密性、真实性、完整性、可靠性、可用性、不可否认性、可控性这七个核心安全属性，具体反映在物理安全、运行安全、数据安全、内容安全、信息内容对抗五个层面上。本专业主要研究的内容是需保证信息的保密性、真实性、完整性、未授权拷贝和所寄生系统的安全性，简单地说其根本目的就是使内部信息不受内部、外部、自然等因素的威胁。为保障信息安全，本专业要求有信息源认证、访问控制，不能有非法软件驻留，不能有未授权的操作等行为。为学生开设程序设计基础、离散数学、计算机网络、操作系统、计算机组成原理、密码学、Web安全技术、操作系统安全运维、网络安全理论与技术、渗透测试技术、信息安全法律法规、网络攻防原理与技术、信息泄露与取证技术

◆ 专业的印记

等课程。

  本专业拥有四大培养优势：一是课程模块的多样性。面向北京"四个中心"定位的人才需求，以"厚基础、宽口径、多方向、强能力"的人才培养模式和以"应用型和工程型人才为主要目标，兼顾研究型人才的培养"的指导思想来构建信息安全课程体系。本专业设置四个课程模块：渗透测试技术、系统安全运维、安全管理与测评、安全产品开发，采取分类培养、分层教学模式，学生可根据自己的特长选择课程模块。二是实践教学体系的多元化。本专业是直接面向工程、面向应用的专业领域，模拟构建各种工作环境的网络靶场和攻防实训平台，为学生提供仿真的模拟训练场景，使学生在实际工作环境中不断提高信息安全能力素质。三是学生课外活动的广泛性。依托各类信息安全竞赛培养大学生创新实践能力，以学生社团为载体，支持鼓励学生参加课外科技活动，形成学生自主性学习、研究的良好氛围。四是专业培养理念的先进性。本专业与信息安全行业知名企业实行校企双导师四年一贯制联合培养模式。学生从一年级开始进入双导师的职业素养训练项目组，通过开展企业现场教学活动，以实践教育与创新教育为重点，加强学生的专业技能培养，到四年级完成实际项目毕业设计，确保四年企业实践不断线，专业能力渐进式的提升。本专业与深信服科技股份有限公司、杭州安恒信息技术股份有限公司、北京永信至诚科技股份有限公司、北京易霖博信息技术有限公司、北京国卫信安网络科技有限公司、龙芯中科技术股份有限公司建立长效、可持续的学生校外培养体系，形成学科、专业、行业人才培养的闭环。

  本专业培养可以在国防、金融、公安和商业等部门从事信息安全产品研发、信息系统安全分析与设计、信息安全技术咨询与评估服务、信息安全教育、信息安全管理与执法等工作的高级专业人才。目前国内从事信息安全的专业人才人数并不多，并且大多分布在高校和研究院所，按照目前信息化发展的状况，社会对信息安全专业的人才需求量会越来越大。信息是社会发展的重要战略资源，国际上围绕信息的获取、使用和控制的斗争愈演愈烈，信息安全成为维护国家安全和社会稳定的一个焦点，各国都给予极大的关注和投入。信息安全保障能力是21世纪综合国力、经济竞争实力和生存能力的重要组成部分。目前信息安全方面的人才还十分稀少，尤其是国防、金融、公安和商业等部门对信息安全人才的需求很大。

43. 物联网工程

物联网工程专业开设于2019年，2019—2020年在智慧城市学院招生。物联网是让普通物理对象实现互联互通的网络，是实现智慧城市、智慧交通、智慧医疗、智慧电网、智能家居的核心支撑技术，是国家重点发展的战略性新兴产业，是阿里巴巴集团全面布局的第五大领域，是微软、谷歌、华为等国际巨头全面进军的产业。物联网技术前景广大，需求长远而旺盛。物联网工程是将无处不在的末端设备和设施，包括传感器、移动终端、工业系统、家庭智能设施、个人携带的无线终端、车辆等"智能物件"，通过无线或有线的、长距离或短距离的通信网络实现互联互通的应用大集成，是基于云计算模式，采用适当的信息安全保障机制，提供安全可控乃至个性化的实时在线监测、定位追溯、报警联动、调度指挥、预案管理、远程控制、安全防范、决策支持等管理和服务功能，实现对"万物"的"高效、节能、安全、环保"的"管、控、营"一体化。物联网工程专业的研究内容包括传感与检测技术，网络与信息传输技术，云平台与信息处理、利用和管理技术，以及物联网安全保障措施。为学生开设程序设计基础、数据结构、数据库系统、计算机网络、移动应用开发技术、智能感知与信息检测、物联网通信技术、物联网数据处理、物联网操作系统、物联网系统规划、智慧系统设计、单片机与嵌入式系统、人工智能与大数据技术、创新创业实践、领导力修养、企业管理等课程。

本专业拥有四大培养优势：一是先进的培养理念。专业实行分层分类的人才培养理念，根据学生的兴趣爱好和个性特长，设置了硬件设计类、软件开发类、项目管理类和科学研究类课程，鼓励学生个性化发展，挖掘学生潜质，因材施教，努力实现人尽其才。二是清晰的培养战略。专业实行全时空域育人的人才培养战略，通过专业细致的课堂教学夯实学生的理论基础，依托物联网社团、移动应用开发社团、机器人社团等专业社团，组织学生参加各类赛事活动，丰富学生的第二课堂，培养学生深厚的专业功底、科学的思维方法和解决实际工程问题的能力，提升学生长久的社会竞争力。三是广泛的外部合作。本专业与工业和信息化部、中国电子学会、阿里云以及多家知名企业合作，组织全国物联网与云计算技术沙龙、全国大学生物联网创新应用大赛、全国大学生移动互联开发大赛等赛事活动，成立了多家物联网工程校外人才培养基地，充分利用外部资源，培养学生物联网技术全领域知识素养，拓宽其专业视野。四是专业的教学团队。本院自 2013 年开始从事物联网工程方向的科学技术研究和教学研究，获得物联网核心技术国家发明专利 30 余项，完成物联网工程专著 6 部，带领学生与企业合作完成项目 30 余项，建设了丰富的物联网教学、科研平台，培养了专业的物联网教学团队。

本专业毕业生主要在科学研究机构、新能源企业、互联网／电子商务企业等单位从事物联网工程规划、研究、设计、开发与管理等工作。2018年、2019年麦可思中国大学生就业报告中，物联网工程专业连续两年位居需求和薪酬增长型热门专业的前十。随着5G技术的普及，万物互联的时代即将到来，物联网将会被广泛应用于交通、医疗、电力、环保、农业、军事等各个领域，其人才需求量将会爆发式增长。全球产业资讯关键信息服务供应商HIS预测，未来五年，全球物联网人才需求量将达到1000万人以上，据政府部门统计，我国物联网人才缺口每年为100万人。物联网技术正在改变人类社会的生产和生活方式，从智慧地球到智慧城市、智慧交通、智慧医疗、智慧农业都离不开物联网，物联网技术正以无处不在的方式、无所不能的潜力，颠覆着人类传统的生活模式、生产模式和交流方式，物联网技术的应用将以超乎想象的方式和速度推进社会发展和进步。物联网工程人才是推动人类社会向着安全、快捷、高效、舒适的方向不断前进的创新型、应用型、开拓型人才。

44. 数据科学与大数据技术

数据科学与大数据技术专业开设于2020年，在智慧城市学院招生。本专业是计算机大类下面的一个特设专业，它研究的是数据管理、软件开发、数据挖掘与应用的技术。本专业紧密围绕信息产业升级、智慧城市建设中不断变化的人才需求，培养具有坚实的计算机学科和大数据相关基础理论知识，掌握丰富的数据分析方法和工具，熟悉通用的大数据分析平台和环境，了解相关交叉学科的领域知识，具备较强的大数据软件开发、大数据分析与应用以解决相关领域实际工程问题的能力，能在互联网、信息通信和智慧城市应用等领域从事大数据软件开发、大数据分析和技术服务等工作，具有较强的社会责任感、创新创业精神和可持续发展能力的高素质应用型人才。本专业研究对象包括大数据处理工具与方法、大数据软件开发技术、与各

◆ 专业的印记

行业具体需求相结合的大数据应用技术。为学生开设计算机科学、软件开发和大数据处理方面相关课程，包括数据结构、操作系统、现代数据库技术、计算机网络、Python 程序设计、大数据开发技术、数据采集与网络爬虫、Web 技术及应用、分布式存储与计算、数学建模与分析、机器学习、神经网络与深度学习、大数据分析与可视化等。

本专业拥有三大培养优势：一是技术应用型人才培养模式。本专业以面向应用为核心培养目标，开展课程设置和优化培养模式，引入校企深度合作，为社会培养具有大数据技术实践能力的应用型人才。二是依托学院丰富的计算机类师资和课程资源。学院拥有较为完整的计算机类专业体系、强大的计算机类师资和课程资源，授课教师具有较丰富的大数据技术研究与应用相关项目经验。三是丰富的实习实践类课程、专业社团和专业竞赛活动。本专业开设了和专业理论课程相配套的、贯穿大学四年的实践类课程，在企业环境中开展专业实践训练，为进入就业岗位做好衔接，以赛代练、以练促学，组建了多个专业社团，由专业教师带领学生开展专业兴趣活动和参加专业竞赛，在竞赛中锻炼学生运用专业知识解决实际问题的能力。

本专业毕业生主要面向互联网、信息与通信行业，从事大数据应用软件开发、大数据算法和数据分析、数据管理与应用技术支持等工作，也可在企事业单位从事数据管理、决策支撑、数据分析服务工作。十九大报告提出中国将建设智慧社会，随着人工智能上升为国家战略，作为计算机和人工智能技术领域的重要组成部分，大数据技术对经济和社会发展起到日益重要的支撑作用，其应用也从互联网与信息行业扩展到各行业和应用领域，需要各个层次和细分领域的大数据技术类人才，本专业的毕业生将大有可为。

45. 材料科学与工程

材料科学与工程专业开设于1994年，2016年在机电学院招生。本专业培养具备较扎实的自然科学基础、人文社会科学基础和材料科学与工程专业基础，具有较强的沟通交流能力、责任感、创新精神和工程实践能力，能在新材料产业、先进制造业、材料检测及生产服务业相关的企事业单位，综合运用材料科学与工程理论与方法，在涉及材料科研、加工与应用的生产、技术开发与服务领域，从事材料分析检测、工艺设计与实施、质量控制的高素质应用型人才。本专业是校级骨干专业，拥有行业专家在内、积极投身教育教学工作的校级优秀教学团队。

本专业为学生开设机械设计基础、工程图学、工程力学、物理化学、材料科学基础、材料工程基础、现代材料分析方法、材料性能学、材料加工学基础、试验设计与误差分析、质量管理学、质量管理统计方法、管理体系与认证、工程材料基础分析技术训练、潜在失效模式分析与控制综合实践、材料检测分析综合实践等课程。

本专业毕业生可到材料、汽车、机械、电子、环保等高科技企事业单位、新材料检测服务业、第三方检测机构就业。在技术领域，可从事材料科研、材料检测和技术开发与服务工作；在管理领域，可从事质量管理、供应商质量管理、服务与产品质量控制等工作。毕业生就业前景良好，近几年一次就业率、专业对口率均高于学校平均水平。专业近三分之一的学生在北京有色金属研究总院、北京市理化分析测试中心及其他企业的分析实验室从事材料检测、分析和实验室管理工作。

46. 工业工程

工业工程专业开设于1999年，2016年在机电学院招生。本专业培养具备现代工业工程和系统管理等方面的知识和应用能

◆ 专业的印记

力,在高端制造产业、物流业、服务业及咨询业从事生产、经营、服务等管理系统的规划、设计、评价、创新实际岗位需要的高素质应用型专业技术和管理人才。本专业培养人才符合京津冀一体化形势下首都功能新定位及行业发展对专业人才的要求。工业工程人才的需求是未来首都人才需求新的增长点。为学生开设工业工程基础、物流工程、生产计划与控制、人因工程、运筹学、经济学、管理学、会计学与财务管理、管理信息系统、工作研究训练、工业技术经济学、系统建模与仿真、质量控制与管理、创新思维拓展等课程。

本专业毕业生可在高端制造业、物流业、服务业和咨询业等相关领域致力于生产效率的提高、质量及安全保证和成本的降低,实现低碳、绿色的生产系统和产品的精益设计,从事包括生产技术管理、物流管理、质量和安全管理、企业信息化、技术评价及转移等方面的技术管理工作,也可从事高科技产品的经营销售及供应链管理等方面的工作。

2017—2018年本专业仍在机器人学院招生。本专业立足北京,面向京津冀经济社会发展需要,培养术德兼修、知行合一,实践能力强、工作作风扎实,具有较强的社会责任感、创新创业精神和可持续发展能力,具有较宽厚的基础理论和较扎实的现代工业工程和系统管理等方面的专门知识,具有在现代服务业、高端制造业及智能化机器人产业进行效率改善、智能化应用、人性化设计与测评、质量控制、物流规划与控制、项目创新管理与效果评估的能力,能在服务和工程领域从事生产、经营、服务等系统的规划、设计、评价、咨询及创新、创业等方面的技术工作的符合国际化标准的高素质应用型人才。本专业是北京联合大学校级优势专业、骨干专业,是北京地区工业工程专业牵头学科之一。工业工程专业是技术与管理相结合的复合型专业，采用智能化管理与设计的方法，致力于有效提升企事业单位和组织的核心竞争力，通过对有形和无形资产的各种要素进行科学精细化创新管理，达到企业、组织的运营效率、成本、质量及人机环境匹配的最优化，也可以为运营科技资产投融资管理，推动科技成果走向市场提供管理技术服务。专业依托"北京市智能机械创新设计服务工程技术研究中心"及特色科研平台，拓展产学研合作领域，助推大学生科技创新和职场创业。为学生开设管理学、工业工程基础、运筹学、经济学、物流工程、生产计划与控制、人因工程、工业技术经济学、供应链管理、会计学与财务管理、管理信息系统、精益生产、系统建模与仿真、人工智能、创新创业基础、创新思维拓展、工作研究综合训练、专业实习等课程。毕业生可到现代服务业、高端制造业及智能化机器人产业等企事业单位，致力于效率改善、智能化应用、精细化设计及管理、人性化设计与测评、质量控制、物流规划与控制、项目创新管理与效果评估，从事资产运营、生产管理、物流管理、质量和安全管理、企业信息化、机电产品的技术评价和转移、高科技产品的运营及供应链管理等方面工作。

47. 机械工程

机械工程专业开设于2013年，2016年在机电学院招生。本专业是北京市属高校中最早获得"国家级特色专业建设点"的工科专业之一，面向京津冀地区机电行业和高科技服务业，培养基础扎实、实践能力强，具备机械设计、制造、自动化控制、测试技术等基础知识与应用能力，具备解决实际工程问题能力，可在智能创新设计服务领域从事设计、生产运行、科技开发及技术支持与服务等工作，具有创新创业精神和社会责任感，具备较强的适应能力和可持续发展能力，符合国际化标准的高素质应用型人才。为学生开设工程图学、工程材料、工程力学、

专业的印记

电工与电子技术、机械设计基础、机械制造技术基础、互换性与技术测量、测试技术、单片机原理、流体力学与液压传动、电机驱动及控制、电气控制与PLC、机器人技术、工业自动化技术、数控技术、CAD/CAM技术、机械工程技术创新实践等课程。毕业生可到机电制造业，航天制造业，信息通信业，集成电路生产、光电显示制造业，都市工业以及汽车制造业、装备制造业等高新技术企业从事机电一体化产品、信息技术设备、智能化设备的设计开发、应用研究、运行管理、售前售后技术支持、营销等方面的技术和管理工作。

2017—2020年本专业在机器人学院招生。机械工程是以有关的自然科学和技术科学为理论基础，结合生产实践中的技术经验，研究和解决机械系统的开发、设计、制造、安装、运用和维修的全部理论和实际问题的应用学科。机械是机构和机器的总称。日常生活中，机械随处可见。自行车、汽车、高速列车、机床、机器人、飞机、坦克等都属于机械的范畴。这些设备不仅包含机械本体，还有控制部分，包含硬件控制和软件控制。机械工程专业学习和研究范围不仅涉及机械设计、制造、电子、电气、自动化等传统技术，而且也涉及人工智能、互联网、大数据等新技术。为学生开设机器人技术系列课程，包括人工智能、智能控制、工业自动化技术、数控技术、机械设计基础、机械制造技术基础、测试技术等。本专业注重培养学生的实践能力，不但针对各专业课程设置了相应的实验或实训环节，还和企业合作围绕机械创新设计、机器人技术及应用和智能制造等方向开发了综合实践训练课程。

本专业拥有三大培养优势：一是机械工程专业所依托的学科是北京联合大学重点建设学科——机械制造及其自动化，是北京市属高校中最早获得"国家级特色专业建设点"的工科专业之一，同时也是北京市特色专业。毕业生就业和薪酬与国内同类院校相近专业相比，居于前列。二是本专业隶属机器人学院，现有教师21人，其中博士（后）13人，在读博士2人，教授3人，副教授10人。学院建有实践中心，拥有机器人创新技术、先进制造技术、测试技术、自动化控制、人工智能、无人驾驶技术等实验室。教师团队为北京市优秀教学团队，实践课程"机械工程技术综合实践"为北京市精品课程。历年来，本专业教师指导学生参加了全国大学生电子设计大赛、首都高校机械创新设计大赛、全国大学生"恩智浦杯"智能汽车竞赛、"西门子杯"智能制造挑战赛、华北五省（市、自治区）大学生机器人大赛等活动，多次取得了优异成绩。近三年来，本专业教师依托省部级科研平台——北京市智能机械创新设计服务工程技术研究中心，主持或参与各类纵横向教科研课题20余项，发表学术论文30余篇，获得发明专利授权10项。三是本专业围绕机器人相关技术，以"人工智能+专业"为导向，以工程教育认证标准为指导，形成了"以学生为中心，以结果为导向，持续改进"的人才培养模式。毕业生可到机器人、机电、航天、信息通信、集成电路、光电、汽车等领域的高新技术企业从事机器人、智能化设备、机电一体化产品、信息技术设备的设计开发、应用研究、运行管理、售前售后技术支持、营销等方面的技术和管理工作。本专业历年来就业率都在95%以上。机械工业是国民经济发展的基础，是促进科学技术转化为生产力的基础性产业，为国民经济、国家安全提供装备，为人民物质文化生活提供丰富产品，与我们的生活息息相关。本专业人才立足北京，面向京津冀经济社会发展需要，培养具有机器人及相关机电产品设计、制造、自动控制、智能化技术等方面的基础知识和应用能力，能在机械工程、机器人及相关领域从事设计制造、科技开发、生产运行及技术支持与服务等方面工作的人才。

48. 汽车服务工程

汽车服务工程专业开设于 2006 年，2016 年在机电学院招生，培养汽车服务工程专业基础理论与基本知识扎实、实践能力强，能够在汽车营销与售后服务、汽车运用、汽车设计研发与制造生产领域从事技术服务及经营管理等工作，具有术德兼修、知行合一、作风踏实的品质及较强的社会责任感、创新创业精神和可持续发展能力的高素质应用型人才。为学生开设工程图学、工程力学、机械设计基础、电工与电子技术、汽车构造、汽车发动机原理、汽车运用工程、汽车电器、汽车电子控制技术、汽车检测与诊断技术、汽车维修工程、汽车营销与策划、汽车服务企业管理、汽车保险与理赔等理论课程及汽车拆装实习、汽车电器综合实验、汽车检测与诊断综合实验、汽车维修实习、汽车服务管理训练、创新创业实践等实践课程。毕业生可在汽车（整车及零部件）设计研发、制造生产、市场营销与售后服务、交通运输等领域的科研机构及与汽车运用相关的管理部门、企事业单位从事技术支持（测试、维修、配件供应、售后技术支持等）与管理、汽车检测维修与管理、汽车改装、汽车及配件营销与管理、汽车保险定损理赔及管理、二手车交易、车辆鉴定与评估、汽车运用管理等工作，也可在职业院校、培训机构从事教学、技术培训等工作，还可在汽车互联网企业、汽车媒体从事编辑及汽车测评等工作。

2017—2018 年本专业在机器人学院招生，培养掌握汽车技术、汽车服务与经营管理知识，具有"懂技术、能服务、会管理"的素质和创新创业意识，能够在汽车营销与售后服务、汽车运用、汽车设计研发与制造生产领域从事汽车技术支持/服务与管理、汽车金融服务与管理、汽车营销服务与管理等工作的高素质应用型复合人才。本专业是车辆工程、电子信息工程、交通运输工程、能源与动力工程、管理科学与工程等多学科交叉性专业，连续被武汉大学中国科学评价研究中心评价为四星级专业，排名全国前十五。专业教育教学以学生为中心，按照国际工程教育认证标准，紧跟汽车及其后市场之节能减排、人工智能等新技术发展，注重学生可持续发展平台的构筑、工程实践能力和创新创业能力的培养及学习兴趣与潜能的激发。组织校企合作，以毕业实习、毕业设计、学生就业相结合的模式助力学生就业。为学生开设机械设计基础、电工与电子技术、汽车构造、汽车发动机原理、汽车运用工程、汽车电器、汽车电子控制技术、汽车检测与诊断技术、汽车维修工程、汽车金融与保险、汽车营销与策划、汽车服务企业管理、新能源汽车等理论课程以及多门相应的实践课程。毕业生可在汽车营销与售后服务、汽车运用、汽车设计研发与制造生产领域从事汽车服务系统规划与管理、汽车技术支持与管理、汽车及配件营销与管理、汽车金融服务与管理、车辆鉴定与评估、汽车改装等工作，也可在职业院校、培训机构从事教学、技术培训工作，还可在汽车互联网企业、汽车媒体从事编辑及汽车测评等工作。

49. 自动化

自动化专业开设于1996年，2016年在自动化学院招生。自动化的核心是控制，控制技术已经应用于人类生产和社会生活的各个领域。自动化程度的高低已成为衡量一个国家科学技术和经济发展的重要标志。自动化专业是一个宽口径专业，根据国家、北京市大力扶持的产业和战略性新兴产业对人才的需求，本专业设置控制网络与控制工程和信息处理与物联网工程两个专业方向。本专业培养立足首都，面向全国经济社会发展需要，具有创新创业精神和社会责任感，具有较强适应能力和可持续发展

专业的印记

能力的高素质应用型人才。为学生开设电路原理、模拟电子电路、数字逻辑电路、电机与拖动基础、信号与系统、自动控制原理、现代控制理论、微机原理及接口技术、计算机网络与通信、数据结构、C语言程序设计、面向对象的程序设计、检测技术与仪表、现场总线技术、单片机原理及应用、嵌入式系统、计算机控制技术等课程。控制网络与控制工程专业方向开设电力电子技术、过程控制、运动控制、先进控制技术、可编程控制器原理及应用、现场总线控制系统等课程。信息处理与物联网工程专业方向开设虚拟仪器技术、数字信号处理、条码与识别技术、传感网原理及应用、现代传感器与传感技术、物联网应用系统设计等课程。

经过几十年的建设，至2020年，本专业拥有六大培养优势：一是自动化专业是北京联合大学骨干专业、优势专业，教师团队是校级优秀教学团队；二是拥有校级自动化工程实践教学中心和学生创新/创业平台；三是建设了以西门子股份公司、ABB（中国）有限公司、中关村智能智造创新中心和大唐电信科技股份有限公司等企业为核心的校外实践教学基地群，与境外大学进行交流实践活动，注重学生实操和眼界的培养；四是强化学生科技活动，近三年本专业学生申报和完成国家、北京市、学校的"启明星"大学生科技创新项目成绩一直名列前茅；五是重素质、强能力，组织学生参加全国及北京市大学生数学建模竞赛、物理竞赛、电子设计竞赛、"挑战杯"竞赛、"飞思卡尔杯"全国大学生智能汽车竞赛、"西门子杯"工业自动化挑战赛等学科竞赛，连续获得华北赛区及国家总决赛特等奖、一等奖；六是每年都有相当数量的毕业生考取本校或北京航空航天大学、北京理工大学、北京邮电大学等985、211高校的研究生，考研成功率在不断提升。本专业就业率连年保持100%。毕业生可到自动化工程公司、电气工程公司、高科技公司、大型智能化场馆与智能建筑大厦、智能住宅小区、大型商贸、金融中心等单位从事控制系统的设计、研发、系统集成、运行维护、综合技术支持与管理、信息获取与处理、物联网工程、系统监控、网络化控制、自动化设备和系统的商贸交易等方面的工作。

本专业2016—2020年也在机器人学院招生。自动化是指机器设备、过程（生产、管理过程）或系统在没有人或较少人的直接参与下，按照人的要求，经过自动检测、信息处理、分析判断、操纵控制，实现预期的目标的过程。自动化是一个国家科学技术发展水平的重要标志。自动化专业的核心是检测与控制，是应用智能检测和智能控制技术实现机器人等智能产品的设计与开发，控制网络系统的集成设计与开发，专业知识可广泛用于工业、农业、军事、航空、科学研究、交通运输、商业、医疗、服务和家庭等方面。为学生开设电路原理、自动控制原理、微机原理及接口技术、计算机网络与通信、现代传感器技术、机器人控制技术、人工智能、物联网控制技术及应用等课程。

经过几十年的建设，至2020年，本专业拥有四大培养优势：一是自动化专业是北京联合大学骨干专业、优势专业，形成了"认知+基础、实验+综合、创新+应用"的循序渐进、能力为主、强化应用的教学体系，在2014年和2016年均获得校级教学成果一等奖；二是教师团队是校级优秀教学团队，有专业教师12人，教授2人，副教授2人，具有博士学位7人，实验教师2人，另有中国科学院自动化研究所、中国航天一院、西门子股份公司和美国国家仪器有限公司的工程师任专业课程教师，师资结构合理，教学经验丰富；三是重视校企合作，现有自动化工程实践教学中心、学生创新/创业平台，并与北京钢铁侠科技有限公司、西门子股份公司、ABB（中国）有限公司、大唐电信科技股份有限公司和中孵高科产业孵化（北京）有限公司等企业合作，为学生提供实习、实训机会，此外，还有多种长期或短期的海外大学交流活动；四是学生竞赛硕果累累，已完成"启明星"大学生科技创新项目近 50 项，专业 50%的学生参加全国及北京市大学生数学建模竞赛、物理竞赛、电子设计竞赛、中国机器人大赛、全国大学生智能汽车竞赛、"西门子杯"工业自动化挑战赛等学科竞赛，连续五年获得国家级和华北赛区特等奖、一等奖。毕业生每年都有考取北京航空航天大学、北京理工大学、北京邮电大学等 985、211 重点院校的研究生，考研成功率达 12%。毕业生可以面向科研院所、金融中心、国家电网、高科技公司、教育机构、交通运输等单位从事智能信息处理、系统监控与网络化控制、机器人智能产品等的设计、研发、系统集成、技术支持、运行维护和管理、商贸交易等方面的工作。《中国制造 2025》规划的出台，使与自动化相关的智能制造等行业迅速崛起。在北京市十大高精尖产业中，与自动化相关的有五个——智能装备、节能环保、新能源智能汽车、人工智能和科技服务业。自动化技术应用领域日益拓宽，对自动化专业人才的需求将会不断增加。

50. 机器人工程

机器人工程专业开设于 2019 年，2019—2020 年在机器人学院招生。本专业是一个多领域交叉的前沿学科。它综合应用自然科学、工程技术、社会科学、人文科学等相关学科的理论、方法和技术，研究机器人的智能感知、优化控制与系统设计、人机交互模式等学术问题。本专业是一个多学科交叉的前沿专业，它融合了机械工程、控制工程、信息工程、人工智能、生物学等理论，对工业机器人、服务机器人、智能器人和仿生机机器人等进行设计、开发与研究。为学生开设机器人动力学建模与控制、机器人操作系统、机器人通信技术、机器人感知技术、移动机器人定位与导航技术、数字图像处理及机器视觉、机器学习、人工智能、深度学习、自动控制原理、微机原理与接口技术、嵌入式系统等课程。

本专业的培养优势是，在李德毅院士的指导下，机器人工程专业根据服务首都"科技创新中心"这一目标，致力于培养掌握机器人工程相关基础理论和专业知识，具备机器人运用及开发能力的高素质复合型应用人才。机器人工程专业是一门理论完整、基础扎实的综合型工科专业，涵盖面比较广，专业理论要求比较宽。为了适应这一特点，机器人工程专业推进新工科教学的理念，注重实践性教学，注重一专多能及终生学习能力的培养，使学生既具有完整的知识储备，又具有独当一面的专业技能，能够在科技不断进步的环境中，具有吸收新知识、掌握新技能的能力。

本专业面向智能服务机器人产业，为京津冀一体化发展培养专业人才。机器人工程专业的学生具有融合掌握多学科基础理论，厚基础、宽口径的特点。毕业生不仅可以在机器人高新领域从事研发与技术支持工作，还有能力胜任人工智能、大数据分析、软件开发等新兴领域的工作，也可在机电、航天、信息通信、集成电路、光电、汽车等领域从事产品研发、技术支持、运行管理等方面的工作。自《中国制造2025》规划公布以来，机器人产业已经被定义为我国必须要占领的高地，以保证经济社会的可持续发展和产业结构的转型与升级。预计"机器人革命"将创造数万亿美元的市场，并将带动各行各业向前发展。按照工业和信息化部的发展规划，全国平均每年需要培养3万名以上的机器人应用人才，但目前每年仅有1万余毕业生。我国将成为机器人应用的最大市场，机器人工程专业人才会在

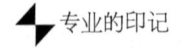

其中大有作为。

51. 电气工程及其自动化

电气工程及其自动化专业开设于 2013 年，2016 年在自动化学院招生。本专业是一个强电与弱电相结合、元件与系统相结合、软件与硬件相结合、电工技术与电子技术相结合的宽口径工程技术专业，主要培养学生电气工程（强/弱电）、电气自动化控制、计算机控制系统的工程设计、工艺或工程项目组织、试验分析、运行管理、产品开发以及信息综合方面的工程应用能力。通过系统的专业理论与专业技术学习，学生在电工电子技术、计算机应用技术、电气传动技术以及信息处理技术等方面将获得较充分的培养训练，能够胜任电气工程领域工程应用、技术开发服务、电气工程管理等多类型岗位工作。为学生开设了电路原理、模拟电子电路、数字逻辑电路、自动控制原理、电力电子技术、电机与拖动、微机原理与接口技术、计算机网络与通信、供电技术等课程。还开设了专业特色课程及推荐选修课程，包括检测与转换技术、PLC 与电气控制、单片机原理及应用、电力拖动控制系统、计算机控制技术、控制系统数字仿真与 CAD、电力系统继电保护、建筑设备监控系统、综合布线、音视频工程技术、公共安全、电气节能技术、电气工程招投标实务、物联网与智慧城市概论等。毕业生可在国内外电气工程类企业、建筑或电力设计研究院、智能建筑类企业、电气工程科研院所等相关部门从事电气工程设计、产品研发与制造、电气工程建设、系统集成、智能化控制应用技术研究、电力系统运行与管理等多类型岗位工作。

2017—2020 年本专业在城市轨道交通与物流学院招生。电气工程及其自动化专业是学习与研究电能的产生、传输、转换、控制、储存和利用的工科专业，是涉及电工技术、信息与网络控制技术和计算机技术、机电一体化技术的综合性较强的学科，具体来说是从发电厂发电、交直流高压输电、变压器变电、电机电器及电网控制、电能存储，到电能终端使用各个环节都会涉及的专业技术。本专业就业面宽，尤其是用电环节深入各行各业，凡是用到电能的企业都需要专门的电气专业人才从事电气设备设计、运行、维护或管理。本专业具体研究对象包括发电、输电、变电、配电、用电各环节所需的电气设备以及电力网。小到开关设计、电机控制，大到电网设计规划、宇宙飞船设计都属于电气工程及其自动化专业的研究范围。为学生开设电路原理、模拟电子电路、数字逻辑电路、自动控制原理、微机原理与接口技术、电机与拖动、电力系统稳态分析、电力系统暂态分析、电力系统继电保护、高电压技术、电力电子技术、电力拖动控制系统、电气CAD、电气工程建模与仿真、现代智能技术、网络与通信技术等课程。

本专业培养优势是立足传统电气控制优势，突出"电气+智能"特色，拓展人工智能技术在电气工程领域的应用，设置电气技术和智能化工程两个专业方向，培养专业基础扎实、实践能力强、有一定创新能力的应用型人才。本专业紧密对接区域产业链，注重产教融合，学生实践能力强，近两年大赛获奖和校长特别奖获得人数占学校三分之一，并同国家电网、中国中铁电气化局集团有限公司、谷歌公司、北京燕东微电子有限公司等企业开展深度校企协同育人，学生就业质量稳步提升。毕业生不仅有机会进入战略合作伙伴中国中铁电气化局集团有限公司等知名企业，也拥有更大的行业选择范围，比如：电力运行企业（电网公司、发电公司、供电局、电力工程公司等）、电气装备公司、自动化设备公司、电气装备使用单位（工业、农业、交通、航空航天、通信、国防、机械、医疗、建筑电气化等）、科研设计院所等。2018年和2019年电网公司每年签约本校电气专业20余人。本专业连续五年就业率98%以上，其中三分之一就职于国家电网等大型国企，出国和考研率达20%，录取院校有北京航空航天大学、北京理工大学、北京交通大学、厦门大学、斯图加特大学、罗切斯特大学等国内外知名高校。电力工业将自然界的一次能源通过发电装置转化成电力，再经输电、变电和配电供应到各终端用户，是第二次工业革命的主要标志。电能是现代文明的血液、国民经济的命脉，是世界各国经济发展战略中的优先发展重点，它不仅是关系国家经济安全的战略大问题，而且与人们的日常生活、社会稳定密切相关。随着我国经济发展，对清洁电能的需求快速增长，并向着智能化方向发展。此外，随着"一带一路"建设，电网建设已走出国门，人才需求缺口巨大，近两年国家电网录取人数激增就是最好的佐证。

52. 物流工程

物流工程专业开设于2010年，2016年在自动化学院招生。物流业是融合运输、仓储、货代、信息等产业的复合型服务业，是支撑国民经济发展的基础性、战略性产业。物流工程专业培养适应首都经济发展需要，具有系统的管理学、工学理论基础，培养能够掌握物流项目策划、设计和实施以及物流系统运作与管理能力的应用型人才。北京联合大学物流工程专业采用本科导师制，全程指导学生的职业发展、学业规划、科研和专业实践，重点在物流信息技术综合应用能力、良好的外语和计算机应用能力等方面开展复合型特色人才培养。2015年中国物流工程专业大学排名中，我校物流工程专业名列第十四。为学生开设的专业课程体系包括学科大类核心课程（管理学基础、物流经济学、运筹学、供应链管理、物流工程、计算机软件技术基础）、专业核心课程（物流信息技术、物流系统规划与设计、物流系统仿真、现代物流装备、物流自动化技术）、专业实践课程（数据库设计与开发、面向对象程序设计、电子商务技术与应用、物流运作优化设计）、专业选修课程（应用统计学、交通运输学、采购管理、国际物流、商品学、物流服务运作管理、卫星导航与定位技术、办公自动化信息系统、地理信息系统）。学生可根据工作就业、创新性科学研究、考研深造和国际文化交流需求自主选择修习课程。学校与美国、德国、俄罗斯等国家和地区的高校开展教育合作，学生可以到相关高校进行学期专业课程学习和短期境外专业实践活动。符合本专业培养方案中的课程规定要求可进行专业学分互认，对成绩优秀的学生予以经费资助。物流工程专业拥有物流工程实验室、物流规划与信息技术实验室和校企联合物流人才培养实践基地。本专业作为中国物流与采购联合会常务理事单位，在实践类课程中依托国际商业机器公司（IBM）、甲骨文公司、西门子股份公司、DHL国际快递、北京空港物流集团、中关村软件园、北京通州物流园区、北京奥运城市发展促进中心等知名企业开展教育合作，由具有国家高级物流师职业资格的授课教师和企业工程师指导学生开展专业实践。本专业每年有15%左右的学生考入国内外知名大学进行研究生学习，其余学生就职于企事业单位的供应链管理和采购管理部门，从事物流系统规划、商业运营与管理、国际货代、物资采购、物流信息服务等工作。2016年3月，北京联合大学与俄罗斯莫斯科国立交通大学和乌拉尔国立交通大学签署教育协议，开展物流管理与工程本科双学位物流人才联合培养。

2017—2020年本专业在城市轨道交通与物流学院招生。物流工程专业旨在培养具有物流管理与工程领域的基础理论，具有综合运输物流规划、物流信息技术应用、国际物流运作管理、

◆ 专业的印记

国际视野与跨文化背景交流能力和工程实践能力的应用型技术人才。学生毕业后可在交通运输、现代供应链和国际货代等"一带一路"建设领域从事物流系统规划、物流信息化管理、国际物流服务、物流装备系统维护等工作。物流工程是以商业物流系统为研究对象，研究系统商品流通的规划设计与资源优化配置、物流运作过程的计划与控制的工程领域。本专业主要研究应用供应链管理的基本方法、物流系统规划技术、物流信息技术设计物流工程项目的解决方案，进行满足交通运输领域需求的物流综合运输与多式联运配送系统与系统设计。毕业生具有区域综合物流业务管理、制造业生产物流、商务物流服务和物流信息技术应用基本能力，具有进行物流工程管理、供应链管理、供应链物流管理、智能物流技术应用的专业能力。为学生开设中方和俄方课程，中方主要课程是物流学科专业导论、运筹学、现代物流装备、物流工程、面向对象程序设计、数据库设计与开发、物流信息技术、物流自动化技术、物流系统规划与设计、物流系统仿真等。俄方主要课程是物流经济基础、供应链管理、交通运输系统管理、运输物流学、物流风险监督与管理、国际物流、货代与报关、供应物流学、物流中的系统分析、物流基础设施管理、基础职业技能与素养实践等。毕业实习和毕业设计环节由北京联合大学与俄罗斯莫斯科国立交通大学共同组织指导。

本专业拥有四大培养优势：一是作为中国物流与采购联合会常务理事单位，在中俄两国教育合作中，北京联合大学物流工程专业与俄罗斯莫斯科国立交通大学结合我国"一带一路"建设联合开展中俄货物贸易及快捷物流服务系统建设的科学研究工作。结合北京市"一带一路"国家人才培养基地项目建设，以培养国际化人才为目标，整合国家"一带一路"发展的需求，开展与"一带一路"沿线国家的人才培养教育合作的专业核心课程建设。二是本专业师资力量雄厚,拥有一支团结协作、学风严谨、崇尚实践、富于创新的高素质教师队伍。专职教学团队中拥有北京市优秀教师、北京市青年骨干教师、教育部-IBM高校合作项目优秀教师和国家留学基金管理委员会奖教金获得者,专业教师有海外学习进修经历。俄罗斯莫斯科国立交通大学是俄罗斯著名的高校之一,师资力量和科研水平属于国际一流,在供应链管理和交通物流领域科学技术专利、科学创新研究成果、国际交往活动丰富。三是本专业拥有北京市精品建设教材、精品课程、IBM课程教学资源建设课程,拥有国家、北京市和中国物流学会科学研究和教学研究项目,同时开展了大量企业课题研究、技术服务、专利成果和社会服务。四是本专业同中国中铁股份有限公司、中国邮政集团有限公司、天津港(集团)有限公司、京东、小米科技有限责任公司、北京通州物流产业园区、百丽国际控股有限公司和中关村多媒体创意产业园等知名企业联合开展人才培养。物流工程专业参与国家"服务外包人才培养模式创新实验区"和北京市"服务外包人才培养模式创新试验区"的人才培养与建设工作并取得了大量教学成果和科研成果。

本专业毕业生平均每年有15%考入国内外知名大学进行研究生学习,10%的学生就职于政府各级管理机构,30%的学生就职于企业的供应链管理、国际贸易和采购管理岗位,10%的学生就职于银行和金融服务机构,35%的学生就职于电子商务和信息服务企业。在校专业学生深入北京奥运城市发展促进中心进行奥运物资管理服务,传承奥运精神,为北京菜篮子工程开展城市居民农产品消费需求数据采集与分析研究工作。学生深入苏宁易购集团股份有限公司、浙江百丽集团有限公司、北京朝批商贸股份有限公司服务首都商业流通领域，为首都城市发展做出了贡献。在校专业学生参加"一带一路"中俄货物贸易及快捷物流服务系统建设的科学研究工作和北京市"一带一路"国家人才培养基地项目建设工作。

53. 交通工程

交通工程专业开设于2011年，2016年在自动化学院招生。交通工程专业城市轨道交通专业方向以自动化和智能化为特色，培养适应城市轨道交通快速发展迫切需要的专门从事轨道交通信号系统设计、施工、维护及运营方面的高素质应用型人才。信号系统是轨道交通系统的大脑和神经中枢，本专业的教学和科研主要围绕城市轨道交通列车高效、安全运行的方法及技术展开，涉及电子、通信、控制、计算机及铁路信号等多学科综合交叉的知识。本专业通过基于项目的模块化教学手段和丰富的校内外工程实践，提高学生综合运用所学知识和技能解决实际工程问题的能力，显著提高学生的实际动手能力，为其今后工作及深造奠定坚实基础。

本专业以"宽口径、厚基础、重实践、强能力"的专业建设思路，培养从事城市轨道交通信号系统设计、施工、维护及运营方面的高素质应用型专门人才。本专业拥有四大特色：一是本专业是学校首批综合改革试点专业，具有工学学士和工学硕士授予权；二是本专业拥有以北京市长城学者领衔的教学和科研团队，师资力量较为雄厚；三是本专业同北京京港地铁有限公司、北京市轨道交通建设管理有限公司、河南辉煌科技股份有限公司等知名企业建立了良好的合作关系，学生就业率在98.5%以上；四是本专业同俄罗斯莫斯科国立交通大学、乌拉尔国立交通大学建立本科"3+1"合作培养协议，授予学生中俄两国的学士学位。为学生开设交通工程学、运筹学、控制工程基础、电路分析、电子技术、城市轨道交通概论、轨道交通运营管理基础、城市轨道交通信号系统、城市轨道通信技术、城市轨道交通列车运行控制、城市轨道交通综合监控系统等课程。学生毕业后可在地铁公司、轨道交通生产、研发等领域工作。2015年，本专业就业率98.5%，考取国内大学研究生4人（北京航空航天大学、北京理工大学、北京交通大学等），出国深造6人（澳大利亚、德国、日本等国家的大学）。

2017—2018年本专业在城市轨道交通与物流学院招生，培养具有较为扎实的数理基础，具备从事城市轨道交通领域信息和智能控制方面的研究、设计、开发、系统集成以及城市轨道交通智能运营、组织调度等方面的能力，具有国际化视野，实践能力和沟通能力较强的高素质应用型专门人才。

本专业拥有三大特色：一是"控制+管理"特色，为了适应城市轨道交通自动化、智能化和高密度网络化运营的发展趋势，以自动控制知识体系为基础，将人工智能、物联网和自动驾驶等前沿学科知识深度融合到城市轨道交通信号与控制中，培养具有城市轨道交通智能控制与安全运营管理方面基础知识与技能的复合型管理和工程技术人才。二是以能力为本位，构建分层递进的立体化实践教学体系，以强化学生工程实践能力为导向，遵循"校内实践工程化，校外实践实战化"的原则，构建从认识实习、课程设计、校内综合实践、校外工程实践、学科竞赛和毕业设计一体化的分层递进式立体实践教学体系，培养学生工程实践能力。本专业同中国中铁股份有限公司、中国中铁电气化局集团有限公司、北京市地铁运营有限公司、北京京港地铁有限公司等企业建立了良好的校企合作关系和校外实践基地，共同培养城市型、应用型城市轨道交通人才。三是国际化特色，积极响应"一带一路"倡议，培养具有国际化视野的

◆ 专业的印记

城市轨道交通人才，本专业同德国、俄罗斯、新加坡、英国等国家和地区的高校建立紧密合作关系，选派优秀学生参加境外短期交换学习。本专业同俄罗斯莫斯科国立交通大学、乌拉尔国立交通大学签署本科"3+1"合作培养协议。优秀学生可被直接推荐到俄罗斯莫斯科国立交通大学、乌拉尔国立交通大学等高校攻读硕士学位。

本专业为学生开设交通工程学、运筹学、控制工程基础、电子技术、城市轨道交通信号系统、城市轨道交通通信技术、城市轨道交通列车控制技术、城市轨道交通综合监控系统、计算机控制技术、城市轨道交通运营管理基础、城市轨道交通规划与设计、数据库技术及应用、嵌入式系统、智能交通系统、面向对象程序设计等课程。毕业生可在交通规划与设计部门、通信信号公司、工程单位、交通管理部门等从事技术开发与管理、交通控制系统开发、通信工程设计、交通运输规划、交通工程建设、交通工程设计等方面工作，以及在工业自动化与控制领域从事研究、设计、开发和技术管理等工作。交通工程专业的毕业生工程应用能力强、适应面广，毕业生就业率和就业质量高，70%以上的毕业生进入轨道交通相关企业、政府管理部门就业，有15%的学生在国内外高校（北京航空航天大学、北京交通大学、北京理工大学、筑波大学等）继续深造。交通工程专业学生的就业率一直保持在98%以上。

2020年本专业仍在城市轨道交通与物流学院招生。交通工程是指服务于客运交通，通过对轨道交通列车信号、通信系统、列车运营调度、车辆设备、电气系统等进行设计和优化，以达到安全、高效运送客流的目标。鉴于轨道交通行业人工智能的快速发展，本专业利用大数据、深度学习等理论，结合计算机视觉技术、语音技术等多项人工智能技术，赋予轨道交通系统一定的智能行为和能力。实际生活中轨道交通无人驾驶技术、智慧运营调度、列车信号控制、场站设计等均属于轨道交通领域。本专业以轨道交通通信信号领域为核心，与人工智能等技术相结合，研究智慧运营及智能控制等技术。为学生开设基础俄语、自动控制原理、数字通信网和数字通信系统、信号与系统、轨道交通通信技术、列车运行控制系统、列车运行安全理论、调度集中联锁、计算机软件技术基础、站场列车运行微处理机控制系统、电路理论、电子技术、计算机控制技术、数据库技术及应用、嵌入式系统、智能交通系统、Python 大数据处理与分析、人工智能导论等课程。

本专业拥有六大培养优势：一是拥有良好的就业前景。交通工程专业连续三年就业率、签约率全校第一。2019 年交通工程专业就业率 100%，签约率 98.08%，专业符合度 95.74%。二是拥有雄厚的师资力量。本专业拥有专职教师 14 人，其中高级职称比例是 50%，博士学位教师比例是 57%，拥有北京市学术创新团队 2 个、北京市高校长城学者培养计划入选者 1 名、北京市中青年骨干教师 4 名，50% 的教师有国外访学经历。本专业聘请了包括新加坡国立大学李德纮院士、北京交通大学副校长张星臣教授、交控科技股份有限公司董事长郜春海、中国中铁电气化局集团有限公司高级工程师李爱敏总经理、北京市交通委员会科技处副处长邹迎研究员、北京市地铁运营有限公司人力资源部王春玲副部长、北京市轨道交通建设管理有限公司吕高峰高级工程师等一批国内外著名专家、学者作为兼职教授，有稳定的校外行业专家导师团队。三是教学成果突出。近年来交通工程专业获得各类高水平科研项目 30 余项，拥有国家发明专利 12 项、实用新型专利 10 项、软件登记专利 6 项，出版包括精品教材在内的 20 多部书籍（包括译著），在国内外学术期刊上发表学术论文近百篇。2019年获校级教学成果一等奖。四是实践教学扎实,学生动手能力强。本专业以强化学生工程实践能力为导向,遵循"校内实践工程化,校外实践实战化"的原则,构建从认识实习、课程设计、校内综合实践、校外工程实践、学科竞赛和毕业设计一体化的分层递进式立体实践教学体系,培养学生工程实践能力。交通工程专业打造"智能+教育"五位一体校内虚拟仿真实验平台,近两年接待了国际国内十余家单位参观,得到业内专家高度认可。本专业同中国中铁股份有限公司、中国中铁电气化局集团有限公司、北京市地铁运营有限公司、北京京港地铁有限公司等多家企业建立了良好的校企合作关系和校外实践基地,其中北京市地铁运营有限公司、交控科技股份有限公司获批校级校外人才培养基地。2017年本专业学生在中国铁路通信信号股份有限公司承建的北京地铁磁悬浮S1线进行校外实践,2018年本专业学生在我国首条自主研发无人驾驶地铁——北京燕房线进行校外实践,2019年本专业学生参与北京大兴新机场线综合监控系统项目实施。学生通过校外实践,提升了工程应用能力,专业达到了直接为企业定向输送人才的目的。五是培养学生国际化视野,走国际化特色。本专业与德国、俄罗斯、新加坡、英国等国家和地区的高校建立紧密合作关系。2018年主办第七届运输与交通工程国际会议,2019年交通工程系作为主要参与方,主办第六届中俄交通大学校长论坛、第二届都市轨道交通可持续发展论坛等国际论坛。六是竞赛成果多。交通工程专业的学生主持的国家级和市级科研项目16项,学生获得发明专利4项,参加各类学科竞赛达150人次,参赛率50%以上,获评省部级以上科技竞赛奖励达70余人次,发表论文10篇,获评市级、校级优秀毕业设计9项。

本专业毕业生可在交通规划与设计部门、通信信号公司、工程单位、交通管理部门从事技术开发与管理、交通控制系统开发、通信工程设计、交通运输规划、交通工程建设与施工、交通工程设计等方面的工作。学生考研成功率达10%，有学生考取北京航空航天大学、北京交通大学、首都师范大学、日本筑波大学研究生继续深造。本专业人才在人工智能时代背景下的列车信号控制、列车通信系统、线路设计、轨道交通安全等多个领域发挥重要的技术支持与研发创新作用，为轨道交通客流管理开拓新的服务模式，为人民绿色、便捷出行提供保障，同时推动国家铁路技术的输出，将具有世界先进水平和自主知识产权的铁路技术进行推广，引领中国高科技产业发展，从而为我国交通强国的建设添砖加瓦。

54. 轨道交通信号与控制

轨道交通信号与控制专业开设于2015年，2017—2020年在城市轨道交通与物流学院招生。轨道交通泛指运行在平行轨道上的交通工具，俗称列车，其类型包括普通铁路、城市地铁、高铁、城市轻轨等。轨道交通信号与控制专业以保障列车安全、高效、准时运行为目标，要求学生掌握车地设备之间的信息交换和列车自动运行的理论、方法和技术；以列车为研究对象，研究车路之间的信息交换和列车运行控制的理论、方法和技术。简而言之，就是研究综合利用先进的信息技术和控制技术实现列车的自动定位、运行和防护。为学生开设信号与系统、自动控制原理、电路理论、电子学、微处理器技术、软件技术基础、轨道交通信号基础、轨道交通区间信号、轨道交通车站信号、轨道交通信号传输理论、列车运行控制技术、轨道交通安全工程、轨道交通信号安全性与可靠性等课程。主干课程由中外优秀教师联合授课。

本专业优势突出，以"俄语+专业"的人才培养思路，强调学生俄语运用能力和专业能力的协调发展和提高，培养国际化工程技术和管理人才。中俄双方按照国际化人才培养模式和轨道交通领域的最新发展，制定先进的国际化课程体系，实现"3+1"联合培养。本专业还同中国中铁电气化局集团有限公司等轨道交通知名企业开展深度校企合作，强化校内外实践教学环境，在工程实践中提升学生解决工程问题的能力。此外，本专业实行小班教学，提高教学效果，充分利用中外优秀教学资源。

本专业毕业生可在轨道交通建设企业、轨道交通运营企业（铁路局、地铁公司等）、国际贸易和工程咨询公司、自动化类企业就业。成绩合格的毕业生可直接进入与我校联合培养的企业就业或者被推荐到包括乌拉尔国立交通大学在内的俄罗斯知名高校继续深造。随着我国"一带一路"倡议和中国高铁"走出去"战略的实施以及城市轨道交通的快速发展，国家对轨道交通信号与控制领域的人才需求越来越旺盛。以俄语为语种的轨道交通信号与控制专业，在国内屈指可数。服务于国家"一带一路"建设的轨道交通类大型国有龙头企业总部大多在北京，本专业的人才对于服务北京"四个中心"定位中的国际交往中心具有重要作用。

55. 交通运输

交通运输专业开设于2019年，在城市轨道交通与物流学院招生。本专业是现代社会的血脉，是国民经济发展的基础。交通运输学科正是适应现代社会发展要求，不断改造创新的一门朝阳学科。交通运输学科以区域交通、城市交通为主要研究对象，研究交通运输系统规划与设计、公共交通系统结构与各部分衔接和协调关系，以及研究如何综合运用经济、工程管理等知识和方法进行交通运输组织、指挥，实现经济和社会效益。为学生开设运筹学、管理学、交通规划、交通运输经济学、交通运输设备、交通运输安全工程、城市轨道交通概论、城市轨道交通客运管理、城市轨道交通行车组织与调度、交通运输组织学、城市轨道交通运营管理等课程。

本专业拥有三大培养优势：一是紧密对接行业发展需求，构建"产出导向"的专业培养方案。专业按照"国际工程教育认证"标准，以社会需求为依据，与首都交通运输行业发展同频共振，制定"培养目标、毕业要求和课程体系"三位一体的专业培养方案。二是理实结合与产教融合，构建分层递进贯穿式实践教学体系。专业围绕"校内实践工程化、校外实践实战化"的目标，构建了"认识实习—课程设计—校内综合实验—实践创新、学科竞赛—校外工程实践"分层递进贯穿式的全方位实践教学体系，培养学生工程实践能力。本专业同北京地铁、北京京港地铁有限公司、北京市轨道交通建设管理有限公司、交控科技股份有限公司、中国中铁股份有限公司等企业建立了良好的校企合作关系和校外实践基地，共同培养应用型交通运输人才。三是融入国家"一带一路"倡议，推进专业国际化建设。为响应"一带一路"倡议，培养具有国际化视野的城市轨道交通人才，专业同俄罗斯、韩国、日本、新加坡等国家和地区的高校建立了紧密合作关系，选派优秀学生参加境外短期交换学习，提升专业学生的国际视野和专业技能。

本专业毕业生主要在交通管理部门、科研院所、城市轨道交通设计企业、地铁运营公司、教育院校等就业。交通行业属于国家基础性、先导性和公益性事业，在我国国民经济和社会发展中具有重要地位，是契合"一带一路"倡议，实现"京津冀一体化"和"长江经济带"等国家战略的基础和前提。2017年3月，《北京市"十三五"轨道交通建设计划》明确提出："到'十三五'末，北京市轨道交通将形成'三环四横八纵十二放射'轨道交通网,总里程将提高到900公里以上",对复合型高素质工程技术人才的需求迅猛增加,毕业生供不应求。随着城市轨道交通向高端化、低碳化、智能化方向发展,适应新技术、新业态发展要求的"懂技术、会管理、善经营"的高素质应用型技术管理人才已成为国家实现交通运输事业又快又好发展的基本保证。

56. 财务管理

财务管理专业开设于2001年,2016—2020年在管理学院招生。本专业是企业管理的一个组成部分,它是根据财经法规制度,按照财务管理的原则,组织企业财务活动,处理财务关系的经济管理工作。财务管理与会计学同属财会类专业,但是财务管理工作更侧重于对应用会计工作呈现出的财务状况进行财务分析与评价,为企业提供财务咨询与诊断,为企业管理决策服务。财务管理主要围绕企业的财务活动,针对资产优化购置、资本融通、经营中的资金管理以及利润分配等相关问题展开研究。财务管理的目标是基于财务的视角为管理决策提供支持。为学生开设财务管理、财务报表分析、投资学、管理会计、财务会计、金融市场学、税法、审计等课程。

作为教育部"双万计划"中首批获批的国家级一流专业建设点,经过十几年的建设,至2020年,本专业拥有七大培养特色:一是培养理念新颖。财务管理专业秉承"知行思创"的人才培养理念,致力于培养"五个一"的应用型高水平财会类人才。"知"即拥有一个有分量的专业证书,"行"即有一段有收获的行业实践经历,"思"即有一段科研经历体验,"创"即获得一份竞赛获奖证书。二是专业排名优异。财务管理专业被中国大学分专业竞争力排行榜评定为五星级专业,受到广泛认可。三是师资力量雄厚。团队拥有北京市高校教学名师、北京市优秀教师、北京市长城学者培养计划教师、北京市青年岗位能手标兵等。团队教学成果丰硕，专业教师先后获得全国高校微课比赛二等奖，北京市青年教师教学基本功大赛一等奖、最佳风采奖、最受欢迎教师奖。四是创新课程体系。围绕财会人才需求，专业课程设置目标从培养"账房先生"转化为培养懂得价值管理的高级财务管理人才，每门主干课程都坚持从理论学习到实训实践再到专业大赛的"学、练、赛"相融合的课程体系，使学生实现从掌握专业理论知识到学以致用，再到创新思维的提升。五是特色实践活动。专业通过"认识实习—专业实习—毕业实习"，为学生搭建了进阶式实训体系，并先后与国际专业会计师公会、财金通教育科技（上海）有限公司、中国CFO发展中心等协会、企业建立了长期稳定的合作关系，签署校企合作基地协议，为学生的企业实习实践搭建了良好的平台。六是对标国际标准，接轨国际人才培养模式，与国际专业会计师公会合作，将CIMA课程模块嵌入培养方案和课程教学，为学生考取境外职业资格证书提供了便利。同时，专业与阿斯隆理工学院、苏黎世大学、西苏格兰大学等建立了"2+2""3+1"联合培养合作项目，为学生出国深造提供了绿色通道。七是社团活动丰富。依托学生社团，为学生创造了多方面的锻炼和发展机会。学生社团积极主办、协办多项专业竞赛、创新创业竞赛，助力学生在科技竞赛中屡创佳绩，巩固和开拓了学生的学习成果。

财务管理专业向企事业单位输送财务计划编制、财务控制与业绩评价、资金管理和投融资决策分析等高级财务管理人才。专业就业率98%以上，毕业生就业前景良好。随着人工智能和大数据时代的到来，传统机械化的财会工作正在逐步被替代，需要更多管理智慧和知识储备的高级财务咨询与管理人才，这也将成为未来财务人员培养的方向。

57. 会计学

会计学专业开设于1978年,2016—2020年在商务学院招生。会计学专业是以经济学、管理学知识为基础,系统学习会计、财务、税务、审计知识,培养会计实务操作能力,提高学生分析和解决实际问题综合能力的专业。会计学的研究对象是资金运动,它是以提高经济效益为主要目标,运用专门方法对经济活动进行全面、综合、连续、系统的核算和监督,提供会计信息,并开展预测、决策、控制和分析的经济管理活动。为学生开设管理会计、中级财务会计、高级财务会计、财务管理、经济法、税法、财务分析、审计、公司战略与风险管理等课程。

经过几十年的建设,至2020年,本专业拥有四大培养优势:一是国际化会计人才培养目标。在经济全球化和倡导企业"走出去"的背景下,国际化会计人才需求明显上升,本专业旨在培养熟悉国际会计规则,拥有国际视野和综合决策能力的国际化、高素质会计人才。二是国际化培养方式。引入全球顶尖的ACCA课程体系,选用英文教材双语教学,使学生全面掌握财会知识、业务技能;还获得澳洲会计师公会(CPA Australia)专业认证,给学生提供更多拓展国际视野的平台。三是国际化合作教育。专业与英国、美国、加拿大等多个国家的10多所大学保持密切的合作交流,"3+1""2+2"等双学位、交换生及短期交流项目深受学生和家长欢迎。四是国际化师资力量。专业有英国特许公认会计师1名,教授3名,副教授4名,硕士生导师3名,博士6名,双语和全英语教学师资8名。大部分教师拥有海外留学访学经历,教学科研成果卓著。

本专业毕业生可在商业银行、会计师事务所等各类企事业单位从事会计、财税与审计工作。高层次会计人才需求缺口大,供不应求。2019年,本专业就业率为99%,考研成功率为

14.8%。国家经济越发展,会计行业越重要。随着经济全球化深入发展,企业跨国经营日益频繁,会计人才可为企业管理层进行战略决策提供强有力的信息支撑,帮助企业加强经营管理,提高企业经济效益,促进企业可持续发展。

本专业2016—2020年也在管理学院招生。会计学是在研究财务活动和成本资料的收集、分类、综合、分析和解释的基础上形成协助决策的信息系统以有效地管理经济的一门应用学科,也是一门重要的管理学科。会计学的研究对象是资金的运动和管理,即采用货币计量单位对企事业单位发生的业务进行处理,并深入财务分析与决策,为企业可持续发展提供信息。为学生开设基础会计、中级财务会计、高级财务会计、管理会计、财务管理、审计学、会计信息系统、大数据与财务决策、智慧财务共享实务、数据挖掘、金融企业会计、Excel在财务管理中的应用、会计与纳税综合实训等课程。

经过几十年的建设,至2020年,本专业拥有五大培养优势:一是专业排名靠前。2018年中国大学本科教育专业评价报告中,本专业在490个学校中排名第五十七,且已连续六年排名14%以内,被评为四星级专业。2011年和2017年分别获批学术硕士点和专业硕士点。二是雄厚的师资力量。会计学专业教授、副教授教师占比50%以上,约80%的专业教师具备双师资格,有多名硕士导师,主持国家级课题、省部级课题等10余项,企业委托课题几十项。三是实践教学扎实,学生动手能力强。会计学专业建设有10余家校外人才培养基地,每年派送近百名学生深入基地学习,并开拓了"最后一里""感恩纳税人嘉年华"等多项特色实训项目。四是注重学生国际视野与创新精神的培养。专业与阿斯隆理工学院开展"2+2""3+1"合作项目,与韩国、德国等多个国家开展联合培养硕士合作项目,持续推进美国 CMA 与英国 ACCA 等国际资格证书项目，已有近百名学生参与考试，多名学生获得 IMA 奖学金。五是注重培养学生科技创新能力，竞赛成果丰硕。本专业学生已有近百人参加全国高校模拟集体谈判大赛、全国大学生电子商务"创新、创意及创业"挑战赛、中国"互联网+"大学生创新创业大赛等，并荣获特等奖、一等奖等高级别奖项。

本专业多名毕业生考取中国人民大学、北京交通大学、对外经济贸易大学、北京工商大学等高校的研究生，部分学生赴悉尼大学、马里兰大学帕克分校、萨塞克斯大学等国外名校读研，AIT 合作项目中绝大多数学生进入世界百强高校读研深造，毕业后进入国际四大会计师事务所工作。此外，众多学生考上公务员，还有许多毕业生进入著名公司财务部门及国内会计师事务所等企事业单位就职。本专业人才在互联网时代背景下各企业的资金筹集、管理与运营、财务分析决策等领域中发挥着重要的作用，融合信息技术为企事业单位的发展提供新的服务模式，实现了企业新价值，推动社会经济的持续发展。

58. 电子商务

电子商务专业开设于 2003 年，2016—2020 年在管理学院招生。本专业是伴随互联网发展而产生的，通过互联网开展的商务活动就是电子商务，IT 和商务的交叉融合、注重实践和创新是其典型特征。电子商务的内容包括互联网产品策划设计，网络营销策划和运营，互联网环境下的商业模式和服务创新，大数据的采集、处理分析和呈现等。本专业下设商务运营管理、商务数据分析两个专业方向。商务运营管理专业方向侧重互联网产品策划与管理、网络营销策划与实施等内容的学习；商务数据分析专业方向侧重互联网环境下大数据的采集、整理、分析和挖掘等内容的学习。

本专业培养优势是办学历史悠久，曾获得中国电子商务名校、北京市优秀教学团队等荣誉称号。2017年专业客观指标排名全校第一，连续四年承办教育部全国大学生电子商务"创新、创意及创业"挑战赛北京赛区选拔赛，受到央视网等多家知名媒体的报道。此外，本专业师资力量雄厚，副教授及以上职称比例超过86%，均毕业于北京大学、西安交通大学等国内985、211大学。本专业注重强化实践，与京东等10余家知名企业建立了合作关系，聘任京东、百度等知名企业高管担任兼职教师，每年开展企业家进课堂活动超过20次，突出创新能力培养，学生在教育部、商务部等主办的高级别创新创业比赛中，获国家级竞赛奖励13项，省部级奖励超过100项，在北京高校名列前茅，在全国具有一定的影响力。近三年本科生公开发表论文超过20篇。专业还为学生国际化发展提供多元机会，与德国、荷兰、美国、俄罗斯等多个国家的大学建立了合作关系，联合培养硕士研究生，开展短期交换和暑期夏令营等活动。多人考取德国、英国和美国等国家和地区的知名大学研究生。

本专业毕业生就业单位多为百度、京东、阿里巴巴等互联网企业，从事数字营销、互联网产品经理、新媒体运营、电商运营、数据分析、大数据营销、IT项目管理等工作。信息技术和经济管理复合的知识结构使得学生从事各类工作都占有独特优势。立足移动互联网和大数据时代背景，本专业在传统企业数字化转型、移动互联网产品策划设计、企业网络营销方案策划和实施、大数据驱动的营销和服务创新等领域发挥着重要的推动作用，对深入推进我国"互联网+"战略、创新驱动战略发挥着重要作用。

59. 工商管理

工商管理专业开设于1999年，2016—2020年在管理学院招生。本专业是对移动互联社会和市场环境中的工商企业经营活动进行计划、组织、指挥、协调和控制等一系列活动的总称。简而言之，工商管理包括人力资源管理、市场营销管理、战略管理、数字化管理、财务管理、客户关系管理、运营管理等。本专业以移动互联社会和市场环境中的微观经济组织为研究对象，系统研究人类经济管理活动的基本原理、普遍规律、一般方法和技术。为学生开设经济学、管理学、人力资源管理、市场营销战略管理、数字化管理、财务管理、公司治理、创业管理、创新管理等课程。

　　经过几十年的建设，至 2020 年，本专业拥有四大培养优势：一是雄厚的师资力量。本专业教师多毕业于北京大学、清华大学、中国人民大学等国内著名大学，副教授以上职称教师占比 48%，博士占比 64%。教研、科研成果丰硕，指导学生参加"挑战杯""创青春"、全国高校模拟集体谈判大赛等国家级大赛获得了特等奖、一等奖等佳绩，是一个爱岗敬业、关爱学生、充满活力的专业教师团队。二是校企合作锻造应用型人才，结合首都文化中心功能定位，依托学科优势，链接产业，率先在市属高校中将管理与影视文化相结合，下设影视制片管理研究专业方向，为北京影视文化行业以及各工商企业和事业单位培养交叉型、复合型、应用型管理人才。三是着力培养学生的创新意识和企业家精神，不断探索参与式、案例式、研讨式教学方法改革，与国际设计思考学会合作共建创新思维实验室，与东软集团共建创新研究院，积极推进专业教育与创新创业教育有机融合。四是建立全流程实践教学体系，培养学生学以致用的能力，建立全流程实践教学体系，形成"企业体验—行业对接—顶岗实习—职场实践"四阶段模块化、系统化实践教学体系，积极搭建国内外学生实习平台，着重提升学生的实践应用能力。

本专业毕业生就业领域宽、适应面广,可以在工商企业及新兴的互联网企业从事人力资源管理、产品运营、市场策划与管理、组织和行政管理、数字化管理等工作。影视制片管理研究专业方向的学生毕业后可在影视传媒行业从事制片管理、投资运营、策划制作、营销发行等工作。本专业人才身负互联网时代的理念、知识和技能,助力各类传统企业和组织在互联网时代的运营、管理转型,帮扶新兴互联网企业和组织的进化、成长,推动并提高社会创新和创业水平,为首都建设文化之都、创新之都贡献力量。

60. 特殊教育

特殊教育专业开设于2000年,2016—2020年在特殊教育学院招生。1994年6月,联合国教科文组织召开的"世界特殊教育大会"通过的《萨拉曼卡宣言》中提到,"每个儿童都有其独特的特性、志趣、能力和学习需要,教育制度的设计和教育计划的实施应该考虑到这些特性和需要的广泛差异。"为了满足特殊需要儿童学习的需要而提供的教育即特殊教育。对不同种类特殊儿童的教育又可分别称为盲童教育、聋童教育、智力落后儿童教育、超常儿童教育、言语障碍儿童教育、情绪和行为障碍儿童教育等。特殊教育的主要精神是考虑到每个孩子个体内在及个体之间的个别差异。本专业主要研究有特殊需要的儿童的心理特点,以及如何依据心理特点和教育基本理论设计和完成有关的教学活动等,在了解普通儿童的基础上通过大量的理论与实践结合的教学进一步研究智力障碍儿童、学习障碍儿童、孤独症儿童等特殊儿童的教育理论和方法。为学生开设心理学、教育学、儿童心理学、教育心理学、随班就读教育学、情绪行为异常儿童教育、学习障碍儿童教育、阅读障碍儿童教育、孤

> 专业的印记

独症儿童教育、智力障碍儿童教育、听力障碍儿童教育、个别化教育计划、行为改变技术、运动治疗、游戏治疗、特殊教育的课程与教学设计、小学语文教材教法、小学数学教材教法、手语等课程。

本专业拥有四大培养优势：一是唯一性。本专业目前是北京市唯一一个承担基础特殊教育师资培养的专业，也是北京市唯一承担培养特殊教育专业硕士的专业，是北京市特色专业。特殊教育学科是北京市唯一的特殊教育方面的重点建设学科。二是历史传承性。本专业是由1991年创立的设立在北京第一师范学校的北京市特殊教育师资培训中心演变而来的，历史悠久，积累了丰富的办学和科研、教研经验。三是师资水平高。专业目前有专职教师9人，其中教授2人、副教授5人，一名教师担任教育部教育学类专业教学指导委员会委员，一名教师为北京市政协委员。教师曾获得"北京市特殊教育拔尖人才""北京市教学名师"等荣誉称号。教师们承担省部级以上课题20多项，发表核心论文50余篇。四是社会反响好。2018年经第三方调查显示，连续十四届毕业生特殊教育专业教育教学工作满意度高达99.3%。一名毕业生获得2018年北京市师德榜样荣誉称号，近10%的毕业生已成为区级骨干，他们为北京市特殊教育的发展做出了巨大的贡献。

本专业毕业生可以面向普通学校、特殊教育学校、康复机构、校外教育培训机构等，从事小学教育教学和班级管理、资源教师、特殊教育教师工作，还可以从事心理咨询、家庭教育指导等有关的工作。本专业就业率98%左右，就业单位多为有稳定事业编制的各类学校。本专业学生考研成功率达30%，有学生考入北京师范大学、首都师范大学等高校继续深造。

61. 教育康复学

教育康复学开设于2015年，2016—2020年在特殊教育学院招生。随着社会的发展、科学的进步，儿童患病的类型也在发生改变，感染性疾病的发生率下降，遗传性疾病、早产、极低体重等儿童的存活率逐渐上升。这些儿童在生长发育过程中可能暴露出某些障碍或缺陷，甚至患上如脑瘫、智力障碍、孤独症等疾病。由于现有的医学手段尚无法治愈这些疾病，这些特殊儿童需要接受长期的康复治疗。到了上学年龄，他们只能带病接受教育。另外，随着特殊教育零拒绝理念的推行，与十多年前相比，特殊教育学校的教育对象发生了很大的变化，具体表现为：特殊儿童障碍程度加重、残障类型增多、多重障碍儿童增多。针对目前特殊教育对象的现状，要切实提高我国的特殊教育水平，特殊教育学校必须承担起教育与康复的双重任务，培养具有教育与康复双重知识和技能的师资。教育康复学专业正是在"医教结合、综合康复"理念指导下，整合教育与康复的手段和方法，培养为兼具教育与康复两种需求的人提供服务的专业人才。为学生开设心理学、教育学、儿童发展心理学、教育科研方法等课程。专业核心课程有：人体解剖学、教育康复学概论、言语障碍评估与矫治，运动障碍评估与矫治；专业选修课程有：听力学基础、康复听力学、物理疗法、作业疗法、儿童语言发展、融合教育、学习障碍儿童教育康复、发育迟缓儿童教育康复、情绪异常儿童教育康复、自闭症儿童教育康复、脑瘫儿童教育康复、行为改变技术等。

教育康复学专业是为了应对特殊教育发展而成立的新专业。全国目前只有10所高校获得开办该专业的资格。根据中国科教评价网公布的结果，本专业目前排名全国第二。北京联合大学是北京地区唯一一家获得开设"教育康复学"专业的高校。

本专业在"医教结合、综合康复"理念指导下，整合教育与康复的手段和方法，旨在培养富有爱心、素质优良，具备较为扎实的特殊教育、学科教育教学、康复训练的复合型知识技能，能够在特殊教育学校、普通学校资源教室、康复中心、民政福利机构、医院相关科室、研究机构等从事言语障碍、听觉障碍、语言障碍、认知障碍、心理障碍、运动障碍等的评定、康复、教育、咨询及康复辅具研发的集教育和康复两种技能于一身的双师型专业工作者。

62. 服装与服饰设计

服装与服饰设计专业开设于2013年，2016—2020年在艺术学院招生。本专业的研究领域包括服装本身的设计、生产、消费问题，也包括与服装相关的衣物配饰的设计及消费研究。服装与服饰设计是强调艺术与技术、实用与时尚、创新与传承、生产与商业等多重关系的综合性学科，具有生活文化的独特意味。为学生开设艺术概论、中外设计史、中西方服装史、设计方法、服装画技法、服饰色彩设计、面料纹样设计、面料塑形、服装工艺与制作、服装结构设计、立体裁剪、日常装设计、职业装设计、礼服设计、手工印染、服饰配件设计等课程。

本专业是北京市最早的服装设计专业之一，2018年在中国科学评价研究中心发布的中国大学及学科专业评价报告中，本专业在全国开设此专业的209所高校中排名第二十九，评价为四星级专业。服装与服饰设计专业强化实践教学环节，坚持"以赛促教"，教师每年带领学生参加中国国际大学生时装周、"石狮杯"等设计大赛，聘请专业高端人才、行业大师、非遗传承人、企业高级技师等走进课堂，强化培养学生的实践能力，培养有视野、会设计、能实施的服装设计人才。

服装与服饰设计专业致力于培养服装设计、服装陈列、服装买手、服饰品设计等相关领域的应用型设计人才，毕业生遍及服装品牌设计师、服装定制设计师、服装制版师、服装营销人员、服装陈列师、服装买手、服装培训师、服饰配件（首饰、鞋、帽、包）设计师、时尚摄影师、杂志社美编、中小学美术教师、高等院校专业教师等职业。本专业就业前景良好，历届学生就业率达98%以上，历届毕业生中10%的学生选择学历进修，出国读研的学生遍及美国、英国、西班牙、意大利、韩国、日本等国家。百姓的生活无非就是衣、食、住、行，本专业人才在社会发展进程中担负着提高人们的着装品质，满足人们对美好生活的期盼，服务于改善人类生活的责任。对于传统服饰文化的传承与设计创新，本专业人才在社会发展进程中担负着继承发扬传统文化的责任。服装设计师在"绿色设计"中体现出的精简加工环节、避免材料浪费、运用织物天然色彩以减少对地球环境污染等理念改变了消费者的消费观念及生活理念，由此本专业人才在社会发展进程中还起着正确社会生活理念的引领作用。

63. 视觉传达设计

视觉传达设计专业开设于2013年，2016—2020年在艺术学院招生。本专业是指依据特定的设计目的，对信息进行分析、归纳并通过文字、图形、色彩、造型等基本要素进行设计创作，将可视化信息传达给受众并对受众产生影响的过程。简单来说，就是通过视觉媒介表现传达给观众的设计。我们生活中视觉传达设计所涉及的领域很多，比如：手机界面、网页界面、电视、电影、建筑物、造型艺术，以及各种图标、舞台、文字设计等。文字、图形和色彩是视觉传达设计中最重要的构成要素，也就决定了视觉传达设计的主要功能就是通过这三个要素，把设计者想要表达的东西传递给每一个接收到这个信息的接收者。本专

◆ 专业的印记

业为学生开设文字与版式设计、标识设计、书籍设计、包装设计、品牌形象设计等课程。

本专业拥有五大培养优势：一是历史悠久。本专业是设计类高校普遍开设的专业，也是本校开设较早的设计类专业之一。二是师资力量雄厚，专业现有教授2人，副教授4人，具有博士学位的教师3人，具有硕士学位的教师4人。三是教学成果突出，获得北京市教学成果奖3项，校级教学成果奖10多项。四是实践教学扎实，学生动手能力强。视觉传达设计专业强调学生的动手实践能力培养，有凸版印刷、丝网印刷、书籍装帧、3D打印、木板雕刻、包装制作等众多实践环节。五是竞赛成果多。专业先后指导学生获得全国大学生广告大赛全国等级奖10多项，北京市等级奖20多项。

本专业毕业生可以面向专业设计机构、互联网公司、大众媒体等相关企事业单位，从事设计实践、设计管理、设计研究与教学工作，适合的职位有：设计总监、视觉设计师、交互设计师、界面设计师、用户体验师等。本专业就业率99%，就业单位多为设计类公司。考研成功率达20%，先后有很多学生考入中央美术美院、清华大学美术美院、北京大学艺术学院、南京艺术学院、北京服装学院、北京理工大学、北京航空航天大学等高校继续深造。本专业人才在互联网时代背景下的品牌建设、信息传达、文创产品开发、设计展示等多个领域发挥着重要的专业策划与设计创新作用，为艺术和商业的结合开拓新的服务模式，探索艺术与商业结合的更多可能性，推动人们生活品质的提高，同时追求社会进步中思想文化的返璞归真，探索新时代下文化的呈现，将中国传统文化继承发扬光大，在各类型的传播媒体上以艺术化的形式进行表达，从而加强我国文化及视觉艺术的积淀。

64. 环境设计

环境设计专业开设于2013年，2016—2020年在艺术学院招生。本专业是从设计的角度来研究人工和自然的空间要素，包含的学科知识非常广泛，涉及建筑学、园林景观、室内设计、家具陈设、公共艺术等多类创意设计，涵盖了环境科学、社会科学、人机工程学、行为心理学以及美学艺术与施工技术等多种内容，集艺术性、文化性、国际性、生活性、创造性、实践性于一体，既有很强的专业特性，又有很广阔的就业领域和方向。

本专业研究对象是以人为本的城市及乡村各类环境空间，包括公共与私人空间、室内与室外空间、家居产品（家具、陈设、照明等）。为学生开设建筑设计史、室内外设计效果图表现技法、设计方法、设计制图、人机工程学、材料与施工工艺设计、CAD施工图纸设计、环境设计数字化技术、室内设计策划、家具设计与工艺、陈设艺术设计、室内照明设计、住宅空间设计、展陈空间设计、办公空间设计、商娱空间设计、文教空间设计、景观设计基础、公共设施设计等课程。

本专业培养优势是师资团队力量雄厚，有2名教授，6名副教授，8名讲师，其中拥有博士学位的教师4人，博士研究生在读1人，拥有硕士学位的教师11人。16名专业教师的专业结构合理支撑专业教学需要，其中室内设计方向8人，景观设计方向3人，建筑设计方向2人，展示设计方向1人，公共艺术方向1人，雕塑艺术方向1人，完整契合本专业教学体系构建的专业知识诉求。本专业有12名教师获得"双师"资格，整体设计实践能力突出，多名教师在业内具有较高的声誉及影响力。2014年获评"环境设计教育改革与实践——市级职工创新工作室"称号，被评为北京市文化创意人才培养基地，2015年被评为北京市高等学校示范性校内创新实践基地。专业签约的校外人才

◆ 专业的印记

培养基地均为业内重要行业协会及知名度较高的设计企业,为学生实践实习提供了丰富的行业资源。

本专业就业去向范围广,包括城市建筑设计、室内设计、会展设计、景观设计及城镇乡村环境设计改造项目的相关设计公司、新媒体新服务类公司,毕业生可从事建筑设计、室内设计、会展设计、家具设计以及各领域设计助理、设计绘图、设计监理、设计研究等工作。

本专业涉及的行业领域包括室内设计、景观设计、家具设计、照明设计、陈设设计、展示设计等多个行业和门类。室内设计又根据时代特点和行业需求进行商娱空间、办公空间、文教空间、住宅空间等不同类型的划分,每种空间类型又延展出其相应的行业和方向。总而言之,只要有人的地方就有环境设计的需求。随着现代化建设和城市化的快速发展,有更多的建筑需要创造,有更好的生活需要设计,市场对环境设计师一直保持有较高的需求,社会对环境的重视及对人的关怀意识的加强会对环境设计人才提出更高的诉求。

65. 产品设计

产品设计专业开设于 2013 年,2016—2020 年在艺术学院招生。我们的生活是被"产品"围绕的,从家人围坐的沙发,到每个人手里拿着的手机,从出行的自行车、汽车、飞机,到办公室的办公桌、咖啡机、打印机,尽管每件产品都有不同的功能,采用了不同的材料、结构、工艺,但是如何使这些产品更方便地被人们使用,如何使这些产品的造型更容易被人们接受,这正是产品设计师的工作。产品设计是以人的需求为出发点,通过对产品造型、结构、构造、材料、工艺等各方面要素进行综合,以创造出形象而有效的功能载体(包括物质与非物质的载体),来满足人的需求的行为。产品设计研究日常生活中各类物品如何被更有效、便捷地使用，如何满足不同人的审美需求。例如：如何让一双运动鞋更轻盈又更加耐穿？如何让一辆汽车既符合空气动力学原理，又能承载更多的乘客？一张组合书桌，如何合理地搁置文件、文具及隐藏纠缠的电线？一件珠宝，从首饰表现方式，到雕蜡、加工、镶嵌、金工制作，都是产品设计需要研究的问题。本专业为学生开设产品设计表现、产品设计程序与方法、产品模型与制作工艺、用户研究方法、品牌策划与创新设计等课程。

本专业培养优势是，以北京丰富的设计研发、文化创意企业为依托，综合京津冀地区在艺术设计、高端制造、文博、旅游等行业的丰富资源，以大量实践项目为基础进行教学，为学生提供文化学养、创意研发、品牌管理、产品制作实践等各类课程和实践机会。学院除建有文创产品实验室、金属工艺实验中心、木作实验室等实践场所之外，还与北京众多文创基地建立了稳固的合作关系，为学生课程实践、实习以及就业提供有力保障。近几年，本专业的学生在国内外各种竞赛中获得众多奖项。

近年来，国家出台了大量鼓励文创产业的支持政策，本专业毕业生不仅可以选择高端制造、设计服务等传统产品设计就业岗位，还可以从事文创产品的创新设计、研发、营销及管理工作，或依托博物馆、旅游区等进行文化衍生创新设计以及产品推广与策划工作。本专业人才近年来社会需求量大，毕业生就业形势好，待遇优渥。产品设计专业基于国家文化复兴、文创事业大发展的现实背景，以及社会大众提升生活品质的需求，一方面改进日常用品的品质，提升人们的生活质量，另一方面通过文化创意类产品实现传统文化的再创造，传播传统文化，满足人民日益增长的物质文化需求。

66. 表演

表演专业开设于 2004 年，2016—2020 年在艺术学院招生。本专业旨在培养具有一定的基本理论素养，掌握表演艺术的基本理论和基本技巧，能够在戏剧、戏曲、电影、电视和舞蹈等表演中独立完成不同人物形象创作的高级专门人才。本专业学生主要学习戏剧、戏曲、影视、舞蹈、音乐等方面表演艺术基本知识、基本理论和基本技能，接受有关理论、发展历史、研究现状等系统教育和从事专业工作所需业务能力的基本训练。学生通过戏剧（舞台）与影视（镜头）的表演，完成典型人物形象的捕捉与塑造。为学生开设表演基础训练、经典剧目排演、综艺节目主持、影视作品创作、中小学戏剧教育等课程。

本专业毕业生多从事戏剧、影视类的职业演员，文艺节目主持、策划及后期制作人员，中小学、培训机构的戏剧艺术基础教育、教学及教学管理、校园文化建设等工作，满足基层文化单位所需求的有创作能力的文艺骨干。

67. 绘画

绘画专业开设于 2005 年，2016—2020 年在艺术学院招生。作为古老的学科门类，北京联合大学绘画专业涵盖国画、油画、雕塑、版画等课程门类，同时为适应社会发展需求开设诸如数字绘画、绘本与插画等商业绘画课程。本专业不但为学生开设油画、山水写意、国画工笔、插画绘本、数字动画与原画设计、数字人体、民间美术、现代艺术赏析等专业课程，还设置了壁画临摹与修复、综合材料技法、图案、构成、创意图形设计等选修课程。

本专业培养优势是在教学中采用导师组制工作室+双轨制教学模式。导师组制工作室是指以国画、油画、数字艺术、综合材料工作室为基础，实施导师组制。导师组负责各自工作室学生的学习与就业规划，为学生制定学习目标、跟踪辅导与管理，设计毕业创作选题及提供就业平台。双轨制教学是指结合市场需求，突破传统绘画专业壁垒，以学生就业为目标导向，采用双轨制教学体系（传统绘画基础课程+数字绘画课程），由校内导师与企业导师组建不同方向的课程群。本专业还为学生提供丰富的国际交流活动，比如：西班牙暑期夏令营、白俄罗斯驻地创作等，有助于拓宽学生的国际化视野、提高学生的绘画语言技能。

近几年随着美育教育事业的新发展要求，绘画专业迎来了新的发展机遇。以北京中小学为例，每年美术教师师资缺口达到2000余人，岗位明确要求为具备扎实国画基础及传统美术知识的专业毕业生。美术专业毕业生在该领域占有优势。同时，各美术研究（省、市、博物馆）、文博艺术管理（各大美术馆及画廊）、新闻出版（各大电视台及出版社）、动画公司、影视公司、艺术家工作室等领域都为绘画专业学生提供了宽阔的空间。本校拥有艺术学科硕士研究生点及职业教育研究生点，为本科学生提供优质的高层次教育平台。

68. 数字媒体艺术

数字媒体艺术专业开设于2013年，2016—2018年在艺术学院招生。中国科学评价研究中心2017年发布的中国大学及学科专业评价报告中显示，本校数字媒体艺术专业在全国开设此专业的195所高校里排名第九，且被评为五星级专业。本专业立足京津冀协同发展及北京市建设文化中心的时代背景，依托于首都文化创意产业和数字媒体行业，紧密结合艺术设计及媒体传播行业新技术、新理念、新动向，重点培养具有传统艺术修养、扎实艺术设计理论知识和数字软件操作能力，掌握数字化技术在影视、互联网、动画等领域中的应用能力，未来可在数

◆ 专业的印记

字媒体艺术领域中从事艺术创作、设计研发和艺术管理的高素质复合应用型人才。

本专业为学生开设艺术概论、中外设计史、数字摄像、视听语言、信息可视化设计、UI 设计、网页设计、动画角色与场景设计、网络动画设计、三维动画设计、影视后期与合成编辑、影视剧本创作、影视广告设计、微电影创作等课程。

本专业的毕业生可在动漫、信息与交互、影视、游戏、广告设计等行业从事各类以数字媒体为载体的艺术设计、创作研发及传播方面的工作。

2019—2020 年本专业仍在艺术学院招生。数字媒体艺术专业是一门跨人文艺术、自然科学和社会科学的综合性学科，集中体现了"艺术、科学和人文"相结合的理念。具体来说，本专业是使用先进数字化技术手段进行设计表现和艺术创作，借以传达人文理念的专业。在我们身边，数字媒体艺术广泛涉及电影、电视、动画、人机交互、计算机软件、手机 APP、展览演出等领域。本专业重点研究如何借助数字化手段将信息进行艺术加工并借助不同媒介进行传播。专业下设数字影像、交互设计与舞台影像三个专业方向。数字影像专业方向要求学生掌握数字化电影、电视、网剧作品的创作方法、创作流程及相关技术；交互设计专业方向要求学生能够掌握互联网、移动互联网、虚拟现实等新兴领域的艺术创作方法、创作流程及相关技术；舞台影像专业方向要求学生能够在不同类型的剧院、电视台等单位利用现代化数字技术与手段从事舞台影像设计、多媒体系统设计。为学生开设影视合成编辑、数字摄像、非线性剪辑、影视短片创作、人机交互设计、交互产品设计、舞台设计、舞台影像设计等课程。

本专业拥有六大培养优势：一是在 2018 年、2019 年中国科学评价研究中心发布的中国大学及学科专业评价报告中,本专业在全国开设本专业的 200 余所高校里排名第九,获五星级评价;二是 2019 年 9 月,本专业与国家大剧院舞台技术部开始合作开办"舞台影像设计实验班",联合培养适合行业需求的设计人才;三是本专业现有教师 22 人,其中教授及副教授 7 人,拥有博士学位的教师 4 人,全部具有企业实践经验;四是本专业注重人才培养与学生未来就业的衔接,强调培养学生理论联系实际的能力,强调在实践中锻炼学生的动手能力,实践教学学时占专业总学时 60% 以上;五是本专业五年来带领学生参加莫斯科人文大学国际大学生广告节、全国大学生广告艺术大赛、全国大学生学院奖、时报金犊奖等国内外大学生设计竞赛,获得国际等级奖 16 项、国家等级奖 50 余项;六是专业鼓励优秀学生利用课余时间积极联系教师,开展项目实践活动,并借助学院资源建立数字影像创作工作室、传统文化研究所、虚拟现实创作工作室等师生团队,完成企事业单位委托的横纵向课题,五年来,相关团队完成国家级项目 1 项、省部级项目 2 项、委办局项目 2 项、中央电视台委托项目 4 项。

本专业毕业生可以面向传媒、影视、互联网、设计、游戏、广告、展演等行业的企事业单位,从事设计实践、设计管理、设计研究与设计教学工作,对应设计总监、摄影师、摄像师、影视后期师、影视剪辑师、动画设计师、交互设计师、界面设计师、用户体验师、舞台美术设计师等职位。近几年来,本专业就业率 98%,就业单位多为设计类、影视类、广告类公司。此外,专业考研成功率达到 10%,有学生考入普瑞特艺术学院、中央美术学院、中国传媒大学等国内外高校继续深造。

69. 工艺美术

工艺美术专业开设于 2017 年,2017—2020 年在艺术学院招

◆ 专业的印记

生。工艺美术是指以用与美结合为特征的造物设计。当代的工艺美术以传统工艺技艺为内涵，以创新设计为核心理念，融合3D打印等高科技手段和跨界思维，是将传统技艺转变为当代视觉样式的综合性时尚设计。本专业培养具有国际视野，掌握传统手工技艺与现代科技结合的综合方法，具有策划头脑+独有技艺+创新设计能力，能够抓住当代设计思潮和趋势并引领时尚的工艺美术创新设计师。为学生开设专业必修、国际工坊、大师工作室、实践创新设计、拓展选修五大课程平台。核心课程有：装饰纹样设计、三维数字技术与3D打印、珐琅首饰设计与制作、大师工作室（花丝艺术、錾刻艺术、珐琅艺术等）、国际工坊（手工艺创新设计、金属器物设计等），还有设计表现、中外工艺美术史、中国传统色彩应用、品牌文化与创新设计等理论延展课程。

本专业拥有五大培养优势：一是培养目标前沿化——以工艺技艺为内涵基础，创新设计为核心，国际化设计为焦点，重在培养懂工艺的时尚设计师；二是教学团队国际化——组建"校内导师、行业大师、企业设计师"三师教学团队，引入美国、日本等国家的国际知名工艺美术行业大师组成高水平师资群，与清华大学美术学院、北京工业大学艺术设计学院等知名高校开展专业合作教学项目，最大化丰富教学内容，在校专业教师共8人，其中拥有博士学位的教师5人，教授、副教授3人，多具有企业实践经验和双师资格；三是教学设施高端化——拥有金属工艺实验室、大师工艺实验室、3D打印实验室、综合创作工作室、创新设计工作室、传统工艺虚拟仿真实验室及先进的工艺设备，拥有高校少有的手工艺博物馆，用于学生学术交流、学习观摩、课业作品展览等，建有专业配套的手工艺研究院，与北京工美集团有限责任公司、保利文创、寺库名物、熊氏珐琅共建产学实践基地 20 余家，为学生提供多元的教学研究与实践项目；四是教学成果突出化——专业教学对接行业重要赛事，使学生的设计成果得到市场孵化，学生作品在北京工艺美术创新大赛、非遗时尚大赛、"中金杯"全国黄金首饰大赛、全国博物馆文创大赛等行业权威赛事中获得奖励 40 余项，资助作品孵化资金累计 20 余万元；五是就业选择多元化——对接文化产业设计公司、时尚创意品设计机构等企业，从课程项目到实习就业为学生提供精准对接。

本专业毕业生可选择在文化创意领域、时尚设计领域、艺术教育领域、工艺研究领域从事工艺产品设计、首饰设计、手工艺高端艺术品设计、工艺文化研究、工艺品牌策划与推广、工艺设计教学等工作。毕业生在创新跨界、3D 打印、文创设计、高端奢侈品设计等前沿领域均有很大发展空间。

后 记

作为一所年轻的市属综合性大学，北京联合大学因改革应运而生，在改革中不断发展、成长。学校变革的历史亦是其始终矢志不渝应北京建设之需调整和发展自己的历程。办学40多年来，为了适应社会经济变化、体制结构更新、行业需求调整等需要，学校先后适时撤销、调整和开办了一些专业，为北京经济建设培养了一批批适应性应用型人才。梳理学校本科专业设置调整和发展的历程对于学校一流本科专业建设和专业教学质量提升具有重要的意义。

在李学伟校长的大力支持下，《专业的印记》编纂工作由档案（校史）馆牵头，自2020年9月启动。为了能够最真实记录北京联合大学40余年专业建设发展走过的历程、留下的印记，编纂小组人员深挖有关馆藏档案，多次赴北京市档案馆、北京市方志馆、国家图书馆、首都图书馆查阅图书和文献资料，借助网络文献资源查阅平台和旧书采购平台收集了大量档案资料和史料，并将档案和史料记载有机结合，将资料研究和亲历者访谈有机结合，进行梳理和撰写，形成近30万字的初稿。

《专业的印记》以专业为线索，按照北京联合大学发展的五个阶段，顺次呈现各个阶段学校本科专业的设置和学院分布，扼要介绍专业基本情况和历史发展沿革，可以作为快速了解北

后 记

京联合大学专业发展的工具书。

由于时间相对久远，人员有所变化，编纂者难以联络到早期的专业创始人和亲历者，加之很多资料无从查考，梳理工作无法做到全面，未免遗憾。迫于时间仓促、水平有限，本书难免有疏漏和不妥之处，恳请广大读者谅解并予以批评指正。

编 者

2021 年 1 月